「第 2 版　相続財産の管理と処分の実務」
お詫びと訂正

　本書に、下記の誤りがございました。読者の皆様に深くお詫び申し上げますとともに、下記のとおり訂正をさせていただきます。

日本加除出版株式会社

記

●100 頁下から 8 行目（注 8）中
　（誤）が削除された（改正相続法 602 条 1 項、903 条 1 項）
　　　　　　　　　　　　↓
　（正）が削除された（改正相続法 902 条 1 項、903 条 1 項）
●118 頁上から 9 行目
　（誤）これを相続人が持ち帰り保管する
　　　　　　　　　　　　↓
　（正）これを相続財産管理人が持ち帰り保管する
●227 頁上から 4 行目
　（誤）遺言者がいない場合は、
　　　　　　　　　　　　↓
　（正）遺言執行者がいない場合は、
●261 頁上から 7 行目
　（誤）他の相続管理人との対比から許可不要
　　　　　　　　　　　　↓
　（正）他の相続財産管理人との対比から許可不要
●262 頁上から 13 行目頁
　（誤）遺贈は、受贈者の死亡により
　　　　　　　　　　　　↓
　（正）遺贈は、遺言者の死亡により

第2版

相続財産の
管理と処分の実務

一般社団法人 **日本財産管理協会** 編

佐藤　純通
田島　誠
鯨井　康夫
佃　　一男
小越　豊
加藤　正治
海野　禎子

日本加除出版株式会社

推薦のことば

　一般社団法人日本財産管理協会編による『相続財産の管理と処分の実務』の初版が刊行されてから、約5年が経過しました。

　その間、最高裁平成28年12月19日大法廷決定、平成29年5月26日成立の債権法改正及び本年7月6日成立の相続法改正など、相続実務に大きな影響を与える動きがありました。

　今後も相続登記促進のための様々な制度構築が予定されており、相続登記はもとより、任意の相続財産管理としてのいわゆる遺産承継業務、遺言（執行）業務、相続財産管理人や不在者財産管理人として行う業務等相続に係る司法書士業務を取り巻く環境は日々変化していくと思われます。

　このような状況において、日本司法書士会連合会は、遺産承継業務が司法書士の活躍が期待される分野であると考えており、本年1月に当連合会の財産管理業務推進委員会により、その実務基礎の習得を目的とした研修会を開催したところです。今後も、本業務における司法書士の活動の成長を目指しております。

　本書の編者である一般社団法人日本財産管理協会は、司法書士の有志によって作られた任意団体ですが、法人設立から約7年を経て現在では会員は1,000名を超えています。同法人は、司法書士が専門的な法律知識を活かしつつ財産管理業務や遺産承継業務を行うための有用な情報を提供され、また、司法書士が財産管理業務を行う上で必要とされる知識、技能、職業倫理を身につけるために必要な研修（認定研修）を実施されており、現在、認定研修を修了した会員は約350名になると聞いております。

　本書は、相続財産の管理と処分について、司法書士としての遺産承継業務に関する知識とその実務の手続を詳細に解説する書籍となっており、財産管理業務の環境の変化に合わせるべく、この度改訂版として発刊されました。

　本書により、司法書士が行う財産管理業務や遺産承継業務がさらに充実し、司法書士が相続に係る手続において市民の需要に十分に応え得る専門家として認められることを期待し、ここに推薦いたします。

　平成30年7月

日本司法書士会連合会

会長　今　川　嘉　典

は し が き

　平成 25 年 7 月に刊行された本書（初版）は、遺産承継業務に取り組もうとする司法書士をはじめとして多くの実務専門家の方々からご好評をいただきました。それから 5 年が経ち、遺産承継業務を中心とする司法書士法施行規則第 31 条第 1 号業務を取り巻く環境にいくつかの変化がありました。平成 28 年 12 月 19 日、最高裁において、預金債権は相続人全員の合意がない限り遺産分割の対象とならないとする従来の判例を 180 度変更し、預金債権は相続開始と同時に当然に相続分に応じて分割されることはなく、遺産分割の対象となるものと解するのが相当であるとの大法廷決定がなされました。

　また、2017 年（平成 29 年）6 月に「民法の一部を改正する法律」（債権法の改正）及び「民法の一部を改正する法律の施行に伴う関係法律の整備等に関する法律」が公布され、一部を除いて、2020 年 4 月 1 日から施行されることとなりました。さらに、2018 年（平成 30 年）7 月 13 日には「民法及び家事事件手続法の一部を改正する法律」（相続法の改正）が公布され、一部の規定を除き、公布の日から 1 年を超えない日（2019 年 7 月 12 日まで）に施行されることとなりました。

　改訂版では、このような判例、法改正を反映して、本文やコラムを一部改めました。また、初版では触れなかった「遺産分割協議における司法書士の中立型調整役業務」について解説しました。その結果、全体として増頁となりましたが、これにより、近年の財産管理業務への関心の高さへ応えるべく、より充実した内容の実務基本書になったと自負しております。財産管理業務に携わる多くの実務家の皆様に、本書をご利用いただければ幸いに存じます。

　今回の改訂は、上記の法改正等により長丁場の作業となりましたが、この間、日本加除出版の朝比奈耕平氏、松原史明氏はじめ関係者各位には初版に引き続き、大変なご苦労をおかけしました。心から御礼申し上げます。

　　平成 30 年 9 月

　　　　　　　　　　　　　　　　　　一般社団法人 日本財産管理協会
　　　　　　　　　　　　　　　　　　理事長　田　島　　誠

は し が き（初版）

　今世紀に入り、我が国も、少子高齢化が顕著になり、核家族化の進展に伴い相続財産の管理・承継・処分に関わる法的サービス、さらに意思能力の喪失あるいは減退した高齢者や障がい者の財産管理に対する市民から専門家に対して法的サービス提供への需要が、時代とともに急速に高まってきている社会的背景があります。

　こうした法的サービスの需要に対し、従来から、弁護士のみならず司法書士も、遺言執行者や相続財産管理人に就任し、相続財産の管理・承継・処分等の財産管理全般に関する法的サービスを市民に提供する役割を担ってきた実績があります。また、新たな成年後見制度の改革的創設に伴い、司法書士は組織的な取り組みをもって、高齢者や障がい者の財産管理や身上監護に関する法律事務を担ってきたところであり、専門士業では、成年後見人として最多人数の就任実績を積んできているところです。

　一方で、2000年前後から始まった司法制度改革や規制改革の一環で法律関係の各士業の事務所の法人化が可能になったことに伴い、弁護士法第3条や司法書士法第3条のそれぞれの資格者固有の法定業務とは別に、紛争性のない法律事務は、弁護士と同様に司法書士もこれまで担ってきていることから、法律専門職の執務における高い職業倫理に対する信頼と期待を基礎にして、平成14年の士業法人化に伴い、弁護士法と司法書士法の改正において、「弁護士法人の業務及び会計帳簿等に関する規則」の第1条と「司法書士法施行規則」の第31条に、第1号「財産管理業務」、第2号「成年後見業務」と全く同一の規定がそれぞれの資格の附帯業務として明文化されたところです。

　しかしながら、この規則の条文が司法書士法人の業務範囲という形式で定められていることから一部の司法書士の中には、正しく理解しておらず、財産管理業務が法人事務所のみに定められた規定であるとして個人では業務を行えないと誤解している人も中にはいるかと思われます。また、個人でも附帯業務として財産管理業務を行えるとは理解していても、実際の財産管理業務というものを具体的にはどのようなものなのか、また、どこまでが司法書士の業務としてできるのか、さらには、実際にはどのように個別の執務を進めていくのか、実務経験もないし事務

処理マニュアルもないので不安に感じている司法書士が多いのも事実です。

そこで、私たちは、まず研究会を立ち上げて、司法書士が担っている各種の財産管理の業務類型の実践例等の収集と実例書式等の検討等を数年間行ったうえで、平成23年4月に、司法書士のみを社員とする「一般社団法人　日本財産管理協会」を設立し、広く司法書士の業務として財産管理業務全般の普及推進を図るための研修事業を展開し始めたところであり、これまでに全国の会員500名以上が認定研修を修了しております。

本書は、研修事業の展開に伴い、相続財産管理業務の基礎的書籍の一環として、「一般社団法人　日本財産管理協会」に所属する司法書士が共同で執筆したものです。まず第1章では、司法書士が担う財産管理業務の法的根拠についての分析を行い、説明をしております。第2章は何が承継対象財産に該当するか、遺産分割協議の方法、またその際の注意点や遺言執行者による場合、不在者がいる場合、相続人不存在の場合についての相続財産の管理についての解説となっており、第3章から第5章では任意相続財産管理人、遺言執行者、法定の財産管理人等に分けて、さらに、相続財産を類型別に分け、相続財産の処分についての解説をしております。第6章は様々なケースをあげて、できるだけ書式を示して解説をしたケーススタディという構成になっています。

この書籍を通じて、多くの司法書士はじめ財産管理業務に携わる方々が、業務に関してより広い知識と技能を身に付ける手助けになれれば幸いと存じます。

本書の刊行にあたり、業務多忙の中、執筆をしていただいた当協会の理事各位には改めて感謝申し上げるとともに研修基本書としての位置付けを兼ねて今後も更なる充実したものにしていきたいと願っています。

最後に、本出版の企画をご提案くださり、執筆過程から最終編集に到るまで多大なるご尽力をいただいた日本加除出版株式会社の朝比奈耕平氏、松原史明氏はじめ関係者に対して心より感謝申し上げます。

　　平成25年5月

　　　　　　　　　　　　　　　一般社団法人　日本財産管理協会
　　　　　　　　　　　　　　　理事長　篠　原　敬　郎

凡　例

1　法令、通達については、カッコ内では以下の通り略記を使用した。

民…………………………	民法
改正相続法…………	民法（平成 30 年法律第 72 号による改正後の民法）
改正債権法…………	民法（平成 29 年法律第 44 号による改正後の民法）
家手…………………	家事事件手続法
家手規………………	家事事件手続規則
戸……………………	戸籍法
戸規…………………	戸籍法施行規則
住基…………………	住民基本台帳法
民訴…………………	民事訴訟法
民執…………………	民事執行法
民執規………………	民事執行規則
会社…………………	会社法
破産…………………	破産法
信託…………………	信託法
租法…………………	租税特別措置法
租令…………………	租税特別措置法施行令
租規…………………	租税特別措置法施行規則
所法…………………	所得税法
相法…………………	相続税法
不登法………………	不動産登記法
不登規………………	不動産登記法施行規則
所基通………………	所得税基本通達
相基通………………	相続税法基本通達
租通…………………	租税特別措置法関連通達

2　雑誌については、本書では以下の通り略記を使用した。

民録…………………	大審院民事判決録
民集…………………	最高裁判所民事判例集、大審院民事判例集
家月…………………	家庭裁判月報
民月…………………	民事月報
裁決事例集…………	国税不服審判所裁決事例集
新聞…………………	法律新聞
判タ…………………	判例タイムズ
判時…………………	判例時報
金法…………………	金融法務事情
金判…………………	金融商事判例
評論…………………	評論全集

目　次　ix

目　次

第1章　司法書士が担う財産管理業務の法的根拠 ──────── 1

1　司法書士の「附帯業務」としての財産管理業務等の明文化
　　………………………………………………………………………………… 1

2　弁護士法第72条のただし書の改正 ………………………… 4

3　司法書士法施行規則第31条第1号の条文の解釈について
　　…………………………………………………………………………………… 5

　　(1)　附帯業務の担い手　*5*
　　(2)　規則第31条第1号の要件に関する検討　*7*
　　(3)　規則第31条第2号について　*12*
　　(4)　規則第31条の「附帯業務」　*12*

第2章　管　理 ──────────────────── 15

1　遺産承継業務とは ……………………………………………… 15
　　(1)　相続と相続手続　*15*
　　(2)　相続と司法書士　*17*
　　(3)　任意相続財産管理人と遺産承継業務　*18*

2　業務の受託 ………………………………………………………… 18
　　(1)　相続人の調査　*19*

Column　収集した戸籍謄本の引渡しについて　*27*

　　(2)　相続人の特定　*29*
　　(3)　遺産承継業務委託契約の締結　*31*
　　(4)　委託を受けることができない相続人がいる場合　*51*
　　(5)　相続人の中に行方不明者がいる場合　*52*

3　承継対象財産の管理 …………………………………………… 53
　　(1)　財産目録の調整　*54*
　　(2)　遺産分割協議　*61*
　　(3)　遺産分割協議における司法書士の中立型調整役業務について
　　　　　　　　　　　　　　　　　　　　　　　　　　　　　　78
　　(4)　承継対象財産の配分案の作成　*87*
　　(5)　報　告　*88*
　　(6)　管理業務の留意点　*89*

4 遺言執行者による財産管理 ……………………………………… 106
　⑴ 遺言執行者の就任又は選任　*106*
　⑵ 遺言執行者の地位　*108*
　⑶ 遺言執行者の職務　*108*
　⑷ 遺言執行者の権利義務　*109*

5 不在者の財産管理 ……………………………………………………… 110
　⑴ 選　任　*110*
　⑵ 職　務　*111*
　⑶ 終　結　*113*

6 相続人不存在の場合の財産管理 ……………………………… 114
　⑴ 相続財産管理人の選任　*114*
　⑵ 職　務　*116*
　⑶ 終　結　*120*

第3章 処分 ① 任意相続財産管理人 ─────── 121

1 処分業務総論 …………………………………………………………… 121
　⑴ 処　分　*121*

Column 相続財産と遺産の違い？　*123*

　⑵ 法定の相続財産管理人　*124*
　⑶ 「管理・処分」をする理由と任意相続財産管理人への委任類型
　　　　　　　　　　　　　　　　　　　　　　　　　　　　　125
　⑷ 任意相続財産管理人の権限と義務（契約締結前〜過程）　*127*
　⑸ 委託者の「管理・処分」動機と業務の遂行　*131*

Column 遺産分割協議書を公正証書にするとき　*141*

2 相続財産類型別の処分業務 ………………………………………… 143
　⑴ 不動産関係　*143*
　⑵ 動産関係　*178*
　⑶ 債権執行　*179*
　⑷ 知的財産権（＝無体財産権）　*185*
　⑸ 有価証券（株式）　*186*
　⑹ 死亡保険金請求（生命保険、損害保険）　*192*
　⑺ 自動車等　*197*
　⑻ ゴルフ会員権　*200*
　⑼ 債務の承継　*205*
　⑽ その他名義変更が必要なもの　*213*

目　次　xi

⑾　処分業務の留意点…債権者との関係（詐害行為取消）、遺留分
　　を侵害した遺贈など　*214*

⑿　処分業務の記録（金銭の管理、帳簿等の作成など）　*219*

第4章　処分　②　遺言執行者 ─────────────── 223

1　遺言執行者の処分業務 ……………………………………… 223

⑴　意　義　*223*

⑵　遺言執行者の処分権限とその限界　*224*

⑶　処分権（処分清算型遺贈等）　*254*

⑷　相殺権　*260*

⑸　和解締結権　*260*

2　財産類型別の処分業務 ……………………………………… 262

⑴　不動産の執行　*262*

⑵　動産の執行　*267*

⑶　債権の執行（対抗要件の具備）　*269*

⑷　不特定物を目的とする債権（（制限的）種類債権、選択債権、金
　　銭債権）　*276*

⑸　信託受益権　*276*

⑹　有価証券（国債、投資信託を含む。）　*276*

⑺　営業権　*280*

⑻　知的財産権（＝無体財産権）　*280*

⑼　不動産の賃貸借関係　*281*

⑽　自動車の名義変更　*284*

⑾　債　務　*285*

⑿　税務関係　*285*

第5章　処分　③　法定の財産管理人等（遺言執行者を除く。）─ 287

1　相続財産の管理人（相続人不存在の場合）………………… 288

⑴　相続財産管理人とは　*288*

⑵　選任の必要性　*288*

⑶　選任及び法律上の地位　*288*

⑷　権　限　*290*

⑸　相続財産管理人が行う個別の処分行為（売却・交換、担保の設
　　定及び無償譲渡・廃棄処分、訴訟行為）　*292*

⑹　相続財産の換価（不動産、動産、有価証券）　*293*

⑺　財産の破棄処分（動産等）　*298*

⑻　預貯金等の契約の解約　*298*

xii 目 次

 (9) 不動産等の賃貸借契約の解約 *299*

 (10) 相続債権者の相続財産法人に対する抵当権設定登記手続請求

                                 299

 (11) 債権債務 *300*

 (12) その他の権限外行為 *300*

 (13) 残余財産の国庫への引継ぎ *300*

 (14) 管理終了 *303*

 (15) 管理人の報酬付与 *304*

 (16) 税務関係 *305*

2 不在者の財産管理人 ··· 307

 (1) 不在者財産管理人の意義と類型 *307*

 (2) 制度趣旨 *308*

 (3) 地位・資格 *308*

 (4) 権 限 *309*

 (5) 職 務 *310*

 (6) 処分行為の類型 *311*

 (7) 管理終了 *317*

 (8) 管理人の報酬付与 *318*

 (9) 税務関係 *318*

3 限定承認における相続財産管理人 ···················· 320

 (1) 限定承認における相続財産管理人の意義と類型 *320*

 (2) 選任、法的地位 *321*

 (3) 限定承認における相続財産管理人と各財産管理人との相違

                                 321

 (4) 職務、特に処分権との関係 *325*

 (5) 弁済のための相続財産を換価する権限（清算業務） *325*

 (6) 換価及び登記手続 *326*

 (7) 換価代金の交付請求、配当要求（民執 51 条）（特に特別担保権者の地位）の手続 *333*

 (8) 配当弁済手続 *334*

 (9) 税務関係 *335*

第6章 ケーススタディ —————————— 341

 ケーススタディ1 成年後見人の死後事務として、相続財産管理人の選任申立てを行ったケース ·········· 341

 ケーススタディ2 成年後見人から相続財産管理人に就任したケース ································· 348

目 次　xiii

ケーススタディ 3　遺言がない場合の相続預金の解約 ……… 367
ケーススタディ 4　遺言執行者と執行、特に弁済等の履行順序に
　　　　　　　　　ついて …………………………………… 374
ケーススタディ 5　金融機関における預貯金の払戻し ……… 381
ケーススタディ 6　高齢者と分家住宅の処分 ………………… 391
ケーススタディ 7　財産承継（遺言、負担付遺贈、死因贈与及び信
　　　　　　　　　託）………………………………………… 405
ケーススタディ 8　財産管理における信託の利用と登記 …… 422
ケーススタディ 9　相続の限定承認における先買権の行使 … 433

事項索引 ———————————————————— 455

第1章
司法書士が担う財産管理業務の法的根拠

1　司法書士の「附帯業務」としての財産管理業務等の明文化

　平成14年（2002年）の司法書士法改正により、司法書士法29条1項1号を受けて、以下のように、司法書士法施行規則（以下「規則」という。）31条が規定された。

　これは、直接的には、従前の司法書士業務は個人事業としてしか認められていなかったものが、法人事業として経営できるように規制緩和がされ事務所の法人化ができるようになったことを受けて司法書士法人の業務の範囲に関して規定されたものである。

　司法書士法人は、司法書士法3条の業務を行う法人であることは当然のことであるが[注1]、それ以外の業務で「法令等に基づきすべての司法書士が行うことができるものとして法務省令で定める業務」については、司法書士法人も定款に定めることによりそれらの業務を行うことができると定めたものである。

　　（注1）なお、司法書士法人が、司法書士法3条の各業務について、その一部
　　　　を業としないということは認められない。

◎司法書士法

> 第29条　司法書士法人は、第3条第1項第1号から第5号までに規定する業務を行うほか、定款で定めるところにより、次に掲げる業務を行うことができる。
> 　一　法令等に基づきすべての司法書士が行うことができるものとして法務省令で定める業務の全部又は一部
> 　　（二　以下　略）

第1章 司法書士が担う財産管理業務の法的根拠

◎司法書士法施行規則

> 第31条 法第29条第1項第1号の法務省令で定める業務は、次の各号に掲げるものとする。
> 一 当事者その他関係人の依頼又は官公署の委嘱により、管財人、管理人その他これらに類する地位に就き、他人の事業の経営、他人の財産の管理若しくは処分を行う業務又はこれらの業務を行う者を代理し、若しくは補助する業務
> 二 当事者その他関係人の依頼又は官公署の委嘱により、後見人、保佐人、補助人、監督委員その他これらに類する地位に就き、他人の法律行為について、代理、同意若しくは取消しを行う業務又はこれらの業務を行う者を監督する業務
> 　　（三、四　略）
> 五 法第3条第1項第1号から第5号まで及び前各号に掲げる業務に附帯し、又は密接に関連する業務

　ちなみに、弁護士事務所の法人化に伴い、財産管理業務、成年後見関係業務については、弁護士法30条の5に規定する弁護士法人の業務に関する法務省令「弁護士法人及び外国法事務弁護士法人の業務及び会計帳簿等に関する規則」の1条1号、2号に、司法書士法施行規則31条1号、2号と全く（一字一句）同じ条文が規定されている。

　これは、弁護士業務にとっても財産管理業務や成年後見業務は、弁護士法3条の法定業務に当然には含まれる業務ではないことを明らかにしたものであり、これらの弁護士一般が通常行っている附帯業務については、弁護士法人も定款に定めれば業務として行えるとしたものである。

　この規定から分かるように、規則に定められた1号の財産管理業務や2号の成年後見業務は法律事務ではあるが、必ずしも、弁護士資格に固有の法律事務ではなく、従前から司法書士も行える業務であり、一定の法律資格に附帯する法律事務である[注2]。

　ちなみに、これらの業務は特定の資格に限定されるものではないので、税理士や行政書士も相続財産管理業務や遺言執行者としての業務、また成年後見業務を行っているが、税理士法や行政書士法には、このような財産管理業務や成年後見業務を附帯業務として規定されてはいない

ので、これらを「業」としては行うことには疑義があるのではないかと指摘されているところである^{（注3）}。

> （注2）新司法書士法の解説書（小林昭彦・河合芳光『注釈司法書士法［第三版］』281頁（テイハン、2007年）法務省の立法担当者の著述）では、司法書士法3条の法定業務（「本来的業務」と説明している。）に対し、これらの業務は「附帯業務」という名称で説明されている。
> 　私見では、法3条の法定業務に附随関連する各種の調査確認業務や書類作成業務等のいわゆる「附随業務」と区別して、資格に特有の法定業務とは別個に、一定の法律事務を担う資格に附帯する業務という趣旨であると思われる。
> （注3）赤沼康弘編著『成年後見制度をめぐる諸問題』（新日本法規出版）には、弁護士である著者が「司法書士法施行規則31条は、司法書士が財産管理業務や代理行為、任意成年後見業務等を行えることを認めている。」として、弁護士法72条の例外であること、また、「弁護士や司法書士以外の者は、報酬を得る目的でこれらの法律事件については、反復継続して取り扱うことはできない。」として、これらの業務が弁護士と司法書士にのみ認められた「業」であることの解説をしている。

◎弁護士法人及び外国法事務弁護士法人の業務及び会計帳簿等に関する規則（法務省令）

　弁護士法（昭和24年法律第205号）第30条の5の規定に基づき、弁護士法第30条の5の業務を定める省令を次のように定める。
（弁護士法人の業務の範囲）
第1条　弁護士法（以下「法」という。）第30条の5に規定する法務省令で定める業務は、次の各号に掲げるものとする。
　一　当事者その他関係人の依頼又は官公署の委嘱により、管財人、管理人その他これらに類する地位に就き、他人の事業の経営、他人の財産の管理若しくは処分を行う業務又はこれらの業務を行う者を代理し、若しくは補助する業務
　二　当事者その他関係人の依頼又は官公署の委嘱により、後見人、保佐人、補助人、監督委員その他これらに類する地位に就き、他人の法律行為について、代理、同意若しくは取消しを行う業務又はこれらの業務を行う者を監督する業務
　　（三　以下　省略）

4　第1章　司法書士が担う財産管理業務の法的根拠

2　弁護士法第72条のただし書の改正

◎弁護士法第72条

（非弁護士の法律業務の取扱い等の禁止）

第72条　弁護士又は弁護士法人でない者は、報酬を得る目的で訴訟事件、非訟事件及び審査請求、再調査の請求、再審査請求等行政庁に対する不服申立事件その他一般の法律事件に関して鑑定、代理、仲裁若しくは和解その他の法律事務を取り扱い、又はこれらの周旋をすることを業とすることができない。ただし、この法律又は他の法律に別段の定めがある場合は、この限りでない。

（下線部は平成14年に改正された箇所）

　弁護士法72条のただし書は、平成14年に司法制度改革の一環で、弁護士会側の反対もあったところであるが、ただし書に「又は他の法律」との文言を加入する改正が行われた。

　それにより、他の法律に別段の定めがある場合は、この限りでないとされ、法律事務は決して弁護士資格の排他的な独占事務ではないことが明らかにされた。

　この改正により、他の法律に別段の定めがある場合には、弁護士法に抵触する懸念は全くなくなったことから、司法書士法29条により委任を受けて制定された法務省令たる司法書士法施行規則31条1号が「他の法律」に該当するとして、「他人の事業の経営、他人の財産の管理若しくは処分を行う業務又はこれらの業務を行う者を代理し、若しくは補助する業務」のいわゆる「財産管理業務」等、並びに、2号の「成年後見業務」等は、弁護士資格に固有の弁護士法3条の法定業務ではなく、司法書士法人のみならず個人の司法書士であっても当然に「司法書士業務」として行える附帯業務[注4]であることが明らかとなったという説が登場した。しかしながら、司法書士法施行規則は「省令」であって「法律」ではない。弁護士法72条に違反した者は刑事罰が科されるので（2年以下の懲役又は300万円以下の罰金）、罪刑法定主義の原則からも、72条違反の成否が法務省令の改廃により左右決定されるということはありえないし、あってはならない。したがって、司法書士法施行規則が

弁護士法72条ただし書でいう「他の法律」に該当しないことは明らかである。そもそも、成年後見その他財産管理は、弁護士法72条で規制される法律事務ではないので、規則31条の規定の有無にかかわらず、司法書士が当然行える附帯業務であると解すべきであろう。しかし、規則31条が制定されたことにより、司法書士が当然に行っていた成年後見その他の財産管理業務が司法書士の附帯業務であることがより明確になり、その業務の推進と発展に結びついた。司法書士にとって規則31条が制定された意義は非常に大きいものと言わざるを得ない。

> （注4）法務省の新司法書士法の解説書（小林昭彦・河合芳光『注釈司法書士法［第三版］』281頁（テイハン））では、司法書士法第3条の法定業務（「本来的業務」と説明している。）に対し、これらの業務は「附帯業務」という名称で説明されている。

3　司法書士法施行規則第31条第1号の条文の解釈について

(1)　附帯業務の担い手

司法書士法29条で「法令等に基づきすべての司法書士が行うことができるもの」の定めを法務省令に委任し、これを受けて司法書士法施行規則31条で具体的な業務を定めている(注)。

「法令等に基づき」の「法令等」は形式的な意味の法令に限られず、慣習法、事実たる慣習、司法書士会の会則、会規・規則までを含む広い意味で用いられており（小林昭彦・河合芳光『注釈司法書士法［第三版］』282頁（テイハン））、その業務内容につき特段の制限を設けるものではない。

また、司法書士法29条本文は、規定上司法書士法人の業務範囲を定めた規定であり、「司法書士法人は……」との規定ぶりになっていることから、司法書士法施行規則31条業務は司法書士法人のみが取り扱うことができる業務である、と解釈を誤る向きもあるが、法人はその性質上、定款の目的に定めた業務に限り行うことができるところ、本条は、司法書士法施行規則31条業務については、司法書士法3条に規定する法定業務ではないので、司法書士法人は定款に定めないとその業務を取り扱うことができない。逆に言うと定款に定めれば行うことができると

いう趣旨のものである。

規則31条業務は、司法書士法29条を受けて規定されたものであるので、あくまで、当然に「すべての（個人の）司法書士が行うことができるもの」として規定されているものである。

なお、「すべての」とされているのは、司法書士法3条6号から8号までの「簡裁訴訟代理等関係業務」の認定司法書士でない者も、含まれることを意味している。

このことは、先に述べた弁護士法30条の5の規定に基づき、法務省令が制定された、「弁護士法人及び外国法事務弁護士法人の業務及び会計帳簿等に関する規則」の場合も全く同様に解釈される。

> (注) 1 本条の趣旨
> （前略）司法書士は、本来的な業務（第3条第1項第1号から第5号までに規定する業務）のほか、他の士業法で独占業務として規制されていない業務について、附帯的に行うことができるし、実際にも行っている。
> 本条1項1号は司法書士法人についても、本来的業務のほか、このように司法書士が行うことができる附帯業務を行うことができることを可能とする趣旨である。
> 2 法務省令に委任された理由
> 司法書士が行っている附帯業務は、他の法律で規制されていない業務であり、その内容は多種多様である。司法書士法人についても、このような司法書士が行っている多種多様の附帯業務を行うことができるようにする必要がある。
> しかも、将来における司法書士法人に対するニーズの変化等に迅速かつ柔軟に対応する必要もある。そのため、これらの附帯業務を法律に列挙するのは相当でない。
> そこで、司法書士法人は、法務省令で定める業務を附帯業務として行うことができるとして、法務省令に委任している。
> 3 「法令等に基づきすべての司法書士が行うことができるもの」
> （前略）ここでいう「法令等」とは、形式的な意味の法律、行政機関によって制定される命令、最高裁判所規則、条例・規則その他地方公共団体の制定する法規、行政庁の訓令、慣習法、事実たる慣習、司法書士会の会則・会規・規則を広く含む趣旨で用いている。そのため、「法令等に基づきすべての司法書士が行うことができるもの」とは、要するに自然人である司法書士が通常行なっている業務を指していることになる（小林昭彦・河合芳光『注釈司法書士法［第三版]』282頁（テイハン))。

⑵ 規則第31条第1号の要件に関する検討

次に、規則31条1号の要件につき検討してみる。

> 要件1　当事者その他関係人の依頼又は官公署の委嘱
>
> 要件2　管財人、管理人その他これらに類する地位に就き
>
> 要件3　他人の事業の経営、他人の財産の管理若しくは処分を行う業務
>
> 要件4　又はこれらの業務を行う者を代理し、若しくは補助する業務

ア　要件1について

「当事者その他関係人の依頼」が前提とされていること、次の要件2において「その他これらに類する地位」とあることから、規則31条業務を行い得る「主体」については、法令上の地位に基づくものに限られるべきではなく、依頼者との委任契約に基づき選任された者が含まれると解釈すべきものである。条文上、「管財人、管理人」との文言があることから、「本条に基づく業務の主体は法律上の地位に基づく管財人、管理人等（遺言執行者、相続財産管理人、……）に限られる」との考えは適切とはいえない。「管財人、管理人」は、あくまで例示であり、そのような名称に限定されるものではない。

ちなみに私人による委任契約に基づく財産管理人の設置については、これまで我が国ではあまり利用の実例がなかったとも言えるが、諸外国では当然に利用されており、もともと民法上にも予定した規定がある。民法25条並びに26条は、本人が自ら財産管理人を置くことがあることを前提にして、本人が財産管理人を置かなかったときは、家庭裁判所が利害関係人又は検察官の請求によりその財産の管理に必要な処分として不在者の財産管理人を選任することができるという規定を置いているものである。

イ　要件2について

㋐　管財人・管理人「その他これらに類する地位」について

管財人・管理人の特徴たる管理処分権の「包括性」に着目すれば、単

に個別の事務、例えば相続人調査・戸籍取得といった事務のみの依頼を受けた者は「類する地位」に就いたものと見ることはできず、「包括的に」財産管理処分業務の依頼を受けた者のみが「類する地位」の要件を満たすことになる。

　例えば、相続の事務手続において、個別の預貯金の解約払戻しの手続事務のみの委任を受けただけでは「包括的に」財産管理処分業務の依頼を受けた者といえるかは若干疑問であり、ある程度包括的に相続財産の管理・承継・処分の業務を委任された「相続財産管理人」あるいは「遺産整理人」としての「地位に就いた者」といえるものでなければならないであろう。

　また、任意売却のケースでも、単に不動産の売却を依頼されただけではなく、その売却の前提となる不動産に設定されている各担保権者との間の登記抹消に必要な法律事務等を含めて委託されて、「包括的に」不動産の売却処分業務を行う財産管理人の地位に就くことになる。

　司法書士の財産管理業務においては、それぞれの目的に応じて、「包括的に」財産管理処分業務の依頼を受けた者であるかどうかの疑義を避けるために、依頼者との間で、「業務委託書」を取り交わし、権限委託の範囲を明確にした書面を取り交わすべきである。

(イ)　財産管理人の責任・義務

　そして、「その他これらに類する地位」に就いたものは、その地位の性質上、一般的な委任契約の受任者に比して重い責任・義務を課されるべきであることにも留意しなければならない。

　通常の委任契約（あるいは準委任契約）は、対等な当事者を前提にしたものであるが、法律専門家と依頼者との契約関係は、それらの通常の代理関係とは性格を異にする「信認関係（fiduciary relation）」(注)という性格付けがなされている側面がある。

> （注）植田　淳『英米法における信認関係の法理―イギリス判例法を中心として―』（晃洋書房）。信認関係論については、前記著書のほか、樋口範雄『フィデュシャリー［信認］の時代―信託と契約』（有斐閣）、小野秀誠『専門家の責任と権能　登記と公証』（信山社）

この関係は、通常の委任契約関係では、対等な関係にあり自己責任を基本とするものであるが、受任者が専門家である場合には、最初から知識・情報等において対等ではなく、委任者が高度の専門性を有する受任者に依存するという関係があることに着目し、そこから「信認義務」が生じると説明されている。この信認関係は、もともとは、信託契約の委託者と受託者の関係で説明されてきたものであるが、信託も財産管理の一手法であることからすれば理解できるであろう。

受任者の信認義務の中心は、専門職業人に求められる依頼者の利益のために働かなければならない「忠実義務」であるが、さらに、その義務からの帰結としてあるいはそれを担保するものとして、「利益相反避止義務」及び「地位利用避止義務」を負うほか、契約関係からは必ずしも説明が付かない数種の義務が信認関係から根拠付けられる。専門家としての「守秘義務」や「情報提供義務」（説明・助言義務）などは、委任事務処理の善管注意義務から考えるよりも、この信認関係から根拠付けられる具体的な信認義務であると考える方が理解しやすい。

司法書士の担う財産管理業務については、特に相続財産管理人等の場合に複数の相続人の利益相反の関係にある当事者からの委任を受けて法律事務を行うことにもなる。

しかし、複数の当事者からの依頼を受ける関係は、私法の拡充・補充としての委任に基づく代理人として行為をするのみではなく、その関係は複数の利害相対立する当事者全員から同一の目的に向けての委託関係があること、さらに司法書士には、不動産取引に典型的に現れるように、当事者に対して利益相反避止義務を負っており、公正中立的な立場で執務を行うという役割を持つという性格を併せ有するという点を直視するならば、この関係はまさに「信認関係」という概念から理解する方が、説明がつきやすいものである。

弁護士と司法書士にのみ附帯業務として財産管理業務、成年後見業務を規定しているのも、これらの業務が高度の信認関係に基づく必要があることから法律事務を専門に業とすることができる法律資格であることによるものと考えることもできよう。

10 第1章　司法書士が担う財産管理業務の法的根拠

ウ　要件3について

(ア)　「他人の事業の経営、他人の財産の管理若しくは処分を行う業務」

「他人の事業の経営」並びにその代理、補助の業務には、いわゆる企業法務、中小企業支援、事業承継サポート等のみならず、会社や団体の役員への就任、さらには解散会社の清算人の就任もある。

また、司法書士業務に関する継続的な相談業務として法務顧問契約による業務も含まれるものと考えられ、司法書士の企業法務のフィールドを切り拓く端緒となることが期待される。

(イ)　「他人の財産の管理若しくは処分」

これがいわゆる「財産管理業務」と称されるものであり、本書でもこの財産の「管理」業務、「処分」業務の実際について具体的に実務の実例に即して解説するものである。

ここでいう財産「管理」という言葉は、民法103条の権限の定めのない代理人の財産管理権限としての保存行為、権利の性質を変えない範囲内での利用又は改良行為よりも非常に射程範囲の広いものであり、財産の承継のための事務や、財産の管理のために必要な処分行為も含むものであるが、権限の範囲に疑義が生じないように、規定上で「処分」行為も権限を授与すればできることを明確にしている。

なお、法令上の地位に基づく財産管理業務としては、遺言執行業務（民1010条）、任意後見＝当事者間の契約による委任契約、不在者の財産管理業務（民25条）、相続人不存在の場合の相続財産管理業務（民918条3項）、破産法・会社更生法等の管財・管理・監督業務が挙げられるが、「当事者の依頼」との規定ぶりからも容易に想定される通り、本条による財産管理業務には、依頼者との委任契約に基づく財産の管理・処分業務も当然に含まれる。また、信託法にいう信託管理人（信託123条）、信託監督人（信託131条）は、当事者の信託契約により定めることができるし、申立により裁判所が選任することもできる。受益者代理人は原則として信託契約でのみ定めることができる（信託142条1項、62条4項）。

したがって、相続財産として有価証券の換価処分や、不動産の売却処

分により価額分割する場合や、任意売却の代理業務等の処分業務も授権があれば可能になる。

なお、不動産の売却代理業務では、宅地建物取引業法上の専属業務について、法に抵触しないように留意すべきは当然である。

エ　要件4について

「又はこれらの業務を行う者を代理し、若しくは補助する業務」

要件3の業務について、司法書士が自らその地位に就き行う業務の他、その業務を行う者を代理し、若しくは補助することを業務とすることも可能である。

例えば、第5章で取り上げる相続の限定承認の場合で、複数の相続人がいる場合に選任される相続財産管理人は、相続人の中から選任される（民936条）。したがって、司法書士が相続財産管理人に就任することはないのであるが、法律事務に知識や経験のない一般人である相続人が、相続債権者との清算事務のための債権の申出の催告や、弁済のための相続財産の換価処分のための競売手続、さらには先買権を行使して競売差止権を行使するなどして公平公正な清算事務処理を行うことは極めて困難を伴うものであり、また、限定承認の制度を十分に理解していない債権者からの不当な請求に対して相続人の固有の権利を擁護することも法律家の役目として必要である。この限定承認の場合の相続財産管理人の行うべき債権債務の清算業務は、弁護士や司法書士の法律家が代理人として担うことが適切な業務であり、また必要であるといえる。

また、破産管財人には弁護士が選任されることが多いが、破産財団を構成する不動産の任意売却等においては、担保権の抹消手続交渉や抹消登記に必要な書類の授受行為、さらには所有権の移転等の司法書士の法定業務の領域もあるので、破産管財人の代理人若しくは補助者として、司法書士が弁護士と協働して業務を行うこともできる。

また、財産管理業務には、必ずと言ってよいほど相続税、贈与税、譲渡所得税等の資産税関係の税務処理の問題が関わってくる。その対処を誤れば、依頼者に重大な損失を被らせることにもなりかねないし、専門家の業務上の過誤として賠償責任を問われるおそれもある。

12 第1章 司法書士が担う財産管理業務の法的根拠

今後、それぞれの専門家と協働して連携の上に財産管理業務に取り組むことが、依頼者のためにも重要なことである。

(3) 規則第31条第2号について

司法書士法施行規則31条2号は、「成年後見に関する事務」を、明文をもって司法書士の附帯業務として位置付けたものである。

もともと、司法書士にとっての成年後見事務は、必ずしも新たな形態の執務ではなかった。従来から行ってきた不動産登記事務・家事事件の裁判事務を当然に含んでいたものであり、また、1号にいうところの財産管理業務も含まれ、これまでの市民の権利保全、権利擁護の執務の延長上にあるものであった。

しかしながら、平成11年の成年後見関係4法の制定当時には、成年後見事務は、「司法書士の職務としての事務」なのか、「司法書士という資格を有する個人が担う事務」なのかは、解釈上議論がなされた。

民法上は、成年後見人となる者の選任の考慮事情として、職業・経歴等が適格性の判断資料となることが例示された（民843条4項）ことから、「司法書士という職業を持つ個人が担う事務」と解釈すべきとの意見がある一方で、日司連、単位会の会則上に定められた「国民に対して司法書士が提供する法的サービスの拡充」の解釈として、成年後見業務は、まさに「司法書士の職務上の事務」であると解釈すべきとの見解も有力であったが、この14年改正の規則により、成年後見に関わる事務が司法書士の附帯業務として「業」であることが明文の根拠となった。

(4) 規則第31条の「附帯業務」

司法書士法施行規則31条に規定される「附帯業務」については、本来的に争訟性を有する法律事務ではないことから、もともと特定の資格を有するものに限定されるものではなく、従前から司法書士も裁判所において遺言執行者、相続財産管理人、不在者財産管理人、破産管財人等に選任されてきており、また、当事者の依頼による遺言執行者の就任、任意の相続財産管理人、遺産整理人等のほか、任意売却等の財産管理処分業務等を担ってきていた。

しかし、法定の業務とは異なり明文上の根拠がなかったことから、一

部の弁護士から弁護士法 72 条違反行為ではないかと指摘されたり、司法書士会内部でも過去には自己規制的に慎重に対処すべしとの指導をとっていた会もあり、司法書士が「業務」として当然に行えるとの共通の認識は薄かったともいえる。

しかしながら、司法書士法改正を契機に、これらの業務も、「司法書士の附帯業務」として明文化されたことにより、「業務」として取り扱うことについて疑義がなくなり、また、弁護士の場合もこれらの業務は、弁護士法 3 条の法定業務に当然に含まれるものではなく同様に附帯業務であることが明らかにされたことにより、弁護士法 72 条には抵触しないことが明白になった。

ただし、注意しなければならないのは、これらの業務を遂行する上で、相手方や関係当事者間で、利害対立が顕著となり紛争性を帯びてきた場合には、争訟性のある法律事務すなわち裁判事務分野の業務になるので、そこに至っては弁護士の固有の法定業務と司法書士の裁判業務との境界が生じてくる。すなわち、争訟性を帯びた和解交渉等は、裁判外の和解行為とみなされることになり、認定司法書士であっても簡裁訴訟関係等事務の上限である 140 万円の範囲に制限されるものであることに十分に留意し、コンプライアンスを遵守して執務にあたらなければならない。

第 2 章

管　理

1　遺産承継業務とは

(1)　相続と相続手続

　相続は、自然人の死亡によって開始し（民 882 条）、相続人は、相続開始の時から被相続人の一身に専属したものを除き、被相続人の財産に属した一切の権利義務を承継する（民 896 条）から、自然人に相続が発生した場合、当該自然人が不動産や預貯金、株式他有価証券類等金融資産、動産等（以下「相続財産」という。）を所有し、あるいは債務（以下「相続債務」という。）を負担している場合には、それら相続財産及び相続債務は当該自然人の相続人に帰属することになる。

　相続が開始した場合、相続財産（登録手続を要さない動産を除く。）については、その種別に応じて名義の変更手続又は払戻手続が必要となるが、相続財産の種別によって、その手続は一様ではない。

　相続手続には、一般に、相続を証する書面として、被相続人について相続人を特定するに必要なすべての戸籍謄本、除籍謄本、原戸籍謄本等を、また、相続人について被相続人の相続人であることを証する戸籍謄本等をそれぞれ取得する必要がある他、遺産分割に基づき相続財産を承継する場合は、遺産分割協議書を作成し、相続人全員が署名した上で実印を捺印し、印鑑証明書を用意する必要がある。

　不動産については、相続を原因とする所有権等移転の登記申請手続をする必要があるが、同手続は、法令に則り適正に行う必要がある。

　金融機関の預貯金の払戻しについてみると、一般的には、当該金融機関の所定の用紙に相続人全員の署名及び実印による捺印と、上記戸籍謄本等のほか印鑑証明書の提出が求められるが、預金者本人以外の者からの払戻手続ということから、厳格な手続が求められるし、金融機関ごとに取扱いが異なることから個別対応が求められる。

16 第2章 管 理

　有価証券類については、証券会社に相続人名義の特定口座を開設し、相続移管手続をする必要があるし、換価する場合も相続移管手続をとった上でなければすることができない。

　相続債務については、債務を返済するか、又は債務を引き受ける手続（債務引受契約等の締結）をする必要がある。この場合、相続債務が相続財産を超過するときは、相続人の固有の財産で相続債務を負担することになってしまうので、これを回避するには相続を放棄するか、又は限定承認をするかの選択を迫られることとなる。

　相続人の中には、所在が不明な者（不在者）や、そもそも依頼人が予期していなかった者が相続人として登場してくることさえある。

　このような場合には、不在者については、家庭裁判所に対して財産管理人の選任の申立てをする必要があるし、予期しない相続人に対しては、相続の事実を伝え、状況を説明する必要があるが、この場合、相続に関する法律知識が求められる。

　いずれにしても、これらの事務は専門性が高く、一般市民たる相続人が自ら行うにはハードルが高いと言わざるを得ない。

　また、相続人のうち特定の者が相続人代表として、利害対立する相続人全員の為にこれらの手続をすることは、自己の財産を管理する場合よりはるかに高度な注意義務、公平義務を負うべきであるところ、一般市民にこれを求めるのは酷であろう。

　なお、遺言があり、遺言執行者が指定されている場合、又は家庭裁判所で選任された場合は、遺言執行者は相続人の代理人として[注1]、遺言の趣旨に従い、相続財産の管理その他遺言の執行に必要な一切の行為をする権利義務を有する（民1012条1項）こととされるから、遺言執行の対象として遺言書に記載されている事務については、遺言執行者がこれを行うこととなる（改正相続法1012条2項参照）が、遺言書に記載されていない事務、又は遺言執行の対象とならない事務については、相続人全員からの依頼に基づき任意相続財産管理人として相続財産の承継に関する事務を行う余地はある。

【改正相続法】
（注1）改正相続法では「相続人の代理人」の文言は削除され遺言執行者の行為が相続人に直接に効力を及ぼすことになる（改正相続法1015条）。

(2) 相続と司法書士

　前述のとおり、不動産については、相続を原因とする所有権等の移転登記申請手続をすることになるが、不動産登記法の規定により、登記申請情報の他、登記名義人たる被相続人について相続が開始したこと、登記申請人が、法律の規定により、あるいは相続人全員の協議等により当該不動産を承継取得したことを証する情報を添付情報として法務局に対して提供する必要があるが、それら情報の作成、収集には、専門的知識が要求されることから、司法書士が代理人として任に当たるのが通例となっている。しかし、不動産以外の財産については、制度上手続を担当する専門職がいないため、多くの場合、相続人又はその関係者が苦労して処理してきた実情がある。

　金融機関等に提出する書面や遺産分割協議書を適正に作成するためには、相続人間での情報の共有、とりわけ法律効果についての認識の共有が欠かせないが、利害関係者間のみでこれを行うときは、ともすると特定の相続人の利益に偏した不公平な結果を招来する危険性なしとしない。

　ここに、法律により他人の財産の管理や処分を業務とすることが認められた法律専門職の役割を見出すことができるのであるが、このことは、相続人の利便性の面からのみならず、相手方となる金融機関等からの要請としても位置付けることができるであろう。なぜなら、金融機関等は、当該相続手続が相続人全員の意思に合致した、真正なものであることを期待するものであり、このことは、当該相続手続の結果について利害関係のない第三者であり、しかも公正な事務処理が期待できる法律専門職が関与することによって担保されるからである。

　施設入居者が死亡したが、同人の相続人の存在又は所在が不明な場合に、利害関係人である施設管理者から依頼を受けて死亡した施設入居者の相続財産の承継業務を遂行する場合が考えられる。その場合は、権限

の定めのない代理人として、保存行為及び代理の目的である物又は権利の性質を変えない範囲での利用又は改良行為をすることとなるが、相続人調査のための戸籍謄本等の取得等の事務を行うことは、当該施設管理者の代理人としての権限の範囲内の行為であると考える。相続人を調査した結果、相続人が判明した場合には、当該相続人との間で、改めて業務委託契約を締結して相続財産の承継に関する業務を続行することとなる。

また、相続人が存在しないことが判明した場合には、直ちに利害関係人又は検察官に対して、相続財産管理人選任の申立てを促すことになるが、相続財産管理人が選任されたときは、相続財産の承継業務は終結することとなるので、委託を受けた財産その他一切の物は、これを速やかに選任された相続財産管理人に引き渡すこととなる。

(3) 任意相続財産管理人と遺産承継業務

本章では、相続人から依頼を受けて相続財産を承継させるために必要な法律行為及び法律行為でない事務の一切を行う者の地位を任意相続財産管理人と称し、任意相続財産管理人が行う業務のことを遺産承継業務と呼ぶこととする。なお、遺贈がある場合に、遺言執行者を指定していないときは、相続人が遺贈義務者として受遺者に対する遺贈対象財産の移転を行うことになるが、この場合も相続人及び受遺者からの依頼に基づき任意相続財産管理人として遺贈対象財産の移転に関する事務を行うことが考えられる。また、受取人が指定されている生命保険金や死亡退職金等は相続財産ではないが、これらの事務をも含めた概念であると考えてよいであろう。

ここでは、相続人等から依頼を受けて遺産承継業務を行う任意相続財産管理人の実務を中心に論じ、相続人がいない場合の留意点について付言することとしたい。

2 業務の受託

遺産承継業務の受託形態は、相続人が一人なのか複数名いるのか、複数名いる場合には、遺産分割協議又は遺言により特定の相続人が承継取

得することが既に決まっている場合とそうでない場合とで対応が異なるが、ここでは後者の場合、すなわち相続人が複数名おり、遺言もなく遺産分割協議未了の場合を中心に述べ、必要に応じて前者の場合に言及することとしたい。

　なお、遺言があり遺言執行者が指定されている場合、遺言執行が必要な遺産の承継については遺言執行者が行うことになる（民1012条）ので、承継対象財産の状況や遺言執行者の就任状況によっては、任意相続財産管理人として遺産承継業務を遂行する余地のない場合もあるので、受託に当たって留意する必要がある。

　任意相続財産管理人は、相続人全員から同趣旨の依頼を受けて、相続財産について遺産承継業務を遂行するに必要な管理及び処分を行うことになるが、それが専門職である場合、依頼の端緒は、相続人のうちの一名又は数名から相談を受けることによる場合が多い。

　そこで、業務を受託するに当たり、まず初めにすることは相続人の調査と特定である。

(1)　相続人の調査

　相続人の調査に当たっては、まず依頼人である相続人から相続関係の聴取をすることから始める。この時点で、相続人が特定できることは多いであろうが、その場合でも戸籍謄本等を取得して確認する必要がある。なぜなら、依頼人も知らない相続人がいることも稀ではないし、数次相続がある場合等相続関係が複雑な場合は、当該相続財産について相続する権利を有する者及び権利割合を特定することは専門職でさえ困難を来す場合もあるほどだからである。

　戸籍謄本等の取得については、戸籍法10条以下、同法施行規則11条の2以下に詳細な規定があるが、概略は次のとおりである。

ア　戸籍謄本等の交付請求ができる者

(ア)　本人請求

　戸籍に記載されている者及び記載があったが除かれた者又はその配偶者、直系尊属若しくは直系卑属は、その戸籍の謄本若しくは抄本又は記載事項証明書（以下「戸籍謄本等」という。）の交付の請求をすることが

20 第2章 管理

できる、とされている（戸10条1項）。本人請求と呼ばれるものである。

　(イ)　第三者請求

　上記以外の者は、次の各場合に限り、戸籍謄本等の交付の請求をすることができる、とされている（戸10条の2第1項）。第三者請求と呼ばれるものである。

①　自己の権利を行使し、又は自己の義務を履行するために戸籍の記載事項を確認する必要がある場合

②　国又は地方公共団体の機関に提出する必要がある場合

③　上記各場合のほか、戸籍の記載事項を利用する正当な理由がある場合

イ　交付請求の際に明らかにする必要のある事項

　本人請求の場合には、交付を請求する理由等は何ら求められないが、第三者請求の場合には、上記3つの場合に応じて次の事項を明らかにして交付請求をすることになる。

　前記①の場合は、権利又は義務の発生原因及び内容並びに当該権利を行使し、又は当該義務を履行するために戸籍の記載事項の確認を必要とする理由

　前記②の場合は、戸籍謄本等を提出すべき国又は地方公共団体の機関及び当該機関への提出を必要とする理由

　前記③の場合は、戸籍の記載事項の利用の目的及び方法並びにその利用を必要とする事由

ウ　交付請求の際の本人確認として提示、又は提供する必要のある書面（戸10条の3、戸規11条の2、11条の3）

　本人請求の場合であると第三者請求の場合であるとを問わず、戸籍謄本等の交付を請求する者は、市町村長に対して、運転免許証、旅券、住民基本台帳カード、保険証、年金手帳等の公的証明書等を提示して当該請求者を特定するために必要な氏名及び住所又は生年月日を明らかにする必要がある。

　そして、代理人が戸籍謄本等の請求をするときは、さらに、委任状その他戸籍謄本等の交付の請求をする権限が付与されていることを証する

書面を提供する必要がある。

　そうすると、相続人でない第三者が任意相続財産管理人として遺産承継業務を行う場合に戸籍謄本等を取得するには、依頼人から戸籍謄本等を取得する権限を与えられている旨の記載のある委任状又は契約書を提供した上で、代理人の本人確認のできる運転免許証等を提示することにより氏名及び住所又は生年月日を明らかにして請求することとなる。さらに、当該請求が第三者請求の場合には、上記に加えて、依頼人について前記イに記載した理由又は事由を明らかにする必要がある。

エ　専門職の場合の特例

　(ｱ)　専門職による請求

　なお、弁護士等の専門職が戸籍謄本等の交付の請求をする場合に、それが職務上必要な場合には、当該専門職の所属する会が発行した戸籍謄本等の交付を請求する書面、すなわち統一請求書のみですることができる（戸規11条の2第4号）。

　すなわち、弁護士、司法書士、土地家屋調査士、税理士、社会保険労務士、弁理士、海事代理士若しくは行政書士（いずれも法人を含む。）は、受任している事件又は事務に関する業務を遂行するために必要がある場合には、統一請求書に当該弁護士等が職印を押したものによって戸籍謄本等の交付の請求をすることができる。この場合において、当該請求をする者は、その有する資格、当該業務の種類、当該事件又は事務の依頼者の氏名又は名称及び当該依頼者についての前記イに記載した理由又は事由を明らかにしてすることとなる（戸10条の2第3項）。ただし、特定の代理業務については、前記にかかわらず、その有する資格、当該事件の種類、その業務として代理し又は代理しようとする手続及び戸籍の記載事項の利用の目的を明らかにすれば足りる（戸10条の2第4項）、とされている。

　ここで、統一請求書で戸籍謄本等の交付を請求できるのは、上記各士業について受任している事件又は事務に関する業務を遂行するために必要がある場合に限定されているが（戸10条の2第3項）、これは各士業の独占業務として各士業法に規定されている業務（以下、「本来的業務」

22 第2章 管理

という。）を行う場合に限ると解されているので遺産承継業務はこれに含まれないこととなる。

(イ) 附帯業務と戸籍の請求

ところで、司法書士については司法書士法施行規則 31 条において司法書士法人の業務範囲として、また、弁護士については弁護士法人及び外国法事務弁護士法人の業務及び会計帳簿等に関する規則 1 条において弁護士法人の業務範囲として、それぞれ他人の事業経営及び他人の財産の管理処分に関する業務（以下、「財産管理業務等」という。）が規定されている。

すなわち、①当事者その他関係人の依頼又は官公署の委嘱により、管財人、管理人その他これらに類する地位に就き、他人の事業の経営、他人の財産の管理若しくは処分を行う業務又はこれらの業務を行う者を代理し、若しくは補助する業務、②当事者その他関係人の依頼又は官公署の委嘱により、後見人、保佐人、補助人、監督委員その他これらに類する地位に就き、他人の法律行為について、代理、同意若しくは取消しを行う業務又はこれらの業務を行う者を監督する業務、がそれである。

これらの業務は、司法書士法 3 条あるいは弁護士法 3 条に規定する業務がそれぞれ司法書士及び弁護士の本来的業務であるのに対して、附帯業務と呼ぶことができる。

相続人から依頼を受けて相続財産の管理、承継及び処分を行う業務、すなわち本稿の遺産承継業務は、附帯業務ということになる。

これらの業務は、司法書士法 29 条により「すべての司法書士が行うことができるものとして法務省令で定める業務の全部又は一部」また、弁護士法 30 条の 5 により「法令等に基づき弁護士が行うことができるものとして法務省令で定める業務の全部又は一部」とあるように、司法書士法人あるいは弁護士法人に特有の業務ではなく、すべての司法書士個人あるいは弁護士個人ができる業務であるとされている。ここで、「すべての司法書士」とあるのは、司法書士法 3 条 2 項 2 号による認定、すなわち簡裁訴訟代理等関係業務の認定の有無は問わないということである。

ところで上述のとおり、司法書士又は弁護士が遺産承継業務を遂行する上で戸籍謄本等を取得する必要が生じた場合であっても、戸籍法に規定する統一請求書を使用して、戸籍謄本等を取得することはできないということになる。

そうだとすると、本来的業務、附帯業務の違いはあるにしても、いずれも法が規定する業務であるにもかかわらず、本来的業務を行うに当たって職務遂行上必要な場合は統一請求書を使用することができるが、附帯業務の場合には統一請求書は使用できず、戸籍法の原則どおり運転免許証等の提示を求められるということになるが、本人確認の方法として要求される書面について公平を欠くことになり、業務遂行上も支障を来し、司法書士又は弁護士としての職責を十分に果たすことができないということにもなる。

(ウ) **統一請求書**

上記のような不都合を解消するために、日本司法書士会連合会は、総務省と協議の上、財産管理業務等司法書士の附帯業務を遂行するために必要な場合に使用する様式として戸籍謄本・住民票の写し等請求書【司法書士用】を統一2号様式として定めたのであるが、弁護士会も類似の様式を制定している。

戸籍法施行規則11条の2第3号は、本人請求又は第三者請求の場合において、本人確認の方法として「その他の市町村長が現に請求の任に当たっている者を特定するために適当と認める方法」を挙げているが、財産管理業務等を遂行するために戸籍謄本等の交付の請求をする場合に求められる本人確認の方法として上記請求書に当該司法書士又は弁護士の職印を押したものによって請求する方法がこれに該当するものであると理解することができる。

以上のように、法律専門職といわれる職能の中でも、司法書士及び弁護士に限っては、業として財産管理業務等を遂行することが法令によって認められることになり、同業務を遂行するに当たって必要があるときは、司法書士又は弁護士として、すなわち業として戸籍謄本等の交付を請求受領する権限が認められることとなった。

24　第2章　管理

　なお、代理人が依頼を受けて戸籍謄本等の交付の請求をする場合は、その権限が付与されていることを証する書面として委任状等を提供しなければならない（戸規11条の4）。

　【書式2-1】に、司法書士が代理人として戸籍謄本等の交付請求をするときに、市町村役場に提供する委任状様式を掲載する。なお、必ずしも本書式どおりとする必要はなく、依頼に応じて加筆修正削除することが望ましい。

【書式2－1】

```
                        委　任　状
                      〒○○○-○○○○
                事務所　横浜市○区○丁目○番○号○階
                名　称　司法書士○○法務事務所
                      司法書士　　○　○　○　○
                      （住所　横浜市○区○丁目○番○号）
                      司法書士　　○　○　○　○
                      （住所　横浜市○区○丁目○番○号）

　私は上記の者を相続財産管理人（遺産承継業務受任者）に選任し、亡○
○○○（以下「本人」という。）の相続財産等を承継するために必要な法
律行為その他一切の事務を処理する権限を委任します。

被相続人の表示
　氏名
　生年月日
　死亡年月日
　最後の本籍
　最後の住所

委任事務の内容
　①　銀行、証券会社、保険会社、その他の金融機関との間における次の
　　手続
　　ⅰ）預貯金その他金融取引の有無及び預貯金取引その他金融取引の経
　　　過に関する情報開示請求
　　ⅱ）残高証明書の発行請求及び受領
　　ⅲ）各種書類又は証書類の提出及び受領
　　ⅳ）預貯金の解約及び解約金の受領
　　ⅴ）貸金庫取引の解約及び保管物の回収
　　ⅵ）株式等有価証券その他寄託物の返還請求又は売却若しくは相続移
　　　管若しくは受渡しの請求
　　ⅶ）各種保険金、各種給付金及び有価証券売却代金の受領
　　ⅷ）預貯金、投資信託、公社債、生命保険契約、その他の金融商品の
　　　相続手続
　②　司法書士法第3条に規定される不動産・商業法人・船舶に関する登
　　記申請手続
　③　相続債権の請求及び受領
　④　祭祀承継手続及び墳墓地の名義変更手続
　⑤　前各号の事務処理のため必要な戸籍謄本、住民票の写し、固定資産
```

評価証明書、その他官公署発行の証明書類の交付請求並びに受領
⑥　その他、本人の相続財産の承継のため必要な一切の事務

業務権限の根拠規定　　司法書士法第 29 条、同施行規則第 31 条

平成　　　年　　　月　　　日

住所
（相続人　　　　　様）
　　　　　　氏名

　これは、司法書士が遺産承継業務を受託するに当たって、相続人の一人から業務の依頼を受け、それに基づいて、相続人全員を特定するための戸籍謄本等の交付を請求するために使用する委任状の様式例である。

　司法書士が財産管理業務等を遂行するに当たって必要な場合に戸籍謄本等の交付を請求するために使用するのは統一 2 号様式であるが、この場合には、戸籍謄本等の本人請求又は第三者請求の代理請求として、戸籍謄本等の交付請求をすることができる者から当該人に代わって交付請求する権限を当該人から付与されていることを証する書面を提供する必要がある。本委任状はこれに該当するものである。

　この様式では、司法書士法施行規則 31 条業務として行うものである旨を明確にするために、委託事務の内容を列記してあるが、端的に、戸籍謄本等の交付請求をする旨及び業務権限の根拠規定のみを記載したものでも差し支えないであろう。

　委任状は、その原本を市町村町に提供する必要があるので、郵便により交付請求をする場合は、複数の市町村長に請求する便宜を考慮して、複数枚取得しておくと便利である。

　㈡　1 号様式と 2 号様式

　司法書士が業務遂行上必要な場合に戸籍謄本等の交付請求に使用する請求書にはいわゆる職務上請求書とよばれる「日本司法書士会連合会統一 1 号様式」と、「職務上」請求書でないが、司法書士が戸籍謄本・住民票の写し等請求書として使用する「日本司法書士会連合会統一 2 号様式」とがある。

26 第2章 管 理

このうち統一1号様式は、戸籍法が規定する統一請求書のことである
が、これは司法書士が司法書士法3条に規定するいわゆる本来的業務を
遂行する上で必要な場合に用いるものであり、この場合は、他に何らの
書面も要求されない。これに対して、司法書士が司法書士法施行規則
31条に規定する附帯業務を遂行する上で必要な場合には統一2号様式
を使用しなければならず、この際、必ず代理人として交付請求する権限
を付与されていることを証する書面を提供する必要がある。ここで、交
付請求する権限とは、司法書士法施行規則31条業務として財産管理業
務等を受託していることを証するものである必要があり、単に戸籍等の
交付請求の委任を受けていることを証するだけでは足りないということ
になる。万一、安易に統一1号様式である職務上請求書を使用したり、
あるいは統一2号様式を使用したとしても、司法書士法施行規則31条
業務として財産管理業務等を受託せずに戸籍謄本等の交付請求をした場
合には、業務外行為として懲戒処分の対象となることがあるので充分な
注意を要する。

さて、このようにして、戸籍謄本等の収集をすすめ、相続人を特定す
ることになるが、相続人及び相続の順位並びに法定相続分については民
法に規定があるので、ここで確認しておくこととする。

遺産承継業務は、相続人の確定と相続人各人の法定相続分の確認から
はじまり、遺産分割協議を経て遺産の分配により終結する業務だからで
ある。

㈤ 取得した戸籍の処理

なお、相続人を確定する目的で取得した戸籍謄本や住民票等は一連の
遺産承継業務のために使用することになるが、業務終了後、なお受任者
の手元にある戸籍謄本等については、当該戸籍謄本等の取得の依頼を受
けた相続人等に返却することとなる。なぜなら、前述したように、戸籍
法の規定する適格要件に基づき本人請求又は第三者請求をすることがで
きる者から依頼を受けて取得したものであるから、請求者は依頼人たる
相続人等である、ということになるからである。

収集した戸籍謄本の引渡しについて　　　Column

弁護士、司法書士、土地家屋調査士、税理士、社会保険労務士、弁理士、行政書士又はこれら資格者の法人及び海事代理士（以下「資格者等」といいます。）は、職務遂行のために他人の戸籍の謄本若しくは抄本又は戸籍に記載した事項に関する証明書が必要な場合に、戸籍法が定める要件のもとにその交付の請求をすることができます（戸10条の2第3項～5項）。

　この場合、戸籍謄本等を請求しようとするときは、運転免許証等の本人確認書類又は資格者等若しくはその補助者であることを証明できる写真付きの書類等を提示し、資格者等の職印が押された当該資格者所属会発行の戸籍謄本等の交付を請求する書面（以下「統一請求書」といいます。）により請求することとされております（戸規11条の2第4号）。また、統一請求書を利用した戸籍謄本等の郵送請求も可能とされています（戸規11条の2第5号ハ）。いずれの場合も、統一請求書には、依頼者の氏名や戸籍記載事項の利用目的など、戸籍法10条の2第3項から第5項において明らかにすることとされた事項を記載する必要があります。

　さて、ここからが本題です。このようにして資格者等が統一請求書を用いて職務上収集した戸籍謄本等は、最終的に誰の手元に残るようにすべきなのでしょうか。

　事例として、司法書士が相続登記手続を受任し、戸籍法10条の2第3項に基づき収集した戸籍謄本等を登記申請のため法務局に原本を提出し、登記完了後に不動産登記規則55条の原本還付を受けたことを想定して検討したいと思います。

　最初に、司法書士が収集した戸籍謄本等は、いったい誰の所有に帰属するかを考えたいと思います。もしも相続登記の依頼人に戸籍謄本等の所有権があるとすれば、司法書士は登記完了後に依頼人に原本を引き渡すべきであることは当然です。しかし、使用目的を国等（法務局）に提出するためと申告して司法書士が統一請求書により取り寄せた戸籍謄本は、司法書士がその判断において原本を（還付請求せずに）法務局に提出することもできると考えられそうですし、原本還付手続をした場合であっても原本を依頼人に交付することなく廃棄処分するのも自由だと考えることもできそうです。戸籍謄本等の取り寄せ費用を依

頼人が負担したとしても、本来は司法書士が添付情報として国（法務局）に提出すべきものが、原本還付を受けた時点で依頼人の所有物に転化するとは考えにくいからです。

ところが、近時、注目すべき司法書士懲戒処分例が公開されました。業務遂行のため統一用紙を使用して依頼者の住民票等の写しを取り寄せ、それらを登記申請書に添付して法務局提出後に原本の還付を受けたところ、その原本を依頼者に交付することなく事務所に保管していた事実について、これが司法書士法2条（職責）に違反するというものです。処分理由の中には、「受任した事件が終了したときは、遅滞なく、預かった書類等を返還すべき責務があり」という記載がありますが、返還しなかったとされる住民票等は依頼人から預かったものではなく、司法書士が統一様式を用いて取り寄せたものです。懲戒権者は、司法書士が統一請求書で取り寄せた書類を、登記の依頼人の所有に帰すると判断したのでしょうか。

それでは、資格者等が職務上で利用した後の戸籍謄本等は依頼人に引き渡すべきという前提で、具体的な返却先をどうするかを考えてみたいと思います。依頼人が1名のみの場合は交付先に迷うことはありませんが、依頼人が複数いる場合はどのように決めたらよいでしょうか。例えば同一の被相続人の遺産について、A不動産を相続した甲と、B不動産を相続した乙から、相続登記の申請手続を同時に受託したようなケースです。深く考えずに、甲のほうが多くの不動産を相続しているからとか、甲のほうが年長だからなどと勝手な解釈をして、甲に戸籍謄本等を引き渡してしまいますと、後から乙による思わぬクレームが発せられる可能性があります。このようなことにならないように、受託時点で戸籍謄本等の交付先をどちらにするか甲と乙に確認と了解を求めておくべきかと思われます。

ところで、いうまでもなく戸籍謄本等には数多くの個人情報が掲載されています。相続人を特定するために取得した戸籍謄本等の記載事項中には、依頼人にとって不必要な個人情報まで含まれている場合があります。例えば、相続登記の依頼を受けた司法書士が、被相続人の戸籍を遡って収集していたところ、依頼人が知らなかった相続人（父や母が異なる依頼人の兄弟姉妹など）が判明したため、その相続人の戸籍を現在まで追うようなケースがあります。法務局に提出するのはその相続人の現在の戸籍謄本等であり、その相続人が被相続人の戸籍から除か

れてから現在の直前戸籍に至るまでの戸籍謄本等（中間の戸籍謄本等）
は、法務局に提出を要しないばかりか、依頼人と直接関係がある戸籍
謄本等ではありません。このようにして取得した戸籍謄本等を、登記
完了後に依頼人に交付してしまってよいのでしょうか。

　まず、戸籍収集の段階で判明した相続人が、依頼人らとの遺産分割
協議に応じ、依頼人が求める相続登記申請が見込める場合は、登記完
了後の戸籍謄本を誰に交付するかを協議してもらうべきだと思います。

　これに対し、戸籍収集の段階で判明した相続人が遺産分割協議に応
じないなどの理由で、相続登記が申請できない場合はどのように対応
すべきでしょうか。統一請求書により取り寄せた戸籍謄本は、その資
格者等の職務以外に使用することができないと厳格に考えれば、相続
登記の申請業務に使用できなくなった戸籍謄本等は、すべて取り寄せ
た司法書士の責任において処分すべきなのかもしれません。これを依
頼人に引き渡すことは望ましいことではないかもしれません。しかし、
上記のような懲戒処分事例もありますから非常に悩ましい問題です。
日本司法書士会連合会発行の『司法書士のための戸籍謄本・住民票の
写し等の交付請求の手引き』（第2版）の38頁では、「Q21　1号様式を
使用して依頼者以外の者の戸籍謄本・住民票の写し等の交付の請求を
する際に注意すべきことは何か。』という問いかけに対し、「A　第三
者の人権やプライバシーを侵害することのないように十分な配慮が必
要である。」という回答がなされています。さらにそのコメント欄に
は、収集した戸籍謄本に「相続人以外の者の機微情報（婚姻や離婚、認知
など）が記載されているものがある場合には、依頼者に交付しないこと
を選択することもあり得る。」という記載もあります。これは、正当な
事由がある場合は、依頼人に対し統一請求書で取り寄せた戸籍謄本等
を交付しないことが必ずしも司法書士法2条（職責）に違反することに
はならないという見解でしょうか。

(2)　相続人の特定

ア　相　続

　民法は、相続人について次のように定めている。すなわち、相続は死
亡によって開始し（民882条）、胎児は、相続については、既に生まれ

たものとみなす（民886条1項）。被相続人の子は、相続人となり、被相続人の子が相続の開始以前に死亡したとき、又は欠格事由に該当し、若しくは廃除によってその相続権を失ったときは、その者の子（ただし、被相続人の直系卑属であるものに限る。）がこれを代襲して相続人となり、代襲者が相続の開始以前に死亡、欠格事由廃除により相続権を失った場合も同様とする（再代襲・再々代襲相続。民887条）。被相続人に子及び代襲者（ただし、被相続人の直系卑属であるものに限る。）がない場合には、被相続人の直系尊属（親等の異なる者の間では、その近い者を先にする。）、兄弟姉妹が、この順序で相続人となり、兄弟姉妹が相続の開始以前に死亡したとき、又は欠格事由に該当し、若しくは廃除によってその相続権を失ったときは、その者の子がこれを代襲して相続人となる。なお、兄弟姉妹については再代襲は認められない。被相続人の配偶者は、常に相続人となる。

イ　養子縁組

　民法は養子制度を置いているが、養子について次のように定めている。

　養子は縁組の日から養親の嫡出子の身分を取得し（民809条）、養親の血族との間において血族間におけるのと同一の親族関係を生ずる（民727条）。ただし、縁組前に存在した養子の血族は、養親と血族関係にならないことに注意すべきである。例えば、養子に縁組前に出生した子がいても、当該子は養親の孫になるわけではないので、仮に養子が養親より先に死亡したとしても、当該子は養子を代襲して養親の相続人となることはない。

　養子縁組をした場合でも、養子と実親との血族関係は存続するから、養子は、実親の相続人でもあるわけである。なお、特別養子の場合には、縁組により、特別養子と父母（実父母及び養父母）及びその血族との親族関係は、いわゆる連れ子養子の場合を除いて特別養子縁組によって終了する（民817条の9）から、この場合は、特別養子は、父母（実父母及び養父母）の相続人となる資格を失う。

　養子は、他の者の養子となることもできるが、この場合も、それまで

の養子縁組は離縁しない限り解消されないから、養親子関係が重複して並存する場合も考えられる。

養子及びその配偶者並びに養子の直系卑属及びその配偶者と養親及びその血族との親族関係は、離縁によって終了する（民729条）。すなわち、離縁によって養子及び養子の血族と養親及び養親の血族との間の法定血族関係は終了し、相続権は互いに失うこととなる。

ウ　相続人の相続分

相続人の相続分については、民法は次のように定めている。

同順位の相続人が数人ある場合、子及び配偶者が相続人であるときは、子の相続分及び配偶者の相続分は各2分の1とする。配偶者及び直系尊属が相続人であるときは、配偶者の相続分は3分の2とし、直系尊属の相続分は3分の1とする。配偶者及び兄弟姉妹が相続人であるときは、配偶者の相続分は4分の3とし、兄弟姉妹の相続分は4分の1とする。子、直系尊属又は兄弟姉妹が数人あるときは、各自の相続分は相等しいものとする。ただし、父母の一方のみを同じくする兄弟姉妹の相続分は、父母の双方を同じくする兄弟姉妹の相続分の2分の1とする（民900条）。なお、嫡出でない子の相続分の規定は、違憲判決を経て、民法改正（平成25年12月11日公布）により、削除された。代襲相続人の相続分は、その直系尊属が受けるべきであったものと同じとするが、代襲相続人が複数存在する場合の相続分については、被代襲者が受けるべきであった部分を代襲相続人の均等な頭割りで算出する（民901条）。

以上のように、民法は相続権の発生及び喪失、並びに法定相続分について詳細な規定を置いているので、相続人及び法定相続分の特定にあたっては、戸籍謄本等を参考にして民法の規定に基づき慎重に検討することが要請される。

(3)　遺産承継業務委託契約の締結

さて、以上により、当該相続財産について相続人が確定したわけであるが、遺産承継業務を受託するには、すべての相続人との間で業務委託契約を締結する必要はない。

ただし、遺産承継業務を遂行する上で、他の相続人と常に共同で手続

32 第2章 管 理

を行う必要があることから、相続人全員から業務委託を受けるか、若しくは相続人全員の同意に基づく相続人の代表者から業務委託を受ける方が望ましいといえる。

なお、遺言により特定の相続人が相続することが指定されている場合や、既に遺産分割協議がなされている場合は、指定により、あるいは分割協議により当該相続財産を取得することとなった相続人との間で締結することとなる。

ア 委任契約

遺産承継業務を受託するに当たっては、その法的性質について検討しておく必要がある。同業務は、相続人から依頼を受けて、遺産の承継のために必要な管理若しくは処分を行う業務であるが、同業務を遂行するために必要な一切の法律行為及び法律行為でない事務の委託を受けて行う行為の総体のことをいう。

民法は、「委任は、当事者の一方が法律行為をすることを相手方に委託し、相手方がこれを承諾することによって、その効力を生ずる。」（民643条）と規定している。また、「法律行為でない事務の委託について準用する。」（民656条）と規定している。これを準委任と呼んでいる。ここで、法律行為をすることを委任の主たるものとし、法律行為でない事務をすることをこれに準ずる場合として規定しているが、遺産承継業務の委任の本質は、法律行為を委託することにあるのではなく、むしろ、一定の事務を処理することを委託するところにあるというべきである。なぜなら、委託者は、受託者の優越した専門的知識・技能、あるいは経験等を勘案した上で、受託者を信頼してある一定の事務処理を委ねるものであり、主眼とするものは個々の法律行為にあるのではなく、総体としての事務の処理にあるからである。つまり、委任とは、ある一定の事務の処理を委託する契約のことであるというべきである。ここで、事務の処理を委託するとは、一定の事務をその目的に従って委託者の利益のために最も利口で合理的に処理することを受託者に委ねることであり、したがって、受託者の提供する役務は、委託者の意図する目的の実現に向けた一定の事務の処理ということになり、ある程度受託者の裁量によ

り適宜なされることになる。

そうすると、遺産承継業務委託契約とは、委託者である相続人が、相続財産の相続人への承継を目的として相続財産の管理又は処分のために必要な法律行為その他一切の事務を処理することを受託者に委託し、受託者がこれを承諾することによって成立する委任契約の一形態であるということができる。

遺産承継業務委託契約は民法の委任に関する規定が適用になるから、これを見ておく必要がある。

民法は、委任について、①成立、②受任者の義務及び責任、③報酬及び費用の支払い、④委任の終了及び終了の際の措置について規定しているので、順次みていくことにする。

(ア) 成立

委任は、当事者の一方（委任者）が法律行為又は法律行為でない事務をすることを相手方に委託し、相手方（受任者）がこれを承諾することによって、その効力を生じる（民643条、656条）。つまり、委任契約は諾成契約であるとされ、当事者の合意のみによって成立し、契約書等の方式は不要である。

また、「代理人がその権限内において本人のためにすることを示してした意思表示は、本人に対して直接にその効力を生ずる。」（民99条1項）旨規定しているが、これは、受任者が、委任契約に基づき付与された代理権の範囲内で、相手方に対してした意思表示の効果についての規定であるから、受任者のした法律行為は、直接委任者に対して効力が生ずることになる。なお、委任は、前述のとおり、法律行為の委託ばかりでなく法律行為以外の事務の委託も含まれるから、代理よりも広い概念であるといえる。

委任は諾成契約であり、契約書等書面の交付は成立の要件とはされていないが、代理権の授与を伴う委任契約を締結するときは、委任状が交付される場合が多い。これは、第三者に対して代理権を行使するに当たって、受任者の権限を証するために提示又は提供する必要があることから作成することが要請されるからである。

(イ) 受任者の義務及び責任

民法は、「受任者は、委任の本旨に従い、善良な管理者の注意をもって、委任事務を処理する義務を負う。」（民 644 条）旨規定する。これが善管注意義務といわれるものである。

善管注意義務とは、委任者が受任者の知識技能を信頼して一定の事務を処理することを期待した結果求められる程度の注意義務であり、一般に、自己の物に対する注意義務よりも高度なものとされているが、期待される注意義務の内容及び程度については、当該委任事務を行うに必要な知識技能の程度によるが、報酬の多寡が勘案されることもあると考える。

受任者としての義務は、以上の事務処理に当たっての善管注意義務が中心的なものであるが、民法は、受任者に対して他に 3 つの義務を負わせている。

1 つ目は、報告義務である。「受任者は、委任者の請求があるときは、いつでも委任事務の処理の状況を報告し、委任が終了した後は、遅滞なくその経過及び結果を報告しなければならない。」とされている（民 645 条）。委任の場合は、民法上は、受任者は、委任者の求めに応じて報告をすればよいこととされ、定期的な報告までは求められていないこととなる。

2 つ目は、受取物・果実の引渡し義務である。「受任者は、委託事務を処理するに当たって受け取った金銭その他の物を委任者に引き渡さなければならない。その収取した果実についても、同様とする。」（民 646 条 1 項）とされ、3 つ目に「受任者は、委任者のために自己の名で取得した権利を委任者に移転しなければならない。」（民 646 条 2 項）とされている。

以上の 4 つの義務の他に、民法は、受任者の金銭消費についての責任規定を置いている。すなわち「受任者は、委任者に引き渡すべき金額又はその利益のために用いるべき金額を自己のために消費したときは、その消費した日以後の利息を支払わなければならない。この場合において、なお損害があるときは、その賠償の責任を負う。」（民 647 条）と規

定している。これは、委任関係が、委任者の受任者に対する信頼の上に成り立っている特別な関係であるところから、それを裏切ったことに対して、利息分の損害を認定したものであり、しかもこれについては受任者の故意・過失の有無、損害の証明の有無を問わないとするものである。

ところで、「委任による代理人は、本人の許諾を得たとき、又はやむを得ない事由があるときでなければ、復代理人を選任することができない。」（民104条）とされているので、法律行為については、原則として復代理人を選任することができない。これは、委任が、委任者の受任者に対する信頼関係を基礎として成り立つものであるところから、委任者の知らないうちに、知らない者が自己に代わって法律行為をしていたのでは、信頼関係を損なうことになるからである。民法104条は、代理行為すなわち意思表示に関する規定であるので、法律行為でない事務の委任については、適用がないので、委任事務すべてについて当てはまるわけではない^(注2)。

【改正債権法】

(注2) 現行民法は、復委任の可否や委任者と復受任者の関係についての固有の規定がなく、復代理に関する104条の規定が類推適用されると解されてきた。しかし、復代理の有効性は、復代理人が第三者との間でした法律行為の効果が本人に及ぶかどうかという外部関係の問題であるのに対し、復委任の有効性は復受任者に事務処理をさせることが委任者に対する関係で債務不履行になるかどうかや、復受任者が委任者に対してどのような権利義務を有するかという内部関係の問題であり、両者は性質が異なる。そこで、改正債権法は復代理に関する規定とは別個に、復委任の内部関係に関する規律を委任の個所に設けている（改正債権法644条の2）。なお、規律の内容は現行104条及び107条2項（改正債権法106条2項）と同趣旨である。

(ウ) **報酬及び費用の支払い**

(a) 委任の報酬

民法は、「受任者は、特約がなければ、委任者に対して報酬を請求することができない。」（民648条1項）旨規定し、無償であることを原則としている。

これは、ローマ法の沿革から導き出されたものとされている。すなわ

36 第2章 管 理

ち、委任が委任者の受任者に対する信頼関係を基礎とし、受任者が提供するものは、高度に知的で高級な労務であるとされ、ローマ法ではそれは対価と結びつくのに適さないと考えられたことによるのであるが、我が国においても、そのように高級で知的な労務に対して報酬を支払うことには心理的抵抗があったようである。今日でも、知識人の提供する役務に対する対価は、報酬ではなく謝礼ということが多いが、このことはその証であろう。

しかし、今日では、委任事務に対しては、ほとんどの場合、有償であって、無償のことはむしろまれである。ましてや、受任者が専門職の場合は、たとえ報酬の合意がなくても、報酬を支払う旨の黙示の契約があるか、又は慣行があるというべきである。なぜなら、専門職は、受託した法律行為その他の事務を行うことを業としているものであり、一般市民間における委任契約に比して、委任者からの期待や信頼も高く、より高度な注意義務を負わされているのが通常だからである。

(b) 支払時期

委任報酬の支払時期については「受任者は、報酬を受けるべき場合には、委任事務を履行した後でなければ、これを請求することができない。ただし、期間によって報酬を定めたときは、第624条第2項の規定を準用する。」（民648条2項）旨定めているので、委任報酬は後払いが原則であり、期間をもって報酬を定めている場合は、当該期間経過後に請求することができるとされている。また、「委任が受任者の責めに帰することができない事由によって、履行の中途で終了したときは、受任者は、既にした履行の割合に応じて報酬を請求することができる。」（民648条3項）とされ、このような場合は、既に行った委任事務相当額の報酬を請求することができる[注3][注4]。

民法は、「委任事務を処理するについて費用を要するときは、委任者は、受任者の請求により、その前払をしなければならない。」（民649条）と規定し、また、「受任者は、委任事務を処理するのに必要と認められる費用を支出したときは、委任者に対し、その費用及び支出の日以後におけるその利息の償還を請求することができる。」（民650条1項）

としている。つまり、受任者は、必要経費を支出したときは、その費用のほか、利息を請求することもできるし、必要な費用をあらかじめ委任者から受領することも認めている。委任者は委託事務に必要な費用を常に前払いする必要はないが、受任者から請求があったときは、これを支払わなければならないし、受任者は、その支払がない以上、委託事務の処理をしなくとも履行遅滞にはならないということになる。

また、受任者は、委任事務を処理するのに必要な債務を負担したときは、委任者に対してその弁済をするよう請求することができるし、その債務が弁済期にないときは、相当の担保を提供させることもできるし（民650条2項）、さらに、受任者は、委任事務の処理に当たって自己に過失なく損害を受けたときは、委任者に対して、その賠償を請求することができる（民650条3項）。

【改正債権法】
（注3）改正債権法では、成果報酬型の委任契約が認められる。当該委任契約が途中で終了した場合にも、受任者に割合的な報酬請求権が与えられる。しかも、「受任者の責めに帰することができない事由」を要件としない。また、報酬の支払いと成果の引渡しは同時履行の関係となる（改正債権法648条3項、648条の2第1項）。
（注4）改正債権法648条3項の改正に伴い、遺言執行者の報酬に関する1018条も、改正され、遺言執行者が報酬を受けるべき場合には、改正債権法648条2項・3項、648条の2の規定が準用される。

(エ)　委任の終了

委任の終了原因について民法は、契約一般に共通の終了原因、つまり、委任事務の終了、委任事務の履行不能、終期の到来などの他に、委任者又は受任者からの解約と、死亡・破産・後見開始による場合とを置いている。

(a)　契約の解除

「委任は、各当事者がいつでもその解除をすることができる。」（民651条1項）。この場合の解除は、将来に向かってのみその効力を生ずるものとされる（民652条で準用する民620条）から遡及効はないことになる。民法は、「解除」といっているが、ここでいう「解除」の法的性質は「解約」と同じであるとされる。民法は、やむを得ない場合や債務不

38 第2章 管理

履行を理由とする場合は「解除」といい（民609条～612条など）、当事者間の話し合いで契約を終了させる（させたい）ようなケースの場合には「解約」や「解約の申入れ」といった用語の使い方をしているようである（民617条、618条など）。

　委任は当事者間の信頼関係を基礎とするものであるから、当事者のいずれかが信頼関係が損なわれたと感じた場合になお関係を継続させることには意味がない。そこで、委任者からも受任者からも何ら特別の理由なしに解約することにより、任意に将来に向かって終了させることができるとされているのである。したがって、受任者が委託事務の処理に着手した後でも解除することはできるが、委託事務の処理が終了する以前でなければならないのは言うまでもない^(注5)。

　(b)　契約解除における「相手方に不利な時期」

　ここで、当事者の一方の債務不履行に基づいて委任契約を解除する場合があるが、この場合の解除についても遡及効はないと解されている。

　以上のように、委任契約の当事者は、いつでも委任契約を解除することができるが、相手方に不利な時期に委任の解除をしたときは、その当事者の一方は相手方の損害を賠償しなければならない。また、平成29年6月2日に公布された改正債権法の施行後は、委任者が受任者の利益（専ら報酬を得ることによるものを除く。）をも目的とする委任を解除したときも当事者の一方は相手方の損害を賠償しなければならないこととなる（改正債権法651条2項2号）が、いずれの場合も、やむを得ない事由があったときは、損害を賠償する義務はない（改正債権法651条2項ただし書）。

　ここで相手方に不利な時期とは、どういうものであろうか。

　受任者が解約した場合に委任者が困るのは、改めて他の者に委任してその事務を行わせるのに支障が生ずるようなときであり、例えば、それにより時機を失してしまうような場合が想定されよう。また、委任者の解約により受任者が困るのは、委任が継続することを予定して、他の収入機会を失った場合等が考えられる。なお、解約の効果は将来に向かって委任契約を消滅させることであり、受任者がその時までに事務の一部

を処理していた場合は、その時までの費用を請求することができるし、履行の割合に応じた報酬を請求することもできるから（改正債権法648条3項柱書）、これは、損害賠償の問題ではない。

(c) その他の終了原因

委任の終了原因としては、解除の他、委任者又は受任者が死亡したこと、破産手続開始の決定を受けたこと、受任者が後見開始の審判を受けたこと、が終了事由として規定されている（民653条）。

死亡は当事者がいなくなることであり、破産は経済活動において死亡と同義であると言える。また、委任関係が委任者の受任者に対する信頼を基礎においている以上、受任者の経済的裁量を疑問視する事態に他ならない受任者の後見開始により委任関係は終了するべきだからである。

もっとも、民法653条は任意規定とされるので、反対の特約は可能である。委任者の生前に、自己の死後の事務を委任する契約（死後事務委任契約）は有効と解されているし、そうでない場合も、委任契約の性質上、委任者の死亡によっても委任契約が終了しない旨の合意があったと認定されるケースもある。

(d) 終了時の応急処置義務

民法は、「委任が終了した場合において、急迫の事情があるときは、受任者又はその相続人若しくは法定代理人は、委任者又はその相続人若しくは法定代理人が委任事務を処理することができるに至るまで、必要な処分をしなければならない。」（民654条）旨規定し、受任者にしかるべき事務をすべき義務、すなわち応急処置義務を課している。

ここで、急迫の事情があるときとは、委任事務の処理を終了することにより、委任者側で不測の損害を生ずるおそれのある場合を言う。

受任者側で必要な処分をしなければならない場合には、処分について委任が終了する前と同様の権限を有するものと解すべきであるとされる。

解除以外の事由により委任契約が終了した場合は、これを相手方に通知し、又は相手方がこれを知っていた場合でなければ、相手方に対して、委任の終了を対抗することができない（民655条）。このことは、

40　第2章　管　理

委任者に終了事由が生じた場合は、受任者は委任関係が継続するものとしてなした事務について費用の償還や、報酬を請求することができることを意味するし、受任者に終了事由が生じた場合は、受任者側は委任者に対して委任事務処理の終了を主張できないということであるが、結局このことは、応急処置義務と同一の効果を生ずることとなるが、急迫の事情を要しない点で意義があるといえる。

【改正債権法】
（注5）委任は、当事者がいつでもその解除をすることができると規定するが、「委任者の利益をも目的とする」委任につき、民法651条1項によって一方的に解除できないものとして制限されてきた。最高裁判例（昭和56年1月19日）により解除を制限する法理が緩和されたのを機に、やむを得ない事由があれば解除可能となった（改正債権法651条2項）。改正債権法により、受任者の利益をも目的とする委任であっても委任者はいつでも契約を解除することができることが明らかとされた。

イ　遺産承継業務の特性

遺産承継業務は、相続人等から依頼を受けて、相続財産等の承継のための管理及び処分を行う業務であり、前述のとおり、民法の委任の規定の適用を受けることとなるが、他人の財産を管理し、広範な処分権限が与えられるという業務の特質からいって、委任関係について課せられている善管注意義務をはじめとする義務よりも、より高度な義務が課せられているというべきである。

また、法律専門職種といわれる業種のうち司法書士、弁護士については、法令により財産管理業務等を行うことが業務の一部として規定されているが、彼らが業として財産管理業務等を行う場合には、依頼者は、専門職としての秀でた知識・技能又は経験を信頼して、さらには司法書士会又は弁護士会といった所属団体とその規律を信頼して、業務を委託するわけであるから、更に高度な注意義務が課せられているというべきである。

そこで、ここでは、司法書士等財産管理業務等を業とする者が受託者となって遂行する遺産承継業務の特質について、民法の委任の規定と対比して検討することとしたい。

対比して検討するに当たり、民法上の委任の当事者を委任者・受任者

というに対して、財産管理業務等の当事者を委託者・受託者と呼ぶことにする。

㈠　委任と遺産承継業務

委任は諾成契約であるから、契約の成立について書面によることを求められていない。遺産承継業務についても、それが委任に基づく業務である以上、民法上は書面によることが求められていないが、前述のとおり他人の重要な財産を預かり、処分する権限が与えられていること、個別具体的な代理権の付与があり、委託者に対してはもちろん、行為の相手方に対しても、業務及び代理権の内容を明示する必要があることから、契約書を作成するか、少なくとも、委託を受ける業務の内容を記載した書面を委託者から受領しておく必要がある。

受任者には善管注意義務が課せられており、これは、受任者の知識・技能に対する委任者の信頼を背景とするものとして、高度な注意義務であるとされているが、司法書士・弁護士が受託者となって行う遺産承継業務については、上記理由から、委任一般におけるより更に高度な義務が課せられているというべきである。

㈡　信認関係

上述のとおり、司法書士・弁護士が行う財産管理業務等は、委託者との間の高度な信頼関係、つまり市民と専門職との関係における信認関係ともいうべきものが基礎となる、と考えるべきではないかと思うのである。

信認関係というのは、信託法理において主に使われる概念のようだが、英米法では、広く信認法理として契約一般に妥当する規律とされているようである。

信認関係とは、一般に一方（市民）が他方（専門職）を信頼し、あるいは他方（専門職）に依存し、他方（専門職）は、自らに依存している相手方（市民）にその利益を図る義務を負うような関係といわれるが、信認関係においては、委託者である市民は受託者である専門職に対して、一定の財産の管理処分権を与え、専門職は、市民の利益の為に行為をする。

42　第2章　管　理

　信認を受けた専門職は、与えられた権限を濫用することがあってはならないし、与えられた権限を適正に行使することが求められる。これは信認義務といわれるものであるが、信認義務には、その内容として、忠実義務と注意義務がある。

　忠実義務とは、信認する者つまり委託者の利益のみを図る義務のことをいい、委託者と利益相反関係に陥ることを回避する義務（利益相反避止義務）、委託者の事業と競業する事業を行うことの禁止（競業避止義務）、委託者から預った財産と自己の財産とを明確に区分して管理する義務（資産分別管理義務）、受託した業務に関して得た情報を委託者に開示する義務（情報提供義務）、そして、受託業務を遂行する上での収支を委託者に報告する義務（収支報告義務）の5つの義務があるとされる。

　注意義務とは、受託業務を適正に行う義務（適正遂行義務）のことであり、受託者には、業務の遂行にとって適切な情報を収集し、受託事務に集中して当たり、事業遂行方針の決定に当たっては、これを熟慮し、自己の有する専門知識を遺憾なく発揮し、技能を提供することが求められる。

　契約関係一般については、自己の利益の追求を目的として締結され、そこでは自己責任の原則が貫かれるのに対して、信認関係においては、委託者の受託者に対する信頼を基礎とした依存関係が底辺にあるところから、受託者の委託者に対する責任が加重されているのである。

　そうすると、任意相続財産管理人には、民法の受任者に課せられた義務よりさらに高度な義務、すなわち、利益相反避止義務、資産分別管理義務、情報提供義務、収支報告義務、適正遂行義務の5つの義務が課せられているというべきである。なお、競業避止義務は、遺産承継業務については、その性質上妥当しないと考える。

ウ　相続財産承継業務委託契約書

　遺産承継業務を受託するに当たっては業務委託契約書を作成すべきであるが、その内容は、遺産承継業務が上述の信認関係に基づく業務であることから、単なる委託事務としての権利義務を超えた、信認義務を見据えた規定づくりを心掛けて作成されるべきであるし、業として行う以

上、報酬契約をその内容とすべきことは当然である。

　【書式2-2】に、業務委託契約書の書式例を提供したので、見ることとする。もとより、この書式でなければならないということはなく、依頼内容等に応じて加筆修正削除して実態に合った契約書を作成するのが望ましいが、遺産承継業務を受託するに際して契約書作成の参考としていただければ幸いである。

　なお、この書式は、遺産分割協議の開始前に相続人全員と契約を締結することを想定したものである。

44 第2章 管 理

【書式2－2】

相続財産等承継業務委託契約書

平成　　年　　月　　日

当事者の表示
　　委託者（甲）
　　　　住　　所　〒
　　　　氏　　名　　　　　生年月日
　　　　電話番号
　　　　―以下、略―　　　【相続人等全員の表示】

　　受託者（乙）
　　　　所　　在　〒○○○-○○○○　○○市○区○丁目○番○号　○○
　　　　　　　　　ビル○階
　　　　名　　称　司法書士○○○○法務事務所
　　　　電話番号　○○○（○○○）○○○○　　FAX○○○（○○○）○○○○
　　　　司法書士　○　○　○　○（○○○県司法書士会登録第○号）
　　　　　（住所　○○市○区○丁目○番○号）
　　　　司法書士　○　○　○　○（○○○県司法書士会登録第○号）
　　　　　（住所　○○市○区○丁目○番○号）

　　被相続人　　○○○○
　　　　　　　　（○○年○○月○○日出生、平成○○年○○月○○日死亡）
　　　　最後の本籍
　　　　最後の住所

（目的）
第1条　甲は、乙を被相続人○○　○○（以下、「被相続人」という。）の
　　任意相続財産管理人に選任し、同人の相続財産の承継のために必要な管
　　理及び処分に関する法律行為若しくは事務手続又は同人の死亡に起因す
　　る権利の行使を委託し、乙はこれを受託する。
（業務権限）
第2条　甲は、乙が司法書士法第29条及び同法施行規則第31条により本
　　契約の目的たる事務を業として行う権限があることを確認した。
（承継対象財産）
第3条　乙が本契約により管理及び処分に必要な行為を行う財産（以下
　　「承継対象財産」という）は、甲に承継すべき一切の財産とする。ただ
　　し、乙が甲より引き渡しを受けず、又は指示されなかったことにより知
　　り得なかった財産についてはこの限りではない。

（委託事務及び代理権の範囲）
第4条　甲が乙に対して委託する事務（以下「本件委託事務」という。）
　　は以下のとおりとし、その事務処理のための代理権を付与する。
　　　①　銀行、証券会社、保険会社、その他の金融機関との間における次
　　　　の手続
　　　　ⅰ）預貯金その他金融取引の有無及び預貯金取引その他金融取引の
　　　　　経過に関する情報開示請求
　　　　ⅱ）残高証明書の発行請求及び受領
　　　　ⅲ）各種書類又は証書類の提出及び受領
　　　　ⅳ）預貯金の解約及び解約金の受領
　　　　ⅴ）貸金庫取引の解約及び保管物の回収
　　　　ⅵ）株式等有価証券その他寄託物の返還請求又は売却若しくは相続
　　　　　移管若しくは受渡しの請求
　　　　ⅶ）各種保険金、各種給付金及び有価証券売却代金の受領
　　　　ⅷ）預貯金、投資信託、公社債、生命保険契約、その他の金融商品
　　　　　の相続手続
　　　②　司法書士法第3条に規定される不動産・商業法人・船舶に関する
　　　　登記申請手続
　　　③　相続債権の請求及び受領
　　　④　司法書士法第3条に規定される範囲内での紛争が顕在化した場合
　　　　等の交渉等。ただし、委託者間における紛争は除外する。（※）認
　　　　定司法書士ではない場合は本号は削除してください。
　　　⑤　前各号の事務処理のため必要な戸籍謄本、住民票写し、固定資産
　　　　評価証明書、その他官公署発行の証明書類の交付請求及び受領
　　　⑥　祭祀承継手続及び墳墓地の名義変更手続
　　　⑦　司法書士の業務範囲に属さない次の業務に関する専門資格者又は
　　　　免許事業者への依頼及び紹介
　　　　ⅰ）土地家屋調査士業務（土地の分筆、建物の表示変更等）
　　　　ⅱ）行政書士業務（官公署に対する諸手続、自動車の登録等）
　　　　ⅲ）社会保険労務士業務（社会保険、年金等に関する諸届け、還付
　　　　　金の受領等諸手続等）
　　　　ⅳ）税理士業務（税務申告、税務相談等）
　　　　ⅴ）海事代理士業務（船舶の登録申請手続等）
　　　　ⅵ）宅地建物取引業者の業務（換価分割のための不動産売却、処分
　　　　　等）
　　　　ⅶ）弁護士業務（紛争が顕在化した場合等の交渉等）
　　　　ⅷ）弁理士業務（特許、実用新案、意匠若しくは商標又は国際出
　　　　　願、意匠に係る国際登録出願若しくは商標に係る国際登録出願手
　　　　　続等）
　　　　ⅸ）不動産鑑定士業務（不動産の鑑定評価）

46 第2章 管 理

⑧ 前各号のほか、相続財産の管理、承継又は処分のために必要な費
用又は債務の支払を含む一切の事務

⑨ 前各号の事務処理に際しての復代理人の選任、履行補助者の使用

2 本契約締結後に本件委託事務の範囲を変更し、又は代理権を追加する
場合は、甲及び乙が書面により合意しなければならない。

（証書等の引渡し）

第5条 乙は、本件委任事務処理のために証書等の引渡しを受けたとき
は、甲に対し、その明細及び保管方法を記載した預り証を交付する。

（注意義務）

第6条 乙は、本契約の趣旨及び甲の意思を尊重し、善良な管理者の注意
義務をもって本件委託事務の処理にあたらなければならない。

（書類の作成）

第7条 乙は、本件委託事務を処理するに際し、契約時及び終了時の承継
対象財産目録を作成するものとする。

2 乙は、前項の作成書類を本契約終了後10年間保存しなければならな
い。

（報告義務等）

第8条 乙は、甲に対し、3か月に1回以上、書面又は面談その他適切な
方法により、承継対象財産の管理及び処分に関する状況を報告をしなけ
ればならない。ただし、甲が複数いる場合は、そのうちの一人に報告す
ることで足りる。

2 本契約に基づく業務を終了したときは、乙は、甲又は甲の相続人若し
くは甲の法定代理人等に対し、遅滞なく、清算事務に関する報告を書面
をもって行うものとする。

（事務処理中の費用の支払）

第9条 乙は、本件委託事務を処理するに際し、費用を要するときは、そ
の費用を承継対象財産から支出することができる。

（受託者の報酬）

第10条 本契約により乙が受ける報酬は、乙が別に定めた報酬規定表によ
り算出する。ただし、甲及び乙は、書面による合意により、これと異な
る報酬を定めることができる。

2 乙は、前項の報酬を承継対象財産から受領することができる。

（契約の解除）

第11条 甲及び乙は、いつでも本契約を解除することができる。

2 甲及び乙は、相手方に不利な時期に本契約を解除をしたときは、相手
方の損害を賠償しなければならない。ただし、やむを得ない事由があっ
たときは、この限りでない。

（契約の終了事由）

第12条 本契約は、次の事由により終了する。

① 甲又は乙の全員が死亡したとき

② 甲又は乙の全員が破産手続開始の決定を受けたとき

③ 乙の全員が後見開始、保佐開始又は補助開始の審判を受けたとき

（中途で契約が終了した時の措置）

第13条 本契約が解除又は前条の規定により中途で終了した場合は、乙は、承継対象財産を甲又は甲の相続人若しくは甲の法定代理人等にすみやかに引き渡すものとする。

2 前項の事務処理に要する費用は、承継対象財産から支出する。

（情報の提供に対する同意）

第14条 甲は、乙が本件委託事務を遂行するにつき、必要な範囲内で、必要な相手方に対して、乙が甲の情報を提供することに同意する。

（秘密保持）

第15条 乙は、本件委託事務に関して知りえた甲の秘密を、正当な理由なく第三者に漏らしてはならない。

（規定外事項）

第16条 本契約に定めのない事項及び疑義のある事項については、甲乙協議の上、これを定める。

以上、本契約を証するため、本契約書を2通作成し、甲、乙が各自署名捺印の上、各自（複数いるときはうち1名）その1通を所持するものとする。

平成　　年　　月　　日

委託者（甲）　　　　【相続人等全員の署名捺印】
　　　　住所

　　　　--

　　　　　氏名

　　　　--

　　　　―以下、略―

受託者（乙）
　　　　所　在　〒○○○-○○○○　○○市○区○丁目○番○号　○○ビル○階
　　　　名　称　司法書士○○○○法務事務所
　　　　　　　　司法書士　　○　○　○　○
　　　　　　　　司法書士　　○　○　○　○

48 第2章 管 理

【書式2−3】

報酬規程表

平成○○年○○月○○日付相続財産承継業務委託契約書（以下「契約」という。）第10条の規定による報酬規程表は次のとおりとし、消費税は別途とする。

1. 乙が、本件受託事務の処理に関して甲より受ける報酬は次のとおりとする。
    ① 定額報酬として引渡しを受ける相続人等1人当たり○万円
    ② 引渡し時の財産の価額に応じて次のとおりとする。ただし、甲が複数いる場合は、各人ごとに算出する。

承継対象財産の価額		報酬額
500万円以下	……	○万円
500万円以上5000万円以下	……	価額の○％＋○万円
5000万円以上1億円以下	……	価額の○％＋○万円
1億円以上3億円以下	……	価額の○％＋○万円
3億円以上	……	価額の○％＋○万円

    ③ 司法書士が本件受託事務処理のため半日以上を要する出張をしたときは、日当として半日の場合○万円以内、1日の場合○万円以内を受領することができる。

2. 前項第1号の報酬は、財産引き渡し時に支払いを受けるものとし、前項第2号の報酬は処分の都度支払いを受けるものとする。ただし、乙は、承継対象財産の中から支払いを受けることができる。

3. 本件委任事務の処理に日数を要すると認められるときは、乙は、甲の承諾を得て、本契約締結時に報酬の一部を着手金として受けることができる。

4. 乙は、甲に対し、報酬とは別に、登録免許税、収入印紙代、郵便切手代、謄写代、交通費、通信費、宿泊料、保証金、供託金、その他受託事務処理に要する実費等の前払いを請求することができる。

以上、報酬契約について説明を受け、業務を依頼します。

委託者（甲）　　【相続人等全員の署名捺印】
　　　　住所

　　　　氏名

注：報酬規程表を作成する際の参考にして下さい。具体的な報酬額については、各自の判断により取り決めて下さい。

㈠ 表　題

契約書の表題は、相続財産等承継業務委託契約書とした。一般には委任契約書とするのであろうが、この業務は、委任に基づいて個々の法律行為を行うことばかりでなく、法律行為以外の事務の処理をも含めて相続財産等を相続人又は受遺者に承継させるために必要な相続財産等の管理又は処分に関して必要な一切の事務処理をその内容とするものなので委託契約とした。また、相続財産の承継のみならず、死亡に起因して生じる請求権の行使もその対象となるので、相続財産等とした。受取人が指定されている死亡保険金の支払請求がそれであるが、これは、厳密にいうと相続財産の承継手続ではないが、自然人の死亡に起因して生じる請求権の行使として、遺産承継業務を遂行する上で、同時に行うことが求められる行為として重要である。生命保険会社の中には、当該請求権の行使を目的規定に定めておかないと指定受取人からの死亡保険金給付請求は相続財産の承継ではないとして、これを拒むところもあるので、注意を要する。

㈡　目的規定

第1条は目的規定であるが、司法書士が業として行うものであることを明確にするために、法令上の根拠規定と業務を行う上での要件である一定の地位に就いて行う旨（ここでは「相続財産管理人」）を明示したものである。

㈢　根拠規定

第2条は、業務権限の根拠条文を規定したものであるが、本契約書を金融機関等に提示することもあることから、あえて規定したものである。

㈣　承継対象財産の範囲

第3条は承継対象財産の範囲を示したものであるが、受託者が確知し得なかった財産については、承継対象財産としていない。受託者が確知し得なかった財産についても承継対象財産とした場合、知り得ない財産について承継事務を怠ったことをもって債務不履行責任を問われかねないので注意を要する。

50 第2章 管理

(オ) 委託事務及び代理権の範囲

第4条は、委託事務及び代理権の範囲に関する規定であるが、ここでは考えられる事務を網羅的に記載してある。実際の事務の受託に当たっては、当該事務処理の内容によって取捨選択し、あるいは新たな事務を加入することになる。委託事務の中には、他の士業の独占業務とされているものは含めない。実際には、各専門資格者に依頼する方がよい場合もあるので、それぞれ専門資格者への依頼及び紹介については、代理権の範囲に含めておくことが望ましいと考える。【書式2-2】第4条⑦を参照してほしい。

(カ) 報告義務

第8条に報告義務規定を置いた。民法の委任規定によれば、受任者は、委任者から請求がある場合にのみ報告をしなければならないとされているが、司法書士等の行う遺産承継業務をはじめとする財産管理業務においては、業務の特性から、委託者に対して定期報告は欠かせない義務の履行であるといえる。

財産管理業務は、単なる委任事務の集合体と考えるべきではない。司法書士法施行規則31条1号及び2号が「これらに類する地位に就き」といっているのは、財産管理業務が依頼者との特別な信頼関係、つまり信認関係ともいうべき関係に立って行うべき業務であり、この関係を維持してゆく上で、依頼者に対する定期的な報告が欠かせないのである。また、成年後見人等裁判所等から選任されて行う財産管理業務であれば裁判所等が成年後見人等を監督し、適宜報告を求め財産管理事務について助言や指導を行うことによって、財産管理業務の適正性が確保されるが、本人の委任に基づいて行う任意財産管理業務については、依頼人たる本人がこの役目を果たすことになる。

そこで、依頼者本人の監督権を実効あらしめるために、定期報告は欠かせない義務の履行であるということになる。

弁護士法人及び外国法事務弁護士法人の業務及び会計帳簿等に関する規則1条における業務においても同様であろう。

㈯　報酬契約

第10条は報酬契約である。前述のとおり、委任は無報酬が原則であり、報酬を請求する場合は、特約が必要とされるので、必要的記載事項であると言える。業として行う者との委任契約の場合、報酬支払の特約があるものと認める場合が多いとしても、契約書に明示すべきであることは当然である。ここでは、承継対象財産の価額を基準とした報酬体系をとっている。しかし、一口に遺産承継業務といっても、その態様は一様ではない。

財産の価額ではかることのできない事務もあろうかと思うが、例えば、相続人の員数を基準とする定額報酬を基本報酬として、これに承継対象財産価額を基準とした報酬を加算する方法等も考えられるであろう。

㈮　契約当事者他

【書式2-2】は、相続人の全員と締結することを前提とした契約書であるから、相続人の全員から署名及び捺印を受けるべきであるし、契約内容の重大性からいって各相続人が市町村役場に印鑑登録をした印章（実印）により捺印を受け、当該印影について市町村長発行の印鑑証明書を提供するべきである。契約の効力としては、必ずしも実印である必要はないが、遺産承継事務の処理に当たっては、金融機関はじめ関係機関から相続人全員の実印による捺印と印鑑証明書の提供を求められることから、必須の要件であるといえる。

(4)　委託を受けることができない相続人がいる場合

相続人全員から遺産承継業務の委託を受けることを前提に議論を進めてきたが、それでは、委託を受けることができない相続人がいた場合は、どう対処したらよいだろうか。

これは、遺産承継業務は、相続人の全員から委託を受けて行う必要がある業務なのか、ということである。

遺産承継業務とは、特定の遺産を特定の相続人に承継せしめる業務のことをいうが、具体的には、相続人全員でした遺産分割協議に従い、不動産等の登記・登録を要する財産については、その名義変更のため登記

52　第2章　管　理

申請や登録申請を行うことであり、預貯金等の金融財産については、解約金の分配や名義変更を行うことである。

　つまり、任意相続財産管理人のすべき事務のうち重要なものは、遺産分割協議の調整と官公署や金融機関等に対する手続であるといえる。

　詳細は後述するが、遺産分割協議の調整とは、法定相続分による分割を前提としながら、相続人の意向に従って具体的な分割案を作成の上、相続人全員に対して提示し、合意を求める事務であるが、相続人全員から委任を受けなくても行うことのできる事務であろう。依頼を受けた相続人が複数あるときは、相続人が適正な分割協議を行うに必要な情報の提供と、相続人全員が合意した分割案に沿って具体的な配分の提案をするに止まるべきであることはもちろんである。

　預貯金については、金融機関に対し預貯金等の解約請求をし、現金化した上で、成立した分割協議に従い、各相続人に配分することが一般的であるが、これには、相続人全員からの授権が必要であり、それを証する書面として相続人全員との間で締結した業務委託契約書を提示してすることとなる。よって、委託を受けられない相続人がいる場合は分割協議成立後、分割協議書を提示して依頼者である相続人について解約手続をすることとなろう。なぜなら、分割協議前に解約手続をする場合は、委託を受けられない相続人と共同して解約手続を進める必要があるが、誰が解約金を受領するかで合意することは困難であると思われるからである。

　以上のことから、遺産承継業務は、相続人全員から委託を受けて行うのが便利ではあるが、委託を受けることのできない相続人がいる場合にも業務遂行の余地はあるのであるから、そのような場合も消極になる必要はない。

⑸　相続人の中に行方不明者がいる場合

　相続人調査の結果、行方の知れない相続人がいることがある。この場合、相続人の1人から不在者の財産管理人の選任の申立てをして、選任された財産管理人から遺産承継業務の委託を受けることになる。

ここで、任意相続財産管理人自らが不在者財産管理人への就任を打診されることも考えられるが、任意相続財産管理人が不在者である相続人の財産管理人として就任した場合の専門職としての職責上の問題点を考える必要がある。

そこで、不在者財産管理人制度の目的を考えてみたい。

不在者財産管理人の職務は、不在者が自分では管理できない財産を不在者に代わって管理し保全することにあり、不在者が現れたときに、その財産を引き継ぐまで、家庭裁判所の監督の下で、不在者の財産を継続して管理することにある。

そうすると、相続人の全員から委託を受けて、相続人全員のために行う遺産承継業務の性質からして、任意相続財産管理人自らが、不在者である相続人の財産管理人となることは、遺産承継業務の目的に沿うものであるから、何ら問題ないであろう。

もっとも、不在者財産管理人は、家庭裁判所が選任するものであるから、仮に任意相続財産管理人を不在者財産管理人候補者として申し立てたとしても、必ずしも、当該任意相続財産管理人が選任されるとは限らない。

3 承継対象財産の管理

承継対象財産の管理とは、一般には、相続人を確定し、遺産分割の対象となる遺産については遺産分割により具体的な遺産の帰属が決まるまでの間、遺産を保存し、必要な限度で利用及び改良行為を行うことをいうが、ここでは、遺産を確定し、遺産分割の対象となる遺産については遺産分割により具体的な遺産の帰属の確定までの事務について論ずることとする。なお、受取人が指定されている生命保険金等遺産に属さないとされる権利についても承継事務の対象とすることがあるので、本書では承継対象財産ということとしたい。

承継対象財産の管理に当たっては、任意相続財産管理人に課せられた義務を念頭に置いて管理をする必要がある。遺産承継業務は、相続人との委任契約に基づく業務であるので、民法の委任の規定によることとな

54 第2章 管理

るが、前述のとおり、任意相続財産管理人には、民法の受任者に課せられた義務より更に高度な義務、すなわち、利益相反避止義務、資産分別管理義務、情報提供義務、収支報告義務、適正遂行義務の5つの義務を常に念頭に置いて行う必要がある。

(1) 財産目録の調整

ア 承継対象財産の確定

　任意相続財産管理人が就任してまず行うことは、承継対象財産の確定であるが、遺産承継業務は相続人全員との委託契約に基づいて行うものであるから、委託契約の内容に従うことになる。前掲の相続財産等承継業務委託契約書によれば、相続人から提供を受けた財産及び任意相続財産管理人が確知し得た承継対象財産をもって承継対象財産とすることになる。

　承継対象財産の確定に当たって重要なことは、当該承継対象財産が、遺産分割の対象となるか否かの区別である。注意すべきは、特定の相続人を受取人に指定した多額の生命保険金がある場合や、相続開始直前に、あるいは直後に引き出された被相続人名義の預貯金がある場合、死亡退職金がある場合、債務がある場合等であるが、この場合、その承継対象財産の帰属について相続人間に争いが生じることがある。

　民法は、「相続人は、相続開始の時から、被相続人の財産に属した一切の権利義務を承継する。ただし、被相続人の一身に専属したものは、この限りでない。」（民896条）旨規定する。

　すなわち、被相続人が相続開始時に有していた財産は、被相続人の一身に専属したものを除いてすべて相続の対象となり、相続人に承継されることになる。

　しかし、相続の対象となる財産（遺産）のすべてが遺産分割の対象となるのではなく、遺産の性質により分割協議の対象とはならないものがあるし、また逆に遺産とはされないが、遺産に準じて分割協議の対象とする方がよいものもある。

(ア) 不動産について

　不動産所有権、地上権については、遺産分割の対象となることについ

て異論はないであろう。

不動産賃借権は、不可分債権であるから相続開始により共同相続人全員の準共有となるが、これを解消するには遺産分割協議をする必要がある。

(イ) 現金について

現金については、判例により、相続人は、遺産分割までの間は、遺産たる現金を保管している他の相続人に対して、自己の相続分に相当する金銭の支払いを求めることはできないとされており（最判平成4年4月10日判時1421号77頁）、分割協議の対象ということになる。

(ウ) 預貯金等について

従前は、金銭債権等の可分債権が遺産にある場合には、共同相続人がその相続分に応じて当然に分割承継するので、遺産分割の対象とはならないとする最判昭和29年4月8日（判タ40号20頁）を受けて、預貯金等についても同様の可分債権として、遺産分割の対象とはならないとしていた（最判平成16年4月20日判タ1151号294頁）。

しかし、平成28年12月19日、最高裁大法廷において、従前の取扱いを180度転換する決定がなされた。すなわち、共同相続された普通預金、定期預金及び定期積金の各債権は、いずれも、相続開始と同時に当然に相続分に応じて分割されることはないものというべきである、との決定がなされたのである（最決平成28年12月19日判タ1433号44頁）。

この決定は、法定相続人の一部から自らの法定相続分相当額の払戻請求に応じる対応を行っていた金融機関の実務に相当の影響を与えることとなった。今後は、遺言のないときの相続預金については、遺産分割完了前に法定相続人の一部からなされた法定相続分相当額の払戻請求には応じなくなるものと思われる。また、これまで各金融機関の判断により、一部の相続人からの葬儀費用等の払戻請求に応じてきたケースがあった。従来の判例のもとでは、払戻請求者の法定相続分相当額の範囲であれば払戻に応じても金融機関に二重払いとなるリスクはなかったが、今後は法定相続人全員からの同意がないと葬儀費用等の払戻請求に応じないとする対応に変化する可能性がある。このような場合に払戻し

を認める方策として、改正相続法では、遺産分割前の相続預金の仮払制度を設けた。一つは家庭裁判所が判断する仮払制度である。家庭裁判所は、遺産の分割の審判又は調停の申立てがあった場合において、相続財産に属する債務の弁済、相続人の生活費の支弁その他の事情により相続預金を当該申立てをした者又は相手方が行使する必要があると認めるときは、その申立てにより、原則として特定の相続預金の全部又は一部をその者に仮に取得させることができるとした（改正家審200条3項）。

もう一つは家庭裁判所の判断を経ない仮払制度である。新たに設けられた民法909条の2では、各共同相続人は、相続預金の相続開始時の額の3分の1について、法定相続分により算定した当該共同相続人の相続分を乗じた額（標準的な当面の必要生計費、平均的な葬式の費用の額その他の事情を勘案して預貯金債権の債務者ごとに法務省令で定める額を限度とする。）については、単独でその権利を行使することができるとした。この場合において、当該権利の行使をした預貯金債権については、当該共同相続人が遺産の一部の分割によりこれを取得したものとみなすものとした。

㈑　**株式等について**

株式、社債、国債投資信託受益権は、預貯金と同様、相続が開始したことによって各共同相続人に当然に分割相続されるものではなく、相続人全員の準共有となり、遺産分割の対象となる（最判平成26年2月25日判タ1401号153頁ほか）。

㈺　**生命保険について**

生命保険金の請求権については、保険契約の内容によって取扱いが異なる。

保険契約者が自己を被保険者とし、保険金の受取人を被保険者又は相続人と定めた場合に、被保険者死亡による保険金請求権は、被保険者すなわち被相続人死亡と同時に相続人が法定相続分の割合で権利を取得することになり、遺産分割の対象とはならない（最判昭和60年2月2日民集19巻1号1頁、最判平成6年7月18日判時1511号138頁）。

保険契約者が自己を被保険者とし、保険金受取人を指定しなかった場

合は、保険約款の定めに従って判断することになる。保険約款には相続人に支払う旨の条項がある場合が多いと思われるが、この場合は、上記と同様になる（最判昭和48年6月29日民集27巻6号737頁）。

保険契約者が自己を被保険者とし、特定の相続人を保険金の受取人に指定しているときは、指定された者が固有の権利として保険金請求権を取得するので、遺産分割の対象とはならない。

なお、被相続人の死亡によって取得した生命保険金や損害保険金については、その保険料の全部又は一部を被相続人が負担していたものは相続税の課税対象となる。ただし、法定相続人（法定相続人の数に含める養子の数は実子がいるときは1人、実子がいないときは2人まで）の数に500万円を乗じた額までは非課税とされている。なお、相続人以外の者が取得した死亡保険金には非課税の適用はない。

ところで、特定の相続人を受取人として指定されている保険の保険金が遺産総額に比して過大な場合は、その相続人の特別受益として持戻しの対象とされることがあるようである。

特別受益については後述するが、裁判例によれば、保険金額が遺産総額の9.6%の場合は、特別受益として持戻しの対象にならず（最決平成16年10月29日民集58巻7号1979頁）、61.1%の場合だと持戻しの対象となる（名古屋高決平成18年3月27日家月58巻10号66頁）と判断しているので、遺産分割方針の策定に当たって配慮する必要がある。

(カ)　**死亡退職金について**

死亡退職金は、社内規程で定めがある場合はその受取人が受け取ることとなる（最判昭和55年11月27日判タ434号169頁）。死亡退職金を受け取る権利は、その受取人固有の権利であり、相続財産ではないため、相続放棄をした者であったとしても受け取ることができる。

ただし、死亡退職金について社内規定に受取人の定めがない場合に、これを相続財産とするか否かについて見解は分かれており、遺産分割協議の対象となるのか、それとも可分債権と同様に共同相続人が各自の相続分に応じた請求権として取得することになるのかについても見解が分かれているようである。

58　第2章　管理

　なお、いずれの場合も、税務上は被相続人の死亡後3年以内に支給が確定した死亡退職金については相続財産とみなされ、相続税の課税対象となるが、法定相続人（法定相続人の数に含める養子の数は実子がいるときは1人、実子がいないときは2人まで）の数に500万円を乗じた額までは非課税とされている。相続人以外の者が取得した死亡退職金には非課税の適用はない。

　㈱　代償財産について

　相続開始後に遺産たる家屋が火災により焼失したり、相続人によって売却されたりしている場合があるが、その場合、火災保険金請求権や売却代金が発生することになるので、これらの代償財産が遺産分割協議の対象になるかどうかを検討することとなる。家庭裁判所の実務では、遺産分割の対象を定める基準時を遺産分割時としていることから、これら代償財産は遺産ではないことになり、原則として遺産分割の対象とはならないとしている。しかしながら、遺産承継業務においては、これら代償財産についても承継対象財産として相続人に分配する必要があるから、遺産分割協議の対象とすべきである。

　㈢　年金等について

　他に、被相続人が年金受給者であった場合、遺族年金や未支給年金等の給付請求権も承継対象財産として委託契約の対象とされる。遺族年金は、被相続人の遺族に対して給付される年金であり、定められた受給権者の固有の財産であるが、被相続人の死亡に起因して発生する請求権であるところから承継対象財産とすることができる。

　未支給年金は、本来被相続人が生前給付を受けるべき年金であるから相続財産であると考えられる。

　以上、財産目録には、遺産承継業務として委託を受けた財産のすべてを記載することになるが、上記㈠から㈢のように、委託を受けた財産の中には、遺産の範囲に含まれないものもあるし、遺産だとしても、遺産分割の対象とならないものもあるので、それらを区分して記載する必要がある。

　もっとも、遺産承継に当たっては、預貯金、株券、有価証券等の金融

資産については、これを解約又は売却して換金したのち、相続人全員の合意に基づいて遺産分割協議を行い、各相続人に配分することが多いであろう。

イ　承継対象財産の評価

　財産目録を作成することの目的は、承継対象財産を確定し、評価した上で、各相続人に配分し、又は承継させるための資料とすることにある。そこで、承継対象財産を確定したら、各財産を評価する必要がある。

　(ア)　評価の時点

　承継対象財産の評価をするに当たっては、評価の時点をいつにするかが問題となる。

　家庭裁判所における遺産分割の実務においては、遺産分割時を原則としているようであるが、分割配分案の提案に当たっては、各相続人について特別受益や寄与分を考慮してする必要があるので、遺産承継業務を遂行するに当たっては、相続時の評価を原則とし、遺産分割時（分割配分案の提案時）において著しく変動している財産があるときは、遺産分割時の評価を付記し、相続人の判断に委ねるとよい。なぜなら、特別受益や寄与分を算定する場合には相続開始時が基準となるからである。

　(イ)　不動産について

　不動産の価格については、地価公示価格、固定資産税評価額、相続税評価額、時価の４種類の価格がある。地価公示価格は、地価公示法に基づいて、国土交通省内に設置されている土地鑑定委員会が標準地といわれる特定の地点の土地について毎年１月１日を基準日として公示する価格のことで、自由な取引において通常成立すると認められる価格とされる。固定資産税評価額は、土地家屋課税台帳に登録された基準年度の価格であり、３年に１回評価替えがされる。相続税評価額は、相続税基本通達により対象地域に応じて路線価方式（四角い土地の道路に面した部分１平方メートル当たりの価格で算定する方式）又は倍率方式（固定資産税評価額に一定の倍率を掛けて算出する方式）により算定され、毎年各税務署ごとに国税庁から公表されている。

　不動産を評価するに当たってどの方式によるかは、相続人全員の合意

60 第2章 管理

により決定すればよいが、相続の場合は、土地については路線価方式又は倍率方式により算出した額を、建物については固定資産税評価額を用いることが多いようである。しかし、取引価格とのかい離が大きい場合は、相続人間に不公平感が生じることがあるので、注意を要する。家庭裁判所の遺産分割調停の実務では、調停事件が私的な財産紛争事件であるところから遺産の評価に関して当事者間に合意が成立していればその合意を前提として調停を進めるが、合意形成に当たっては、複数の不動産業者の査定書を取って検討を促すようにしているようである。それでも当事者間に合意が成立しない場合は、不動産鑑定士を鑑定人に選任して評価を行うこととなろう。

　遺産承継業務を遂行するに当たっても、上記家庭裁判所の調停実務を参考として合意形成に導くこととなろう。

　(ウ)　**預貯金について**

　預貯金は、被相続人の死亡時点における残高証明を取り寄せて確認すべきである。普通預貯金については記帳された預貯金通帳で確認することもできるが、定期預金や定額貯金については、当該通帳の記載だけでは利息を確知することができないからである。また、預貯金の評価を証する書面として財産目録とともに相続人全員に示す必要があることからいっても、残高証明書を取得しておくべきであろう。

　(エ)　**株式、有価証券について**

　上場株式や有価証券については、取扱いの証券会社に問い合わせれば、相続時における評価額の計算書を取得することができる。

　被相続人が会社経営者であった場合、自己の関係する会社の非上場株式を保有している場合があるが、それの算定については、原則としては公認会計士等専門家の鑑定を要することになるが、便宜、直近の確定申告書に記載された価格をもって当該株式の評価額として差し支えないのではないかと思う。もっとも最終の決算期後に重要な財産を処分したようなときは、再評価する必要がある。

　(オ)　**動産について**

　通常の生活用動産については、価額を鑑定するまでもないが、書画骨

董など高価だと思われる動産については、古物商や美術商に鑑定を依頼する必要があろう。もっとも、相続人全員に合意があればそれに従って決めればよい。動産については、被相続人の遺品として相続人間でいわゆる形見分けがされることが多いであろうから、高価な美術品などは別として任意相続財産管理人として関与する場面は少ないと思われる。

　(カ)　**生命保険について**

　生命保険については、保険証券に保険金の記載があるが、保険契約の内容によっては他に給付金がある場合も考えられるので、保険会社に対して確認をとっておくのがよい。なお、相続人のうちの特定の者を受取人に定めた保険契約の場合は当該受取人が当然に取得することになるので、遺産分割の対象とはならないが、相続財産全体のうちに占める当該保険金額の割合によっては、特別受益の持戻しの対象となることがあるので、受取人が特定されている場合であっても支払われる保険金額を確認しておく必要がある。

(2)　遺産分割協議

　承継対象財産及びその評価額が確定したら、財産の分配案を作成することになるが、承継対象財産のうち遺産に含まれるものについては遺産分割協議を行うことになる。

　なお、既に遺産分割協議が調っている場合には、それを前提とした遺産分割協議書を作成することになるが、当該協議の内容が、相続人間に著しい不公平があること、遺産に含まれないものを分割協議の対象としていること等を発見した場合、相続人の全員から委託を受けた相続財産管理人としては、それを指摘し説明するべきかどうか悩ましい問題がある。既に調っている協議結果について判断をするべきではないとの考え方もあるかもしれないが、各人の法定相続分についての民法の規定と、特別受益や寄与分の考え方、さらには遺留分について、公平な立場に立って説明する義務があるものと考える。

　遺産承継業務における遺産分割は法定相続分による分割が前提となるが、民法は、相続分の調整規定として特別受益者の相続分（民903条）と寄与分（民904条の2）を置いている。

62　第2章　管　理

　そこで、遺産分割協議案の提案に当たっては、法定相続分を確定することに加えて、相続人の中に特別受益者がいるかどうか、また、寄与した者がいるかどうかを、共同相続人の全員から聴取する必要がある。

　被相続人は、遺言で相続開始の時から5年を超えない期間を定めて遺産の分割を禁ずることができる（民908条）。もっとも、共同相続人の全員が合意すれば分割することはできる。しかし、この場合も被相続人が遺言で一定期間遺産分割を禁じた意図をしん酌する必要があろう。

ア　遺産分割協議の方法

　遺産分割協議は相続人各人の法定相続分を基準とし、これに特別受益や寄与分を考慮して進めることとなるが、共同相続人全員の意思を尊重すべきことは当然のことであるから、任意相続財産管理人としては、共同相続人全員からその意向を聴取しながら、適宜、民法の規定や判例又は家庭裁判所の運用基準などを提供し、これに法的判断を加え適切な意見を披瀝することで、共同相続人の全員が公平適切な判断を下せるよう導くことを役割として認識しながら事務を遂行する必要がある。

　この場合、承継対象財産が相続財産に含まれる財産かどうか、含まれるとしても遺産分割の対象となるかどうか、特別受益の持戻しの対象となるかどうか、寄与分を有する相続人がいるかどうか等について留意する必要がある。また、相続人の属性によって相続税法上の課税関係が異なるので、これも考慮する必要がある。

　具体的な分割方法としては、現物分割、換価分割、代償分割の方法がある。他に分割困難な不動産や動産について相続人間の共有状態のまま分割する方法もあるが、生計を同一にしている相続人の共有にする場合を除いて現実的であるとは言えない。ただし、収益物件の場合にはこれを相続人の全員又は一部の相続人の共有とし、賃貸料等から諸経費を控除した金額を相続人間で分配することは考えられる。この場合には、取得する相続人の中から管理者を選任しておくべきであろう。

　現物分割とは、個々の相続財産をその性質を変更することなくそのまま分割することである。相続財産を売却換価して、その代金から売却経費を控除した金員を配分することを換価分割といい、代償分割とは、共

同相続人のうちの1人又は数人が相続財産を現物で取得し、その現物を取得した者が他の共同相続人に対して債務を負担するもので、現物分割が困難な場合に行われる遺産分割である。現物を取得した者が負担する債務とは、他の共同相続人に対し金銭を支払うとする内容のものが大半であろうが、金銭の代わりに不動産や株式などの現物を交付するという債務の内容でも構わない（ただし、譲渡所得税が発生する場合がある。）。

以下、財産の種類ごとに検討する。

(ア) **不動産について**

被相続人名義の不動産が遺産分割の対象となることについては問題ないであろう。

被相続人が居住していた土地建物については、引き続きその土地建物に居住することを希望する相続人の有無によって検討すべき方法が変わってくる。

(a) 具体例

被相続人に同居していた妻子がおり、引き続き居住することを希望している場合は、当該土地建物は配偶者又は子あるいはその両者に相続させる旨の協議案を提示することとなろう。この場合他に十分な相続財産があり、当該土地建物を同居の妻子が相続したとしても妻及びその子の法定相続分の範囲内であるか、又は妻子の法定相続分を超えるとしても、土地に十分な広さがあり、これを分筆して他の相続人に相続させることが可能であるなら問題はない。それでは、当該土地建物の他に見るべき相続財産がない場合はどうすべきだろうか。

この場合は代償分割の方法を検討することになる。つまり、当該土地建物を相続する妻子がその固有の財産をもって他の相続人に対し自己の法定相続分を超える価額を弁済する旨の合意を成立させることとなるが、一時に弁済することができなければ、代償金の支払方法として、分割払いの方法や一定期間の支払の猶予等を定めておくことになる。もっとも、他の相続人が合意すれば、相続分を超える遺産分割の協議を成立させても何ら問題はないであろう。この場合税務負担の問題が残ることになるが、これは当該相続財産を取得した相続人が当然に負担すべきも

64 第2章 管理

のである。

　以上の方法により合意に至らなかった場合は、換価分割の方法をとらざるを得ないことになるが、任意相続財産管理人として遺産承継業務を遂行するに当たっては、被相続人と同居していた妻子が引き続き居住できるよう、代償金の支払方法等を工夫して他の相続人の合意を得られるよう努力すべきであるし、それが遺産を残した被相続人の意思にも合致するものと思う[注6]。

> 【改正相続法】
> （注6）平成30年の相続法改正では上記の例で、高齢となっている被相続人の配偶者の生活保障を図るため居住する権利の保護を目的として「配偶者居住権」と「配偶者短期居住権」が創設された。配偶者居住権とは、居住用住宅の権利を「所有権」と「居住権」に分離し、配偶者（婚姻期間に関係なく）は居住権の取得によって、所有権が相続承継により相続人や第三者に遺産承継されても自宅に住み続ける使用収益権のことである。居住権は、遺産分割又は遺贈により、配偶者が取得することのできる、居住建物を無償で使用収益する権利であり、原則として配偶者が亡くなるまでの間存続する（改正相続法1028条1項）。他方、配偶者短期居住権は、遺産分割又は遺贈によることなく、配偶者が相続開始時、無償で居住していた不動産を相続開始により当然発生する無償の使用権である。存続期間としては、遺産分割によりその居住建物を相続する者が確定した日、または相続開始時から6か月が経過する日のいずれか遅い日まで存続する（改正相続法1037条1項1号）。なお、配偶者の婚姻期間が20年以上であった場合、被相続人が配偶者にした居住用建物又はその敷地の遺贈又は贈与については、持ち戻し免除の意思表示がなされたものと推定する旨の規定が設けられた（改正相続法903条4項）。配偶者に実質的に相続財産の割合を増やそうと努めている。

(b)　換価分割

　遺産承継業務における遺産分割は法定相続分による分割が前提となる旨を前述したが、不動産を相続人全員が法定相続分に従って承継取得するケースは、相続人の全員が被相続人と同居していた場合はともかく、当該不動産を売却処分して売却代金を法定相続分に従って分配することを意図した場合以外には考えにくい。この場合、法定相続人全員が当該不動産を売却する際に、売主として売買契約及び代金決済に関与することになるので、分割協議の際にこれを考慮する必要がある。

　例えば、法定相続人が多数の場合、相続人中に遠方に居住する者がい

る場合、移動に障害のある相続人がいる場合、高齢者がいる場合等について、法定相続分により相続登記をしてしまうと、売却の際に売主である相続人全員の立会いが困難になる等の不都合が生じることになりかねない。

このような場合、当該不動産について便宜共同相続人のうちの一名の名義にした上で売却代金を分配する方法によれば、上記のような不都合を回避することができる。この方法を換価分割という。この場合、贈与税課税が問題になるが、国税庁ホームページの質疑応答事例では、遺産分割の調停により換価分割をすることになったが、換価の都合上、共同相続人のうち一人の名義に相続登記をした上で換価し、その後において、換価代金を分配することとした場合、贈与税の課税が問題になるか、との照会に対して、共同相続人のうちの一人の名義で相続登記をしたことが、単に換価のための便宜のものであり、その代金が、分割協議の内容に従って実際に分配される場合には、贈与税の課税が問題になることはないと回答している。

なお、この回答は平成24年7月1日現在の法令・通達に基づいたものであり、また、遺産分割調停についての照会に係る事実関係を前提とした一般的な回答であり、必ずしも事案の内容の全部を表現したものではないので、具体的な取引等に適用する場合においては、この回答内容と異なる課税関係が生ずることがある、としている。

この回答が共同相続人全員の合意に基づく遺産分割協議の場合に適用されるかどうか必ずしも判然としないが、合意により換価分割をする場合に贈与税課税の対象とされないためには、遺産分割協議において換価分割の方法により相続する旨を明らかにしておく必要がある。また、換価分割の場合、他に売却した遺産及びその売却代金は原則として遺産分割の対象から除外され、遺産分割の対象とするためには共同相続人全員の合意が必要とされるので、遺産分割協議書には合意があった旨を明確に記載しておくべきである。

換価分割の方法による場合、実際には売却代金から前提としての相続登記費用のほか、仲介手数料や測量費等の売却経費及び譲渡所得税や住

66 第2章 管 理

民税、さらには税務申告費用等を差し引いた金員を分割協議により合意した持分に応じて分配することになる。相続登記費用については、売却の便宜のために共同相続人のうちの一人の名義で相続登記をするものであるから、これは売却して換価する前提として行う登記であるので換価分割の必要経費であると見るべきだからである。

　なお、換価分割の場合は、相続人の一人が当該不動産を相続し、第三者に売却する形式をとるが、税務上は、各相続人が当該不動産を相続した上で、他の相続人とともに自己の持分を売却したものと判断されるので、各相続人に譲渡所得税が課税されることになる。

(c) 代償分割

　上述したとおり、相続財産たる不動産に居住している相続人が引き続き居住することを望む場合には、その相続人に当該不動産を相続させ、他の相続人は金融資産等他の相続財産から分配を受けるように分割協議をすればよい。問題は、当該不動産の他に十分な相続財産がないときであるが、この場合は、不動産を相続した相続人が、その代償として他の相続人に対して法定相続分に応じた価額を自己の財産から出捐することになる。これが代償分割と呼ばれる方法である。

　代償分割による場合は、対象となる不動産の価額が、これを取得する相続人が相続する持分の価額となるので、前提として対象不動産の価額について相続人全員の合意をとる必要がある。

　評価方法については、前述のとおりであるが、換価分割の場合のように価額から相続登記に必要な費用等を差し引く必要はない。代償分割により取得する相続人の固有の費用であると考えるべきだからである。

　ところで、不動産を相続後に売却し、その売買代金を共同相続人間で分割する方法には前述の換価分割があるが、代償分割の方法でも同様の結果をもたらすことが可能である。不動産を特定の相続人が取得し、その者が、他の共同相続人に対し、「代償金」として不動産の時価に各人の相続分を乗じた金銭を支払う旨を遺産分割協議書に記載する。その後、不動産を売却し、売却代金の中からその「代償金」を他の共同相続人に支払う事により分割が終了することとなる。

3 承継対象財産の管理 **67**

　このように、売却を前提としながら換価分割ではなく、代償分割の方法を選択する理由として、節税対策が考えられる。居住用財産として相続した者が、その居住用財産を売却した際に、譲渡所得から３千万円の控除を受けることができるという特例を使うことにより、換価分割の方法によるよりも節税できるような場合が考えられる。不動産の売却を前提とする遺産分割を、換価分割の方法にするのか、代償分割の方法によるかの選択を譲渡所得税の観点から判断するには、税理士等の専門家に相談し、決定するのが望ましい。

　売却を前提とした代償分割の方法をとる場合には、換価分割をする場合と同様、売却予定価格から前提としての相続登記費用のほか仲介手数料や測量費等の売却経費及び譲渡所得税や住民税、さらには税務申告費用等を差し引いた価額を当該相続人の相続分に加えた価額をもって、当該相続人の相続分として遺産分割協議を成立させることとなる。この場合、実際の売却価格が売却予定価格よりも高額で売却ができた場合、逆に売却予定価格よりも低額でしか売却できなかった場合は相続人間に不公平となることがあるので、そのような場合に備えて再分割の協議をする旨の合意が必要となる場合もある。

　なお、換価分割の場合も売却を前提とした代償分割の場合も、相続から３年以内に売却した場合は、納付した相続税は譲渡所得税の納税に当たって取得費に加算することができる。売却を前提とした現物分割による場合は、当該相続人についてのみ取得費加算が認められるのに対して、換価分割の場合は、相続人全員について認められることになる。一方、換価分割の場合は、売却後の譲渡所得税等を各相続人ごとに算出して納税をしなければならないが、売却を前提とした代償分割の場合は、譲渡所得税等の課税関係はその相続人について検討すれば足りることになる。そこで、任意相続財産管理人としては、相続財産承継事務全体で考えたとき、共同相続人全員の意向を尊重しながら、課税関係を含めていずれの方法により分割するのが合理的であるか吟味して進める必要がある。

　以下に換価分割、代償分割、売却を前提とした代償分割の場合の記載

68　第2章　管 理

例を掲載する。

●換価分割の場合の記載例

> 1．共同相続人全員は、別紙財産目録記載のA不動産については以下の
> 要領でこれを売却換価し、売却代金から相続登記登録免許税及び司法
> 書士報酬のほか不動産仲介手数料、測量費用、印紙税、譲渡所得税、
> 住民税、税務申告のための税理士報酬等当該不動産の売却に関連して
> 必要となる一切の費用を控除した金員を法定相続分に応じて分割する
> ことに合意する。
> 　なお、平成○○年○○月○○日までに売却最低額以上で売却ができ
> ないときは改めて売却条件を協議することとする。
> 　　　　　　　　　　　　　　　記
> ①　売却に関する一切の行為は相続人甲が代表して行うものとし、相
> 　続人甲は自己の名義で相続登記をする。
> ②　相続人甲は、平成○○年○○月○○日までに、A不動産を売却す
> 　るものとする。
> ③　売却最低額は金○○万円とする。

●代償分割の場合の記載例

> 1．相続人甲は、別紙財産目録記載のA不動産を相続する。
> 2．相続人甲は、前項の不動産を取得する代償として、相続人乙、丙、
> 　丁、……に対して各○○円を支払う。

●売却を前提とした代償分割の場合の記載例

> 1．共同相続人全員は、別紙財産目録記載のA不動産について、遺産分
> 　割の対象となる価額を金○○円（売却査定額から売却に必要な経費を
> 　控除した額）とすることで合意する。
> 2．相続人甲は、別紙財産目録記載のA不動産を相続する。
> 3．相続人甲は、前項の不動産を取得する代償として、相続人乙、丙、
> 　丁……に対して各○○円を支払う。
> 4．相続人甲がA不動産を売却した代金より売却に必要な経費を控除し
> 　た額と第1項で合意した額との差額が○割以上に達した場合には共同
> 　相続人全員の合意により精算するものとする。ただし、売却時期が本
> 　協議後○年を超えた場合はこの限りでない。

3 承継対象財産の管理　**69**

（イ）　**現金について**

現金についてはそのまま各相続人への配分額を記載すればよい。もっとも、預貯金、株式、有価証券等他の金融資産を解約又は売却してその総額の中から各相続人への分割割合を定める方法もあろう。

（ウ）　**預貯金について**

預貯金等の可分債権は被相続人の死亡により当然分割され、当事者間に分割協議をする旨の合意がない限り分割協議の対象とはならないとされる。しかしながら、遺産承継業務の実際は別段の意思を有する相続人がない限りは、当事者間に分割協議をする旨の合意があるものとして他の金融資産とともにこれを解約又は売却して換価した上で各相続人に配分する場合が多いであろうから、この場合は、その旨を定めることとなる。

（エ）　**株式・有価証券等について**

株式・有価証券等については、相続時点での評価額を基準として特定の株式等ごとに相続人を指定して分割する方法もあるが、この方法によると、相続時点での評価額と配分時点での評価額に差異が出てくるため相続人間に不公平感が生ずることは避けられない。そこで、すべての株式・有価証券等を売却換価した上で預貯金等とともに各相続人に配分する方法を検討すべきではないかと考える。

（オ）　**生命保険について**

生命保険金の請求権については、特定の相続人を受取人として指定し（され）ている保険についてはその相続人の固有の財産とされるので遺産分割の対象とならないが、その場合でも支払われる保険金額が遺産総額に比して過大な場合は、その相続人の特別受益として持戻しの対象とされることがあるので、前述の裁判例（名古屋高決平成 18 年 3 月 27 日家月 58 巻 10 号 66 頁）を参考として特別受益額を算定した上で、これを遺産分割の対象とするかどうか、共同相続人全員と協議した上で進める必要があろう。受取人を単に相続人としている生命保険については遺産分割の対象となるので、分割割合を定める必要がある。

70 第2章 管　理

(カ) 祭祀承継者の指定について

　系譜、祭具及び墳墓の所有権は、被相続人が指定した者がいない場合
は、慣習に従って祖先の祭祀を主宰すべき者が承継する、とされている
（民897条1項）から、相続財産ではなく遺産分割にはなじまない。しか
し、実際には、遺産分割協議書に記載されている例も少なくないようで
ある。慣習に従って、といってもその慣習が不明の場合もあろうし、慣
習が明らかであっても、相続人がそれを望まない場合もある。さらに、
祭祀承継者はその後の維持経費を負担することになることから、遺産分
割協議の中で考慮する方が、後日の紛争を防止することにもなる。な
お、共同相続人間で協議が調わない場合は慣習に従うことになるが、慣
習がわからないときは、家庭裁判所の審判を求めることになる（民897
条2項）。

(キ) 債務承継の合意について

　被相続人が生前に負担した金銭債務は、相続開始と同時に相続人がそ
の相続分に応じて負担することになるので、遺産分割の対象とはならな
い。しかし、実際には遺産分割協議の中で相続人のうちの特定の者が債
務を承継する旨の合意をすることが少なくない。この場合、債権者がそ
れを承諾すれば問題はないが、承諾をしない場合には、共同相続人全員
が自己の相続分に応じた請求を受けることになるので、その旨の合意を
する場合には、あらかじめ債権者に対して、債務を承継することとした
い相続人が債務を承継することについて同意を得ておくべきである。債
権者が合意する場合には、原則として相続人全員と債権者との間で債務
引受契約を締結することになる。

　相続財産の中に、債務がある場合の留意点については後述する。

(ク) その他

　死亡退職金については受給権者が特定されている場合は、当該受給権
者の固有の財産ということになり、遺産分割の対象とはならないが、そ
の場合にも生命保険金同様の判断基準を適用してよろしいのではないか
と思う。

　火災保険金等の代償財産については前述のとおり、分割協議の対象と

して考慮すべきであるから、これについても分割割合を定めることとなる。

イ　特別受益

(ア)　特別受益とは

　民法は、特別受益者の相続分について次のとおり規定する。すなわち、被相続人が遺言を残していない場合、共同相続人中に被相続人から遺贈を受け、又は婚姻や養子縁組あるいは生計の資本として贈与を受けた者があるときは、被相続人が相続開始の時において有した財産の価額に遺贈及び贈与の価額を加えたものを相続財産とみなして各人の法定相続割合で算定した相続分の中からその者が受けた遺贈又は贈与の価額を控除した残額をもってその者の相続分とすることとされている（民903条1項）。これは、被相続人から遺贈を受けたり、生前贈与を受けたりした相続人がいた場合に、相続に際して他の相続人と同じ相続分を受けるということになると、相続人間に不公平が生じるからであるが、被相続人が相続時に有していた財産の額に相続人が受けた遺贈や贈与の額を加算したものを相続財産とみなして各相続人の相続分を算出し、特別受益を受けた相続人については、その相続分から特別受益分を差し引いた額をその者の相続分とすることとなる。ここで、相続人が受けた遺贈や贈与のことを特別受益といい、特別受益分を相続分算定の基礎となる相続財産に繰り入れることを持戻しという。

(イ)　生前贈与における目的の判断

　遺贈については何のための遺贈かにかかわらず包括遺贈であっても特定遺贈であってもすべて特別受益となるが、生前贈与についてはその目的が婚姻や養子縁組のため、又は生計の資本としての贈与に限定されており、さらに、それが相続財産の前渡しとみられる贈与であるかどうかを基準として判断されることになる。婚姻や養子縁組のための贈与は比較的わかりやすいが、生計の資本としての贈与とはどういうものを指すのか判断が難しいが、結局のところ具体的事案について贈与金額の多寡や贈与の趣旨などから個別具体的に判断することになるようである。

　家庭裁判所の運用では、婚姻や養子縁組の際の持参金や支度金につい

72 第2章 管 理

て、それが婚姻又は養子縁組のための贈与であっても、それが被相続人の資産や生活状況に照らして扶養の一部であるとみなされる程度の額であれば特別受益とはならないとされているし、結納金や挙式費用は一般的には特別受益には当たらない、また、相続人全員に同程度の贈与がある場合には持戻し免除の黙示の意思表示があったものと認めるのが相当であると解される、としている。

　居住用不動産の贈与やその取得のための資金の贈与、開業資金や営業資金の贈与などは生計を維持するためのものであるから、生計の資本としての贈与といえるが、遊興費支払いのための金銭の贈与はこれに当たらないと解される、としている。しかし、開業資金等として贈与を受けた相続人は、家族の生活の基盤を維持するための贈与であるにもかかわらず相続時に持戻しをされ、遊興費のために多額の贈与を受けた相続人はもらい得となるのでは、いたずらに相続人間に紛議の種を蒔くことになりかねないし、被相続人の意思とも合致しない場合もあると思われるのでケースに応じた協議が重要である。

　また、学資については被相続人の生前に資力、社会的地位、他の相続人との比較などを考慮して判断するが、特別に多額なものでない限り、この資質・能力に応じた親の子に対する扶養義務の履行に基づく支出であり、仮に、子に対する扶養の範囲内を超えるものであったとしても、相続人全員がほぼ同額の受益を受けている場合には特別受益として考慮しない、としているようである。

　死亡退職金の遺族給付については、それが受給権者である遺族の生活保障を目的とした制度に基づいて支給されるものであることから持戻しの対象とするべきではないとされる（以上、本項については、片岡武・菅野眞一『第3版　家庭裁判所における遺産分割・遺留分の実務』263頁以下（日本加除出版）を参照）。

　なお、被相続人からの生前贈与が負担付贈与であった場合は、特別受益にはあたらないと考えるべきであるが、仮に特別受益に該当するとしても、当該負担相当分を減額するべきであろう。

　以上から、被相続人からの生前贈与が特別受益として持戻しの対象と

されるかどうかの判断に当たっては、それが被相続人の相続人に対する扶養義務の範囲内といえるかどうかを考慮に入れてする必要があることになる。

(ウ) 受益者についての留意点

被相続人が相続人の配偶者や子らに対して贈与した場合、これを特別受益として持戻しの対象と考えるべきかどうかについては慎重に検討する必要がある。なぜなら相続人の配偶者や子らは被相続人の相続人ではないので形式的には持戻しの対象とならないが、他の相続人の法定相続分を侵害する目的で名義のみ配偶者や子にしたものであり、実質は相続人に対する贈与であるとみるべき場合もあるからである。

なお、特別受益を受けたとして持戻しの対象となるのは共同相続人に限られ、相続人でない受贈者や受遺者は持戻しの対象とはならない。それが贈与者又は遺言者の意思であると考えるべきだからである。

遺産分割協議が未了の間に相続人が死亡し、第二の相続が開始した場合に、第二の相続の被相続人から特別受益を受けた相続人がある場合には、第一の相続については法定相続分に応じて相続したものとして相続分を算定し、第二の相続において特別受益による持戻しを検討することになろう。

(エ) 額の評価

特別受益の評価は相続の時を基準として定めるものとされているが、例えば、贈与後に増築をする等して財産的価値が上がった場合や、逆に一部取り壊すなどしたことにより財産的価値が減少したとしても、相続開始の時になお相続を受けたときと同様の価値があるものとして算定することになる。これに対して、受贈財産が受贈者の行為によらずに滅失した場合は特別受益はなかったものとして算定することとなる。

ウ　寄与分

(ア) 寄与分とは

寄与分について、民法は、共同相続人中に被相続人の事業に関する労務の提供や財産上の給付、被相続人の療養看護その他の方法により被相続人の財産の維持又は増加について特別の寄与をした者があるときは、

74　第2章　管理

被相続人が相続開始の時において有した財産の価額から共同相続人の協議で定めたその者の寄与分を控除したものを相続財産とみなして、法定相続割合により算出した相続分に寄与分を加えた額をもってその者の相続分とする旨規定している（民904条の2第1項）。つまり、特別受益とは反対に、相続財産の維持又は増加に貢献した相続人があるときは、共同相続人の協議でその者の寄与分を定め、それを加算することとしており、協議が調わないとき又は協議をすることができないときは家庭裁判所が寄与をした者の請求により、寄与の時期、方法及び程度、相続財産の額その他一切の事情を考慮してその者の寄与分を定めることとしているのである。

　(イ)　**扶養義務・協力扶助義務との関係**

　そこで、どのような行為が寄与行為として認められるのか、を検討しておく必要があるが、寄与分は共同相続人の協議が調わず又は協議することができないときは家庭裁判所が定めることとしているので、家庭裁判所の運用が参考になる。最高裁判所家庭局は「改正民法及び家事審判法規の解釈運用について」（家月33巻4号）の中で次のように述べている。

　すなわち、「民法904条の2第1項の「特別の寄与」を必要としている趣旨は、相続財産の維持増加に対する貢献には大小様々の程度のものがあり得るが、被相続人と相続人の身分関係に基づいて通常期待されるような程度の貢献は相続分自体において評価されているとみることができ、特にこれを相続分の修正要素として扱う必要はないこと、また、通常期待されるような程度の貢献をも寄与分として評価し相続分の修正要素とみることは「相続分」を極めて可変的なものにすることになり権利関係の安定を著しく害するおそれがあることなどから、通常期待されるような程度の貢献は寄与分として評価しないこととしたものである。」としている。また、「相続人である配偶者と子が同じ程度の家事労働による寄与をしたとしても、妻については、通常、夫婦の協力扶助義務の範囲内のものと認められ、寄与分として評価することはできないことになろうが、親に対し一般的な扶養義務ないしは互助義務を負うに過ぎな

い子については、特別の寄与に当たると認め得る場合もあろう。このように被相続人との身分関係によって通常期待される義務の程度に差異があるわけであるから、特別の寄与と認められる貢献の程度にも当然差異が生ずるものと考えられる。」としている。

そこで、夫婦間の協力扶助義務（民 752 条）や親族間の扶養義務（民 877 条）の範囲内とみなされる行為についてはそれぞれ特別の寄与とはならないし、また、相続人によって特別の寄与として認められる貢献の程度についても差異があるわけであるから、遺産分割の協議を進めるに当たっては、当該行為が夫婦間の協力扶助義務や親族間の扶養義務の範囲内の行為であるかどうか慎重に見極める必要がある。

(ウ)　**特別の寄与の要件**

さらに、相続人の行為が特別の寄与があったと認められるためには、その行為によって相続財産が維持され又は増加したことが必要である。

すなわち、放置していたら価値が減少していたと考えられる場合に、相続人の行為によってその価値が維持された場合や、価値を増加させる行為があることが必要である。

(エ)　**寄与行為の態様**

次に寄与行為の態様であるが、代表的なものとしては以下の類型が考えられる。

①　家事従事型

被相続人が家業として農業や商工業等に従事していた場合に、当該家業に従事していた相続人がある場合、専ら従事していたことによって寄与が認められることになるが、それがなければ家業を維持することが難しかったと評価される程度の貢献があったことが要件となろう。

②　金銭出資型

被相続人の事業に対して出資をしている場合や被相続人の居住家屋の購入資金を援助した場合、医療費や施設入所費を負担した場合等が挙げられよう。

③　療養看護型

被相続人が病気療養中の場合に、療養看護に努めていた相続人がある

76 第2章 管理

場合に該当する。単に被相続人と同居し家事を負担していただけでは特別の寄与があったとはいえないであろう。

④ 扶養型

特定の相続人が被相続人を扶養してきたために被相続人に固有の財産を支出することを免れたことによって相続財産が維持されたことが要件となる。

⑤ 財産管理型

被相続人がアパート等の収益物件を所有していた場合に、無償で賃料の収受や入居契約の締結、立ち退き交渉等のアパート経営を代行していた場合等がこれである。

(オ) **寄与分の評価**

寄与分は共同相続人の協議で決定されることになるが、相続人について特別の寄与を算定するに当たっては、寄与の時期や方法及び程度、相続財産の総額等その他一切の事情を考慮して定めるべきであるから（民904条の2第2項）、任意相続財産管理人としては、相続人からこの辺の事情を細大漏らさず聴取した上で、共同相続人全員に対してこれを開示し、公平な判断を促すよう心掛けるべきである。

この際、特別の寄与のあった相続人が被相続人から生前贈与を受けていた場合に、その者の寄与をどう評価するかが問題となる。生前贈与が特別の寄与の対価として行われたものであると認められる場合には寄与分はなかったものと評価するべきであろう。この場合は、生前贈与について特別受益の持戻しをせず、その限度で寄与分を認めないこととなる。生前贈与と特別の寄与とが対価関係にないときは、特別受益の持戻しと寄与分とを別途考慮すればよいこととなる。

(カ) **寄与分と遺留分**

なお、共同相続人の1人に寄与分が認められた場合に他の相続人の遺留分を侵害することとなった場合、どのように考えればよいだろうか。

家庭裁判所の実務運用では、寄与分の額に上限の定めがないから、遺贈を控除した額の範囲内であれば、遺留分の額に食い込む寄与分が定められることもある。すなわち寄与分は遺留分に優先する（片岡武・管野

眞一『第3版　家庭裁判所における遺産分割・遺留分の実務』321頁（日本加除出版）)、とされる。

　一方で、裁判例では「寄与分の制度は、相続人間の衡平を図るために設けられた制度であるから、遺留分によって当然に制限されるものではない。しかし、民法が兄弟姉妹以外の相続人について遺留分の制度を設け、これを侵害する遺贈及び生前贈与については遺留分権利者及びその承継人に減殺請求権を認めている（民1031条）一方、寄与分について、家庭裁判所は寄与の時期、方法及び程度、相続財産の額その他一切の事情を考慮して定める旨規定していること（民904条の2第2項）を併せ考慮すれば、裁判所が寄与分を定めるにあたっては、他の相続人の遺留分についても考慮すべきは当然である。確かに、寄与分については法文の上で上限の定めがないが、だからといって、これを定めるにあたって他の相続人の遺留分を考慮しなくてよいということにはならない。むしろ、先に述べたような理由から、寄与分を定めるにあたっては、これが他の相続人の遺留分を侵害する結果となるかどうかについても考慮しなければならないというべきである。」（東京高決平成3年12月24日判タ794号215頁）というものもある。もっとも、遺留分減殺請求の対象となるのは遺贈と贈与だけである（民1031条）ので、寄与分は減殺請求の対象とはならないことになる。

　任意相続財産管理人としてどのように判断すべきかは困難であるが、遺産承継業務が共同相続人全員の合意に基づいて遂行されるものであることを考えれば、寄与のあった相続人について、その寄与の時期、方法及び程度、相続財産の額その他一切の事情を提供して、共同相続人の判断に任せることになろう。

エ　特別寄与

　相続人以外の者（親族：相続人、相続の放棄をした者、相続人の欠格事由に該当する者及び廃除された者を除く）が被相続人の財産の維持又は増加に一定の貢献をした場合、相続人に対し、特別寄与者として寄与に応じた額の金銭（以下「特別寄与料」という。）の支払を請求することができる（改正相続法1050条）

78　第2章　管　理

　また、当事者間に協議が調わないとき、又は協議をすることができないときは、特別寄与者は、家庭裁判所に対して協議に代わる処分を請求することができる（同条2項、家手216条の2参照）。

⑶　遺産分割協議における司法書士の中立型調整役業務について

ア　中立型調整役業務とは

（ｱ）　遺産承継業務と一口にいってもその業務形態は多様である。依頼者は、相続人全員であるか一部の相続人からの依頼か、遺産の範囲はどこまでか、紛争性が有るのか、無いのかなど事案によって内容は様々である。中でも遺産分割協議が成立しているのか、いないのか。また、成立していないとしても、相続人同士の話し合いで分割協議が成立する見込みがあるか、ないかは重要な問題であり、受託の段階で十分見極め検討しておかなければならない項目である。

　　ここでは、遺産承継業務の一類型として、遺産分割協議がいまだ成立しておらず、相続人同士の協議による合意が困難であると判断される事案で、その合意に向けた協議の取りまとめを含む遺産承継業務を依頼された場合、司法書士である佃一男氏は、「市民と法」103号17頁以下（平成29年2月号、民事法研究会）において、中立的立場での遺産承継業務を「中立型調整役業務」と称し、その法的検討と実務的役割を論じている。以下、同氏の論説をもとに、司法書士としての遺産承継業務の在り方を一つの実践例として紹介する。

（ｲ）　ここで、合意が困難であるという理由は、相続人間の紛争が予想されるから困難であるという趣旨ではなく、遺産を管理している相続人が法律知識に疎いため、自ら主導的に遺産分割協議の取りまとめをすることが困難である場合や、相続人間でおそらく合意の見込みはあるが、法的手続がよく分からないので、専門家が中立的立場で間違いのない遺産承継手続をして欲しいという趣旨で依頼されるような場合である。当初から紛争が予想される場合、あるいは既に紛争が表面化しているような場合、司法書士としては遺産承継業務としての受託は避けるべきである。

(ｳ)　もとより司法書士が遺産分割協議の成立過程に積極的に関与する
ことには職域の問題や法的責任の問題があるため消極的な意見が多
数であるところ、あえてこの問題を遺産承継業務の応用形態として
取り上げることにした。その理由は、これまでは議論の前提が“司
法書士の代理権”の問題として議論されてきたところ“調整役”と
いう実体関係を採用することで、司法書士の代理権限では困難な業
務がクリアできるのではないかと考えるからである。

イ　遺産分割協議における調整役の必要性

(ｱ)　被相続人の遺産を相続人に承継するには遺産分割協議の合意を成
立させる必要がある。遺産分割協議は、相続人間で話し合い、意見
を調整し、合意に至れば遺産分割協議書として書面化し遺産承継業
務に活用することになる。しかし、潜在的に利害の対立する相続人
間では、常に円満に話し合いが進行し目出度く合意が成立するとは
限らない。相続人が親近者である場合は、相続人同士が積極的に協
議に参加し、合意に至ることが多い。しかし時には、過去の金銭的
な出来事や人間関係の感情的な対立が表面化し紛争となることもあ
る。協議がまとまらず紛争化した場合は家庭裁判所の遺産分割調停
（審判）事件として処理することになる。

(ｲ)　それとは逆に、相続人間で普段交流がなく、遺産を管理している
相続人が適正に遺産分割協議を進めるには法律知識が乏しく、どの
ようにして疎遠な他の相続人に話を持ちかければよいか分からない
という事案も珍しくない。例えば、子供のいない高齢の夫婦の片方
が死亡し、配偶者と普段交流のない被相続人の兄弟姉妹（又は甥、
姪）が共同相続人となる場合は典型的な事例ではないかと考える。
このような場合、法律の専門家が中立公正な立場で調整役として遺
産分割協議の取りまとめをすることは合理的であり、また、紛争防
止の観点からも社会的要請があるのではないだろうか。

(ｳ)　前述のとおり、中立型調整役を必要とする事案の特徴としては、
相続人間で普段交流が殆どなく、遺産管理者である相続人以外の相
続人は被相続人の遺産相続に強い関心があるわけではない（自分が

相続人であることすら知らない場合もある）が、管理者である相続人
は、法律知識に乏しいので自主的に遺産分割協議を進めることが困
難であったり、相続人間で特に争いはないが、遺産分割協議を取り
まとめる相続人がいないので専門家に中立公正な立場で適正に分割
手続をしてもらいたいと希望する場合など、相続人間に距離感があ
り紛争性はないが取りまとめや法的手続のために専門家の関与を求
めるという点が特徴的である。

ウ　遺産承継業務における司法書士の関与の仕方

　司法書士が遺産承継業務にどのような立場で関与するかについて、い
くつかの類型があり、それぞれについて検討しなければならない課題が
ある。

　(ア)　**代理人として関与する場合：**

　①　司法書士が遺産承継業務を特定の相続人の代理人として受託する
　　ことに関しては、その内容を十分検討する必要がある。特に遺産分
　　割協議が未だ成立していない場合、遺産承継手続に遺産分割協議書
　　の作成が必要であるからといって、特定の相続人の代理人として
　　（あるいは、代理人であるかのような行動により）司法書士が分割協議
　　の内容に立ち入り、他の相続人と分割方法について交渉することは
　　弁護士法 72 条違反の問題となることや、複数の相続人のために行
　　う場合は、利益相反行為の問題もあるので厳に慎むべきである。

　②　受託の段階で既に遺産分割協議が成立している場合は、遺産分割
　　協議の合意に基づく遺産承継業務の受託ということで通常は相続人
　　間に争いが生じる余地はないので問題ないと考えるが、分割方法の
　　合意内容（遺産の評価や諸経費の取扱いなど）によっては、なお利害
　　が対立することも考えられるので、特定の相続人の代理人という立
　　場での行動は慎重にしなければならない場合もある。

　(イ)　**依頼者本人への支援者として関与する場合：**

　前述のとおり、司法書士が遺産承継業務を遂行する場合、特に遺産分
割協議の成立過程において、特定の相続人の代理人として関与すること
は弁護士法 72 条の問題や利益相反行為の問題もあるので慎重であるべ

きと考えるが、依頼者である相続人又は、複数の相続人に対し裏方の専門家として支援することは問題ないと考える。支援者としての関与の仕方としては、相談・助言、関係書類の作成、あるいはコンサルテイング的な業務となる。ただし、相談・助言業務に関しては、司法書士による法律相談の限界について意識するとともに、他士業との職域問題もあるため注意を要するところである。したがって、依頼者の支援者という立場で遺産承継業務が円滑に遂行できるかどうかは、事件の内容、依頼者の事務処理能力などを考慮して判断すべきである。

(ウ) **中立型調整役業務として関与する場合:**

遺産承継業務において、遺産分割協議の成立が未了であり、主導的な相続人がいない場合、司法書士が中立公正な立場で遺産分割協議成立の取りまとめを依頼されることがある。この場合、"中立型調整役業務"として位置づけ、相続人全員の同意のもと、司法書士が遺産分割協議成立の調整役として関与する場合がある。司法書士が遺産承継業務において中立型調整役業務を行うにあたっての要件や課題については後述する。

以上のとおり、遺産承継業務にもさまざまな類型があり、すべての業務形態で調整役が必要なわけではない。事案の内容、依頼者の要望に応じ適切な対応が必要である。

エ **中立型調整役業務の法的検討**

司法書士が、未だ遺産分割協議が成立していない遺産承継業務を中立型調整役業務として受託する場合の要件と法的課題について検討をしておきたい。

(ア) **遺産承継業務の手順**

遺産承継業務は、依頼者からの相談、受託から始まり具体的業務内容としては、次のとおり、三段階の業務として区分することができる。

第一段階……相続人の調査と遺産の範囲についての調査業務

第二段階……遺産をどのように分割するかについての遺産分割協議の成立業務

第三段階……成立した遺産分割協議に基づき遺産承継手続を具体的に

行う遺産分割（承継）業務

(イ) 中立型調整役業務の課題の検討

　司法書士が遺産承継業務を中立型調整役業務として行う場合、依頼者との関係においては双方代理（利益相反）の問題があり、業務内容については弁護士法72条の問題がある。以下それぞれについて検討する。

　① 双方代理（利益相反）の問題

　民法108条は、「同一の法律行為については、相手側の代理人となり、又は当事者双方の代理人となることはできない。ただし、債務の履行及び本人があらかじめ許諾した行為については、この限りでない。」として、自己契約と双方代理を禁止している。ただし、債務の履行行為と本人があらかじめ許諾した行為については、例外的に許されるとしている。司法書士が中立型調整役業務を行うにあたってのヒントがここにあると思われる。

　利害関係が対立する契約当事者間において、法律専門家が調整役として関与することの是非について学者や弁護士の見解、また弁護士会の対応を見ていくと一定の要件のもとにこれを容認している。その要件を要約すると①一部当事者の代理人ではなく当事者全員の同意に基づく中立型調整行為であること。②当事者間で紛争が生じた場合は、調整役を辞任し、以後すべての者の代理をしない。③当事者に自由な決定権があることを尊重するとともに、公正な情報開示をする。以上3点が核心的要件であるとされる。つまり、当事者全員の同意のもとに行う調整業務は代理業務ではないという解釈である。司法書士が中立型調整役として遺産承継業務を行うにあたっての要件について、以上の3要件をもとに、さらに検討する必要があるものと考える。

　② 弁護士法72条の問題

　司法書士が遺産承継業務を行うにあたって最も関心があるのは弁護士法72条との関係ではないだろうか。特に遺産分割協議が未だ成立していない段階で依頼を受けた場合、司法書士は遺産分割協議の成立にどのように関与することができるのか、できないのか、できるとした場合その限界はどこまでか。弁護士法72条の解釈については、事件性必要説

と不要説の対立があるが、規則31条と弁護士法72条との関係はどのように理解すればよいのであろうかなど検討しなければならない課題がある。ここでは、事件性必要説の立場で規則31条に基づく中立型調整役業務について可能性を検討する。

③　司法書士が中立型調整役業務を行う場合

　司法書士界ではこれまで、司法書士が遺産承継業務を行うにあたって、遺産分割協議が成立していない場合、司法書士が遺産分割協議の成立に向けてどのように関与することができるかについては、もっぱら双方代理の危険性や、弁護士法72条の抵触という観点から消極的な議論が多数であったように思われる。

　しかし、①で述べたように、一定の要件のもとに中立型調整役業務を行う行為は双方代理とはならないという見解に立てば、司法書士が調整役として遺産承継業務として行うことは十分可能であると考える。そこで、司法書士が、中立型調整役として遺産分割協議の成立から遺産分割手続の完了までを関与する場合、次の項目を要件とすることが、考えられる。

> i　相続人個別の代理人ではなく、公正・中立な立場で調整行為を遂行するが、各相続人には自由な決定権があることを尊重すること。
>
> ii　協議に際し意見の対立が激しく、紛争が顕在化し、調整が困難であると判断された場合は、調整役を辞任すること。辞任後は、相続人からの相談、業務の依頼を一切受任しないこと。
>
> iii　依頼者との関係を明示し、法定相続人とその相続分割合、遺産の内容、遺産分割に関する法的要件や分割手順を公正に情報開示すること。
>
> iv　中立型調整役業務は、遺産分割協議の開始から、遺産分割手続の終了までとする。
>
> v　報酬の額及び支払人については、受益の割合により負担することを原則とすること。

84 第2章 管 理

> vi 上記 i ～ v について相続人全員が同意すること。

　弁護士法72条との関係では、上記の要件によれば、当初から相続人全員の合意をもって業務を開始するので、そこに紛争（事件）性はないというべきで、その後、分割方法について意見の対立があり、紛争が激化し、これ以上調整が困難と判断される場合は辞任し、その後は事件に一切関与しないという合意のもとに行われるのであるから、事件性必要説の見解に立てば同条に抵触しない業務といえるのではないかと考える。

オ 具体的業務の進め方

　(ア) 事件の受託と注意点

① 遺産承継業務という用語が社会的承認を得ているとは言い難いので、通常受託のきっかけは相続事件の一類型として相談から始まる。そして、依頼者との面談のなかで、他の相続人との関係、遺産の内容、分割協議成立の可能性、分割方法の希望等を聴取し、その事件を中立型調整役を伴う遺産承継業務として受託可能かどうかを検討する。

② 受託する事件を規則31条に基づく「中立型調整役業務を伴う遺産承継業務」と位置付けるには次の要件を必要とし、受託にあたっては、各要件について依頼者の承諾が必要であると考える。

　i 規則31条によれば、「当事者その他関係人の依頼又は官公署の委嘱により、管財人、管理人その他これらに類する地位に就き……」と規定されているところ、特にを<u>管理人その他これらに類する地位に就き</u>という点重視すると、相続財産の管理業務が含まれるということである。

　ii 遺産分割協議の成立を中立型調整役業務として遂行する場合の要件（Ⅰ(2)③）を依頼者に理解していただき承諾が得られること。なお、要件の中でいう中立公正な立場での分割方法とは、民法906条に定める遺産分割の基準を考慮したうえで、原則的には法定相続分に基づく分割方法によることを依頼者に理解していた

だく事が重要である。相続人間の合意により結果的に法定相続分とは異なる分割方法となることは構わないが、依頼者が最初から法定相続分を超える相続分を要求し譲らないような場合は、公平性は保てないので受託すべきではないと考える。

iii　遺産承継業務の受託は、当初から相続人全員からの依頼で行うべきであるという意見もあるが、事案によっては、相続人の確定は調査してみないと判明しない場合もあるので、当初から相続人全員からの依頼というのは現実的ではない。前述の第二段階で全員の同意が得られればよいと考える。

(イ)　遺産承継業務の進行

前述のとおり、遺産承継業務の一般的な業務の手順は、まず第一段階で「調査業務」である。次に第二段階で、調査に基づく「遺産分割成立業務」となり、最後に「遺産分割業務」で分割手続が終了する。中立型調整役業務を伴う遺産分割業務の場合、第二段階で司法書士が遺産分割協議の成立にどのように関与するかという点が問題である。以下各段階の業務手順について、一つのモデルケースとして解説する。

第一段階（調査業務）

i　事件の受託後、最初の業務として相続人の調査と遺産の調査を行う。この段階での依頼者は、当初の依頼者（相続人）である。そして、相続人の調査は、戸籍、住民票などにより調査することになる。相続人の最終的な確定のためには、相続放棄者や相続欠格者、相続人の廃除者の調査も必要となる場合があるであろう。また、遺言の存在についてもこの段階で調査する必要がある。

ii　被相続人の遺産に属する不動産、金融資産、株式・有価証券等について、その種類、数量、金額などについて関係機関から資料を取り寄せ遺産の範囲を確定する。

第二段階（遺産分割協議成立業務）

法定相続人の調査と遺産の範囲についての調査が完了すると次に遺産をどのように分割するかの調整業務を行うことになる。この調整業務は、中立型調整役業務の核心的な業務であり、中立公正で慎重な判

86 第2章 管 理

断が求められる業務である。業務の流れと概要は次のとおりである。

① 全相続人に対し、法定相続人及びその法定相続分と遺産目録を開示し、本件遺産相続についての実情を説明し、法的関係性を解説したうえで、受託者が中立型調整役として就任することの是非と分割方法についての希望をアンケート方式より意見聴取する。場合によっては、遺産分割協議書（案）を送付することもある。

② 相続人全員から調整役就任の同意が得られたら、アンケートの回答結果に基づき分割内容の調整をする。

③ 調整がまとまったら遺産分割協議書を作成し、相続人全員の署名押印と印鑑証明書の交付をお願いする。

第三段階（遺産分割業務）

遺産分割協議書が確定したら、協議書の内容に従い、分割手続に進むがその手続の内容は以下のとおりである。

① 遺産分割協議書に基づき預貯金の解約、不動産の相続登記・売却、株式の名義変更・売却などを行い、遺産分割協議の内容によっては遺産を金銭で分割できるように管理口座に集約するとともに「具体的相続分」を計算する。

② 相続人に対し、分割金の計算の根拠となる関係資料の写しを添付したうえで「遺産分割計算書（案）」を送付し、分割案についての承諾をお願いする。

③ 相続人全員の承諾が得られたら、各相続人の指定口座に分割金の振込をする。

中立型調整役業務としての遺産承継業務は、相続人の関係性から法定相続分による分割方法が基本となるため、遺産を割合的に取得する分割案とすることが多い。分割方法としては、現物分割を優先的に検討したうえで、代償分割や換価分割を検討することになる。

カ 中立型調整役業務のまとめ

遺産相続は、潜在的に相続人同士利害の対立する法律事件であるといえるが、現実的には常に深い対立関係があるわけではない。司法書士が中立型調整役業務を含む遺産承継業務を受託し、業務を遂行する場合最

も注意しなければならないことは、事件を紛争化させないことである。そのためには、以下の点を注意すべきである。

① 遺産承継業務を円満に、かつ円滑に行うには、司法書士と相続人との信頼関係の構築が大切である。そのためには、中立公正な分割方法とは、法定相続分による分割方法であることを心がけるとともに、情報は公平に隠さず公開し、相続人の意見をよく聴き、質疑には丁寧に回答するなど真摯な姿勢で対応することが大事である。

② 調整業務を行うに際しては、相続人の意思を尊重すること。あくまでも協議の主役は相続人であることを忘れないこと。調整役が主導的に分割案を提示し説得するような行動は慎むべきである。あくまでも、相続人間の意見（主張）の調整であることを心がけること。

③ 中立型調整役業務は、司法書士の附帯業務として委託された遺産の管理と処分の一環として行うものであるから、対外的な交渉や申請手続等では他の専門職の職域を侵害することのないように注意する必要がある。遺産としての債権の回収や諸官庁への手続で司法書士の職域を超える業務は他の専門職と協働して行う必要がある。

以上が中立型調整役業務を伴う遺産承継業務の概略であるが、この業務形態についての法的評価は充分なされたとは言い難いのも現状である。今後、司法書士が取り扱う上での課題を様々な視点から考察し検討を加えなければならないところである。

高齢社会を迎え、相続事件が増加し、専門家に対する期待と需要が益々高まる中、司法書士として、如何に課題を克服し、市民の要請に応えられるかを検討しなければならないと考える。

⑷ 承継対象財産の配分案の作成

以上のようにして遺産分割協議が調ったら、今度は、分割協議の対象とならない遺産等も含めた具体的配分案を作成することになる。

遺産分割協議において各人の具体的相続分が確定したわけだが、ここでは各人がその相続分等に応じて取得する相続財産の他、分割対象とならない生命保険金や死亡退職金等も含めた承継対象財産の額を算出し、

88 第2章 管 理

これに振込手数料等の配分経費や遺産承継業務報酬等を差し引いた額について各人に配分することになるので、その見込み額を依頼人である共同相続人に提示し、同意を得る必要がある。なお、受取人が特定された生命保険や死亡退職金については、実際には当該受取人名義の口座へ直接入金されることになろうが、ここでは、特別受益として持戻しの対象となる価額がある場合をも考慮した配分案を作成することになる。

(5) 報 告

任意相続財産管理人は、委託者に対して、受託時に受託財産についての目録を作成しこれを報告する他、受託業務遂行期間中は、委託者からの請求の有無にかかわらず定期的に報告をするべきである。

財産管理業務は、依頼人から委託を受けて、一定の目的の達成のために委託者の財産の管理及び処分を行う業務であるが、目的の範囲内で広範な授権を伴うことが多い。それだけに、財産管理人には高度な注意義務、忠実義務が課せられているわけだが、その上でこれを監督する何らかの方策が採られなければならない。

裁判所の嘱託により財産管理業務を行う場合は、財産管理人の行う日常業務に対して裁判所の監督を受けることになる。例えば、成年後見について、民法は、「後見監督人又は家庭裁判所は、いつでも、後見人に対し後見の事務の報告若しくは財産の目録の提出を求め、又は後見の事務若しくは被後見人の財産の状況を調査することができる。」旨規定し（民863条1項）、さらに、「家庭裁判所は、後見監督人、被後見人若しくはその親族その他の利害関係人の請求により又は職権で、被後見人の財産の管理その他後見の事務について必要な処分を命ずることができる。」（民863条2項）と規定して、広範な監督権を定めている。これは、判断能力の減退した被後見人に後見人を監督させることは困難であるという事情もあるが、これにより後見人の適正な業務遂行を担保させているわけである。これに対し、本人から委託を受けて財産管理業務を行う場合は裁判所等第三者機関の監督を受けることはない。ここでは専ら委託者である本人が自ら財産管理人の業務を監督することになる。

民法は、「受任者は、委任者の請求があるときは、いつでも委任事務

の処理の状況を報告し、委任が終了した後は、遅滞なくその経過及び結果を報告しなければならない。」（民645条）と規定する。

これは、委任者が、受任者が委任事務を適正に処理しているかどうかを監督し、適切な指示を出し、もって委任事務を適正に処理させるために、委任者に対する受任者の報告義務を定めたものであるが、委託に基づく財産管理業務においては、上記のように裁判所等第三者機関による監督が期待できないところから、委託者による監督権をさらに有効せしめる方策が採られなければならない。

そのためには、委託者が自分の委託した財産管理業務の遂行状況を逐次了知できる仕組みを構築しておく必要がある。これが受託者に対して定期的な報告義務を課す所以である。

なお、受託業務を終了したときは、相続財産の承継事務について詳細な計算書を作成し、終結報告をすべきであることは当然である。

(6) 管理業務の留意点

以上、本人等から委託を受けて行う遺産承継業務について、受託から承継対象財産の配分案の作成までの管理業務について記述してきたが、最後に、業務を遂行するに当たって留意すべき点を述べることとする。

ア 債務があるとき

相続開始前に被相続人が負担した債務があるときは、注意を要する。

金銭債務については、被相続人の死亡により当然各相続人がその法定相続分で承継することになるので、遺産分割の対象とはならないとされる。

「債務者が死亡し、相続人が数人ある場合に、被相続人の金銭債務その他の可分債務は、法律上当然分割され、各共同相続人がその相続分に応じてこれを承継するものと解すべきである」との判例がある（最判昭和34年6月19日民集13巻6号757頁）。

債務を特定の相続人が承継する旨の遺産分割協議を成立させても、債権者の承諾がなければ、他の相続人は債権者に対して債務弁済の責を負うことになる。しかしながら、実際にはそれが住宅ローンの場合は、その融資対象不動産を取得する相続人が住宅ローンを承継する旨の遺産分

90 第2章 管 理

割協議をすることが多く、住宅ローンの債権者は概ねこれを承諾しているようである。

　明らかに債務超過となるときは、相続人の固有の財産からこれを弁済する必要が生じるので、これを免れるためには、家庭裁判所に相続の放棄又は限定承認の申述をする必要がある。

　相続の放棄又は限定承認の申述をするには、自己のために相続の開始があったことを知った時から3か月以内にしなければならない（民915条1項）が、これを経過すると単純承認をしたものとみなされる。単純承認をすると、その相続人は無限に被相続人の権利義務を承継することとなるので、被相続人が生前に負担していた債務をすべて承継することとなる。

　相続財産管理人としては、漫然と相続財産承継事務を処理しているうちにこの期間を経過してしまうと、被相続人が生前に債務を負担していた場合、相続財産では弁済しきれない程の債務を委託者に負担させることになり、業務過誤による損害賠償請求を受けることにもなりかねないので、注意を要するところである。業務を受託するに当たって、相続債務の弁済や相続債務の引受けに関する事務について受託事務の内容とするか否か明確にしておくべきである。なお、前掲の相続財産等委託契約書は、相続債務の弁済や引受けに関する事務は委任事務の内容としていないが、その場合であっても、相続債務がある場合に相続人が留意すべき事項について説明し相続人をして適切な対応をし得るよう助言するべきであろう。

　(ア)　**熟慮期間**

　相続の放棄又は限定承認をすることのできる3か月の期間のことを熟慮期間というが、熟慮期間は、これを伸長することができるので、相続財産の調査に時間を要する場合等必要に応じて家事審判の申立てをして熟慮期間の伸長の審判をとっておく必要がある。

　なお、3か月の熟慮期間は自己のために相続の開始があったことを知った時から起算することとされているが、裁判例では、次のようにいっている。

「民法915条1項本文が相続人に対し単純承認若しくは限定承認又は放棄をするについて3か月の期間（以下「熟慮期間」という。）を許与しているのは、相続人が、相続開始の原因たる事実及びこれにより自己が法律上相続人となった事実を知った場合には、通常、右各事実を知った時から3か月以内に、調査すること等によって、相続すべき積極及び消極の財産（以下「相続財産」という。）の有無、その状況等を認識し又は認識することができ、したがって単純承認若しくは限定承認又は放棄のいずれかを選択すべき前提条件が具備されるとの考えに基づいているのであるから、熟慮期間は、原則として、相続人が前記の各事実を知った時から起算すべきものであるが、相続人が、右各事実を知った場合であっても、右各事実を知った時から3か月以内に限定承認又は相続放棄をしなかったのが、被相続人に相続財産が全く存在しないと信じたためであり、かつ、被相続人の生活歴、被相続人と相続人との間の交際状態その他諸般の状況からみて当該相続人に対し相続財産の有無の調査を期待することが著しく困難な事情があって、相続人において右のように信ずるについて相当な理由があると認められるときには、相続人が前記の各事実を知った時から熟慮期間を起算すべきであるとすることは相当でないものというべきであり、熟慮期間は相続人が相続財産の全部又は一部の存在を認識した時又は通常これを認識しうべき時から起算すべきものと解するのが相当である。」（最判昭和59年4月27日民集38巻6号698頁）。

　以上のように、裁判例は、熟慮期間の開始について柔軟な解釈をとっており、相続人に有利な判断をしているので、仮に相続開始から3か月を経過してしまっている場合でも、上記判例記載の事情を主張することにより、相続の放棄又は限定承認をする余地があるということができる。

(イ)　相続の放棄

　相続の放棄をするとその相続に関しては初めから相続人とならなかったものとみなされる（民939条）ので、被相続人の生前の債務の負担を免れることができる。

相続人が相続の放棄をすると、次順位の相続権者が相続人となるので注意を要する。この場合、先順位の相続人が放棄をしたことにより自分が相続人となったことを知った時から熟慮期間が進行することになるが、この場合も上記判例の解釈が適用されると考える。

ここで、先順位の相続人として、次順位の相続人に対して自分が相続の放棄をし、債務負担のおそれがあることを後順位の相続権者に知らしめるべきかどうかが問題となるが、熟慮期間の起算点についての裁判所の柔軟な運用を考えれば、あらかじめ通知すべき道義的な責任は考えなくともよいのではないかと思う。

委託者全員が相続の放棄をしてしまえば、遺産承継業務は不存在となるので、相続放棄の申述が受理された時点をもって遺産承継業務を終結し任意相続財産管理人を辞任することになろう。

(ウ) **限定承認**

相続財産の範囲内で相続債務を弁済することが明確でない場合、限定承認をする方法がある。

また、限定承認をすると、限定承認をした相続人は、先買権を行使して、裁判所の選任した鑑定人の時価鑑定の鑑定価格を支払って被相続人所有の不動産を取得することができる。

民法の相続制度は単純承認を原則としているが、これは相続人に対して無限の責任を負担させる制度であり、妥当性に欠ける面もあるところから、相続の放棄、限定承認の制度を併設しているわけで、とりわけ限定承認の制度は、被相続人の死亡をもって、その相続財産をいったん清算させるものであり相続制度として望ましい制度であると思われるが、手続の煩雑さや税制上の問題から現状あまり利用されていないようである。

しかしながら、先買権の制度は、相続人にとって有効な制度である。例えば相続の放棄をすると、被相続人が生前有していた一切の財産の相続権を失うことになるので、被相続人所有の家屋に居住している相続人がいた場合、その相続人はその家屋を退去しなければならなくなる。この場合、その相続人が居住していた家屋に住み続けるためには、限定承

認をして先買権を行使することが考えられる。また、先買権を行使する資力がない場合には、これと任意売却を組み合わせることによってより多くの相続財産を確保する余地が生じることにもなる。

なお、限定承認をすると、相続人が数人あるときは相続人の中から家庭裁判所が相続財産の管理人を選任することになるので、任意相続財産管理人は辞任することとなる。しかしながら、限定承認においては、相続人の一人が相続財産を管理し、相続財産の換価事務のほか相続財産の管理及び債務の弁済に必要な一切の事務をしなければならないが、法律専門家の援助なく行うのは困難であることから、任意相続財産管理人が引き続き裁判所の選任に係る相続財産管理人を代理し、補助する業務に就く余地があると考える。また、専門職が関与する形態が常態化することによって、限定承認制度の利用が促進されるならば、相続人にとっての選択の幅が大いに広がることになり、それによる経済効果も見込めるであろう。

イ 遺言があるとき

㈠ 遺言書の確認

被相続人は、遺言により自己の財産を自由に処分することができるのであるから、遺言書がある場合は、原則として遺言内容に従って遺産の承継事務を行うことになる。

よって、任意相続財産管理人に就任したときは、まず遺言の有無を確認する必要がある。

遺言は、民法で定める様式に従えば、遺言者が単独ですることができるものであるから、場合によっては相続人の誰も知らないうちに遺言がされていることがある。そこで、相続人や関係者から遺言書の有無について聞き取りをする必要があるし、状況によっては、公証役場に照会をかけることも必要となろう。

平成元年以降に作成された公正証書遺言については、日本公証人連合会において、公正証書遺言を作成した公証役場名、公証人名、遺言者名、作成年月日等をコンピューターで管理しており、相続人等の利害関係人であれば公証人を通じて照会を依頼することができる。この場合、

被相続人について死亡した事実の記載があり、かつ、依頼者が相続人であることのわかる戸籍謄本と、自分の身分を証明する書類（運転免許証等顔写真の入った公的機関発行にかかるもの）を持参して、最寄りの公証人に依頼すればよい。

遺言書がある場合は、それが公正証書による遺言以外の方式によりされた遺言であるときは、遺言の保管者は相続の開始を知った後遅滞なく、これを家庭裁判所に提出してその検認を受けなければならない。相続人が遺言を発見した場合は相続人が申し立てることになる（民1004条1項）。封印のある遺言書の場合は、家庭裁判所において開封されることになる。相続人又はその代理人の立会いがなければ開封することができない（民1004条3項）ことになっているが、実際には検認手続の中で開封されることになる。

なお、検認を受けないで遺言を執行したり、家庭裁判所外で開封したりすると過料に処せられることがあるので、相続人等に対して注意を促すべきである（民1005条）。

検認の申立てをするには、検認の申立てをする遺言の発見者又は相続人の戸籍謄本、遺言者の出生時から死亡時までのつながりのある戸（除）籍謄本等及び封印のない遺言書の場合はその写しが必要となる。また、裁判所の実務では、遺言書の開封を要する場合はもちろん、要しない場合であっても、相続人や受遺者等の利害関係人の立会いを求めているので、相続人全員と知り得た利害関係人の住所等検認期日を通知するに必要な事項の記載が求められる。

申し立てがあると、家庭裁判所は、検認期日を指定して申立人及び相続人等に通知し、検認期日において相続人等の立会を求め、遺言書の現状を確認し、遺言書を複写して遺言書検認調書を作成することによって、遺言書の現状が保管されることになる。

家庭裁判所の検認手続は一種の証拠保全のための手続であって、遺言の有効性を証するものではない。

　(イ)　**遺言書の有効性について**

そこで、遺言の有効性を検討することとなる。

3 承継対象財産の管理 **95**

遺言者はいつでも遺言の方式に従って、その遺言の全部又は一部を撤回することができる（民 1022 条）とされ、また、前の遺言が後の遺言と抵触するときは、その抵触する部分については、後の遺言で前の遺言を撤回したものとみなされる（民 1023 条 1 項）ので、遺言書が複数発見されたときは、その作成時期を確認して最終の遺言書を確定する必要がある。

次に、その遺言書について民法上の要件を当てはめて、形式的不備がないかどうかを確認することとなる。

公正証書遺言は、その作成時において公証人が関与していることから形式的有効性については問題はないと思うが、自筆証書遺言については、その形式的有効性の判断が問題となる。民法は遺言の方式として自筆証書遺言、公正証書遺言、秘密証書遺言、その他特別の方式による遺言として死亡危急者遺言、伝染病隔離者遺言、在船者遺言、船舶遭難者遺言の七つの方式について民法 967 条以下に詳細な規定を置いているので、委託者から提供された遺言がその方式について民法上の要件を欠くものでないかを検討することになる。

自筆証書遺言について民法の定める要件は次のとおりである。

①　遺言者が、その全文、日付、氏名を自書し、押印すること（民 968 条 1 項）

　　なお、改正相続法 968 条 2 項では、自筆証書と一体のものとして添付する相続財産目録については自署することを要しないとした。この場合において、遺言者は、その目録の毎葉（自署によらない記載がその両面にある場合にあっては、その両面）に署名押印しなければならないとした

②　加除その他の変更は、遺言者が場所を指示して、これを変更した旨を付記して特にこれに署名し、その変更の場所に押印すること（民 968 条 2 項）

①の目録についても同様とした（改正相続法 968 条 3 項）。

自筆証書遺言は、遺言者自らが遺言すべてを手書きすることが要求されている。これは、遺言者の真意に基づいて作成されたものであること

96 第2章 管 理

を示すためであるので、他人の介助を受けて書かれたものであることが一見としてわかるものについては介助した他人の意思が介入しているおそれがあることから自署とみるのは困難であるが、そうでないものについては有効であると解して差し支えないであろう。

日付の記載を要求しているのは、その日における遺言者の遺言能力の有無を判定したり、遺言事項の抵触する複数枚の遺言書が存する場合にその優劣を判断するため、その遺言書が書かれた日を特定するためのものであるから、年月までしか記載のないもの、年月吉日と書かれたもの、日付印で押印したもの、など作成年月日を自筆で特定していない遺言は無効である。もっとも、遺言書そのものに記載がなくとも、封をした封筒に記載がある場合は有効と解されている（福岡高判昭和27年2月27日）。

仮にその遺言が方式に不備があり無効とされるものであったとしても、共同相続人の全員が遺言書に示された相続分を承認し、分割方法どおりに分割することに同意するのであれば、遺言の内容に沿った遺産分割協議案を提案することになろう[注7]。

【改正相続法】
（注7）改正相続法の一環として、高齢化の進展等の社会経済情勢の変化に鑑み、相続をめぐる紛争防止を目的として、法務局において自筆証書遺言に係る遺言書の保管及び情報の管理を行う制度が創設された（法務局における遺言書の保管等に関する法律）。遺言書については、家庭裁判所の検認を要しない（同法11条）。また、政令で定める額の手数料がかかる（同法12条）。

(ウ) 遺言執行者

(a) 遺言事項と遺言の執行

遺言事項によっては、遺言執行者の執行が必要な事務と、遺言執行者によらずに相続人が自ら執行できる事務、さらには遺言者の死亡と同時にその効力が生じ遺言を執行する余地のない事務とがある。よって、遺言書がある場合、任意相続財産管理人としてはその内容をよく検討した上で、遺言執行者による執行が必要な場合で遺言執行者の指定がない場合には、相続人をして家庭裁判所に対して遺言執行者の選任の申立をさ

せることになる（民 1010 条）。

遺言事項について整理すると次のようになる。

遺言執行者による執行が必要な遺言事項

・死後認知の届出（民 781 条 2 項）

・家庭裁判所に対する推定相続人の廃除の請求（民 893 条）又は推定相続人の廃除の取消しの請求（民 894 条 2 項）

・一般財団法人設立のための財産の拠出（一般社団法人及び一般財団法人に関する法律 152 条 2 項）

遺言執行者がいない場合に相続人が執行できる遺言事項

・祭祀承継者の指定（民 897 条）

・遺贈（民 964 条）

・信託の設定（信託 3 条 2 号）

・保険金受取人の変更（保険法 44 条 1 項）

執行する余地のない遺言事項

・未成年後見人の指定（民 839 条）又は未成年後見監督人の指定（民 848 条）

・相続分の指定又は指定の委託（民 902 条）

・遺留分を侵害しない範囲での特別受益の持戻しの免除（民 903 条 3 項）

・遺産分割方法の指定、指定の委託及び遺産分割の禁止（民 908 条）

・相続人間の担保責任についての別段の定め（民 914 条）

・遺言執行者の指定又はその委託（民 1006 条）

・遺言の撤回（民 1022 条）

・遺留分減殺における遺贈の減殺割合の定め（民 1034 条）

(b) 遺言執行者の指定

被相続人は、遺言により遺言執行者を指定し、又はその指定を第三者に委託することができる（民 1006 条 1 項）。

遺言者が遺言により遺言執行者を指定している場合、指定を受けた者はその就任を承諾することも拒否することもできる。指定を受けた者が

98　第2章　管理

就任を承諾し、又はそれを拒否するについて期間等の制限はない。そうすると、相続人や受遺者等の利害関係人にとっては、指定を受けた者がいつまでもその意思を表示しない場合は、長期間不安定な状態に置かれることになる。そこで、民法は、相続人その他の利害関係人に対して、遺言執行者として指定された者に対して、相当の期間を定めて、その期間内に就職を承諾するかどうかを確答すべき旨の催告をすることができる旨、及び、その期間内に確答しない場合には就任を承諾したものとみなすことができる旨規定している（民1008条）。

　遺言で遺言執行者が指定されているときは、執行の要否にかかわらず速やかに遺言執行者に指定された者に連絡をとり、遺言者が死亡したことにより相続が開始した旨を通知し、就任の意思の確認を行う必要がある。この場合、遺言執行の要否については、その者が判断すべきだからである。

　遺言執行者として指定された者が就任を承諾した場合は、相続人は遺言執行の対象となっている相続財産について、遺言の執行を妨げるべき行為をすることはできない（改正相続法1013条1項）。遺言執行者が就任しているときは、遺言の執行が必要な事項については、相続人の処分権は無効とされる。ただし、善意の第三者に対抗することができない（同条2項）。

　(c)　遺言執行者の任務懈怠

　遺言執行者が任務を懈怠していつまでも遺言の執行をしない場合はどうしたらよいか。

　民法は、「遺言執行者がその任務を怠ったときその他正当な事由があるときは、利害関係人は、その解任を家庭裁判所に請求することができる」旨規定する（民1019条1項）。

　なお、遺言執行者が、遺言の執行に必要とされる合理的期間を超えて任務を懈怠している場合には、遺言執行者として指定を受けた者が具体的に就任拒絶の意思表示をしていなくても、法的にはこれを拒絶したものと同視して民法第1013条の適用は排除されると解すべきであると判示した裁判例がある（仙台高判平成15年12月24日判時1854号48頁）。

相続人としては、遺言執行者が執行をしない場合には、相当の期間を提示して、その期間内に執行をすべき旨及び執行をしないことについて理由があるならその理由を開示すべき旨を催告し、これに応じない場合には、家庭裁判所に対して遺言執行者の解任の審判を申し立てることになる。

この場合、前記裁判例によれば、遺言執行者がその就任の承諾を撤回したものとみなして、相続人が執行することのできる遺言事項については、相続人自ら執行することも可能なようにも考えられるが、民法に遺言執行者の解任に関する規定がある以上、この規定に基づき家庭裁判所に対して解任を求めるべきであろう。

遺言執行者が指定されていない場合で、遺言執行者による執行が必要な遺言事項があるときは、相続人をして家庭裁判所に対して遺言執行者の選任の申立てを促す必要がある。

(d) 遺言執行者の就任と遺産承継業務

指定された遺言執行者が就任した場合、あるいは家庭裁判所により遺言執行者が選任された場合は、遺言執行者による執行行為が終了するまでは、任意相続財産管理人としての事務は中断することになる。なお、遺言執行後に行うべき遺産承継事務がないときは、遺産承継業務は終了することになる。

遺言執行後もなお承継すべき財産が残っているときは、その余の財産について遺産承継事務を継続することになる。

遺言で執行者が指定されていない場合で、遺言執行者による執行が必要な遺言事項がない場合は、相続人自らが執行することになるので、任意相続財産管理人としては、相続人等から委託を受けた範囲内で、遺言執行に関する事務を行うことになる。

この場合、遺言の趣旨に従い相続財産の承継事務を進めることになるが、共同相続人及び包括受遺者の全員が、遺言で定められた相続分と異なる相続分によること又は内容と異なる遺産分割を求めた場合は、それに従うことになろう。

遺言は遺言者が自己の財産の処分についての意思を表明したものであ

100 第 2 章 管 理

るから、相続人としてもこれを尊重すべきことは当然であるにしても、分割協議の時点と遺言の時点とでは、相続人を取り巻く経済環境も変動していることもあろうから、遺言の内容をそのまま実現することがかえって遺言者の真意にそぐわないこともあるからである。

(エ) **遺留分を侵害する場合**

民法は、兄弟姉妹以外の相続人について、遺留分として一定の割合の相続分の承継を受ける権利を認めているが、これを侵害する相続分の指定あるいは分割方法の指定があったとき、任意相続財産管理人としてはどのように対処すべきであろうか。

被相続人は、本来自分の財産を自由に処分することができるのであり、このことは、生前の処分ばかりでなく遺言により処分する場合も同様である。一方で、相続制度は、被相続人の資産形成に寄与してきた家族の生計を維持するためのものであり、家族という身分関係に基礎を置く制度である。被相続人の処分権の行使と相続人の相続権の主張とは互いに干渉し合うものであるが、遺留分制度は遺言制度と相続制度との整合調整を図るものとして機能するものである。

そこで、遺留分を侵害する遺言がされたとしても直ちに無効とはせず、遺留分権利者が遺留分減殺請求権を行使してはじめて自己の遺留分を主張することができる、という法律構成をとることとしたのである。

減殺請求は必ずしも訴訟による必要はなく、その旨の意思を表示することで足りる[注8]。

【改正相続法】
(注8) 改正相続法で遺言による相続分の指定、包括遺贈特定遺贈及び特別受益者の規定から「遺留分に関する事項」が削除された(改正相続法602条1項、903条3項)。

(a) 相続人全員から委託を受けている場合

遺留分権利者が遺留分減殺の意思を示したときは、受託者は、遺留分の侵害の額を算定した上で、委託者たる相続人及び受遺者に対して減殺の方法を提案することになる。

もっとも、請求を受けた受遺者又は受贈者がこれに応じない場合は、遺留分減殺請求の訴えを提起することになるが、任意相続財産管理人が

3 承継対象財産の管理 **101**

訴訟代理人となることはできないので、減殺請求をする相続人自らが訴訟を提起することとなる。

なお、減殺請求権を行使する相続人と減殺請求の対象となる受遺者又は受贈者とがいずれも委託者である場合は、任意相続財産管理人としていずれの立場にも立つことができないことは言うまでもない。この場合は遺産分割協議の中での解決を試みることとなるが、遺留分制度の趣旨や、遺留分を侵害することになる贈与や遺贈の理由や態様、侵害の程度などの客観的な評価を提示して相続人等の合意を促すことになる。

この場合、合意形成の前提として遺留分を侵害する額がいくらになるのかを調査しておく必要がある。遺留分を侵害する額は、後述のとおり遺留分の額と請求者が被相続人から相続で取得した財産額から相続によって負担すべき相続債務額と特別受益額及び遺贈額の合計額を差し引いた額との差額ということになるので、それらの額を算出すればよい。

なお、合意形成が不可能な場合は、任意相続財産管理人としては、遺産承継業務の継続は不能であるとして辞任する他ないであろう。利害相反する当事者から同時に委託を受け法律行為の代理をすることは利益相反行為としてすることができないからである。この場合、減殺請求の相手方たる委託者について辞任すれば利益相反は解消されるが、業務遂行の経緯から、請求権者たる委託者及び減殺請求の相手方たる委託者のいずれからも不信の念を抱かせる可能性がある以上、相続人等の全員から委託を受けて就任した任意相続財産管理人たる地位を辞任し、遺産承継業務自体を終結させるべきである。

(b) 相続人の一部から委託を受けている場合

もっとも、減殺請求の相手方である受遺者又は受贈者が委託者でない場合は、利益相反となることはないので、遺産承継業務を継続することになるが、受託事務として遺留分減殺請求に関する事務が含まれているときは、減殺請求の相手方に対して委任の範囲内で代理人として減殺請求をする行為が、財産管理業務の遂行として可能かどうかは検討を要する。

他人の財産の管理、処分を業として行うことが法令で認められている

職能は司法書士と弁護士に限られるが、弁護士法72条は弁護士以外の者が一般の法律事件に関して法律事務を取り扱うことを禁じている（他の法律に別段の定めがある場合を除く。）。そして法務省の見解によれば弁護士法72条は、「紛争性がある程度成熟して顕在化しているものであれば、法72条の規制の対象になる」（司法制度改革推進本部平成15年12月8日第24回法曹制度検討会における法務省大臣官房司法法制部司法法制課長発言）としている。また、最近の裁判例では一般の法律事件とは『交渉において解決しなければならない法的紛議が生ずることがほぼ不可避である案件に係るもの』をいうと判示しているものがある（最決平成22年7月20日判時2093号161頁）。

上記見解に従えば、遺留分減殺請求権者の委任を受けて相手方に対して裁判外で減殺請求をする行為は、紛争性が顕在化している場合あるいは法的紛議が生ずることがほぼ不可避な場合には弁護士以外のものはこれに介入できないこととなる。

遺留分減殺請求権を行使しなければならない事態というのは一般的には紛争性が顕在化していると評価される場合が多いであろうから、減殺請求権の行使は一般の法律事件に関する法律事務であるということになり弁護士法72条の規制の対象となる。

よって、弁護士以外の者が、請求権者の依頼を受けて遺留分を侵害する受遺者又は受贈者に対して減殺請求権を行使することは、弁護士法72条に違反すると言わなければならない。たとえ、簡裁代理権を有する認定司法書士であっても適法とされることはない。

(c)　司法書士と遺留分減殺請求

受託者が司法書士である場合はどうであろうか。

司法書士法29条は、司法書士法人は、3条1第1号から5号までに規定する業務を行うほか、定款で定めるところにより、法令等に基づきすべての司法書士が行うことができるものとして法務省令で定める業務の全部又は一部、を行うことができる旨規定し、これを受けて、法務省令である司法書士法施行規則31条で、当事者その他関係人の依頼により管財人等に類する地位に就いて、他人の事業の経営、他人の財産の管

理若しくは処分を行う業務又はこれらの業務を行う者を代理し、若しく
は補助する業務を規定している。

つまり、すべての司法書士及び規則 31 条業務を定款で定めた司法書
士法人は、依頼を受けて、他人の財産の管理若しくは処分を行うことが
できる旨が法律により規定されていることとなる。

そうすると、遺留分の減殺を請求する行為が司法書士法施行規則 31
条の財産管理業務を遂行する上で必要な事務であると言えるのかどうか
が問題となる。これについては、法的紛議が顕在化している場合は、他
人間の紛争処理業務ということになって、司法書士法施行規則 31 条の
財産管理業務の範囲を超えるとする議論もあり、判断の分かれるところ
であるが、やはり消極に解すべきである。なお、仮に遺留分減殺請求権
の行使が司法書士法施行規則 31 条の財産管理業務の範囲内の行為であ
るとしても、裁判外での請求に限られ、裁判上で代理人として行うこと
はできない（民訴 54 条）。

もっとも、請求の相手方が自ら遺留分を侵害する事実を認めており減
殺請求に応じる姿勢を見せている場合には、紛争性はないものと評価さ
れるから、任意財産管理人として当事者間の意見の調整を行う行為は弁
護士法 72 条の規制の対象外であり、誰でもできる事務であるというこ
とができる。

(d)　遺留分侵害の額の算定

遺留分算定の基礎となる財産額（算定基礎額）のうち減殺請求者の遺
留分割合相当額（遺留分額）から請求者が相続で取得した財産額から負
担した相続債務額を引いた額（正味財産額）と請求者の特別受益額及び
遺贈を受けた額を引いた額が遺留分侵害額ということになる。

算定基礎額は、被相続人が相続開始の時において有した財産の価額に
その贈与した財産の価額を加えた額から債務の全額を控除して算定する
（民 1029 条 1 項）ことになる。この場合の贈与は相続開始前の 1 年間に
したものに限り加算し、当事者双方が遺留分を侵害することを知ってし
た贈与に限って 1 年以上前のものも加算する（民 1030 条）とされてい
る。

104 第2章 管理

　請求者の遺留分割合は、民法の定める遺留分の割合に請求者の法定相続分を掛けて算出するが、遺留分の割合について民法は次のとおり定めている。

①　直系尊属のみが相続人である場合は3分の1

②　上記以外の場合は2分の1

　つまり、例えば、夫が亡くなって妻と2人の子がいる場合、妻の遺留分の割合は2分の1の2分の1＝4分の1、子の遺留分割合はそれぞれ4分の1の2分の1＝8分の1ということになる。

（e）　遺留分減殺請求の方法

　遺留分減殺請求は必ずしも裁判上で行う必要はないが、遺贈を減殺した後でなければ贈与を減殺することはできない（民1033条）。贈与を減殺するときは、後の贈与から順次前の贈与に対してすることとなる（民1035条）。これは、遺贈についても贈与についても被相続人の自由な意思に基づいて行われたものであるが、遺贈は相続により効果が生じるものであるし、贈与については相続時より遡って古い贈与を減殺することの影響がより深刻なものになるからであると考えられる。

　そうすると減殺を請求する相続人は、まず受遺者に対して、その減殺を裁判外で請求することとなるが、受遺者が複数いる場合は、遺贈の価額に応じて減殺を請求することとなる（民1034条）。

　受遺者がこれに応じない場合は、裁判手続で請求することとなる。

　遺留分減殺請求は訴訟事項であり、当事者間で合意が調わない場合は、訴訟によって解決を図ることになるが、相続に関する紛争でもあるから家事調停事項でもあり（家手244条）、調停前置主義により、訴訟提起の前にまず家庭裁判所に調停を申し立てることになる（家手257条1項）[注9]。

　　【改正相続法】
　　（注9）上記問題点も疎遠なものとなった。平成30年相続法改正により民法
　　　　　1028条から1041条まで削除された。遺留分減殺請求権の効力及び法的
　　　　　性質につき、形成権であることを前提に、権利行使により原則、遺留分
　　　　　侵害額に相当する金銭債権が発生するとされた（改正相続法1046条1
　　　　　項）。金銭を債権化することにより、遺贈や贈与の「減殺」を前提とす

　　　　　　　　　3　承継対象財産の管理　***105***

　　　　　　る諸規定の整備が行われた。

ウ　不在者があるとき

　相続人又は受遺者の中に不在者がある場合、不在者が財産管理人を置いているときは当該財産管理人に遺産分割協議に加わってもらい、不在者に対する承継財産は財産管理人に引き渡せばよい。不在者が財産管理人を置いていないときは、家庭裁判所に対して不在者財産管理人の選任を申し立てることになる（民25条1項）。

　不在者財産管理人の選任申立要件としては、①不在者自らが財産の管理ができないこと、②利害関係人又は検察官からの申立てがあること（民25条1項）、③管理すべき財産があること、の3つが挙げられる。ここで、利害関係人とは、不在者の財産の管理、保存について法律上の利害関係を有する者をいう。

　共同相続人の一人が不在者であるときは、他の相続人は遺産分割協議の相手方として利害関係人に該当する。

　受遺者はどうであろうか。

　遺言執行者があるときは、遺言執行者が義務者として受遺者に対する財産権の移転を行うこととなるので、相続人の中に不在者があっても影響はない。しかし、遺言執行者の指定がない場合は、相続人全員が義務者として受遺者に対して財産権を移転する義務を負うことになるので、この場合は利害関係人として選任申立てをすることができる。もっとも、遺言執行者がないときは、受遺者は利害関係人として家庭裁判所に対して遺言執行者の選任の申立てができる。

　受遺者が不在者であるときは、遺言執行者があるときは遺言執行者が申立権者として不在者財産管理人の選任の申立てをすることになるが、遺言執行者がないときは、共同相続人全員が不在者に対して対象財産を移転する義務を負うことになるので、相続人も利害関係者として選任の申立てができる。

エ　相続人が不存在のとき

　被相続人に相続人があることが明らかでないときは、家庭裁判所は利害関係人又は検察官の請求により、相続財産管理人を選任し、相続財産

の管理に当たらせるとともに、相続債権者に対する弁済、受遺者に対する財産の引渡し、さらには特別縁故者に対する分与等を行わせ、最終的には残余財産を国庫に帰属させて清算を終結させることになる。この場合、相続人が出現して相続の承認をした場合は、相続財産管理人の代理権は消滅する。

遺産承継業務に関連して相続財産管理人を選任するケースとしては、例えば、施設に入居していた被相続人が身寄りなく死亡した場合に、当該施設の管理者から遺産承継業務の依頼を受けることが考えられる。依頼を受けて最初に行う事務は相続人を調査することであるが、調査した結果、相続人が明らかとならなかった場合に相続財産管理人選任の申立てをする必要がある。この場合、施設管理者が利害関係人として申立てをすることになるが、相続財産管理人が就任した時点で、遺産承継業務は終結することとなる。

相続財産管理人の就任により、遺産承継業務はいったん中断し、相続人が出現し相続の承認をした時点で再開する、と考えられなくもないが、この場合は新たに、出現した相続人から委託を受けることになるので、前の契約と後の契約は別個の契約であると考えるべきである。よって、相続財産管理人が就任した時点で、施設管理者との間で締結した遺産承継業務を終了させ、預託物を施設管理者に返還することになる。

なお、このケースで施設管理者から遺産承継者への委託を受けることができるか、については議論のあるところであるが、施設管理者は、相続財産管理人の選任の申立をすることができると考えられることから、積極に解すべきである。

4 遺言執行者による財産管理

(1) 遺言執行者の就任又は選任

ア 遺言執行者の就任

遺言者は、生前、遺言をするに際して、遺言の執行を託したい者に対して遺言執行者就任を要請し、その承諾を求めていることが多い。そこで、遺言執行者として指定された者は、遺言者が死亡したことを確知し

た場合、相続人や受遺者等の利害関係人に対して、遺言執行者としての就任を承諾する旨を通知するとともに、直ちにその任務を行う必要がある（民1007条）。

また、そうでない場合は、相続人又は受遺者等利害関係人から遺言者が死亡した事実と遺言執行者として指定されている事実を知ることになるが、相続人その他の利害関係人から相当の期間を定めて、その期間内に就職を承諾するかどうかを確答すべき旨の催告を受けた場合は、その期間内に相続人に対して確答しない場合は就職を承諾したものとみなされる（民1008条）。そこで、遺言執行者として指定された者は、遺言書の保管者から遺言内容を聴取し、遺言の有効性や執行事項等を確認した上で、就職を辞退する場合には確答をすべき期間内に辞退する旨を相続人等に対して通知する必要がある。この通知は、これを明確にするために書面により行うべきであろう。

イ　遺言執行者の選任

なお、遺言執行者の指定がないとき、又は遺言執行者が辞任等によりいなくなった時は、利害関係人の請求により家庭裁判所が遺言執行者を選任することとなる。

利害関係人には、相続人又は受遺者のほか、相続債権者や受遺者の債権者、相続人若しくは受遺者が不在者である場合の不在者財産管理人、相続財産管理人等が該当する。

家庭裁判所に選任を求める場合の要件として、遺言の執行が必要であることが挙げられる。

遺言内容が執行を必要としない場合には申立ては遺言執行者を選任する必要のないものとして受理されないことになる。

遺言執行者による執行が必要な遺言事項については前述のとおりであるが、法定相続人がない場合に全遺産が包括的に遺贈された場合には遺言者の死亡と同時に全遺産に関する権利は包括受遺者に移転することになり遺言執行の余地はないということになる。しかし遺産の中に不動産がある場合、登記義務者となるべき者がないこととなるので、このような場合には、遺言執行者を選任して登記手続を行う必要があるので選任

の利益があるものというべきである。

⑵ 遺言執行者の地位

遺言執行者の法的地位についてはどう理解すればよろしいか。

民法は、「遺言執行者は、相続人の代理人とみなす。」（民 1015 条）と規定する[注10]。しかし、遺言執行者は執行が必要な遺言事項を実現することをその職務とするのであるが、遺言事項の中には相続人の利益に反する事項が含まれている場合もある。相続人の遺留分を侵害する遺贈を定めている場合もあろうし、推定相続人の廃除（民 893 条）を定めている場合もありうる。また、相続人以外の者に対する遺贈の定めがある場合には、その受遺者のために遺産を引き渡す責務を負うこともある。

このように、遺言執行者は相続人の代理人として構成されてはいるが、必ずしも相続人のために行為する存在としての代理人という立場にはないことになる。つまり、遺言執行者は遺言者の意思を実現するために存在するという遺言制度に特有の代理人であるということができる。

「遺言執行者の任務は、遺言者の真実の意思を実現するにあるから、民法 1015 条が、遺言執行者は相続人の代理人とみなす旨規定しているからといって、必ずしも相続人の利益のためにのみ行為すべき責務を負うものとは解されない。」との最高裁判決がある（最判昭和 30 年 5 月 10 日民集 9 巻 6 号 657 頁）。

なお、遺言制度の趣旨からすれば、包括遺贈を定めた遺言については、遺言執行者は受遺者の代理人とみなすのが合理的であろう。

> 【改正相続法】
> （注 10）改正相続法では遺言執行者の法的地位を明確化にするため「相続人の代理人」規定を廃止し、執行行為者による行為の効果帰属について明文化した（改正相続法 1015 条）。

⑶ 遺言執行者の職務

遺言執行者は、相続財産の管理その他遺言の執行に必要な一切の行為をする権利義務を有する（民 1012 条 1 項）。

ここで、遺言の執行に必要な一切の行為とはどのような行為をいうのかを検討する必要がある。

遺言執行者は遺言で定められた執行が必要な事項を実現するのがその

任務であるから、執行事項ごとに個別具体的に検討する必要があるが、概ね次のような行為が考えられる。

① 執行の前提としての管理に必要な行為として、預貯金通帳等関係書類等の受領

これには、必ずしも執行には必要ないが、所持者による妨害行為を防止するためにキャッシュカードや銀行印を受領する行為も含まれるであろう。

② 執行に必要な範囲での相続財産の売却、換価等の処分行為

③ 執行妨害の排除のための行為

④ 執行に必要な訴訟行為

遺言執行者の訴訟上の地位は法定訴訟担当であると解されている。

最高裁は「遺言執行者は、遺言の執行に必要な一切の行為をする権利義務を有し（民1012条1項）、遺贈の目的不動産につき相続人により相続登記が経由されている場合には、右相続人に対し右登記の抹消登記手続を求める訴を提起することができるのであり、また遺言執行者がある場合に、相続人は相続財産についての処分権を失い、右処分権は遺言執行者に帰属するので（民1013条、1012条）、受遺者が遺贈義務の履行を求めて訴を提起するときは遺言執行者を相続人の訴訟担当者として被告とすべきである」旨判示している（最判昭和51年7月19日民集30巻7号706頁）。

(4) 遺言執行者の権利義務

遺言執行者の権利義務については民法1012条2項により委任の規定が準用されている他、報酬に関する規定を置いている。

ア 費用償還請求権（民650条）

遺言執行者は、遺言を執行するのに必要と認められる費用を支出したときは、相続人に対し、その費用及び支出した日以降の利息の償還を請求することができる。

イ 報酬請求権（民1018条）

遺言者が遺言で報酬を定めているときはそれによることとなるが、定

めがない場合でも、家庭裁判所は、相続財産の状況その他の事情によっ
て遺言執行者の報酬を定めることができる。

　そこで、遺言執行者は、遺言で報酬の定めがない場合は、家庭裁判所
に対して報酬付与の審判の申立てをして、家庭裁判所の審判を求めるこ
とになる。なお、実務では、遺言に報酬に関する定めがない場合は、遺
言執行者は相続人に対して報酬についての協議を求め、合意による報酬
を受領することが認められている。トラブルにならぬように執行着手前
に報酬規準を示し、算定方法を説明しておくことが望ましい[注11]。

　　【改正債権法】
　　　(注11) 改正債権法による委任の報酬規程改正に伴い、遺言執行者の報酬に
　　　　　　ついても、成果報酬型の規定が準用される（改正債権法648条の2）。

5　不在者の財産管理

　不在者の財産管理とは、本人が財産管理人を置くことなく、従来の住
所又は居所を去った場合に、その財産が逸失しないように財産管理人を
置いてこれを管理させ、不在者の財産を保全せしめようとするものであ
る（民25条1項）。

　具体的には、不在者が相続人の一人である場合の遺産分割協議を成立
させるためにすることが多いようであるが、その他、不在者所有不動産
の管理のため、時効取得を主張する相手方が不在者である場合、債務返
済のため等が考えられる。

　不在者財産管理人には、本人があらかじめ選任している場合と、本人
が管理人を置かなかった場合とがあるが、本書では、後者の場合、すな
わち利害関係人又は検察官の請求により家庭裁判所が選任した管理人の
ことを述べることとする。

(1)　選　任

ア　選任の要件

　選任の要件は、財産を有する者が、その財産の管理人を置くことな
く、従来の住所又は居所を去ったこと、又は本人の不在中に管理人の権
限が消滅したこと（民25条1項）、であり、利害関係人又は検察官から

申立てをすることを要する。

利害関係人とは、不在者の財産管理について法律上の利害関係を有する者のことをいい、具体的には、不在者の共同相続人、不在者の債権者、不在者の財産を時効取得した者、不在者所有不動産の隣地所有者、不在者の債務者等が考えられる。

イ　管　轄

不在者の住所地を管轄する家庭裁判所に申し立てることになる。不在者の住所が日本にないとき、又は日本における住所地が不明の時は、不在者の居所地を管轄する家庭裁判所ということになるが、居所も不明の時は、不在者の最後の住所地を管轄する家庭裁判所に申し立てることになる（家手145条）。

なお、申立てをした裁判所と、財産管理の対象となる不在者の財産の所在地が異なるときは、不在者の財産の所在地を管轄する家庭裁判所に移送することを求める旨の上申書を提出するよう裁判所から促されることがあるが、この場合、裁判所は移送を求める上申書に基づき移送事由を考慮した上で移送の審判をしているようである。

ウ　管理費用の予納

不在者の財産の管理に要する費用や不在者財産管理人の報酬等は不在者の財産の中から支弁することとなっているので（家手146条2項、民29条2項）、申立ての際にその費用を予納することが求められる。予納金の額は、管理すべき財産の額等を考慮して算出されるようであるが、不動産のみの遺産分割協議のために管理人選任を求める場合に不在者が受けるべき代償金の範囲内で決定される場合もあるようなので、申立ての際に裁判所との協議が必要な場合もある。

(2)　職　務

家庭裁判所の選任に係る不在者財産管理人は、家事事件手続法に定める手続に則り選任されるものであり、不在者の法定代理人とされるが、権限の定めのない代理人と同様の権限を有する（民28条）。すなわち、保存行為、管理の目的である物又は権利の性質を変えない範囲内での利用改良行為（民103条）に限定され、これらの範囲を超える行為をする

112　第2章　管　理

場合には、家庭裁判所の許可が必要となる。

ア　財産目録の作成

　家庭裁判所が選任した管理人は、その管理すべき財産の目録を作成しなければならない（民27条1項）。また、家庭裁判所は、管理人に対し不在者の財産の保存に必要と認める処分を命じることができる（民27条3項）。

　不在者の財産を管理するためには、まず不在者の有する財産の状況を正確に把握しておかなければならない。そのために、不在者の財産内容を調査することになる。不在者が不動産を所有している場合、租税公課や損害保険料又は地代家賃等の収支状況についても同様である。

　管理人に就任後一定期間内に、家庭裁判所に対して財産目録、収支状況表等を報告しなければならない。また、管理が長期にわたるときは、一定期間（年1回程度）ごとに家庭裁判所に管理の報告をするべきである。報告を怠っていると、管理人は、家庭裁判所から民法27条3項の処分命令を伴う報告を求められることとなるので（家手146条2項）、そうなる前に定期的に報告をするように努めるべきである。

イ　不在者財産管理人の権利義務

　不在者財産管理人は法定代理人であるが、家事事件手続法は民法の委任の規定を準用している（家手146条6項）。

　そうすると、不在者財産管理人は家庭裁判所の処分命令（民27条3項）、担保提供命令（民29条1項）に服するほか、次の義務を負い、権利を有することとなる。

　①　義　務
　・善管注意義務（民644条）
　・受取物の引き渡し義務（民646条）
　・金銭消費についての責任（民647条）
　②　権　利
　・費用償還請求権（民650条）

ウ　権限外行為（遺産分割協議）の許可申立て

　家庭裁判所の選任に係る不在者財産管理人は民法103条に定める保存

行為と利用改良行為しかすることはできない。しかし、それでは利害関係人が不在者財産管理人の選任を求めた意図を実現することができないことが多いであろう。

利害関係人は、遺産分割の協議、あるいは財産の売却換価等のために管理人選任を求めるのが通常だからである。そこで、不在者財産管理人が申立人となって権限外行為（遺産分割協議）の許可の審判を申し立てることになる。

遺産分割協議の許可の審判の申立てにあたっては、遺産分割案を提出することになるが、この際、不在者を含めた各相続人の法定相続分と、各相続人について特別受益、寄与分等を勘案した具体的取得額を明らかにしてする必要がある。

裁判所では、提出された遺産分割案に基づきその可否を判断することになるが、不在者が理由のない不利益を受けることのないよう、具体的な内容について審査されることになる。

そこで、不在者財産管理人としては、不在者の特別受益が立証されている場合を除いて、不在者が法定相続分に応じた価額を得ることを内容とする遺産分割協議書案を作成する必要がある。遺産分割の対象となる相続財産が不動産のみで、現物分割をすることが社会常識からいって不可能と認められる場合は、代償分割又は換価分割の方法を採ることとなる。

(3) 終　結

権限外行為（遺産分割協議）の許可の審判がされた場合には、遺産分割案に基づいて他の相続人全員とともに遺産分割の協議を行い、分割協議を成立させることとなる。

遺産分割協議のための不在者財産管理業務は、遺産分割協議の成立をもってその目的を果たすわけであるが、当然には終了しない。

家庭裁判所は、不在者が財産を管理することができるようになったとき、管理すべき財産がなくなったとき、その他財産の管理を継続することが相当でなくなったときは、不在者、管理人若しくは利害関係人の申立てにより又は職権で、民法25条1項の規定による管理人の選任その

114 第2章 管　理

他の不在者の財産の管理に関する処分の取消しの審判をしなければならない（家手147条）旨規定している。

　そうすると、遺産分割協議が成立して、管理人が遺産又は代償金若しくは換価金を受け取ったときは管理財産が存するわけであるから処分取消しの審判の申立要件を欠くことになり、管理人による財産管理業務は継続することとなる。

　そこで、不在者が帰来したときに、遺産又は代償金若しくは換価金を支払う旨を協議内容とできるかが検討される。この所謂「帰来時弁済」の許否は、家庭裁判所の担当裁判官の判断によるが、許可されれば管理人による財産管理業務を終わらせることができる。

　なお、帰来時弁済が許可されない場合、管理財産が管理人の報酬を賄うに相当な額か、あるいは満たない額である場合は、管理人から報酬付与審判の申立てをさせ、管理財産と同等額を報酬として付与する旨の審判をして、不在者の財産を無にして財産管理業務を終結させることもあるようである。

6　相続人不存在の場合の財産管理

　被相続人に相続人があるとき、又は相続人がいない場合に、遺言により包括遺贈をしているときは、相続財産は相続人又は包括受遺者が承継することとなるが、相続人も受遺者もない場合は、相続財産は帰属主体のないまま、無管理状態に置かれることとなる。そこで、このような場合には、利害関係人又は検察官の請求により家庭裁判所が相続財産管理人を選任して、家庭裁判所の監督下で、相続財産の管理をさせ、債権者や受遺者があるときはこれに対して弁済し、相続人を捜索させ、特別縁故者があるときはこれに分与し、なお残余があるときはこれを国庫に帰属させて終結させることになる（民951条～959条）。

　相続人が不存在の場合、相続財産は法人とされ（民951条）、相続財産管理人は相続財産法人の代表者として行為することとなる。

(1)　相続財産管理人の選任

　家庭裁判所は、利害関係人又は検察官の請求があったときは、相続財

産の管理人を選任しなければならない（民952条）。

ア　申立人

　利害関係人としては、相続財産の管理者が挙げられるが、成年被後見人が相続人なく死亡した場合の成年後見人や相続権のない近親者が事実上管理している場合の当該近親者等も該当する。このほか、相続債権者や受遺者、特別縁故者、被相続人に対して何らかの請求権を主張する者等が考えられる。なお、利害関係人がない場合には、検察官が公益の代表として申立てをすることになる。

イ　管　轄

　被相続人の最後の住所地を管轄する家庭裁判所に申し立てる（家手203条）。

　利害関係人から申し立てる場合は、申立人に利害関係があることを証する資料のほか、相続財産管理人の選任を要する事由があることを証する資料を提出する必要がある。

ウ　管理費用の予納

　相続財産管理人の職務執行に必要な費用及び相続財産管理人の報酬等は相続財産の中から支弁することになるが（家手208条で準用する125条3項、民253条で準用する29条2項）、申立てに際しては、これら管理費用の予納が求められるのが通例である。

　予納金額については、事案に応じて各地で様々であろうが、横浜家庭裁判所では、100万円程度の予納が求められるようである。

エ　相続財産管理人の選任

　相続財産管理事件は相続財産の清算手続であることから、相続財産管理人には、相続債権者や受遺者に対する弁済やそのための財産の換価処分等を職務として行うことになるので、相当高度の法律知識や経験が求められる。

　申立人は、申立てに際して相続財産管理人候補者を推薦することが多いであろうが、推薦者は申立人と何らかの関係にあることが多く、申立人の利益を重視する傾向を否定しきれない。

　そこで、事案にもよるのであろうが、最近の裁判所実務では、推薦者

以外の司法書士又は弁護士等の専門職を選任している傾向があるようである。

　司法書士会や弁護士会では、相続財産管理人候補者名簿を家庭裁判所に提出し、裁判所の便宜に供しているところもあるようである。

(2) **職　務**

　相続財産管理人は、相続財産法人を代表して相続人の捜索を行うとともに、相続債権者や受遺者への弁済、特別縁故者への分与等相続財産の管理・清算事務を行うことをその職務とする（民951条～959条）。

　職務権限については、不在者財産管理人と類似しているが、清算権限があるところが大きな違いである（民957条2項で準用する927条2項～4項、928条～935条）。

　相続財産管理人が、不動産を任意売却する等その権限の範囲を超える行為をする場合には、家庭裁判所の許可が必要となる（民953条で準用する民28条）。

ア　相続財産の調査・保全

　相続財産を管理するためには、まず被相続人の有する財産の状況を正確に把握しておかなければならない。そのために、被相続人の財産内容や収支状況を調査した上で、管理方針を立てることになる。

　管理方針を立てるに当たって第一にすることは相続財産及び債務額の確定であるがこれが案外厄介である。

　申立人は相続財産のおおよそを把握していることが多いであろうから、まず、申立人から、本人との関係や本人の生前の生活状況、財産管理状況ほか相続財産管理人選任の申立てをするに至った経緯等を聴取することになる。

　次に、本人の最後の生活の本拠であった住所地や施設を訪問し、預貯金通帳や権利証、債権証書、借用書、郵便物等を確認点検して財産状況を把握する必要がある。なお、住所地が留守宅となっている場合には、後日の紛争を防止するためにも申立人等関係者の立会いを求めるべきである。また、空き巣盗難に遭わないよう戸締りを厳重にすることと、火災保険を掛けていないようなときは、火災に備えて火災保険を掛ける等

の配慮が必要となる。火災保険を掛けるには保険金を支払うことになるが、万一家屋が火災にあったときに、代償財産として保険金を得るためのものであるから、保存行為に当たり家庭裁判所の許可は不要であると考える。

借地又は借家の場合は、地主又は大家に連絡して滞納地代等があれば、これを速やかに支払って、賃貸借契約を解除されないよう対処すべきである。

もっとも借家の場合、家賃の支払いが負担になるような場合は賃貸借契約を解除したほうがよい場合もある。いずれにしろ家庭裁判所と協議をしながら進める必要がある。

不動産については、居住地の役所の固定資産税課で名寄帳を取り寄せることでその市町村にある被相続人所有の不動産は判明する。また、死亡により固定資産税を滞納していれば、その旨の通知があるので、これにより判明することもある。不動産の所在が判明したら、登記事項証明書を取り寄せて登記事項を確認した上で、登記名義人表示変更登記を申請して相続財産法人名義にすることになる。また、事項証明書を調査することによって、所有者のほか抵当権等の登記があれば抵当権者等、借入又は物上保証の別、設定時借入額等を確認することができる。

抵当権等があれば、抵当権者に連絡して、債務者が死亡した旨を報告し、残債務額等の確認をすることになる。

預貯金については、取引店に照会して残高を確認し、残高がある場合にはこれを解約して管理人名義の預り金口座に入金することになる。この際、何某相続財産管理人名義の、預金が全額保全される預金口座を開設しそこに入金する等して、管理人口座とは分別して管理する必要がある。現金についても同様である。なお、この場合の預金口座の解約は、預金全額を管理人名義の口座に預け替えるだけなので、処分には当たらず保存行為ということになるので家庭裁判所の許可は不要である。

株式・投資信託等の有価証券については、遺産分割協議に基づいて銘柄ごとに名義変更をするか、一括売却して換価金を配分するかによって手続が異なるが、いずれにしろ各銘柄ごとの価額を明らかにする必要が

ある。被相続人が口座を開設している証券会社に本人が死亡して相続財産管理人が選任された旨を通知するとともに、残高証明書の交付を依頼して、死亡時における銘柄ごとの残高の明細の記載のある残高証明書を取得しておくことになる。

本人が居住していた家屋には様々な動産が残されているが、財産的価値のない動産は廃棄することになるが、本人や家族に所縁の有りそうな動産については、後日相続人が出現したときのことを考慮して、保管しておく方がよい場合もあろう。

財産的価値のある動産は、これを相続人が持ち帰り保管する必要があるが、書画骨董の類のものは、専門業者に保管を依頼する必要がある場合もあろう。

イ　財産目録の作成

相続財産管理人は、その管理すべき財産の目録を作成しなければならない（民953条、民27条1項）。また、家庭裁判所は、管理人に対し相続財産の保存に必要と認める処分を命じることができる（民953条、民27条3項）。

相続財産管理人は、管理人に就任後一定期間内に、家庭裁判所に対して財産目録、収支状況表等を報告しなければならない。また、管理が長期にわたるときは、一定期間（年1回程度）ごとに家庭裁判所に管理の報告をするべきである。報告を怠っていると、管理人は、家庭裁判所から民法27条3項の処分命令を伴う報告を求められることとなるので（家手208条で準用する125条2項）、そうなる前に定期的に報告をするように努めるべきである。

ウ　相続財産管理人の権利義務

相続財産管理人は相続財産法人の機関であるとともに相続人が現れた場合はその法定代理人となるが、家事事件手続法は民法の委任の規定を準用している（家手208条で準用する125条6項）ので、不在者財産管理人同様、家庭裁判所の処分命令（民27条3項）、担保提供命令（民29条）に服するほか、次の義務を負い、権利を有することとなる。

①　義　務

・善管注意義務（民644条）

・受取物の引き渡し義務（民646条）

・金銭消費についての責任（民647条）

②　権　利

・費用償還請求権（民650条）

エ　相続財産管理人に特有の職務

相続財産管理人には、相続人を捜索し、相続財産の清算を行うため、次の職務が課せられている。

・相続債権者・受遺者に対する請求申出の公告（民957条1項）

・相続人捜索の公告の請求（民958条）

・相続債権者又は受遺者の請求による相続財産の状況報告（民954条）

オ　清　算

相続財産管理人は、家庭裁判所による選任公告（民952条2項）後2か月以内に、相続人のあることが明らかにならなかったときは、遅滞なく、すべての相続債権者及び受遺者に対して2か月以上の期間を定めて、その期間内に請求の申出をすべき旨を公告することになる（民957条1項）が、公告期間満了後、期間内に申出のあった相続債権者及び受遺者に順次弁済しなければならない。

上記公告期間満了後、なお相続人のあることが明らかでないときは、相続財産管理人又は検察官の請求により家庭裁判所が相続人に対して6か月以上の期間を設けて、その期間内に権利を主張すべき旨の公告をすることになるが（民958条）、その期間内に、相続人として権利を主張する者が現れなかったときは、家庭裁判所は、特別縁故者からの請求により、これらの者に、相続債権者及び受遺者に対して弁済した後に残存する相続財産の全部又は一部を分与することができる（民958条の3）。

よって、分与の審判があったときは、相続財産管理人は特別縁故者に対して分与された財産を引き渡すことになる。

⑶ 終 結

　相続債権者及び受遺者に対する弁済並びに特別縁故者に対する分与財産の引渡しを終えた後もなお相続財産が残った場合は、残った相続財産は国庫に帰属することとなる（民959条）。

　そこで、相続財産管理人は、残余の相続財産を国庫に引き継いで相続財産管理業務を終結させることになる。

第3章

処分 ① 任意相続財産管理人

第3章から第5章では、財産管理人の権限の「管理・処分（財産の所有権そのものに触れる行為）」のうち処分を中心に述べることにする。

1 処分業務総論

(1) 処 分

ア 総 論

相続財産の管理処分を受託した者には相続財産を特定し、その引渡しや登記の終了まで一連の流れの中で管理・保管及び処分等の義務が発生する。ここでの処分は相続財産の管理、保管以外の行為、すなわち受託者からの相続人及び相続人以外の者への相続対象財産の円滑な移転・引渡し（対抗要件の具備を含む）を指す。

相続が発生すると相続人が相続財産を取得するが、不動産をはじめとして被相続人名義の各種財産を相続人への名義変更手続につき、司法書士等法律専門家に委任することが多い。不動産を相続すると相続人がそのまま居住等を継続するのが通常であるが、最近、専門家が、被相続人の相続財産処分の委託を相続人から受ける機会が多くなっている。本書では、相続人の依頼によって相続財産の管理・承継・処分の法律事務を行う専門家を法律に基づいて選定される「法定相続財産管理人」に対し「任意相続財産管理人」と称することにする。

任意相続財産管理人の管理処分権の根拠は委任行為に基づく役務提供が一般的である。例えば、司法書士の場合、他人から、委託を受けて財産管理処分をすることが附帯業務になっている（司法書士法施行規則31条1号以下、「規則31条1号」という。）。平成14年改正により、「弁護士法人及び外国法事務弁護士法人の業務及び会計帳簿等に関する規則」（平成13年8月17日法務省令第62号）と同様の規定がなされ、司法書士

122 第 3 章　処分　①　任意相続財産管理人

業務の附帯業務として職務上の行為に該当するものとなった。もっと
も、任意相続財産管理人が行う相続財産の業務行為の範囲は規則 31 条
1 号の一部である。

　主な相続財産の管理・処分業務内容として、

　①　遺言執行者としての遺産承継業務

　i　相続放棄、限定承認における相続手続

　ii　遺言、遺産分割協議に基づく各執行業務の補助、支援業務（遺
　　産整理手続業務）

　②　相続財産の管理（賃貸、受領等）・処分手続及び支援・代理、補
　　助

　③　遺産整理承継業務

　i　相続人及び相続財産の調査・確認

　ii　遺産分割協議の調整及び各相続人への連絡、協議書の作成

　iii　相続財産の名義書換及び解約（預貯金、株券、個人国債、投資信
　　託、不動産、葬儀等）

　④　相続等に起因する債務の整理、弁済

　⑤　相続等に起因する会社運営、清算

　⑥　債務整理、相続等に起因した「任意売却」の支援、アドバイス
　　等などが考えられる。

　i　推定相続人及び相続財産の探索及び調査のため戸籍謄本、取引
　　金融機関の残高証明、固定資産税の評価証明書の取り寄せ

　ii　葬儀（人、ペット等）、お別れ会等の設営、墓石の設置の紹介

　iii　金融機関等の預貯金・投資信託等の名義書換及び解約手続

　iv　有価証券や国債等の名義変更手続

　v　死亡生命保険金、各種積立金の請求及び受領手続

　vi　遺言書、遺産分割協議書の作成支援、管理保管

　vii　相続財産としての不動産・動産等の管理並びに売却の補助・支
　　援（任意売却を含む）

　viii　相続に係る各種税（相続税、譲渡税、取得税、固定資産税等）及
　　び各種税等の基礎的理解の啓発及び税理士等の紹介

ix 遺品整理

x 経営者の死亡に伴う会社の運営継続のための役員変更、株式の譲渡手続

なお、以上の業務の過程で相続人間あるいは相続債権者との間で、紛争性を帯びる場合は一定の制限を受ける。

イ 附帯業務

本来的業務や認定業務に附帯する業務を意味する。本来的業務に附帯的に行うことのできる独立したものであって、士（師）業法で独占業務として制限されたものではなく、業務に附随して発生する業務でもない。

附帯業務の性質からして本来的業務のように業務独占とはいえず、当該業務を当然に行う義務は生じない。業務として取り扱うか否かの選択肢がある。他方、特定の資格がなくても誰でも依頼者との契約等の関係が生じれば当該依頼又は嘱託により行うことができる種類の行為内容である。例えば、病院の駐車場業務、金融機関における貸金庫業務等が相当する。

士（師）業が附帯業務のみしか業務を行わないと掲げることが可能か、すなわち、本来的業務を一切行わないとする業務形態がとれるか。附帯業務の性質から本来的業務を専業とすることはできないと解すべきであろう。あくまで、当該業務の性格は補充・補完業務の位置にあるからである。

相続財産と遺産の違い？ Column

相続財産とは、一般的に被相続人が死亡した時点で所有していた財産、又は相続によって相続人に引き継がれることになる財産の総称である。遺産とは、相続された財産の総称である。相続財産は相続する側からみた概念であって、後者は、被相続人から死後に残した全体の財産を示す。しかし、実際には両者は区別なく同様の意味又は、互換的に使われている（内田貴『民法Ⅳ　（親族・相続）補訂版』（有斐閣）358 頁参照）。

民法上、双方とも明確な規定がなく、民法896条の「相続開始の時から、被相続人の財産に属した一切の権利義務」を相続財産として定義している。民法の法文上に相続財産の表記が「共同相続の効力」（民898条）「相続の承認又は放棄をすべき時期」（民915条2項）、「相続財産の管理」（民918条）、「限定承認者による管理」（民926条）等にある。他方、遺産は「遺産の分割の基準」（民906条）、「遺産の分割の効力」（民909条）等に表記がある。

相続税法でも「相続財産」「遺産」に関する定義がない。唯一「相続又は遺贈により取得した財産の全部に対し、相続税を課する。」（相税2条）の規定があるだけである。したがって、判例通説（東京地裁平成17年9月30日判時1985号40頁等；最高裁不受理）が認める借用概念を以て処理することとなる。借用概念とは、税法に特別な定義規定がない限り、民法や会社法などから定義規定を借用して同義に解釈する考え方である。

(2) 法定の相続財産管理人

法定相続財産管理人とは、法律の規定に基づき当事者その他の関係人の申請により家庭裁判所が選定した管理人の総称である。それに対し、任意相続財産管理人は当事者その他の関係人の依頼により他人の事業の経営、財産の管理や処分並びにこれらの業務を代理、補助する者である（規則31条1号）。

法定の相続財産の管理人等について、以下の法律規定がある（片岡武ほか『第2版　家庭裁判所における成年後見・財産管理の実務』250頁（日本加除出版）を参照）。

① 推定相続人の廃除審判確定までの遺産管理人（民895条2項、家手188条、189条2項）

② 相続の承認又は放棄前の相続財産の管理人（民918条2項、家手201条10項）

③ 相続放棄の場合における相続財産の管理人（民940条2項、家手201条10項）

④ 限定承認の場合における相続財産の管理人（民936条1項、926条

2項、918条3項、家手201条3項)

⑤ 財産分離における相続財産の管理人（民943条1項、家手202条3項）

⑥ 相続人不存在による相続財産管理人（民952条、953条、家手208条）

⑦ 遺言執行者（民1010条）

⑧ 共同相続人の単純承認後から遺産分割終了前までの遺産管理人（家手200条1項）

これらの場合には、相続人が決まるまでの間、管理の混乱を避けるために暫定的に相続財産管理人が選任されるのであって、その権限も原則として保存行為（民103条1号）に限られ、相続財産の処分をするには家庭裁判所の許可を別途得なければならない。

しかし、単純承認後から遺産分割までの管理等に関する管理人の規定を欠いていることもあって、遺産分割、相続財産の取得後も含めて当事者の様々な原因に起因して、専門士業が相続人全員又は、特定の者から相続財産の管理処分の委託を受ける機会と必要性が生まれる。

なお、遺言執行者が併存するときは、清算手続の権限を有する相続財産管理人等の権限が優先すると解する。家庭裁判所で選任される法定の相続財産管理人については第5章を参照のこと。

(3) 「管理・処分」をする理由と任意相続財産管理人への委任類型

相続財産を取得した相続人から、財産に関する承継・処分の専門家として次のような相談依頼が想定される。

ア 相続人（全員又は一人）からの相続財産の名義書換や売却の委任を受ける場合

① 相続人の高齢化や居住地が遠方（海外）のため遺産整理、名義書換を自分達ですることが面倒又は事実上不可能な場合

② 遺産整理のための時間が割けないことや名義書換の手続きが煩雑で難しい場合

　相続により承継取得した相続財産を第三者に処分する場合

③ 相続により取得した財産の承継人が決まらず空き家になってしま

126 第3章 処分 ① 任意相続財産管理人

うので金銭にして相続人間で遺産を公平に分割するため売却する場合

④ 遺産を金銭で分配せよとの遺言又は、金銭で分けたいと希望する場合

⑤ 相続対象不動産がオーバーローン状態のため承継することができず、相続人全員で相続放棄した後に、相続人が買戻しを望んでいる場合

イ 不動産を共同相続人の一人が代表し（又は相続し）、相続財産を売却し他の相続人に一定割合の金銭を支払う場合

相続対象財産を売却処分する方法として、特定の相続人に遺産分割協議により不動産を形式的取得させ、それが最終的なものでなく、売却等の処分のための技術として代表者の地位を与えて行うことがある。共同相続人が多人数に及び、全員に売却意思はあるのもの、書類の収集が多岐に及ぶための簡素化、売却意思の簡潔化、金銭配分の一元化の要望等、問題がある場合に利用される。処分後に、他の相続人に取得した売却代金（特定の財産を相続する見返りに他の相続人に支払う現金）として引渡す行為が「代償分割」か「換価分割」かの問題が生ずるので注意を要する。さらに、相続財産の処分の時期が遺産分割の前後により売却代金が相続財産に帰属するか否かの問題（代償財産）がある。

ウ 遺言執行者、相続財産管理人、限定承認における相続財産管理人に就任した相続人に対する補助、アドバイス

本人の委託や裁判所から委嘱を受け各地位についた管理人を側面から具体的に支援、助言する役割を担うこともある。また、法定代理人は自由に復代理人を選任できるので、司法書士を復代理人に選任することができる（民 106 条、改正債権法 105 条、1016 条）。結果を利害関係人が不利益と考えれば、家庭裁判所に相続財産管理人の改任手続等を請求することができる（民 918 条 2 項、家手 125 条 1 項、201 条 10 項、208 条）。

エ 相続人及び相続財産の調査、確定

相続人及び相続財産の調査及び確定を通常、依頼者自身で行うが、同様の業務を任意相続財産管理人が受任して行うことができると解する。

他方、相続財産承継のため、相続人や相続財産を調査・確定する行為が「財産の管理及び処分」に当たらないとする考えがある。しかし、管理行為とは、財産の保存・利用及び改良を目的とする行為であり、処分とは財産の現状変更を目的とする行為である。財産を相続人に最終的に帰属させるのに遺言や遺産分割の処分行為が必要となり、その前提として、対象となる相続人や遺産を確定調査することは当然な行為であって、必要な権限内行為である。調査・確定は管理行為そのものと解する。また、共同相続の場合、相続人の一人からの受任でも調査業務を遂行することができる。最終分割作業（所有権帰属）のための保存行為である。

(4) 任意相続財産管理人の権限と義務（契約締結前〜過程）

ア 契約締結時（勧誘時）における委託者に対する説明、情報提供義務

受託者は相続財産につき法的な事務処理を専門とするものとして、契約の締結の際に委託者に対し一定の説明と情報提供義務を負うものと解する。当事者間にある情報格差の是正である。

契約を締結する場合、当事者は相手方、方式、内容を自由意思にて締結決定する権利がある。したがって、決定の基礎となる情報は自らの負担で収集し、判断するのが建前である[注1]。

しかし、相続総財産に関する情報の重要度、情報の所在、当事者の社会的地位を考慮した時、情報の有無が契約を自己決定する基盤に影響を与えることもある。また一方、受託者にもその専門性（依頼者の期待、要望）から依頼者の利益に配慮する相続財産の管理処分等に関する問題点の説明、指導助言、誤解の指摘等の情報提供義務もある（潮見佳男『基本講義債権各論Ⅰ』8頁（新世社））。

【改正債権法】
(注1) 改正債権法521条において、かねてから異論なく認められていた契約自由の原則（契約締結の自由及び相手方選択の自由、並びに内容決定の自由）が明文化された。

イ 受任権限

原則として受任権限は、相続人全員又は相続財産を取得した特定の相続人との間で締結した有償の委任ないし準委任契約に基づくものである

（民 643 条、656 条）。したがって、委任上の権利義務が当事者を拘束する。委任は法律行為であるが、法律行為以外の事務処理も準委任に含む。法定の相続財産管理人のような、形式的競売権や、競売差止権などは当然に有していない（民 932 条、957 条 2 項）。遺言執行者、相続財産管理人は当然に法定代理人として復代理人の選任権を持ち（改正相続法1016 条、民 106 条）、「任意相続財産管理人」自身が任意により支援又はアドバイスをすると解することができる。

ウ　委任契約の効力

委任契約であることから、契約履行中において任意相続財産管理人には次のような権利義務並びに拘束がある。

㈎　財産管理人の契約締結後の業務遂行中の義務

①　善管注意義務

委任事務の内容が他人の重要な相続財産を管理処分するという点で、高度の人的信頼関係を要する特殊な関係性と言える。

主要な義務は、事務処理義務（善管注意義務（民 644 条））である。

受任者は、委任契約の趣旨に従って、善良な管理者としての注意義務をもって委任事務を処理しなければならない。ここでの注意義務の基準は個人の能力に応じたものを基準とするのではなく合理人としてのものである。

「合理人の注意とは、受任者と同一のグループ（職業的地位・社会的地位・技能・経験等を規準に判断されます）に属する平均的な人なら、委任の趣旨に従って事務を処理するために合理的に尽くすであろう注意」のことである（潮見佳男『基本講義債権各論Ⅰ』258 頁（新世社））。

なお、原則として履行代行は人的な信頼関係からきているので可能な限り復代理も避けるべきである。

②　忠実義務

法律専門家が仕事を受託する場合、公平中立の立場を堅持するよう求められる。これは、既に完了した法律行為を登記・登録するような場合には適合するが、財産管理業務では善管注意義務は基より、更に忠実義務（会社 355 条；取締役の忠実義務、信託 30 条；受託者等の忠実

義務）が必要と解する。

　財産管理業務では、依頼者側の方が圧倒的に知識・情報量が少ないのが普通であり（情報の非対象）、依頼者本人の利益をどの様に確保するかが業務の全てである。法律専門家に一応の法的知識及び技能の担保されていることが前提となるにしても、特に、問題が生ずるのは、本人と受託者との間で利益相反が生じたとき、受託者として法律専門家がどの様に対処すべきかの問題である。この際、求められるのは、職業倫理に反しない限度内で受託者が、委託者等の最大限の利益を図るために、合理的かつ思慮ある行動を取る義務の履行である。債務と異なる英米法にいう「信認関係」若しくは、フランスにおける「特別の委任関係」（将来的保護委任や死後委任）に類似する関係である。債権法改正の際検討がなされたが、明文化まで至らなかった。

(イ)　**付随的義務と責任**

① 　事務処理現状報告義務並びに顛末報告義務（民645条）

　　受任者は、委任事務処理の途中で委任者の請求があったとき（経過報告）や委任が終了した場合、遅滞なく、事務内容の経緯を報告する^(注2)。

② 　分別管理義務（民644条派生義務、信託34条）

③ 　受領物の占有引渡・権利移転義務（民646条）

④ 　契約終了の場合の応急措置義務（民654条、善処義務）

⑤ 　終了事由通知義務・管理継続義務（民655条）

⑥ 　受任者の金銭の消費についての責任（民647条）

　　【改正債権法】
　　(注2) 改正債権法は、「受任者は、委任者の許諾を得たとき、又はやむを得ない事由があるときでなければ、復受任者を選任することができない」とし、復代理に関する規定とは別個に、復委任の内部関係に関する規律を委任の個所に設けている（改正債権法644条の2）。

(ウ)　**委任者（依頼者）の義務**

① 　委任事務処理費用の負担

　　事務処理費用の前払義務（民649条、費用・利息等の償還義務（民650条1項））

② 債務の弁済（代弁済）ないし担保供与義務（民 650 条 2 項、間接代理の場合）

③ 損害賠償義務（民 650 条 3 項）

④ 特約成果型委任契約による報酬支払義務（改正債権法 648 条 1 項、3 項）

　　委任事務に入る前に十分説明し理解を得ておく必要がある。

エ　財産管理等契約の終了

委任契約は委任事務の遂行により終了することが原則である。また、管理の客体がなくなった場合も同様である。

① 任意解除権＝無理由解約権（損害賠償義務。民 651 条）及び債務不履行を理由とする解除

② 事務処理の不能

③ 委任期間の到来、解除条件の成就

④ 特別終了原因（民 653 条）

　　委託者又は受託者の死亡、破産手続開始の決定、受任者の後見開始の審判

　　民法 653 条は、強行法規でない。

⑤ 管理する相続財産がなくなったとき（他人への帰属、喪失等）

⑥ 死後も継続して存続する特約（最判平成 4 年 9 月 22 日金法 1358 号 55 頁）も有効である。

委任契約は特段の合意がない限り、委任者の死亡により終了するが、委任者の死亡後における事務処理を依頼する旨の委任契約（死後事務委任契約）においては、委任者の死亡によっても当然に同契約を終了させない旨の合意を包含する趣旨と解される（最判平成 4 年 9 月 22 日金法 1358 号 55 頁）。民法 653 条が強行法規でないことから、当事者の合意や契約の解釈から当然には終了することのない契約と評価が可能との趣旨である（潮見佳男『基本講義債権各論Ⅰ』272 頁（新世社）参照）。

さらに、委任者の地位の承継者（相続人）が委任契約を解除して終了させる権限の有無につき、「委任者は、自己の死亡後に契約に従って事務が履行されることを想定して契約を締結しているのであるから、その

契約内容が不明確又は実現困難であったり、委任者の地位を承継した者にとって履行負担が加重であるなど契約を履行させることが不合理と認められる特段の事情がない限り、委任者の地位の承継者が委任契約を解除して終了させることを許さない合意をも包含する趣旨と解することが相当である」との判例がある（東京高判平成21年12月21日判時2073号32頁）。

(5) 委託者の「管理・処分」動機と業務の遂行

（相続財産の売却の動機と前提としての相続人への名義書換）

ここからは、具体的に相続財産を処分する動機と、それに伴う問題点を解決しながらどのように手続を進めていくか見ていくことにする。

ア 相続人の高齢化や居住地が遠方（海外）の際の遺産整理、名義書換

依頼者の居住地と相続財産の場所にかなりの隔たりがあるため、依頼者の指示通りに委任業務を進めるに必要な意思の確認の面接、名義書換に必要な書類を集めて申請することなどの手続が困難な状況が起こり得る。

そこでこのような場合に依頼者の意思の確認、事案の情況報告をする手段として、ファックス、電子メール、テレビ電話等を駆使して、連絡を取る機会が多くなる。

相続の遺産分割協議をするにしても、一つの書面ではなく、同一内容の書面を数人の相続人に個別に送付し、返送されたものを合綴して作成させる方法や相続人の一人が海外にいる場合などは、電子メールで文書を送り、プリントした書面に署名押印をしてもらい返送してもらう方法もある。重要なのは、受任者が依頼の指示に従って、依頼者以外の第三者と法律行為を行うときの代理権限証明書の存在である。その都度取り寄せることも可能であるが、委任状や印鑑証明書などすぐに対応できないような場合、非常に不便である。そこで、海外に居住している人などは遺産整理を行うについて下記のような委任状や署名証明書をもって代えると速やかに進められる。

また、売買の事例で、売主は邦人であり、たまたま帰国した折に、日本の公証人に売買に関する代金受領、登記申請を内容とする包括委任を

132　第3章　処分　①　任意相続財産管理人

作成し、当該包括委任状をもって司法書士が売買契約の締結、代金の受
領及び売主の代理人として登記申請まで終了した例がある。

包括委任状（海外居住者が一時帰国した折に公証役場で作成する。）

委 任 状

〇〇市〇〇町〇〇番〇〇号
司法書士　　〇　〇　〇　〇

上記の者を私の代理人と定め下記の権限を委任する。

〇〇〇〇（住所〇〇　昭和〇年〇月〇日生　平成〇年〇月〇日死亡）
の死亡により発生した相続に関する下記事項を含む一切の件

1　相続財産の調査
2　戸籍謄本の取得
3　固定資産の評価証明書の申請・受領
4　相続登記
5　各金融機関等の取引明細・残高証明の申請受領
6　金融資産の書換え・受領・保管、証書・通帳類の保管（保険・有価
　　証券も含む）
7　各金融機関等の金銭の受領及び受領した金銭の振替手続
8　〇〇〇〇株式会社に預けた財産の受領・交付
9　その他行政機関の発行する証明書の請求
10　民法第24条による仮住所の選定
11　遺産分割協議に関する一切の件
12　その他、相続に付随関連する一切の手続
13　復代理人選任に関する一切の件

　上記代理委任状に捺印します。
　平成〇年〇月〇日

〇　〇　〇　〇　㊞

認証書　以下省略

```
┌─────────────────────────────────────┐
│  ○○地方法務局所属                    │
│   公証人  ○  ○  ○  ○  ㊞         │
└─────────────────────────────────────┘
```

　依頼人が外国人であれば、当該外国人の本国官公署等が作成したものを利用すれば足りる。

　なお、不動産登記申請において外国に住所を有する登記義務者が法定期間内（不登法23条1項の事前通知）に申出をすることができないときなどに、代理人が授権権限を公正証書によって証明すれば、その代理人宛てに事前通知がされ受領できる（昭和35年6月16日民事甲第1411号民事局長通達）。

イ　遺産整理事務が煩雑で難しく手に負えない場合

　相続財産が置かれている場所・位置・状態（貯蓄、投資及び保管）も多種多様化しているため相続人への名義変更も簡単に済ますことができなくなってきたという問題がある。

　金融商品を見ても、2005年（平成17年）4月1日からペイオフの関係で預金先は複数に及び、投資信託、国債や個人向け国債、一時払い終身保険、FX（外国為替証拠金取引）、電子マネー、ビットコインと、さらに、それに加え平成19年3月31日から施行した「犯罪による収益の移転防止に関する法律（犯罪収益移転防止法）」の影響で手続が一層煩雑になっている。

　また、相続人の高齢化もあり、思うように手続処理が進まないのが現状である。

ウ　承継人が決まらない空き家の処分

　核家族化が進み、家族がそれぞれの地に独立して移り住み生活しているため、わざわざ、被相続人が居住していた古い家屋に移り住むことが望まれなくなり、空き家が目立つようになってきた。最近では10軒に1～2軒が空き家という状況である。

　相続が始まってからの財産を巡る問題の多くは不動産である。分割できるものであれば、簡単に分けられるが、不動産を共有名義にしても、将来を考えると、更に問題を複雑にするだけになる。

被相続人が遺言書を残さない限り、相続人が複数の場合、遺産分割することになるが、分割して面積が小さくなって、有効活用ができなくなる。全員で共有することは、将来の処分に支障を来すこともあり、一方共有状態が長期に及べば子や孫へ問題を先送りすることにもなる。保有期間が長くなればそれだけ、固定資産税などの経費負担が増え、更に、数次相続ともなれば相続人の合意意思形成も難しくなる。

また、不動産の名義を変更するための書類を集め、土地の境界や未登記建物、私道などを調査する課題が山積している。不動産専門の業者を選択する方法があるが、「どうやって売却するのか」「誰に頼めばいいのか」という問題に悩むのが実情である。

ここに、不動産登記関係の専門職である司法書士が中心になって売却までの流れを策定する業務が生まれてくるのである。

エ　金銭で分配せよとの遺言、金銭で分割してもらいたいと希望する場合

子供たちに家財を継続承継することの負担を軽減させたり、自宅を相続する配偶者が自宅を売却して、一人暮らしに適したマンションを購入したり、有料老人ホームに入所したりするケースが増えている。その資金の捻出のため上記内容の遺言書や、遺産分割協議書が作成されることがある。

処分型遺言で相続財産が分割できないような不動産の場合、平等に分けることは難しく、どのような分け方をしてもトラブルの元になる。換金ができれば、平等に分けることは簡単である。共有にしておくことも考えられるが、前述のとおり、それは問題の先送りにしかならない。

オ　すべての相続人が相続放棄した後に任意売却により自宅の買戻しをしたいと希望するとき、また、限定承認の場合ではどうなるか

相続財産に消極財産が多い場合、相続人の生活がおびやかされることになるため、相続人の保護の観点から「相続放棄」や「限定承認」という方法が認められている。このような時、多くのケースでは、「相続放棄」を選択することが多い。これに対し、「限定承認」は相続財産がプラスなのかマイナスなのかよく分からないときに選択される方法である

が、従前から、被相続人から相続人への相続による承継される全財産が税法上のいわゆる「みなし譲渡」となるため思わぬ税負担がかかるので実際には、あまり利用されてこなかった。

なお、「任意売却」とは、通常の「処分（＝売買）」と区別し、債務の返済が困難になった担保付の不動産を第三者へ譲渡処分しても債務が残るような売買の総称である。強制競売の対比によるものである。ただし、家庭裁判所が命ずる換価処分としての任意売却（換価処分による形式的競売）を除く（家手194条、207条）。

(ア) 相続放棄との関係

バブル経済の後遺症として相続不動産がオーバーローン状態にあるため生じる最近の事例である。

父Aが住宅ローンを組んで自宅に抵当権が設定されていたが、最近死亡した。消極財産が多いため相続人（配偶者B、子供C）全員が相続放棄（民938条）することにした。相続人は誰もいなくなったが、このような場合に配偶者Bが自宅に住みたいと希望するとき、不動産は、どのように処分されるのか。

a　他に承認した相続人がいる場合

近年の経済状況を反映してか多額の債務を負ったまま亡くなる人が増えている。プラスの相続財産よりも負債の方が多いため、支払負担に耐えられない場合には相続人も相続放棄を考慮する。各相続人は相続を知った時から3か月以内（延長、再延長も可能）に家庭裁判所に相続放棄申述の申立てをする（民915条）。

上記期間内に家庭裁判所へ相続放棄の申述をしていない相続人がいる場合は、相続財産や負債はその相続人が相続（単純承認）したものとみなされるので、この相続人と任意売却による買戻しの交渉する方法を採ることになる。

b　全員放棄した場合

相続人全員が相続放棄の申述をした場合、相続人不存在となるので買戻しを進める手立てとしては、被相続人の住所地の家庭裁判所に「相続財産管理人」の選任を申立て（民952条）、家庭裁判所から選任された

相続財産管理人と相続人との間で任意売却による買戻し交渉をすることができる。なお、限定承認手続のように相続人が競売を止める方法がないので、他の競売参加者と競争となり落札できず入手できないこともある。

(イ) 限定承認

限定承認は、相続で得た財産の範囲内においてのみ被相続人の債務を弁済するというもので、相続人の固有財産から弁済する義務がない（民922条）。相続人による簡易な清算手続である。限定承認を行うと、相続人に債務弁済の前提として相続する不動産を原則として競売によって清算する必要がある（民932条）。

この際、限定承認者に当該不動産に対し先買権があるので、これを利用して取得や、任意売却により買戻しをすることが可能となる（民932条ただし書）。

限定承認手続の概要（民927条〜932条）は、

① 限定承認の申立て

② 限定承認受理後、5日以内に2か月以上の期間で相続債権者・受遺者への請求申出公告……これによって相続債権者・受遺者を確定

③ 届出相続債権者・受遺者に対する相続財産による弁済、債務超過の場合は相続債権者に対し原則同率配当……債務超過の場合は破産手続における管財人の役割

④ 弁済のための相続財産換価は原則として競売手続

ただし、限定承認者に裁判所選任の鑑定人の評価による先買権を行使することができる（競売差止権ともいう。）。

相続人が自宅を買い戻す際の支援及びアドバイザーとして任意相続財産管理人が活躍する場が広がる。なお、不在者及び限定承認における相続財産管理人に関する職務については第5章を参照されたい。

カ 共同相続において一人の相続人が代表して相続不動産を売却して、売買代金を分配金として他の相続人に支払う場合

(ア) 遺産分割に際して売却処分する場合

現物分割の難しい相続財産の売却は、最終的に分ける金額に応じて不

動産の持分を決定し相続人全員で売却する方法が一般的である。しかし、相続人全員で手続を行うため相続人の数が多いと意思決定、書類の整理等の手続が相当に煩瑣となるし、売買の段階で一人でも合意しなければ契約を行えない。

このような場合に不動産の売買で迅速な判断が求められる場合や、相続人の居住地が隔たる場合に手続の迅速・簡便さを鑑み共同相続人の一人を代表者にして売却の手続をすることが広く行われている。

この場合に注意したいのは、代金の受け取り方として「代償分割」か「換価分割」かの記載により以下のように譲渡所得税や相続税の所得費加算の適用等において、税金に影響する点である。

本来的に「代償分割」は、遺産を取得した相続人が単独で遺産を取得し、他の相続人に対し相続分の不足額を金銭で清算する方法（売却代金で清算することもある）である。債務の負担により、価格の調整を行う。代償に充てる財産は、相続人固有の財産（死亡保険金でも可）である

一方、「換価分割」とは、共同で取得した遺産を直接の対象とせず、まず共同相続分で登記した上で未分割のまま売却（換価）し、その対価として得られた金銭を共同相続人で分配する方法である。なお、家庭裁判所の調停や家事審判での競売金を分配する場合には、代償金か換価金かの問題が生じない。

㈣ **共同相続における処分**

a 　代償分割と換価分割の選択

相続不動産を売却する場合に「代償分割」と「換価分割」、どちらが有利であるか。

代償分割（家手 195 条）は、本来、遺産分割の審判において現物分割が困難（細分化が不適当な例）な特別の事情があり、共同相続人の一人又は数人に他の債務を負担させる（支払い能力の担保が必要）ことで遺産を現物分割に代えることを相続人全員が合意することを要件とする分割行為である（最決平成 12 年 9 月 7 日家月 54 巻 6 号 66 頁参考）。

裁判外の行為としても認められており、その要件が緩和されていると解する。

138　第3章　処分　①　任意相続財産管理人

　この2つの分割方法の効果はよく似ている。

　例えば時価6,000万円の不動産をA、B2人で相続する場合（法定相続分は2分の1ずつとする）、代償分割によれば、Aが不動産を取得し、Bに対して3,000万円の金銭を支払う。換価分割によれば不動産を売却後、A、Bが3,000万円ずつの金銭を受け取ることとなる。具体的な条項としては以下の通りである。

代償分割

　Aは、時価6,000万円の不動産を相続し、その代償金としてBに対して3,000万円の金銭を支払う。

換価分割

　A、Bは、時価6,000万円の不動産を売却し、その売却代金を3,000万円ずつ受け取る。

---

　b　具体例

　一般的に、相続財産を財産等として保持したときや、特定の相続人が現物遺産の取得を望むとき、遺産が家業の継続に必要な事業用資産である事例では、代償分割を選択し、早期に金銭での分配を望む時は換価分割を利用する。

　なお、代償金を分割払いとし、担保として抵当権を設定することが可能かにつき、当事者間で任意に結ぶことはできるだろうが、問題もあるが家庭裁判所の審判で認められるか問題がある。

　参考として相続人甲・乙が平等になるための遺産分割協議書に記載する例をあげる。

　甲がA土地を取得する。ただし、甲はA土地を売却した代金から、売却に要した経費、甲が支払う譲渡税等を控除した金額の1/2を代償金として乙に支払うこととする。

　売買価格の2分の1を代償金としたのでは均等にならないので注意が必要である。

　甲及び乙は、共同してA土地を売却し、その換価金から売却に要する一切の費用を控除した残金を、甲乙均分で取得する。乙は、甲及び甲が

選任した第三者を代理人として、売却行為及び売却代金の受領権限を委任する。

【ポイント】
換価分割における注意点
(1) 換価分割

　相続財産の全部又は一部を換価して、それを相続人間で分割することをいう。

　相続税の課税は換価の後各相続人が取得した売却代金に対しなされるのではなく、その財産の相続開始当時の相続税評価額に対し評価される。

　なお、いったん法定相続分で共有登記をしてから法定相続分とは異なる割合で売却代金を分配すると、贈与税の課税の問題が生じる。したがって、売却代金の分配割合を法定相続分とは異なって定める場合には、当初から遺産分割協議書を添付して売却代金の分配割合に沿った相続登記をする必要がある。

(2) 相　違

　代償分割と異なり、遺産分割の方法としてなすのではなく、各相続人が相続財産を一度相続した上で、他の相続人とともに持分を第三者に売却したものと解されるので、相続税のほかに譲渡所得税が課税される。

　その資産に課税された相続税相当額を取得費として相続税申告書の提出期限の翌日以降3年以内に相続財産を売却したとき、譲渡所得税の計算から控除することができる（租法39条）。

(3) 判断基準

　代償分割では、遺産を譲渡しているか、代償金を支払う者が実際に行っているかいないか、換価分割においては、協議の当事者、取得割合が合意でなされているかが決め手となる。

(ウ)　**遺産分割後に売却処分する場合**

　遺産分割協議後の処分は、相続人の協議により各相続人が取得する持分は決まっているから、売買代金は代償金でも換価金でもなく各相続人に当初より帰属することになる（最判昭和52年9月19日家月30巻2号110頁参考）。

(エ)　**金融機関とのやり取り、その他の利用**

　一人の相続人に金融資産を集中して相続させ、そのかわりにその他の相続人に代償金を支払うという分割協議の形式を取れば、個々の金融機

140 第3章 処分 ① 任意相続財産管理人

関の書類を代表者だけの署名捺印で簡素化して処理することができる。

　代償分割はこのように金融機関や有価証券の払戻・解約手続きを簡便にしたいときにも活用できる。代償債務の支払を年賦で行う場合、利息の取り決めがないので複利年金現価率（年金現価係数）により計算する必要がある。なお、税金の処理については税理士等に確認する必要がある。

キ　裁判所から選任された専門家が財産管理人になっている場合や、専門家が遺言執行者に指定されている場合

　相続人不存在の場合に家庭裁判所で選任される相続財産管理人は、弁護士や司法書士等の専門家が選任されるのが通常である。また、家庭裁判所で選任される遺言執行者も弁護士や司法書士等の専門家が選任されることが多い。さらに、遺言により遺言者が遺言執行者を指定する場合も一般的には専門家が指定されることが多いのも事実である。

　このような専門家が相続財産管理人や遺言執行者になっている場合には、基本的には、専門家の責任で事務処理が進められるので、復代理の必要性は少なく、代理や補助を他の専門家が行うということは極めて限定的である。

ク　遺言執行者に専門家以外の者や相続人自身が指定されている場合や、限定承認をする際に家庭裁判所から共同相続人の一人が相続財産管理人に選任された場合

　専門家以外の者が、遺言執行者に指定されることはよくあるケースである。相続財産の大部分を相続する者を指定したり、高齢の配偶者のため若年の相続人を指定したり、信頼する友人を指定する場合などがある。また、限定承認の申立てをする場合には、家庭裁判所は、相続人が複数いる時にはその相続人の中から相続財産管理人を選任しなければならない。

　このような専門家以外の者が、遺言執行者になっており、遺言執行の時に様々な執行行為のための法律事務が必要な場合には、その者がすべての執行行為を自身で行うことが困難な時がある。そのような時には、遺言執行者の行為の一部を代理、あるいは執行行為の遂行に必要な助言

1 処分業務総論 **141**

やアドバイスという補助の業務が必要になってくる。

　また、限定承認の場合には、相続人の中から相続財産管理人が選任されるため、通常は法的手続の知識は全くない一般人が選任されることとなる。この場合に、相続財産や相続債務の特定作業から、相続債務の弁済に関わる一連の清算事務処理には破産管財人の場合と同様に高度の専門性を要するケースが多い。特に被相続人が事業主であったような場合には、複数の金融機関からの多額の借入金債務があり、会社の借入金の連帯保証債務を負っている場合が多い。

　このような一般人が相続財産管理人になっている限定承認の場合には、申立後の清算事務は、自身で行うことは極めて困難である。そこで、そのようなケースでは、弁護士や司法書士が相続財産管理人の代理人となって事務処理を行うことや、代理人にならずとも、法的助言やアドバイスを行うことが必要になってくる。

　このような場合には、まさに他人の財産の管理・処分の業務を行う者を代理、若しくは補助する業務を行うこととなる。

■遺産分割協議書を公正証書にするとき　　　　　Column

　公務所又は公務員が職務上において作成した公文書のうち、公務員がその権限に基づき作成した証書を広義の公正証書といいます。広義の公正証書のうち、公証人法等に基づき、公証人が私法上の契約や遺言などの権利義務に関する事実について作成した証書を狭義の公正証書といい、一般に公正証書という場合はこの狭義の公正証書を指します。以下、ここでは狭義の公正証書を単に「公正証書」といいます。

　公正証書には証拠力、執行力、確定日付の効力があります。また、公正証書は公証役場に原本が保管されるため、紛失の恐れがなく、偽造・変造もされにくいといわれています。そのため、例えば金銭の貸主が、借主の債務不履行に備えて借用書を強制執行認諾条項付の公正証書にしておいたり、遺言をしようとする人が、自筆証書に代えて紛失のおそれがない公正証書遺言にしたりすることなどがごく頻繁に行われています。

142　第3章　処分　①　任意相続財産管理人

　ところで、書面を公正証書にするには、ある程度の手間とお金がかかります。ですから上記のような公正証書の効力や利点を必要としない書面であれば、わざわざ公正証書にする必要はありません。なかでも、相続人間に紛争がないときに作成する遺産分割協議書は、証拠力や執行力、確定日付などの効力を必要とすることは稀であり、公正証書にすることが少ない書面の一つでしょう。

　しかし、遺産分割協議書を公正証書にすることにメリットが全くないわけではありません。例えば相続人AB間において、被相続人の唯一の遺産である不動産（被相続人の自宅とその敷地とします。）を被相続人と同居していたAが相続し、その見返りにAはBへ金銭を支払うことを内容とする「代償分割」について考えてみます。遺産分割協議成立の時に、AがBに代償金を全額支払うことができれば何も問題はないでしょう。しかし、Aにそれだけの資力がなく、資金調達も困難であれば、代償金の支払は分割払いの方法によるものとせざるを得ません。しかし、Bは無条件にこれを納得しないでしょう。Bとしては、Aが約束どおり分割金を支払わない場合に備え、Aが相続した不動産に抵当権を設定してもらうなど保全を図りたいところです。反対にAとしては、相続した不動産にBの抵当権が登記されてしまうと、将来この自宅をリフォームするときに銀行融資を受けづらくなるなどの懸念が生じます。

　このようなとき、次のように遺産分割協議書を公正証書にする方法で、何とか問題を解決できないでしょうか。すなわち、AからBへの代償金の額やその支払い方法と時期、Aが期限の利益を喪失した場合の条項などを合意したら、これを強制執行認諾条項を付した公正証書にしておくのです。そうすれば、Bは、Aが支払を怠った場合にAの財産に直ちに強制執行の申立てをすることができますし、Aにとっても、抵当権を設定するよりも、将来銀行融資を受ける上で有利になります。

　遺産分割協議公正証書の作成に当たり、公証役場に出頭することが困難な相続人は、代理人を出頭させることができます。民法108条本文により、複数の相続人の代理人を同じ者が兼ねて遺産分割協議をすることは原則として禁じられていますが、同条ただし書きにより、本人の同意があれば双方代理も許されるとされています。登記実務では、遺産分割協議に係る公正証書が双方代理による協議に基づいて作成さ

れた場合に、本人の同意があったことが公正証書に記載されている場合又は本人の同意書（印鑑証明書付き）を添付する場合は相続登記を申請することができるとされています（「登記研究」第608号137・138頁（テイハン））。なお、相続人に未成年者がいる場合は、家庭裁判所が選任した未成年者の特別代理人が、当該双方代理につき同意することになります。

2 相続財産類型別の処分業務

　ここでの処分業務は、相続人へ相続財産を完全なものとして引渡すこと、又は対抗要件を備える手続のことである。また、相続人以外に譲渡するときに必要な手続を準備することである。時として相続人の任意代理人となることもある。以下、個別の財産の特性に従った処分について述べる。

(1) 不動産関係

ア 相続人の取得及び処分

　相続人が財産を継続して保持する時でも、第三者に処分する場合でも、まず、相続の登記が必要となる。

　その後、一旦、不動産を第三者に処分後に、改めて相続人が取得することもある。処分の「種類」として、①通常売却（売買）と②競売（強制競売・形式的競売）が考えられよう。

　通常の処分として①負担のない不動産の売買と②担保権等の負担がある不動産で、返済が困難になったため致し方なく所有者の意思に基づき第三者へ譲渡する場合で債務が残る売買に分けることができる。前者を通常売却、後者を任意売却と呼ぶことがある。この際、売買の価格の形成は売買当事者の合意により決定される。

　他方、裁判所を通じて債権者の担保権（抵当権等）の実行をもって金銭債務の弁済のため債権回収の優先権を確保するために不動産を売却する方法を強制競売と呼ぶ。なお、強制競売の場合、被相続人が主債務者となっているときは、相続人が放棄、限定承認等をしていない限り、競

落人の資格がないので取得できないと考えられる。

　さらに、担保権の代わりに留置権及び民法、商法その他の法律の規定に基づく請求権の実現を目的とせず、財産の換価それ自体を主たる目的とする手続（民執195条）がある。例えば、限定承認における競売（民932条）、共有物分割のための競売、遺産分割のための競売などを「形式的競売」という（民執195条）。

　限定承認した相続人が相続財産を弁済のため換価するとき、先買権を以て価格を弁済して対象不動産の競売を止めることができる（民932条ただし書）。

イ　相続不動産の通常の売却と強制、形式的競売（換価処分）

㋐　通常の売却関係

　通常の売却には、相続人の調査・確定、遺産分割のアドバイス、不動産の調査（境界確定、価格の算定）など一連の不動産取引手続を要する。

　まず、相続財産の分割手続きの方法には、大きく分けて3つある。

① 遺言（自筆証書、公正証書等）

② 遺産分割協議

③ 法定相続

　最近では相続の争いを避けるために遺言書を残す方も多くなったが、遺産分割協議や法定相続でする場合がほとんどである。遺言の場合は、遺言者の意思が明確に記載されているので分割という調整が不要で、集める書類も少なくて済む。ただ、遺留分を侵害する記載があるときなどには遺言の効力が発生する際にトラブルの原因となりがちなので、なるべく関与を避けた方が無難である。

　遺産分割協議を進めるについても、家庭の事情、各当事者の考えを十分に反映できるように、相続人全員の協力を得て遺産分割協議書を作成する。

　以下に作成時の確認事項を例挙する。

① 相続人の関係

・相続人の確定、相続書類（戸籍謄本、改製原戸籍等）の収集、相続の放棄の有無、廃除の調査

・生前の被相続人の意思確認（遺言書の有無）

・行為能力と意思能力の具備

・相続人の中で話をまとめる核となる人の確認

②　相続財産の関係

・相続財産の確定…相続税申告書、不動産名寄帳、登記事項証明書、固定資産納税証明書等

・当該物件の利用状況

・債務の確定…相続債務や保証債務等はないか

・残留物としての動産の処理

・長期間未使用の場合…防犯、管理

③　その他の手続

・相続税、譲渡税等の予定額算定・申告と税負担割合

　取引の仲介やその他の独占業務（相続税等の税務申告、社会保険関係の請求、訴訟、特許関係）については各々の専門家に依頼すべきである。

【ポイント】
遺言の有無の調査

　遺言の存在を生前に告知を受けていれば問題ないのだが、何も聞いていなかった場合どうしたらよいのか。

　まずは自宅を整理して、自筆遺言書や公正証書遺言がないか確認する。次に日頃付き合いのあった弁護士や税理士、司法書士へ遺言の有無を確認する。さらに、遺言信託などをしている場合もあるので信託銀行に確認する。遺言が公正証書で平成元年以降に作成されているとき、最寄りの公証役場で作成した公証人を確認する手立てもある。その時に、遺言者の氏名、生年月日が判明するものとして被相続人の除籍謄本と相続人の戸籍謄本及び身分を証するものを持参する。推定相続人の地位を確認するためである。

---

　a　相続人の確定

　(a)　売却権限のチェック

　被相続人が残した遺産の種類は多種多様であり、不動産登記簿が被相続人名義になっていれば、事実上の推定を受けるので相続財産であることは確定する。ただし、売却する場合には、一度相続人名義にする必要

がある。特定の相続人が既に贈与を受けたなどで、固有の財産であると主張する場合や他の相続人全員の同意が得られていなければ、本当の所有権者が確定できないからである。

(b) 当事者適格のチェック

適格な売主の地位を有して売買できるか、行為能力に問題（未成年者、意思能力、成年後見の審判の開始の有無）がある者がいないかの調査・確認がある。

(c) 相続における単純承認、限定承認及び放棄に関する事前処理の
　　チェック

急ぐ余り、売主側の債務状態に気付かずに相続財産を売却してしまうと、売主に思わぬ債務を負わせる結果となる。相続に関する初期の問題点に関する事項を最低限説明しておくべきである。特に、相続不動産の売却などは処分行為として単純承認とみなされるため、その後、相続放棄等ができない。また、法定の期限内（延長可能）での判断については十分時間をかけて財産状態について調査をしても良いものと考えられる（民915条1項）。

b 売買対象物件の特定

(a) 相続不動産の現況・登記簿の確認

不動産がどのような現況なのか、誰が利用しているのかの調査確認、特に抵当権や借地権等の権利が付着しているか否かを不動産の登記事項証明書により確認する。不動産に抵当権が設定されている場合には、不動産を売却する前（又は売却と同時）に抵当権の抹消登記を行っておく必要がある。

借地の場合、借地権の種類（地上権、賃借権等）や売却や転貸のときには地主の承諾の有無、その時の承諾料などの確認が不可欠である。

昨今よく見られる長期間放置されていた空き家状態のとき、家屋内部の状況確認、取壊しの有無の判断が必要な場合もある。

(b) 売却の準備及び家財の整理

相続人が処分を考えているような不動産であると、通常その保存管理の状態があまり良くないことがあり、思いきった対応が必要な場合が多

いと思われる。

　事前に、他の相続人に連絡して形見として遺しておきたいものを選んでもらい、宝飾品や宝石等で資産価値が高い物があれば相続財産として遺産分割協議する。価値のないものは、廃棄専門業者に処分を依頼し、破棄することになる。

　(c)　相続不動産の境界線や境界杭の確認・越境物の解消等

　接道、公道以外の私道の確認、登記事項証明書のない建物や不存在建物がないか、再建築条件や土地の境界等が売却に適しているかなどの状況を確認する。敷地の境界が不明確で、境界標の設置が必要な場合は事前に測量を行うこともある。場合によっては経費が不要な公簿売買なども検討すべきである。

　c　その他の調査

　被相続人が相続不動産を購入した経緯や購入当時の書類、覚書などを探すことが重要である。不動産を売却した時の譲渡所得税の申告が必要になり、減価償却や取得費の算出の根拠になり、購入当時の書類に「権利に関する重要書類」が入っていることもあるからである。

　d　相続不動産の評価と売却価格の決定

　相続不動産の評価をする際は、通常、近隣地域の実勢価格や公示価格、基準地価格、路線価（相続税評価額）、実際の売却事例等を参考にし、公益財団法人不動産流通推進センターの策定した価格査定マニュアルによって相続不動産の価格査定を行う。高額な時には場合によって、不動産鑑定士による鑑定評価額によることも考えられる。また、隣地などにその物件を特に欲しい人がいる場合は相場より高く売却できることもある。

　e　購入希望者の募集

　不動産業者と売買に関する「媒介契約」を締結して、1週間又は2週間に一度、書面で進捗状況の報告を受ける。また、価格評価の算定にも協力してもらう。例外的に仲介業者に依頼しない場合もあるが、一般的には取引に客観性を持たせるため委任すべきである。

148 第3章 処分 ① 任意相続財産管理人

　　f　購入希望者との諸条件の交渉、契約条項の決定、売買契約

契約書の作成、重要事項の説明等の後、売買契約を締結する。

　　g　売却代金の受領と所有権移転登記（同時履行）

所有権移転に必要な書類を買主に交付する。売却代金は、通常「銀行
振り出しの預金小切手」又は「売主口座への直接振込み」等により受領
する。売買代金を口座へ直接振り込んでもらうのが一番確実といえる。
その後、諸経費を差し引いた売却代金の残額を相続人間で分配して手続
完了である。場合によっては、税金関係が確定するまで一定の金額を納
税時期まで保管する場合もある。

【ポイント】

相続不動産を売却する際に必要となるその他の書類の確認

⑺　登記識別情報（又は登記済証）

⑷　実印

⑼　印鑑証明書

⑽　固定資産税評価証明書及び固定資産税の納税通知書

⑸　境界確認書（土地測量図面）

⑹　その他の書類（建築確認済書、公図、地積測量図等）
　　地盤調査報告書などが存在する場合は、売買契約時に買主に交付す
　　る。

⑺　任意財産管理人宛の委任状（権限を委任する場合）

---

　　h　不動産の引き渡し

取引の手順を終え、鍵・建築確認済書、地積測量図を含め物件を売主
に引き渡す。なお、建築確認済書を紛失した場合、原則として再発行さ
れない。ただし、当該確認書に代わる証明書を発行する役所も増えてい
る。

　⑷　**不動産競売**

不動産競売とは、民事執行法に基づき、債権回収のために、金融機関
などの債権者が裁判所に対して不動産の競売を申し立て、売却代金で債
務の弁済に充てるための手続である。強制競売（ケ事件）と担保不動産
競売（ヌ事件）を併せてこのように呼ぶ。なお、税務署などが滞納者の
財産を売却するのは「公売」である。

また、落札価格は市場価格の8割前後が一般的である。買受申出人の資格（入札資格）として個人、法人を問わず入札できるが、債務者（民執68条）、裁判所が買受けの申出人を一定の資格を有する者に制限した場合（公告に記載される。）にその資格を有しない者（民執規33条）は入札が制限される。債務者が除外されるのは、同一の競売の繰り返しや債務者による競売の遅延（不払等）行為を排除すること、買受人となった債務者が購入資金を有するのであれば、その資金で債務の弁済を行えることからである。執行債務者の家族、執行債務者の連帯債務者や連帯保証人は債務者でないので制限されない。

㈡　**限定承認における形式的競売（換価処分関係）**

相続人が一人のときはその者が、複数が相続人のときは相続人全員が限定承認をすると、家庭裁判所が選任した相続人は相続財産管理人となり、換価のための競売権が付与（形式的競売）される。そして、相続人は先買権を行使することも、競売を差し止め、競売対象財産を取得し得ることも認められている（民932条、936条2項）。

先買権を行使したときに、すべての担保権を抹消できるだけの資金を用意できるのであれば問題はないが、担保付き債権者が担保権を実行（任意競売）してくると制度の特例を利用することができない。したがって、自宅の実勢価格と担保権者の債権額との調整など、特に、後順位権者との配分額の決定などが重要なポイントとなる。

買戻しの資金として、親族からの借入きや被相続人の生命保険金が充てられるケースが多い。

㈢　**任意売却と不動産競売（抵当権の実行を含む）の整理**

a　注意点

任意売却とは、抵当権の実行により不動産競売に付される前後にわたる段階で、融資を受けている人と各金融機関との合意に基づいて、返済が困難になった（期限利益の喪失状態）不動産を第三者へ譲渡処分する手続の総称である。金融機関から抵当権などを解除してもらうためには、融資金の残額をすべて返済することが前提となる。住宅ローンの残高よりも高額に売却できれば何ら問題はないが、残高を下回る金額でし

150 第3章 処分 ① 任意相続財産管理人

か売れないときには全額の返済ができない。このようなときに、金融機関（債権者、抵当権者）などの合意を得た上で不動産を売り、返済し切れなかった債務を残したままで抵当権などを解除してもらう。これが任意売却である。

競売の結果、配当が受けられない後順位抵当権者には、通常、はんこ代といって登記抹消の同意料（承諾料）を支払って抵当権設定登記の抹消をしてもらう。判子代は通常10万〜100万円で、このはんこ代をめぐって担保権者と同意額の打診を行う。競売と異なり、不動産の売却により債権者の権利（抵当権、差押え登記等）が当然に消滅しないことによる（民執188条、59条）。

【ポイント】
売買を円滑に進めるための前提条件
・売主の同意があること
・共有で相続した場合、他の共有者の協力がとれること
・内見・内覧のときに、対象物件に実際に住んでいる人の協力が得られること（第三者に賃貸中・オーナーチェンジの物件のときは不要）
・連帯保証人（又は連帯債務者）の同意を得て決済ができること
・債権者や後順位抵当権者が任意売買の同意に理解があること
・債務者に行為能力があること

---

　b　任意売却と競売の差異

個別事項	任意売却	競　　売
売却方法	不動産の売買	裁判所による強制売却
予納金（裁判所に預る金額）	必要がない	競売申立：予納金の準備
価格	市場価格に近い金額	市場価格の8割程度
プライバシー（情報公開）	事情を知られず売却が可能	新聞やネットで公開
意思決定	所有者の意思（連帯保証人等への配慮）	ない
引越し代	捻出できる	捻出不可能
引越時期	自由度がある	裁判所の引渡し命令

資金の持ち出し	一切なし	基本的になし
返済金額	多い	少ない
物件取得の確実性	十分ある	不確実第三者に競落される
現金が残る可能性	ある	ほぼ無い
残債務の交渉	できる	できない
抵当権、差押え登記等	消滅せず抹消できない	消滅して抹消できる
退去日（引越日）	事前に協議の上決定できる	裁判所からの強制執行もある
完了までの期間（時間）	競売に比べ短い	開始から完了までの期間が長い
つなぎ融資（登記の同時申請）	自由	一定要件（民執82条2項、民執規58条の2）

c 売買の手続

任意売却でも通常の不動産売買の手順と大きく変わることがある。特徴ある部分を以下に述べることにする。

(a) 相談・現況の把握

債務状況の把握、特に延滞・滞納状況・残存債務の額・権利関係・生活状況等チェックする。任意売却以外に方法はないかについても確認をする。

(b) 適合する予定表の作成

債務状況図の作成…債権者の種別とその滞納額、残債務額の状況を確認、売却方法の決定、スケジュール等の調整

(c) 物件の調査・不動産価格調査

不動産物件の売却価格を決定するため、評価査定を行う。

近隣相場と取引事例をもとに査定価格を算出するが、地元、広域に販路のある大手業者2〜3社に依頼して比較する。債権者も独自に価格査定をしているであろうが、客観性を持たせるために是非この方法を採るべきである。また、この価格はあくまでも目安であって、決定した価格ではないので、特に依頼者にはその旨を説明する。

152 第3章 処分 ① 任意相続財産管理人

最後に、(b)と(c)の結果を受けて債権者への配当可能額の予定表を作成する。

> 【ポイント】
> **任意売却の特徴**
> ・通常の売買と異なり、売主には売却する選択しかないこと
> ・債権者に競売等の主導権があるため短期間で売却を決定しなければならないこと
> ・新たな費用捻出が難しいため不動産の価値を高める手段としてのリフォームが難しいこと
> http://www.flat35.com/files/300176772.pdf

(d) 「任意売却に関する申出書」の提出

担保付債権者に対しては、売却への同意書等、不動産業者との関係では具体的な売却の可能性のあることを示し、不動産物件の売却の予想価格の算出についての協力を要請する。

なお、独立行政法人住宅金融支援機構（任意売却パンフレット・平成28年10月）から融資を受けている場合（フラット35など）、任意売却の販売価格は、機構側から物件の調査や市場価格などを考量して「○○万円以上で販売するように」という指示がある。もちろん、決められた販売価格以上の金額で売却するのは自由であるが、販売価格以下の金額での売却は受け入れてくれない。

(e) すべての債権者からの担保権抹消の同意条件の提示（意思・意向の打診）

抵当権を組む担保権者である金融機関、つまり債権者に意思・意向を打診する。債権者に債務者の実情を説明し、販売価格や引越代、残債の扱い（減額を含め）など、金融機関担当者と個別に連絡を取り、任意売却の条件（担保権の抹消の応諾額）の提示を受ける。

劣後債権者や差押債権者、用益物権の仮登記権者への配分が最終売買価格の関係から十分満足のいく金額を提示できない例が多いので、書面等を利用し粘り強く説明する。

ここでの問題は、債権者の意思・意向の打診であり、全債権者から主

体的に抹消の同意条件を引き出すことにある。現在のところ、司法書士が業務として積極的な交渉権を行使することは他業法との関係で微妙な部分がある。したがって、意思の打診は原則的に文章で行うことが適切である。相手方と交渉に及ぶようなときには弁護士や不動産業者に委託するのも一案である。

（f）　諸経費の負担の同意

売買に際し、売主に不動産仲介料、測量費、建物等の取壊費用、引越費用など種々の経費負担が掛かる。売買代金が競売より高値でも、売主が上記の経費を負担したのでは、計算外の出費となってしまう。そこで、債権者に売買代金の共益費用的な性格で認めてもらう必要がある。最優先配当を受ける債権者（順位第1番）の同意を取り付けることが不可欠である。

【ポイント】
任意売却の費用控除の例（劣後債権者に弁済充当ができない場合）
順位抵当権者等に対する抹消承諾料：
　　第二順位　　①30万円　②残元金の1割（①又は②のいずれか低い額）
　　第三順位　　①20万円　②残元金の1割（①又は②のいずれか低い額）
　　第四順位以下　①10万円　②残元金の1割（①又は②のいずれか低い額）
仲介手数料：宅建業法による手数料全額
登記費用：登録免許税と司法書士の報酬（ただし原則、1筆12,000円以下、売渡証書作成費用10,000円）
公租公課：優先税は全額。それ以外で差押登記がある場合は、10万円又は固定資産税・都市計画税1年分のいずれか低い額
マンション管理費滞納分：決済日の前日までの全額。ただし過去5年分（時効期間）に限る。延滞金は除く
引越し費用・税理士費用：原則不可
売買契約書の印紙代：不可
債務者の自己破産の費用：腕の見せ所となる

（黒木正人『新訂版　担保不動産の任意売却マニュアル』217頁（商事法務）一部参照）

（g）　販売活動の開始（購入者の選定）

販売を委託する場合、一社専属媒介は避けるべきと思う。価格査定と同じように客観的な行動を担保するため、地元、大手業者の2～3社に

154 第3章 処分 ① 任意相続財産管理人

依頼するとよいと思う。「一般又は専任媒介契約の締結」の選択が必要となる場合にも迷うところであるが、広く買主を探す関係から契約を「一般」にして信用、信頼できる業者に依頼するのが一番である。要は優良な買主を探すのが先決である。

　(h)　債権者等の最終的な同意・意向の確認（代金決済・抵当権抹消）

　無用な取引上のトラブルを避けるため、債権全体の配当表を作成し、最終的な同意を取り付ける。これにより取引の決済がスムーズに終了する担保となる。

　(i)　不動産売買契約関係

・手付等のない一括売買とする。猶予期間を設けることで生ずる問題を回避する（手付受領することによるトラブルを避ける）。

・瑕疵担保責任条項を削除（支払能力に難点）。

・現況売買、公簿売買とする（早期処分、経費負担増のリスクを避ける）。

・債権者が多数の場合、先に劣後債権者から決済して抹消書類の交付を受ける。受領金（配当金等）に最後まで不満な債権者が最終決済段階で異議を述べるようなトラブルを避けるためである。

・任意相続財産管理人は業務ではないので仲介料の報酬等の受領権限がない。

　(j)　残債務の処理

　債務者の事情により、各債権者が取る方法として減額、免除、以後具体的に請求しない債務化等（自然債務化）と対応は様々であるが、依頼者のために将来に繋がる処理が必須の事項である。

　手続において重要なのは、債務者のその後の生活の維持・確保にある。

　債務者は、住宅ローン等の債務弁済のため心血を注いで弁済している。したがって、このような状況に陥った時には、現金預貯金類が底を突いている。

　勤め先も変わっているかも知れない。引越費用はもちろん、少しでも手持ち余剰金が残るよう務める必要がある。また、再出発のため個人破産等の手続をする場合もある。これらに要する費用も売買の経費に盛り

込めるように債権者へ承諾の打診をする（満額の配分を受けられない劣後債権者がいる場合は特に注意）。

金融機関側でも、任意売却は関係者の合意を得た上で行うものであるから、競売のときのように無理な請求をすることはあり得ない。債務者の生活を再建していくために支障のない範囲（例えば毎月1万円〜3万円程度：債権者や交渉により変わる。延滞損害金の減額等）で残った債務を支払っていけば、常識的な債権者は給与の差押えなどをしてこない場合も多い。残債務が多額で債権者が請求してくるようであれば、破産、特定調停なども視野に入れておく必要がある。また、金融機関がサービサーに残債権を処分することもあるので、その時は、買受け先のサービサーと債権の買取りの段取りすることもある。この場合、概ね先方が一定の利益を上乗せした金額で弁済に応じるようである。

連帯保証人（人的保証）は、債務が完済したわけでないので、売却後も債務の支払を債権者から求められる。

事業資金、婚姻時の住宅購入による被相続人の連帯保証債務などが連帯保証人に対していつ請求が行われるか分からない場合もある（相続案件では金融機関が相続から6か月経過した時点で突然通知した事例もある。）。

普段からの確認、条件変更の申し出はもちろん重要であるが、少しでも早い「返済計画の算定」「保証した人との連携」並びに「金融機関と同意・意向の打診」が重要となる。

Q 今、相続不動産が競売に掛かっている。任意売却をしたいと考えているが、いつまで可能なのか。

A 競売の手続の取下げを申立人は、いつでもできる。しかし、債務者がする場合には、申立人（債権者）の同意を得る必要がある。なお、買受申出人が出た後は、買受申出人及び次順位買受申出人の同意を得る必要がある（民執76条1項）。買受人が代金納付後はその不動産を買戻しするしかない。

d　抵当権消滅請求権との関係

(a)　抵当権消滅請求

　第三者が抵当不動産の所有権を取得した際、代価を抵当権者に支払うことで抵当権の消滅を請求できる制度である（民379条）。強制的に抵当権を抹消させることにより、不動産の有効利用を図るが、任意売却の方が柔軟性に優れているので、まずは、任意売却の意思・意向を打診してみることがより賢明である。

　抵当権消滅請求手続は以下のとおりである。

・債務者は、抵当物件の買主を探し、買主へ所有権移転登記を行う。

　「手付、売買契約、担保付不動産の売買契約書」の作成

・全（根）抵当権者に抵当権消滅請求通知内容証明を送付する。

・2か月以内に抵当権者から競売の申出がなければ抵当権は消滅する。

　物件の評価額を抵当権者に支払うか、受取りを拒絶した場合は法務局に供託する。

・登記の抵当権抹消を行う。

　債権者の対抗策としては抵当権消滅請求を拒否し、2か月以内に競売を申し立てることである。

(b)　抵当権消滅請求手続での重要な説明

　この制度を利用する時には、下記のような手続上の制約を受けることを当事者に説明する必要がある。

① 　請求により債権者が競売を実行してくれば不動産を取得することができないこと。また、買主適格として主たる債務者、保証人及びこれらの者の承継人は除かれる（民380条）こと。この制度を利用することにより買主が銀行系金融機関から売買代金の融資を受けることが事実上できないこと。

② 　買主への担保物権付きでの所有権移転登記が先行すること。

③ 　実例として、消滅請求を受けた抵当権債権者の対応として競売する例が多く、この制度を利用して物件を買取ることができないこと。

　余談であるが、オーバーローン状態において抵当権消滅請求をすると

2 相続財産類型別の処分業務　*157*

債権者（特に大手金融機関）は必ずと言って良いほど、競売をもって対抗している。同じ状況にある他の債務者へ影響することを考慮している。

ところで、抵当権者への提示価格は消滅請求をする第三取得者が妥当と考えた金額を提示すれば足りるが、金額に不満な抵当権者は競売の申立てをすることにより、消滅請求を阻止できる（民385条）。

したがって、競売より多少上回ると思える価格で、価格提示をすることがポイントとなる。任意売却と異なり抵当権は当然に消滅するが、債務は減額されない。債務者の一方的な権利行使なので債権者の理解が得られないからである。

なお、抵当権消滅請求手続の活用は、担保割れした物件でも利用が可能である。

　(c)　まとめ

抵当権消滅請求の利用は、最後の手段として下記の場合での利用が考えられる。

① 債権者が任意売却に応じてくれないとき。

② 担保割れした不動産の債務整理（いわゆるオーバーローン）のとき。

ウ　その他の問題点

(ア)　買主を誰にするかの問題

a　親子間・親族間売買

親族又は家族間との現金による売買であれば、何も問題はないが、住宅ローンを組む段階になって、親子間・親族間売買である場合には、住宅ローンを謝絶する金融機関が多いのが実情である。

金融機関と保証会社との保証契約の中で、以下の理由から担保物件の売主が申込み本人の配偶者、親、子のいずれかである場合、融資保証の対象にならないとしている。

① 動機や目的の不自然性

・親子・親族間の売買は、一般的には相続か贈与となる場合が多いこと。

・借入金が他に流用されるなど悪用例が多いこと。住宅ローンの金
　　利が低利であるため、他の弁済に代替されやすく、特に任意売却
　　の場合、担保割れしている物件から借入額を圧縮する事を目的に
　　使われる。
　・住宅ローンの金利は政策的に低利となっているため、自己の居住
　　のために住宅を取得するという使途制限があること。
②　思い掛けない負担による返済計画の狂い
　・売買価格を目的により設定される可能性があり、思わぬ贈与税の
　　負担出費が事後のローン返済に影響を与え滞納の遠因となる。
　b　融資対象外となる可能性
　原則として親子間・親族間の売買では、住宅ローンの利用が難しくな
る。

　不動産仲介業者の中に逆に住宅ローンが可能なことを宣伝にしている
ところがある。売買契約書や重要事項説明書など通常の契約と同様に用
意され、不動産業者が仲介することで客観性が保たれ、価格の妥当性か
つ本来の目的で売買されると認められる、などの条件が整えば、通常の
住宅ローンと同様に親子間などの売買に対しても融資を受けられる場合
もある。

　ただし、一般の優遇金利を使った住宅ローン融資より金利は高くなる
傾向がある。なお、任意売却では購入者（投資家）の協力を得て、債務
者の自宅を購入し債務者自身が賃借人として賃貸契約を結び居住を継続
することも可能となる。いわゆるオーナーチェンジと同様の形態とな
る。

　c　他の方法
　第三者が購入し、その後、通常の売買で買い戻し、親族の方に住宅
ローンを組むこともできる。ただし、お薦めできない。不動産取得に際
し様々な費用や税金がかかってしまい、結局は高い買い物となりかねな
いため、軽々に利用するべきでない。

　結局、自宅への特別な思い入れや、どうしても手放したくないとの気
持ちとの兼ね合いで調整を図ることになる。

2　相続財産類型別の処分業務　***159***

【ポイント】
任意売却物件の購入時のポイント
(1)　情報の信頼、正確性
・任意売却は返済ができなくなり、早くに不動産を処分したいという物件
　であるから、物件及び斡旋業者の信頼性の確認が必要である。
・売買終了時における売主の残債務の支払状況を確認しておくこと。
・相続財産管理人が誰かについて、官報や物件を管轄する家庭裁判所の掲
　示場に公示される（家手規109条、4条）
　　特に、任意売却物の場合には売却価格が債権額を下回るので、金融機関
　で手続完了をしているかがポイントとなる。
(2)　確認事項
・マンションの場合にはローンのほかに、管理費や修繕積立金の滞納の有
　無を確認すること。場合により思わぬ債務の負担が発生する。
・瑕疵担保責任については、売主の資力の問題から負担しないのが一般的
　なので、破損箇所やその他の設備については十分な点検が必要である。

　㈦　**土地区画整理中の不動産**
　a　土　地
　土地区画整理地区内の土地について相続が開始しているときは、土地
区画整理事業の施行者（個人施行者、土地区画整理組合、公共団体（都道
府県、市町村）、行政庁（国土交通大臣、都道府県知事、市町村長）、独立行
政法人都市再生機構又は地方住宅供給公社など）は、土地区画整理登記令
2条5号に基づいて、相続人に代位して、相続による所有権移転の登記
を済ましてから処分する。
　b　建　物
　通常の不動産の手続である。特に、長年にわたり未利用の空き家であ
る時は状況把握が必要である。
エ　**税務関係**
　㈠　**任意売却における譲渡所得の課税**
　譲渡所得は資産の譲渡による所得（資産の所有者に帰属する増加益）で
ある。「譲渡」には、通常の売買、交換、代物弁済、財産分与、低額譲
渡、収用、現物出資、遺贈などの無償譲渡など法律行為による移転であ

160 第3章 処分 ① 任意相続財産管理人

る。一定の事実である相続は含まれない。任意売却は通常の売買として扱われている。

(イ) 相続不動産（住宅用土地・建物等）を売却した場合の譲渡所得税について

a 原則（課税譲渡所得）

個人が相続によって取得した不動産を売却して利益があるときは、譲渡所得税が課税される。この場合の取得原価は被相続人が取得したときの価額となる。建物は購入代金又は建築代金から減価償却費相当額を控除した後の金額を取る（定額法）。土地に減価償却がないのは、時間の経過によって減価しないからで購入時の価額となる。

譲渡益の計算式

譲渡益（譲渡所得）＝売却代金－（不動産の取得費＋不動産の譲渡費用）－特別控除額

土地の取得費＝当該土地取得に要した額＋設備費及び改良費

家屋の取得費＝当該建物取得に要した額＋設備費及び改良費－減価償却費＊

＊居住用家屋の減価償却費の計算式（定額法のみ）

減価償却費＝購入代金等×0.9×償却率×経過年数となる。なお、経過年数は端数が6か月以上のときは1年とし、6か月未満のときは切り捨てる。償却率は構造により異なり、木造は、0.031となる。

取得費の算出として売買契約書や領収書などにより取得額を示す書類がないときは、長短期保有にかかわらず売買譲渡価額（売買代金）の5％（概算取得費＝譲渡収入金額×5％）となる（措法31条の4、措通31の4-1）（定率法）。

b 取得費

(a) 意 義

取得費は譲渡所得の金額を算出する上において、資産の譲渡に要した費用（譲渡費用）と同様に控除される費用である（所法33条）。通常は、取得費の算出としてaで述べた①定額法②概算法（定率法）があり①のほうが高額の控除が受けらえる。しかし、場合によっては、概算法によ

るほうが有利なこともある。

不動産の取得費には購入代金、購入手数料、仲介手数料、不動産取得税、登録免許税（司法書士、土地家屋調査費の手数料含む。）、契約書の収入印紙、固定資産税の清算金、購入後の設備費や改良費などが該当する（所法33条、38条）。

注意点として、相続により取得したものは、被相続人の取得費をもとに計算し、取得費を引き継ぐ。なお、概算取得費を利用したときは相続登記費用が取得費とならない。概算取得費でなく実額となるからである。

(b) 取得費が不明な時の算定

根拠証明となる不動産売買契約書や建築請負契約書を紛失し、相続により当該不動産を引継いだ時の取得費が不明で、実際の取得費が5％以下の場合、収入の100分の5相当を取得費（概算取得費）と認定することができる。

しかし、概算取得費を使う事例では、95％が所得税の対象となってしまうため税負担は重くなり合理的とは言えない。そこで、他の方法が使えないかとの問題が生じる。

概算取得費の規定は強制か。個人が昭和27年12月31日以前から引き続き所有する土地・建物については適用されるが、昭和28年1月1日以降に取得した土地・建物については、概算取得費の計算が当然に適用されるわけでない（措法31条の4、措通31の4-1）。

概算取得費の計算が便宜上作られた計算方法によるからである。他に合理性のある算出方法があれば、他が優先する。

(c) 可能な計算方法

i 建物

「建物の標準的な建築価額表」の建築単価に基づき、建物床面積から取得費を算定し、譲渡時までの減価償却費相当額を控除した金額を算定する。具体的には単価等が国税庁のホームページや「建築統計年報（国土交通省）」の「構造別：建築物の数、床面積の合計、工事費予定額表の1m²当たりの工事費が公開されている。また、着工建築物構造別単価は、一般財団法人建設物価調査会が発行する建築統計年報で公表され

ている。

　　　　建物の取得価額＝単価＠×床面積（延べ床面積 m²）

　　　　マンションでは専有面積を採用する。

　　ⅱ　土　地

　一般財団法人日本不動産研究所が公表している地価の推移を表した指標データである「市街地価格指数」を用いて売買価額に指数を乗じて購入時の価額を算定する。当該指数につき国税不服審判所が合理性あると判断している（平成 12 年 11 月 16 日裁決（裁決事例集 No.60-208 頁））。

　特に、バブル期に取得した土地について取得費用が大きくなるため税金が減るケースが多々ある。

　　　　ⅲ　土地と建物を一括で取得している契約書のため価額の区分がない場合や全て不明な場合

　購入時の取得金額は判明しているが、土地、建物の個別の価格が不明な時は、まず、「建物の標準的な建築価額表」を利用して算出した建物の取得価額に経年の減価償却費相当額を控除した額を建物の取得価額(A)とする。更に、判明している購入取得費から A を引いた金額を当時の土地の当時購入金額として算出するものと解する。建物に減価償却の控除があるからである。

　次に、購入金額がわからない場合、課税庁は概算取得費の規定適用を要請するであろうが、上記ⅱを以て土地の価額を算出し、ⅰ＋ⅱ＝当時の購入総代金と解すべきである。

　　　　ⅳ　別の簡易な方法として次のようなものが考えらえる。

　　　　・預金通帳や当時のメモなどから金額を特定する方法

　　　　・マンションなどで分譲当時のパンフレットなどを不動産仲介会社や同じ形態の部屋の住人から借用して、新築販売当初の金額を算定する方法

　余談だが、住宅ローン等の借入のため抵当権設定されていれば登記事項証明書で設定金額が推測できるのであるから、この場合にも不動産全体の取得費として認めると解する余地がある。少なくとも概算取得費を安易に利用することは避け方がよい。

c　譲渡費用

譲渡費用としては、仲介手数料、広告費、登記費用（登録免許税、司法書士・土地家屋調査士の手数料等）、測量費、売買契約の印紙代、立退料、建物を取壊して土地を売る時の取壊し費用、違約金がある（所基通33-7）。

d　特別控除

特別控除額とは、例えば、「居住用財産を譲渡した場合の3,000万円の特別控除の特例」など所与の条件に当てはまった場合に税額の計算上で差し引ける経費のことである。

【ポイント】
相続により取得した不動産の譲渡税を算出する時の注意点
1　取得日は、被相続人が実際に購入した日で相続時ではない。
2　取得額は、被相続人が実際に購入した価額となる。
3　相続登記費用などの付随費用も取得価額に加算される。
4　相続税の一定額（相続した全財産のうち土地に対応する部分）を取得費として加算（減額）できる（相続税を取得費に加算して軽減する特例）。譲渡が相続税の申告期限の翌日から3年以内との利用制限がある。

(ウ)　**共同相続における処分方法**

a　代償分割と換価分割の選択

相続不動産を売却する場合に「代償分割」（家手195条）と「換価分割」、どちらが税法上有利であるか。

一般的に、「換価分割」が有利とされている。その理由として、相続税額の取得費加算（租法39条）が相続人全員で利用できることにある。代償分割後に売却した場合には、取得した者が負担した税額分しか相続税額の取得費加算の適用を受けることができない。しかし、換価分割によれば、相続人全員で売却したことになるため、取得費に加算できる税額を無駄にすることはない。ただし、申告期限から3年以内に売却することが要件となっているので注意が必要である。

なお、代償分割とは、特定の相続人（共同相続人又は包括受遺者の1人又は数人）が多く遺産を取得し、多く取得した分に見合った金銭を他の

相続人に支払う（債務の負担）遺産分割の方法である（所基通33-1の5）。遺産が店舗や作業場兼自宅であるような場合に特定の相続人に事業用資産を集中させるために利用される。

「換価分割」とは、遺産を売却してその売却金を相続人の相続分に応じた配分で分配する方法である。不動産を売却するから、相続人全員に譲渡所得税の申告義務がある。

相続不動産を売却する予定がない場合には、代償分割が有利となる。

一般的に不動産の相続における評価額が時価（売却する場合の金額）より低いため、代償分割の方が相続税の負担が少なくなる。ケースによっては後者の方法を選択することで、相続の税負担額が軽減されることもある。

また、他の相続人に分割金を支払う方法が選択される場合の譲渡税・諸経費は、債務の消滅により経済的利益の価額の対価として譲渡があったものとみなされ代表相続人に課税される。分割金は、取得費にも譲渡費用にもならない。共同相続人の1人名義の登記を換価のための便宜的なものと解するからである。なお、分割金を取得した側は、相続税を負担するので贈与税の課税がない。

換価分割の場合では、各相続人が譲渡所得者の帰属者となり、3年以内の相続財産譲渡の取得費加算、その他居住用財産の控除（措法35条）、長期譲渡所得の課税（措法31条の3）に関する特例規定が適用される。

詳しくは、専門の税理士に確認されたい。

b　代償分割の対価として、金銭以外の財産の交付を受けた場合

現金で交付を受ければ、税負担はないが、不動産を取得すると不動産取得税が生じる。

金銭以外の財産（土地建物等）を取得した相続人が、後に譲渡するときの取得価額は、代償により取得した時の時価（実勢価格）となる（所基通38-7(2)）。被相続人の取得価額を全額繰り延べ（引き継）がないからである。

財産を代償分割により引き渡した相続人側にも譲渡益が生じたとき譲

渡所得税の申告・住民税の支払が必要である（所基通 33-1 の 5）。時価で譲渡したと見做されるからである。

　c　再分割（遺産分割のやり直し）

　共同相続人全員の合意によって遺産分割をやり直す場合、再分割による取得と認められず、税務上、無償若しくは理由のない移転がなされたと認定される。当事者が個人であるため、贈与税の課税対象と認定されることも考えられる。回避するためには、遺産分割協議無効確認の訴えの提起又は再分割の調停を検討することも必要かもしれない。

　㈏　**税額の算定**

　a　原則と特別控除

　個人の不動産譲渡につき譲渡所得に対する税率は長期譲渡の場合は 20％（所得税 15％、住民税 5％）で、短期譲渡の場合は 39％（所得税 30％、住民税 9％）と 2 つに区分されている。加えて、平成 25 年 1 月から平成 49 年までの各年分については、基準所得税額の 2.1％相当が復興特別所得税として加算される（東日本大震災からの復興のための施策を実施するために必要な財源の確保に関する特別措置法 30 条、31 条、復興財確法 13 条）。短期譲渡の税率が高い理由は、土地転がしを抑制するためである。

　譲渡所得税は、事業所得や給与所得などの所得（総合課税の所得）と分離（分離課税）して、税額を計算することになっている。

　長期譲渡とは、被相続人の所有期間も含めて譲渡した年の 1 月 1 日において所有期間が 5 年超の場合で、短期譲渡とはそれ以下の所有期間のものである。単純に「取得の日」から「譲渡の日」までの期間ではない。

　　長期（短期）譲渡所得金額＝売却金額－（取得費＋譲渡費用）－特別控除

　これに短期、長期の課税税率を乗じて所得税及び住民税を算出する。

　なお、自宅の売却では、一定の要件を満たすことにより、さらに所得から経費として差し引ける特別控除（5,000 万円が上限）や軽減税率の特例等がある（措法 31 条、32 条、36 条）。

166 第3章 処分 ① 任意相続財産管理人

　この「所有期間」は、売却対象不動産の取得日（原則として資産の引渡しの日が基準）から引き続き所有していた期間を指し、相続によって取得したときは、原則として、被相続人が取得した日が起算日となる（措令20条）。

課税区分（所有期間の長短）

所有区分	短期譲渡	長期譲渡	
期間	5年以下（措法30条）	5年超（措法31条）	10年超の特例（土地と家屋の処分）（措法31条の3）
居住用	39.63%（所得税30.63%、住民税9%、復興財確法13条）	20.315%（所得税 20.315%、住民税5%、復興財確法13条）	i 課税譲渡所得が6,000万円以下 14.21%（所得税10.21%住民税4%） ii 課税譲渡所得が6,000万円超 　a 6,000万以下 14.21% 　b 6,000万以上 20.315%
非居住用	同上	同上	

【ポイント】
給与所得者の不動産譲渡所得税額の算出方法
　給与所得者である場合には、不動産譲渡所得税が分離課税のため、税負担額の計算は、不動産の譲渡所得と給与からの所得税をそれぞれ個別に算出した額を合算する。

【ポイント】
所有期間、建築年数、居住期間の計算
　i　所有期間とは、譲渡した年の1月1日現在を起算点として5年以下、超をみる。
　例えば、自宅を平成24年8月3日に取得した場合、平成30年1月1日以降に譲渡しなければ長期譲渡にならない。平成29年8月4日での売却は短期譲渡になる。
　ii　建築年数
　登記事項証明書上の新築年月日
　iii　居住期間
　入居から転居までの日数

b 税額の特例控除について

(a) 相続税額の取得費加算の特例（軽減）

① 概　要

相続により取得した財産を相続開始から3年10か月以内に譲渡したとき、既に支払った相続税の土地等に対応する相続税額（その他の資産にも適用があるが計算方法を異にする。）の一定金額が取得費に加算されて軽減される（措法39条1項）。すなわち、支払った相続税を経費として認め譲渡税を軽減する制度である。バブル崩壊後の1993年に始まった優遇税制で、一定の短期間で相続税と所得税を負担するような場合、譲渡に関する取得費の加算控除を認めるものである。特例では、相続税を納税するための売却とされているが税法上は、売却金の使途について制約がない。相続税を現金で納税や延納している場合にも使える。ただし、当該特例は、譲渡所得のみに適用され、株式の譲渡、事業所得及び雑所得では適用対象外となる。

なお、取得費加算の適用を受けるには、相続により取得した財産を譲渡した年分の所得税の確定申告に適用を受ける旨を記載し、確定申告書に以下の必要書類を添付して所轄税務署署長に申告をする。

i 相続税の申告書写し（第1表、第11表、第11表の2表、第14表、第15表）

ii 相続財産の取得費に加算される相続税の計算明細書

iii 譲渡所得の内訳書（確定申告書付表兼計算明細書［土地・建物用］）や株式等に係る譲渡所得等の金額の計算明細書

　　譲渡所得の計算式

$$譲渡所得＝譲渡収入－（取得費＋\underline{取得費加算額}＋譲渡費用）$$

② 取得費の加算特例を受ける要件（措法39条）

・相続や遺贈により財産を取得した者による売却（同族間でも認められる）であること。

・相続した財産を売却した人に相続税が課税されていること。

・相続の翌日から、その相続税の申告期限の翌日以後から3年以内に売却譲渡していること。

168　第3章　処分　①　任意相続財産管理人

　なお、取得費加算の対象となる土地等（土地や土地の上に存する権利を
含む。）には、相続時精算課税の適用を受けて、相続財産に合算された
贈与財産である土地等や相続開始前3年以内に被相続人から贈与により
取得した土地等が含まれる。ただし、相続開始時に棚卸資産、準棚卸資
産や物納申請中の土地は除かれる。国税庁WEBに特例のチェックシー
トが公開されている。

　③　取得費に加算される一定の金額

　平成26年度に改正があり、平成27年（2015年）1月1日以降と平成
26年（2014年）12月31日までの場合では、計算方法が異なる。

　改正前「土地等」を譲渡した場合に、譲渡する者に課された相続税額
の内、譲渡していない土地等に対応する部分の相続税額も取得費に加算
する事が可能であった。

　よって、譲渡していない土地の分に相当する相続税額も含めて計算対
象となるため、土地等以外の財産の譲渡より取得費が大きくなり、支払
う譲渡所得税が減額となるので土地等の譲渡について優遇されていた。
このことが、「土地等を多く相続して、その一部を譲渡したものは取得
費の加算上著しく有利な状況となっている。」との理由から改正された。

　改正により、譲渡した財産が土地等であっても取得費に加算される相
続税額は、その譲渡した土地等に対応する部分のみに縮減することとなっ
た。

　i　平成27年1月1日以降の場合

　取得費加算額＝該当者の相続税額×Aの内で譲渡した財産に係る部分
の価額÷財産の合計額（該当者の相続税課税価格＋該当者の債務控除
額＝A）

　よって、相続した不動産の譲渡の場合、譲渡した財産の割合分の相続
税額が、加算する取得費となり、同一年中に複数の財産を譲渡した場合
は、譲渡した財産ごとに計算を要する（措基通39-9、39-11）。

　ii　平成26年12月31日以前の場合

　「土地等（土地および土地の上に存する権利）」の場合と、「土地等以外
の財産（建物や株式など）」の場合の2種類の計算方法がある。

2　相続財産類型別の処分業務　*169*

ａ）土地等を譲渡した場合

取得費加算額＝該当者の相続税額×相続した<u>土地等の</u>財産の価額÷財産の合計額（該当者の相続税課税価格＋該当者の債務控除額＝Ａ）

譲渡益価格＝譲渡収入金額−（取得費＋譲渡費用＋取得費の加算額）

土地等には、相続時精算課税の適用を受けて、相続財産に合算された贈与財産である土地等、相続開始前３年以内に被相続人から贈与により取得した土地等が含まれる。なお、相続開始時において棚卸資産又は準棚卸資産であった土地等や物納した土地等及び物納申請中の土地等は含まない。

ｂ）土地等以外の財産を譲渡した場合

取得費加算額＝該当者の相続税額×Ａの内譲渡した<u>土地等以外の</u>譲渡財産の価額÷財産の合計額（該当者の相続税課税価格＋該当者の債務控除額＝Ａ）

計算は、譲渡した財産ごとに行う。

④　取得費の加算限度

取得費に加算する相続税の額は、上記③のⅰ及びⅱで計算した金額の合計額がこの特例を適用しないで計算した譲渡益（＝土地、建物、株式などを売った合計金額—取得費＋譲渡費用）の金額を<u>超える場合</u>はいずれか低い金額となる。

取得費加算を適用することで、譲渡所得につき譲渡損失を認めない趣旨である。

⑤　空き家を譲渡した場合の3,000万円特別控除（措法35条）の適用を受け譲渡には除外される。選択適用となる。

(b)　被相続人の居住用財産（空き家）を売ったときの特例（所法33条、措法35条、措令20条の３、23条、24条の２、措規18条の２）

相続又は遺贈により取得した被相続人居住用家屋又は被相続人居住用家屋の敷地等を、平成28年４月１日から平成31年12月31日までの間に売買などで譲渡し、一定の要件に当てはまるときは、譲渡所得の金額から最高3,000万円まで控除（相続人３人×3,000万円＝9,000万円）される。

170 第3章　処分　①　任意相続財産管理人

空き家問題を売却促進により少しでも解消するため平成28年4月（2016年）から導入された。これは、親の死亡により親の自宅を相続したものの別居により親の自宅を利用しないため売却するにしても従来の税制では税額の特別控除（居住用資産の譲渡）が適用されなかった部分を補完する。

①　要　件

ⅰ　対象財産

昭和56年5月31日以前に建築された家屋（マンションなどの区分所有建物を除く）で相続開始直前に同居人がいないこと（一人住まい。）。

ⅱ　対象譲渡期限と対価

相続人が居住及び事業用、貸付等に要したことがなく相続開始後3年目の年末までに譲渡しなければならない。ただし対価は1億円以下であること。共有の場合には、各自の持分の価格ではなく、全体の価額となるので注意を要する。

ⅲ　譲渡の要件

家屋を新耐震基準に適合するようにリフォームし、敷地と一緒に譲渡する。ただし、家屋を全廃するときはリフォームが不要である。

ⅳ　適用除外その他

・譲渡先が直系血族、自分と生計を一にしている特別の関係にある者及び一定の同族会社以外であること。

・相続税額の取得費加算との重複適用がない。

・固定資産税の交換、収用等の特例などとの重複適用ができない。なお、「居住用財産の買換特例」「居住用財産の場合の譲渡損失の繰越控除の特例」「特定居住用財産の場合の譲渡損失の繰越控除の特例」などの特例と重複適用は可能である。

②　適用を受けるための書類等

下記区分に応じて、必要書類を添えて確定申告をする。

ⅰ　被相続人居住用家屋のみ売るか、家屋とともに敷地等を売った場合

・譲渡所得の内訳書（確定申告書付表兼計算明細書）〔土地・建物用〕

・登記事項証明書等

2　相続財産類型別の処分業務　***171***

　　・資産の所在地を管轄する市区町村長から交付を受けた「被相続人居
　　　住用家屋等確認書」
　　・耐震基準適合証明書又は建設住宅性能評価書の写し
　　・売買契約書の写しなど
ⅱ　被相続人居住用家屋の敷地等を売った場合（家屋全部を取壊した場
　合）
　　・譲渡所得の内訳書、登記事項証明書
　　・資産の所在地を管轄する市区町村長から交付を受けた「被相続人居
　　　住用家屋等確認書」
　(c)　相続財産が居住用不動産であった場合の特別控除（措法 35 条）
　個人が、居住用財産を譲渡したとしても、新たに居住用財産を取得し
なければならないなど、譲渡代金について一定の制約がかかり自由に処
分することができない。ここに居住用財産の譲渡には所得としての担税
力がないため政策的配慮により課税の緩和措置が講じられている。
　相続により取得した不動産を譲渡する際、居住用であった場合の特例
が 5 つある。
　ⅰ　居住用資産の譲渡（3,000 万円特別控除：措法 35 条 1 項）
　ⅱ　居住用資産の軽減税率（10 年超所有軽減税率：措法 31 条の 3）
　ⅲ　居住用資産の買換え特例（措法 36 条の 2）
　ⅳ　居住用資産の買換え等の場合の譲渡損失の損益通算及び繰り越し
　　　控除（措法 41 条の 5）
　ⅴ　特定のマイホームの譲渡損失の損益通算及び繰越控除の特例（措
　　　法 41 条の 5 の 2）
　(d)　居住用資産の譲渡（3,000 万円特別控除：措法 35 条 1 項）
　譲渡する人が相続してから生活の本拠として居住していた場合は
3,000 万円控除等の特例も適用できる場合がある。所有期間、居住期間
に制限がないが、3 年に一度しか利用できない。生活拠点に利用してい
る居住意思を確認する期間である。
　このような特例の適用の可否は、売却する相続人ごとに判断（居住の
有無）されることになるので注意が必要である。

特別控除を設けた趣旨は、住み替え資金捻出のために所有する居住財産を処分する蓋然性が高いこと、また、通常の建物であれば控除額内で購入できることにある。

被相続人が独居であった場合に生前に被相続人が売却すれば、居住用特例を利用できる。しかし、死亡後に土地建物を相続した相続人が売却する場合に相続人が相続後そこに居住していなければ、特例を使えないという制限がある。

① 「居住の用に供している家屋」とは

ⅰ　所有者、配偶者の日常生活の状況、ⅱ　その家屋への入居の目的、ⅲ　家屋の構造、設備状況等、ⅳ　その他の事情を総合的に勘案する（措通 31 の 3-2）。

一般に居住用財産とは、以下の要件に当てはまる土地、建物を指す。

・現に売主本人が居住している家屋や家屋と敷地の譲渡
・居住の用に供さなくなった日から 3 年を経過する日に属する 12 月 31 日までに、居住していた家屋や敷地の譲渡（この間に貸付や事業用に供していても適用）
・家屋を取り壊した場合には、転居してから 3 年後の 12 月 31 日まで又は取壊し後 1 年以内か、いずれか早い日までに譲渡（取壊し後にその敷地を貸し付けたり、事業の用に供したりすると適用外）

なお、家屋の所有者が一時的にそこに居住していない場合であっても、配偶者等が引き続きその建物に居住している場合には適用を受ける。

反対に居住の用に供している家屋には該当しないものとし下記の場合がある。

・措置法 35 条 1 項の規定の適用を受けるためのみの目的で入居したと認められる家屋
・居住の用に供するための家屋の新築期間中だけの仮住まいの家屋
・一時的な目的で入居したと認められる家屋
・主として趣味、娯楽又は保養の用に供する目的で有する家屋

② 「居住用財産の範囲」

・現に居住に供している家屋や居住しなくなった日から 3 年を経過し

た日の属する年の 12 月 31 日までに譲渡した家屋（措法 35 条）

・上記の家屋と一緒に譲渡する土地等（措通 31 の 3-14・15）

・災害で滅失した、(d)-①の敷地であった土地（措通 35-2）

③　その他の制限及び計算式

共有の時は、共有者の持分の範囲内において各人単位で適用される。

計算式は以下の通りである。譲渡所得 − 3,000 万円（特別控除）＝課税譲渡所得

$$課税譲渡所得 × 税率 ＝ 納税額$$

【ポイント】

特例適用が受けられない場合

1　買主が配偶者や直系血族、自分と生計を一にしている特別の関係にある者及び一定の同族会社である場合。

2　固定資産税の交換の特例、収用交換等の特別控除の特例など他の譲渡所得の特例の適用を受ける場合。

3　前年又は前々年において本特例、買換特例、及び居住、特定不動産の買換、譲渡損失の損益通算及び繰越を受けている場合。

4　家屋を曳家して敷地だけを譲渡する場合又は家屋はそのままで敷地の一部（例えば庭先）だけを譲渡する場合。

(e)　居住用資産の軽減税率（10 年超所有軽減税率：措法 31 条の 3）

「居住の用に供している家屋」「居住用資産の範囲」は (d)-①と同じであるが、譲渡した年の 1 月 1 日において土地及び家屋の所有期間が 10 年超えていることが要件である。税率が軽減される(エ) a の表参照。居住期間について制限がない。

(f)　居住用資産の買換え特例（措法 36 条の 2）

「居住の用に供している家屋」「居住用資産の範囲」は (d)-①の要件と同じであるが、所有期間 10 年超、居住期間が通算 10 年以上となることが必要である。

当該不動産（居住用財産）を、平成 29 年 12 月 31 日までに売って、居住用財産を買い換えたときは、一定の要件のもと、譲渡益に対する課税を将来に繰り延べることができる特例。なお、譲渡益が非課税となるわ

174 第3章 処分 ① 任意相続財産管理人

けではない。

売却する居住用資産の売却代金が1億円以下で、(d)-①②及び収用等の場合の特別控除などの他の特例の適用を受けていないこと、買換えた自宅は国内にあること、建物の床面積が $50\,m^2$ 以上、土地の面積が $500\,m^2$ 以下のものであるとする要件を充たす必要がある。

(g) 居住用資産の買換え等の場合の譲渡損失の損益通算及び繰り越し控除（措法41条の5）

「居住の用に供している家屋」「居住用財産の範囲」は (d)-①と同じ要件のもとに、個人が平成16年1月1日から平成29年12月31日までの間に、所有期間が5年を超える居住用財産の譲渡をしたことにより生じた譲渡損失を、一定の期間内に買換資産を取得して居住（新居面：面積 $50\,m^2$ 以上、住宅ローンの残高があること、経過年数はない。）の用に供することなどの一定の要件の下で、その年の他の所得（その年の給与所得や事業所得など他の所得）と損益通算することができるとした特例である。居住期間について制限がない。

また、損益通算を行っても控除しきれなかった譲渡損失は、その年の翌年以後3年内各年分（その年末において買換資産に係る住宅借入金等を有し、かつ、合計所得金額が3,000万円以下である年分に限る。）の総所得金額等の計算上控除することができる（措法41条の5）。繰越控除の対象は所得税と住民税である。

【ポイント】
損益通算と繰越控除

損益通算とは、譲渡（売却）所得を計算した上で出てきた損失を他の所得（給与、事業、利子所得等）を計算する際に他の各種所得の金額から控除すること、繰越控除とは相殺してもマイナスが生じるときは、損失を翌年以降の所得と相殺できること。平成16年度から不動産（土地・建物等）の譲渡所得の計算上生じた損失が**原則**として他の所得との間での損益通算及び繰越控除が廃止された。

⑷　特定のマイホームの譲渡損失の損益通算及び繰越控除の特例（措法41条の5の2、措令26条の7）

　個人が住宅（所有期間を譲渡の年の1月1日現在に5年超）を譲渡して損失が出たときの支援措置として、住宅ローンが残り、かつ売却損が出た場合、この売却損を一定の限度でその年の他の所得から差し引くことができる制度である。

　「居住の用に供している家屋」「居住用財産の範囲」は（d)-①と同じ要件である。

①　譲渡したが残っている住宅のローン

　譲渡契約を締結した日の前日において、譲渡資産にかかわる住宅ローンの償還期間が10年以上のものに限る。ローンの残高は問題としない。

②　適用が除外される場合

ⅰ　譲渡した年の前年又は前々年において行った資産の譲渡について他の特例の適用を受けている場合

ⅱ　譲渡の年又はその年の前年以前3年以内に居住用財産の買換え等の場合の譲渡損失の損益通算の特例の適用を受けている場合

③　効　果

　譲渡損失のうち、住宅ローン残高が譲渡対価を超える場合のその差額（住宅ローン残高－譲渡対価）を限度として、他の所得との損益通算及び損失を譲渡の年の翌年以後3年内に繰り越して控除（繰越控除）することができる。

⑸　居住用財産の長期譲渡所得に対する課税の軽減税率の特例（措法31条の3）

①　概　要

　所有期間10年超の居住用不動産（要件はd-①と同様）を売却した場合は一定の要件を具備すると通常よりも低い税率が適用される。

　マイホームを売ったときの居住用不動産の特別控除（3,000万円）の特例とこの軽減税率の特例は、重ねて受けることができる。重複利用ができれば、通常の譲渡所得より6％程度軽減が可能である。

　具体的に、譲渡益が1億円あった場合を例に適用すると

176　第3章　処分　①　任意相続財産管理人

i　居住用資産の譲渡（措法 35 条）として、3,000 万円の控除（無税）
を利用する。

ii　残額（7,000 万円）について、本軽減特例を使い 6,000 万円部分
の譲渡益につい所得税 10%、住民税 4 ％で課税を受け、残り部分
1,000 万円を所得税 15%、住民税 5 ％で課税される。国税庁がこの
特例を適用するためのチェックシートを公開しているので利用を進
める。

なお、買換え特例を受けているときは適用されない（措法 31 条の 3）。

課税譲渡所得額(A)	所得税	住民税
6,000 万円以下	10%（＋復興税 0.21%）＝ 10.21%	住民税 4 ％
6,000 万円超（A − 6,000 万円）	15%（＋復興税 0.21%）＝ 15.315%	住民税 5 ％

（注）課税譲渡所得金額＝（土地建物を売った収入金額）−（取得費＋譲渡費用）−特別
控除

②　適用を受けるための準備手続

特例を受けるためには、下記書類を添えて確定申告をすることが必要
である。

i　譲渡所得の内訳書（確定申告書付表兼計算明細書［土地・建物用]）

ii　譲渡した居住用家屋やその敷地の登記事項証明書

iii　自宅を売った日付から 2 か月後に交付を受けた住民票（除票住民
票）

（措法 31 条、31 条の 3、措令 20 条の 3、措規 13 条の 4）

（j）　その他の特別控除

土地建物を売ったとき、譲渡所得の金額の計算上で下記の特別控除が
受けられる場合があるからチェックしておくことが必要である。

①　土地収用等の公共事業等のために土地建物を売った場合…5,000
万円（措法 33 条の 4）

②　特定土地区画整理事業（国土交通省所管による市街地のまちづくり
活性事業）などのために土地を売った場合…2,000 万円（措法 34 条）

③　特定住宅地造成事業などのために土地を売った場合…1,500 万円
（措法 34 条の 2）

④ 平成21年及び平成22年に取得した国内にある土地を譲渡した場合（譲渡年の1月1日における所有期間が5年を超えている譲渡）…1,000万円（措法35条の2）

⑤ 農地保有の合理化などのために土地を売った場合…800万円（措法34条の3）

ただし、各特別控除額は、特例ごとの譲渡益が限度となり、全体を通じて、合計5,000万円が上限となる（措法36条、措通36-1）。また、控除は、上記①～④の特例の順に従って行う（居住用財産の特例は②と③の間に位置する。）。

Q 相続前後の土地の測量や杭打ち、隣の土地との擁壁費用、業者への手数料等は、どこまで取得費として認められるのか（取得費）。

A 取得費は、譲渡するための測量費、仲介手数料等が必要経費になる。杭打ち、擁壁等で未償却残高があれば原価で引けるが、被相続人の取得が不明で5％を原価とする場合は、その中にすべて含まれているという考え方であるので、差し引くことはできない（所基通38-10）。

Q 遺産分割前に売却した場合の譲渡所得税はどのようになるか（換価分割）。

A 相続財産を分割する前に売却する場合には、各相続人が法定相続分に基づいて共同で相続し、売却したものと考えられる。

未分割である場合、譲渡のため便宜的に単独名義にしても各相続人は法定相続分により申告を行うことができる（参考：東京地判平成8年8月29日税務訴訟資料220号478頁）。また、贈与税の課税を受けない。

この割合に基づいて売却代金等を按分し、それぞれが税金を計算して申告することになる。この場合、居住している相続人は小規模宅地の特例を使うことができる。後に分割協議をして法定相続分と異なる割合（譲渡所得の申告期限後）で代金を分割することは原則

的には認められず、修正申告や更正の請求の対象となるので注意が必要である。

Q 保証人が、保証債務を履行するために自己の不動産を売却した場合、主債務者が資力を喪失しているとき譲渡所得は非課税となるか。

A 原則としては、不動産を売却したときには、譲渡について譲渡所得が生じれば（利益）、所得税が課税されるが、保証債務を履行するために自己の資産を譲渡した場合において、その履行に伴う求償権の全部又は一部を行使できないときは、その行使できない部分においてその譲渡がなかったとみなされる（所法64条2項、所基通64-1、64-4）。

要件として売却の際、主債務の弁済期が到来している必要があるのかについては、判例は不要としている（さいたま地判平成16年4月14日判タ1204号299頁）。

(2) 動産関係

相続人が相続財産の引渡しを受けた後に、任意財産管理人が相続財産の処分を受任するに際し、被相続人の財産が相続すべき対象物として特定されておらず完全な所有者になるための名義が変更できていなければ第三者に譲渡する義務が果たせない。そのため執務開始前に処分の対象となる相続財産の処分適格性の有無を調査、確認して特定するため財産目録の作成が必要である。

ア　貴金属、着物、絵画、美術品（掛け軸）、書画、骨董（陶器、茶器、花瓶、壺）

売却の委任代理を受ける際にも品物を特定する必要がある。特定の方法としては、1個1個、個別にする仕方と、包括して保管場所に置くことが考えられる。価値のあるものを売却するときは、価格の公平性を担保するためにオークションの利用や、骨董品屋等で鑑定評価してから処分することとなる。

価格の算定について、権威ある鑑定評価書が添付されていればよいが、付されていないときには鑑定を要する。

イ　現　金

不特定物なので特定して引き渡す。箪笥預金でもあれば別であるが、ほとんど問題になることもない。一人住まいの場合、金融機関に預け入れることも面倒で渡された現金をそのまま布団と床の間に仕舞い込んでいることがある。

ウ　植木、樹木、庭石、石灯籠

マンション等に居住する場合が多くなり、この種の譲渡売却の問題が少なくなってきた。また、一般的な流通市場が確立していないので商品価値を把握することが難しく、伐採するか、植木屋に引き取ってもらう方法しかないようである。

特に、空き家として、長く放置していたようなとき、樹木が伸びすぎて近隣とトラブルとなっていることもあるので確認を要する。

植木及び取りはずし困難な庭石は宅地の構成部分であり、石燈籠及び取りはずしのできる庭石は宅地の従物である。宅地に対する根抵当権の効力は、構成部分及び従物に及ぶ（最判昭和44年3月28日民集23巻3号699頁）。

エ　家財道具一式

動産として相続の対象であり、引渡しにより対抗要件を具備する。しかし、一般的に交換価値が低いため、引き取り手がいないのが現実である。経済的価値が低い物については、特に、相続人にとって主観的な価値（記念品）がある場合があるので、あらかじめ目録を作成した後に連絡を取り、形見分けなど引取りの意思を確認する手続をする。

⑶　債権執行

ア　金銭債権

相続人が実情を把握していないときは、調査から始まる。特定のため財産目録を作成する。

(ア)　債権の調査

個人事業者が死亡した場合、売掛金や未収金は債権として相続の対象

になる。これは確定申告書や日々の帳簿を調査することによって判明する。税務担当者の聞き取りも必要である。

(イ) 金融資産の調査

金融機関や証券会社等から年何回か発行される取引明細書を確認することにより、預貯金、株式、投資信託、投資証券、国債等の有無が判明する。

会社の経営者が死亡した場合には、会社の株主名簿や確定申告書から株式の有無が判明することがある。

イ 預貯金

(ア) 調 査

金融機関の通帳、合計記帳、通知書より所有していた預貯金債権のどれに該当するか、金融機関別に普通預金、定期預金、通知預金、当座預金等の調査をする。被相続人の死亡日の残高証明書を取り寄せて調査することになる。また、被相続人名義の貸金庫の開扉をして確認する。貸金庫を開扉する際、心掛けることとして、収納物の写真や他の立会人等の紛争防止策が必要がある。

被相続人が1人住まいのときは、残された通帳や金融機関の通知書、ガス、水道、新聞、その他の振り込み票に基づき調査することになる。

可分債権である金銭債権が遺産分割の対象になるか否かについて争いがあったが、最大決平成28年12月19日（裁判所Web参照）は、従来の判例を変更し、「共同相続された普通預金債権、通常貯金債権および定期貯金債権は、いずれも、相続開始と同時に当然に相続分に応じて分割されることはなく、遺産分割の対象となる。」と判示した。裁判の対象になったのは、普通預金（外貨預金も含む）・通常貯金・定期貯金であり定期預金は含まれていないが、含まれるものと解する。

(イ) 消滅金融機関や休眠口座

遺品整理していたら、合併や破たん等で銀行自体が存在しない金融機関の通帳を発見することもある。こうしたとき、業務承継した金融機関に手続き確認につき連絡することが最善であるが、一般社団法人全国銀行協会相談室に連絡確認する方法もある。

2　相続財産類型別の処分業務　***181***

　他方、休眠口座とは、金融機関に預金したまま、長期間入出金（最後に資金の出入日や定期預金の最後の満期日から銀行 10 年以上、ゆうちょ銀行 5 年以上経ったもののうち、預金者本人と連絡のつかないもの。）などの取引がない、預金保険の対象となる銀行口座である。

　休眠口座として扱われるのは各金融機関や口座の種類によって様々でその預金は銀行の収入となる。資金の使途は、東日本大震災の復興財源やベンチャー企業などの支援に活用する予定とのことである（民間公益活動を促進するための休眠預金等に係る資金の活用に関する法律（休眠預金等活用法）平成 30 年 1 月 1 日施行）。なお、預貯金債権の時効は 10 年又は 5 年である[注3]。

　もっとも、10 年を経過した預金であっても、金融機関は時効を援用することは（特別な事情がある場合を除き）ないので預金者が請求すれば窓口で払戻しができる。なお、定期預金を預けている間や、自動継続で定期預金を引き続き利用しているような場合は取引が継続していると認識されるので問題ない。休眠口座は預金に特有なもので、株式等に適用されない。

【改正債権法】
（注 3 ）改正債権法は、債権の消滅時効について、「債権者が権利を行使することができることを知った時から 5 年間行使しないとき」、又は「権利を行使することができる時から 10 年間行使しないとき」に消滅する旨規定している（改正債権法 166 条）。
　　　　なお、「債権者が権利を行使することができることを知った時」とは、債務者に対する権利行使が事実上可能な状況のもとにおいて、債権者がその請求が可能な程度にこれを知った時を意味するとされている。

【ポイント】
名義が愛称、呼称で利用されている場合の取扱い
　株券や、預金通帳の名義が本来の名前と異なる名称を使用している場合がある。この時、本人性を証明するのに苦労する。例えば、「はな」が「はな子」であれば、なんとなく同一性が認められそうだが、「一郎」が「太郎」になると担当者はなかなか同一性を認定してくれない。他人の財産を預かっているのであるからその管理姿勢は当然なことであるが、財産管理者としてはいささか厄介な問題となる。登記の場合であれば一応対処

の方法が回答や実務事例として存在しているが、金融機関等の場合は、担
当者の経験不足もあり、さらに金融機関ごとの対応も異にしているためな
かなか一筋縄ではいかないのが実情である。預金額等の多寡の関係がある
かもしれないが、最近は本部と掛け合うことが多くなってきた。なお、証
券会社の対応は概ねスムーズに処理される。

⒲　名義の変更

　金融機関の預金債権は、譲渡禁止の特約が設定されているので、預金
等が債権譲渡の対象から除外される。よって、預金口座の解約（払戻
し）や、金融機関との合意により受益相続人に名義を変更することにな
る。

⒲　継続的な金融取引契約の問題

　被相続人が継続的取引をしているとき、契約中に契約者の一方として
死亡することで、契約者の地位を承継相続が可能なのかとの問題があ
る。契約当事者の死亡は原則として契約の終了原因となるが、継続的取
引契約においては、特に、相続人の契約継続を望まず、一旦契約を終結
させる傾向にある。よって、継続的な取引であるので、死亡前に実行し
た取引の決済、取引中止終了による契約上の債権債務の清算を義務化し
ていることなどが特徴である。

　なお、継続的取引の典型契約として賃貸借契約、委任契約、顧問契約
などが代表的なものであり、非典型契約の中では、製造物供給契約、代
理店契約、フランチャイズ契約、当座預金取引、手形、小切手、FX
（外国為替証拠金取引）、ビットコイン（仮想通貨）取引などがある。ここ
では、以下のものを取り上げる。

　a　当座預金取引

　当座預金口座に入金されている預金残高は現金であり、相続の対象と
なる。しかし、相続人は当座預金取引を相続により継続して利用できな
い。また、生前振り出された手形や小切手を金融機関は交換呈示されて
も原則として決済する義務を引き継がない。被相続人の死亡により当座
預金取引が終了したからである。相続人が金融機関と協議の上、決済を
望むなら不渡りを回避することも可能である。

b FX (Foreign Exchange)

正式には「外国為替証拠金取引」という。ドルやユーロなどの外国通貨（為替）を交換・売買し、その差益を目的とした金融商品である。証券会社の取扱商品であり、預り金、現物株、債券と同じように残高金は代表相続人の口座に移管される。証券会社の取引は特異なものであり、現物を相続人に引渡し交付することはない。必ず、相続代表者の別口座を設定させて、その口座に移管する方法で引き渡される。

FX の建玉（ポジション）は、建玉を決済（反対売買）した上で、決済代金が相続人代表者の口座に移管される。株式（信用）、先物オプション、海外先物、FX、e ワラントも同様の取扱である。したがって、被相続人の取引上の地位が相続されることはないので名義変更できない。

【ポイント】
証券用語；建玉、反対売買
建玉（たてぎょく）…信用取引等において、買付・売付を行った場合の未決済の残高を建玉という。信用買付の場合は「買建玉」、信用売付の場合は「売建玉」の名称を使う。
反対売買…買建玉を売付けること。または、売建玉は買付けの反対売買を指す。

---

c 仮想通貨（ビットコイン）

ビットコインは暗号通貨とも言われる。インターネット上で商品購入や送金に利用できる通貨で「資産」となる。ただし、法定通貨ではない。ビットコインを近年の情報通信技術の発達や利用者のニーズの多様化等の資金決済システムの環境の変化の中で、電子情報処理組織を用いて、不特定の者を対象にする売買、賃貸、又は役務の提供を受ける取引に財産的価値のある電子データを移転して代価の弁済に利用し取引の決済に充てている（改正資金決済に関する法律（仮想通貨法）2 条 5 項参照、平成 29 年 4 月 1 日施行）。ビットコインシステムは管理者のいないピア・トゥー・ピア型のネットワークとして、所有権移転（取引）を仲介者なしでユーザ間の直接取引によって行われる。また、仮想通貨は、法定通貨と異なり、国からの価値の保証がなく、ネットワーク上で電子データ

184 第 3 章　処分　①　任意相続財産管理人

として民間事業者が取引記録を更新して管理される。このような、ビットコインは一定の財産的価値を保有するものの相続財産の対象として承継ができるのか疑問がある。相続承継が財貨の移転として生じた利益は所得税の対象となり、損益が原則として雑所得に区分される（所法 7 条、35 条、36 条）。ただし、仮想通貨は「もの」ではないので、消費税は非課税扱いとなる。相続税等の対象となると解するには、現時点で法律の整備を待つ必要がある（平成 29 年 10 月）。なお、平成 29 年度税制改正において紙幣や小切手と同様の取扱いとなる。

ウ　代償財産

相続開始後、分割までの間に遺産の存在形態が変形した場合（売却代金や火災による保険金等）、その代償財産が遺産分割の対象となるかに関しては、積極と消極の考え方がある。

共同相続人が、全員の合意によって遺産分割前に特定（個別）不動産を第三者に売却して得た売買代金を相続財産か不動産売却代金等の代償財産とみるかとの問題である。相続財産と考えれば、分割協議の対象財産となり代金は遺産分割終了後にしか請求できない。判例は、「その不動産は遺産分割の対象から逸出し、各相続人は第三者に対し持分に応じた代金債権を取得するのであり、また、売却代金を受領した相続人に対しその引渡を請求し得るものであるから、このような代償財産は、共同相続人全員の合意により遺産分割の対象に含める合意をするなどの特別の事情のない限り、遺産分割の対象とはならない」（最判昭和 52 年 9 月 19 日判時 868 号 29 頁、最判昭和 54 年 2 月 22 日家月 32 巻 1 号 149 頁）とし、各相続人は、相続財産でなく「相続人固有の権利」として取得するので売買代金につき各相続分に相当する金額を遺産分割前であっても請求することができるとしている。この問題は前述の代償分割と換価分割の問題と関連する。

エ　執行行為（債権の移転）

遺産分割協議や遺言等により財産取得者が確定後、名義書換や証書類の原本等を引渡す。指図債権などは、債務者に移転の通知をし、知らせることになる。なお、遺産分割により自己の法定相続分を超えた債権を

取得した者が債務者に対してその履行を求めるには、債権譲渡（民467条）についての対抗要件を備えなければならない（最判昭和48年11月22日金法708号31頁）。

(4) **知的財産権（＝無体財産権）**

　知的財産権は知的財産法により保護の対象となっているもので、工業所有権と著作権により構成される。

　工業所有権4法（特許法、実用新案法、意匠法、商標法）関連の知的財産権は権利を希望する者が特許庁に特許出願又は実用新案、意匠若しくは商標の登録出願をし、特許庁の審査（実用新案は方式審査のみ）を経て特許庁が一定の法律要件を満たしていると認定した当該出願を特許庁の各原簿に登録して初めて発生する。

　工業所有権に対し実施権（特許権者による制限なく業として特許発明を実施することができる権利をいう。特許法上の実施権には、大別して専用実施権及び通常実施権の2種類：特許法77条4項、99条）、質権、移転、相続、放棄等の権利又は権利にまつわる事項も、登録しないと第三者対抗要件を具備しない。

　ただし、相続等の一般承継による権利移転については、登録手続が効力要件とはならない。遅滞なく特許庁長官に届け出（一般承継による特許権移転登録申請）なければならない。

　また、著作者の権利には、著作権（著作権法21条～28条）と著作者人格権（著作権法18条～20条）があるが、特許権や商標権と異なり出願・登録することなく著作物の創作によって自然に発生し、発生のために登録は要件ではない。もっとも、著作権の譲渡は、合意により行うことができるが、第三者に対して主張するためには、著作権登録原簿等への移転登録が第三者登録要件となる（著作権法77条）。

　なお、著作者人格権は著作者の一身に専属するので相続の対象にならない。

出願人名義変更届例

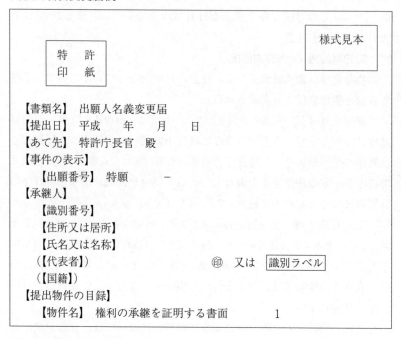

(5) **有価証券（株式）**

　相続により取得した株式を継続して保有にするにしても、第三者に譲渡するにしてもまずは、取得者に名義を変更することが一番目の作業となる。

　株式の譲渡では、その株式を取得した者の氏名又は名称及び住所を株主名簿に記載、又は記録しなければ、株式会社その他の第三者に対抗することができない（会社130条1項）。また株式は、遺産分割前においては、共同相続人間に相続分に応じた準共有関係が生じる（最判昭和45年1月22日民集24巻1号1頁）。

　遺産分割により単独で取得する場合や複数の共同相続人が共有する場合などの場合にも、株主名簿の記載をしなければ株式会社その他第三者に対抗することができない。また、会社への権利の行使もできない（会社106条）。

株式が下記のどの種類に属するかにより手続を異にする。

① 上場株式　手元に株券がある場合、振替預託株式の場合

② 未上場株式　発行会社、未発行会社

③ 株式が譲渡制限付きか否か

ア　株券の有無等の調査・確認

　株券の所在を調査することが必要となる。株券不発行会社である場合には株主名簿記載事項証明書の交付を請求する。平成21年1月5日、上場株券が電子化されたので上場会社は株券不発行制度の会社となった。

㋐　株券不所持制度を利用している場合

　発行会社に対して株券の発行請求や発行を受けないで名義書換を請求することも可能である。

㋑　株券を証券会社等に預けている場合

　株券の出庫を請求して、あるいは出庫を請求せずに証券会社等に名義書換の代行を請求することもできる。ただし、相続人名義の専用口座開設を求められる。

㋒　株券喪失の場合

　株券喪失登録（会社221条）を経て株券の再発行をしてから名義書換請求をすることになる。

イ　名義書換に必要な書類を準備及び請求

　名義書換を請求するため、態様に応じた書類を準備する。

ウ　株式の名義書換に必要な書類

　①遺産分割協議書、遺言書原本、②被相続人の戸（除）籍謄本、③相続人の戸籍謄本（相続人の範囲を確定するため）、④名義書換請求書、⑤相続人等の印鑑証明書、⑥株券を発行している場合は、会社については株券、⑦委任状（任意財産管理人がする場合）。ただし、通常、株券の占有による株主推定（会社131条1項）がないので、権利取得を証明する書面（遺産分割協議書、遺言書等）を求められる場合がある。

㋐　相続の対象が上場株式の場合

　株券の取り扱いをする際に、注意すべき事項として、いくつかの点が

ある。

第一に株券の保有の開始が平成 21 年 1 月 5 日から施行された「株式の電子化」の前か、後かの問題である。

第二として、株式の電子化の前から株券を所有しているときの保管状況である。株券本体を株主自身が保管している場合と証券会社の口座に預けている場合とで手続を異にするからである。

　a　すべての株券は株券電子化に対応

株式のペーパーレス化（株式の電子化）とは、「社債、株式等の振替に関する法律」により、上場会社の株式等に係る株券をすべて廃止し、株券の存在を前提として行われてきた株主権の管理を、株式会社証券保管振替機構（「ほふり」）及び証券会社等の金融機関に開設された口座において電子的に行うこととするものである。平成 21 年 1 月 5 日以後は、新たな株式振替制度により株券電子化が実施され、電子的な管理に統一されることになった（金融庁 HP の「株券電子化について Q ＆ A」参照）。

　b　株主、株券発行会社及び証券会社にとってのメリット

　①　株　主

・株券を手元で保管することなどによる紛失や盗難、偽造株券取得のリスクが排除される。

・株式の売買の際、実際に株券の交付・受領や株主名簿の書換申請を行う必要がなくなる。

・発行会社の商号変更や売買単位の変更の際に、株券の交換のため、発行会社に株券を提出する必要がない。

また、株券の所持人が死亡し、株券の種類及び口座の開設先の証券会社等が不明となっている時の調査が可能となる。相続人又はその代理人が株式会社証券保管振替機構株主通知業務部に「登録済加入者情報」の開示請求をすることで保管場所を知ることができる。ただし、一定の費用がかかる。

　②　発行会社（株主名簿管理人を含む。）

・株主名簿の書換に当たり株券が偽造されたものでないか等のチェックを行う必要がない。

・株券の発行に伴う印刷代や印紙税、企業再編（企業間の合併や株式交換、株式移転など）に伴う株券の回収・交付のコスト等が削減できる。

・株券喪失登録手続を行う必要がなくなる。

③　証券会社

・株券の保管や運搬に係るリスクやコスト等が削減される。

・株主が株券をほふりに預託する場合やほふりに預託された株券を引き出す場合の手続を行う必要がない。

以上により、株券電子化後において上場会社の株券は、無効とされる。「証券会社」又は「発行会社が指定する金融機関」を通じて指定の口座を設けて電子的に記録する手続きを踏まないと株券は処分できないことになった。

　c　では、具体的にどのような手続により対応したらよいのか。

①　株券電子化以前に、株券を「ほふり」に預託した場合は、自動的に一元化に対応するので、特段の手続きを要さない。ただし、相続人が株券を証券会社の取引口座（特定又は一般口座については下記ポイント参照）に預けているときは、財産管理人が、被相続人名義の取引口座から相続人名義に取引口座への振替手続を行う必要がある。

　　その時に相続人が証券会社に取引口座を開設していない場合には新規に株主となる相続人名義の取引口座（特定、一般口座）を開設する必要がある。口座から口座への移転しか認められていない。

②　株券電子化前に「ほふり」に預託せず、現物の株券を保有している場合は、株券発行会社の特別口座（証券会社の口座と異なる）に株主名簿上の名前で、権利が確保されている。ただし、この扱いはあくまで便宜的なものでこの状態では、株式の売却、質権設定ができないので、株主は、証券会社の特別口座を開設して株式の振替手続をとる必要がある。

190 第3章 処分 ① 任意相続財産管理人

【ポイント】
一般口座と特定口座

　一般口座とは、株取引の売買損益を自ら計算し、確定申告として税金を納付しなくてはならない口座である。

　特定口座は、証券会社が本人に代わって税金を計算する口座で、証券会社につき1口座を設けることができる。また、特定口座には、「源泉徴収なし」と「源泉徴収あり」がある。前者は証券会社から送付される「年間取引報告書」を用いて簡単に確定申告できるものを指す。後者は毎月の源泉徴収により、確定申告の手続の必要がない口座のことを指す。一般口座と特定口座の「源泉徴収なし」では自ら確定申告をしなくてはならない手間が掛かるが、特定口座「源泉徴収あり」ではその手間が掛からないことが最大のメリットとなる。

---

　d　株式の名義回復（変更）の手続

　相続による場合で株式の振替には、振替元の証券会社の本支店、証券会社へ所定の「相続上場株式等移管依頼書」を提出する。添付書面として、相続を証する書面（遺産分割協議書、遺言書、除籍謄本、相続人の戸籍謄本及び印鑑登録証明書等）を添付して申請する。

　相続人の取引口座は、被相続人の取引口座のあった証券会社と同一の証券会社である必要はないが、証券会社が異なる場合は、振替手数料がかかるので注意が必要となる。

　さらに、他人名義で開設された特別口座の株式や、他人名義の株券の場合では、原則として共同で申請手続となるが、協力が得られないときは、判決や和解調書の提出が必要となる。

　(イ)　**相続の対象が未上場株式会社の場合**

　a　名義書換

　株券電子化制度は、非上場株式には適用されない。相続人が会社に対し名義書換を請求する。

　b　譲渡

　株券が発行されている場合は、株式の譲渡は、株券を交付することにより効力が生じるため（会社128条1項）、相続人としては、株券の占有者からその引渡しを受ける。

相続人が現実に株券を所持すれば、相続人自身で名義書換手続を行うことが可能なので、株券の交付を受ける。共同相続の場合には、共同して名義書換を請求することになる。他方、株券が発行されていない場合は、株式譲渡は、譲渡の意思表示だけで効力が生じる。しかし、相続人が会社その他の第三者に主張し、株主として権利を行使するためには、株主名簿の名義書換をしなければならない（会社130条1項）。したがって、相続人は自分への名義書換の手続を行う必要がある。

ところで、相続の対象が譲渡制限株式である場合、定款に規定がない限り一般承継であるので会社の承認がなくても効力が生じる。ただし、第三者に対抗するには名義書換を要する。

エ　売却価格

非上場会社の場合、時価で売買される取引相場がないため、その売却価格をいかにして決定するかが問題となる。

価格の評価方法としては、純資産方式（簿価純資産法、時価純資産法）、収益方式（収益還元法等）、比準方式（類似会社比準法、類似業種比準法等）がある。各種の評価方法を組み合わせる併用方式などがある。しかし、これらの価格算出は会社の資料を取得しないと十分な価格算出に無理が生じる。したがって価格決定するに際して、会社と協議しながら価格を決定した方がよい。

オ　現物交付

相続人等の承諾が得られれば、株券そのものを遺言書の割合に応じて交付することもできる。

【ポイント】

名義株

　名義株とは、名義株主に株主の名義を借りただけで、真の所有者が別に存在する株式のことをいう。名義株を放置しておくと、名義人から株主としての権利を主張された際に、その株式が名義人、実質株主（名義借用者）のどちらに帰属するかが紛争の原因となるので、早期に解決しておくことが必要である。整理後は、株主名簿や法人税申告書の書換えを行っておく。

192　第3章　処分　①　任意相続財産管理人

⑹　死亡保険金請求（生命保険、損害保険）

　死亡給付の保険金（生命保険、終身保険）や損害保険を代理人として
請求することもある。保険金受取人からの依頼の委任状を添付して、各
請求書類の名義を「故○○○○相続人　代理人司法書士○○○○」と記
載する。受取人が自らすることは当然であるが、諸般の事情（外国に居
住等）から依頼を受けることがある。

【ポイント】
生命保険と終身保険
　生命保険は、人の生命や傷病にかかわる損失を保障することを目的とす
る保険の総称、終身保険は、被保険者が死亡若しくは高度障害状態になっ
た時、死亡保険金が支払われる保険である。

ア　死亡保険の保険金の請求はいつまでできるか

　一般的には、死亡保険金や損害保険の請求権者は、死亡による請求原
因が発生したとき、遅滞なく保険会社に対して被保険者が死亡した事実
を通知する（一般的には、死亡から2か月を目安：保険約款では請求原因、
他の保険契約等の有無・内容を遅滞なく保険会社に通知することなどが義務
となっている。）。しかし、諸般の事情から「保険金、保険料金及び保険
料積立金」等の請求を3年間行わないと時効で請求権は消滅する（保険
法95条1項）[注4]。

　平成22年4月1日の保険法改正により3年と改正されたが、以前の
商法上では2年とされていた。それゆえ、実務では、生命保険会社の普
通保険約款に請求権を「3年間請求がない場合に消滅」する扱いをして
いる例が多い。期間の起算点についても保険法に規定がないので行方不
明者や失踪者の死亡日認定について問題となることがある。多くの保険
約款では、消滅時効の起算点を「被保険者の死亡日の翌日」としている
が、民法166条1項（改正債権法では民166条1項2号）によると起算点
は請求権を行使できる「法律上の障害がない」時から進行するとしてい
る。判例は「権利の性質上、その権利行使が現実に期待することができ
るようになった時から消滅時効が進行」するとする（最判昭和45年7月

15 日民集 24 巻 7 号 771 頁、最判平成 15 年 12 月 11 日民集 57 巻 11 号 2196 頁）。

　なお、請求権発生後しばらく経って死亡者本人が保険加入していたことが判明した場合（保険証書が後から発見）でも保険金の請求をすべきである。特に、明らかに請求権が発生している場合、保険会社が「時効を援用」しない例もある。

【改正保険法】
（注 4 ）債権法改正に伴い、保険法が改正され、保険給付を請求する権利、保険料の返還を請求する権利及び保険料積立金の払戻しを請求する権利は、これらを行使することができる時から三年間行使しないときは、時効によって消滅することとされた（改正保険法 95 条 1 項）。また、保険料を請求する権利は、これを行使することができる時から一年間行使しないときも時効によって消滅する（同条 2 項）。

イ　誰に請求権があるか

　保険請求者は、保険契約上に定められた保険金受取人がなる。

　一般的に、受取人には、本人、配偶者、 2 親等以内の血族（子、孫、父母、兄弟）を保険会社が推奨するが、保険金は共同相続の場合、相続財産とならないので、保険金の受取人が初めから定められているのが普通である。

　死亡、行方不明等で特定の受取人がいない場合は、それぞれ次の人が受取人となる。

① 　受取人が「相続人」と指定されている場合は例えば、子、相続人代表者、親族
② 　受取人を指定していない場合は法定相続人
③ 　指定受取人が死亡している場合は指定受取人の法定相続人

ウ　生命保険金に関する注意点

(ｱ)　特　徴

　被相続人の死亡を保険事故とする生命保険金請求権は、受取人と指定された者の固有の権利であり、相続財産には含まれない（最判昭和 40 年 2 月 2 日民集 19 巻 1 号 1 頁）。死亡保険金を受け取る権利は、保険契約で受取人と指定されている人の固有の権利となるからである。

194　第3章　処分　①　任意相続財産管理人

　ただし、他の相続人との間に著しい不公平が生じるような特段の事情が存する場合には、民法903条の類推適用により、当該死亡保険金請求権は特別受益に準じて持戻しの対象となると解するのが相当である。保険金が高額のときや同居の有無、被相続人の介護等に対する貢献の度合い、他の相続人の生活実態等を勘案し判断され相続財産に含めるとした事例もある（最決平成16年10月29日民集58巻7号1979頁）。

　このような場合は、相続人間で遺産分割協議を行う必要があるので注意が必要である。

(イ)　**保険金請求に必要な書類**

　死亡保険金の請求には、一般的には次のような書類が必要になる。

　保険証券、死亡診断書又は死体検案書、被保険者の住民票・戸籍（又は除籍）謄本、保険金受取人全員の戸籍謄本、保険金受取人全員の印鑑証明書、任意財産管理人が代理人で請求する場合は委任状（及び印鑑証明証書）も必要となる。なお、死亡原因や受取人の状況によって必要書類が異なるので、事前に生命保険会社に確認が必要である。

エ　**死亡損害賠償請求における注意点**

(ア)　**特　徴**

　交通事故により死亡した場合、自賠責保険（強制保険）と自動車保険（任意保険）の双方に保険金の請求ができる。

　保険金は生命保険金と異なり遺産分割協議が必要な相続財産となる。

　保険金をいつから請求できるか。

　自賠責保険（強制保険）における被害者請求（被害者が保険会社に損害賠償額を請求）の場合は、自動車損害賠償保障法19条の規定が適用され、損害賠償額の請求は、死亡の場合は死亡日から3年で時効となる（自動車損害賠償保障法19条）。自動車任意保険の時効は、保険金請求権が発生した時点（死亡日）の翌日から3年となる(注5)。

　請求権者は相続人である。死亡による損害額の範囲は葬儀費、逸失利益、被害者本人の慰謝料及び遺族の慰謝料が支払われる。保険金の支払限度額があり被害者1名につき3,000万円である。

2　相続財産類型別の処分業務　**195**

(イ)　**ひき逃げ・無保険自動車・盗難車等による事故の場合**

　ひき逃げ・自賠責保険をつけていない自動車や盗難車による自動車事故の被害者は、自賠責保険が適用されない。政府保障事業は、他の手段によって救済されない被害者を対象として、必要最小限の救済を図ることを目的として創設され、被害者は国（所管国土交通省）政府の保障事業に請求することができる。

　請求期間は事故発生日（平成22年4月1日以降）の死亡日から3年に限り、被害者のみ請求が可能である[注6]。なお、保険の支払い限度額は自賠責保険と同じく被害者1名につき3,000万円となっている。なお、政府保障事業への請求は、損害保険会社又は農協等が受付けている。

> 【改正自動車損害賠償保障法】
> （注5）債権法改正に伴い、自動車損害賠償保障法が改正され、損害賠償請求権は、被害者又はその法定代理人が損害及び保有者を知つた時から三年を経過したときは、時効によつて消滅することとされた（改正自動車損害賠償保障法19条）。
>
> 【改正自動車損害賠償保障法】
> （注6）債権法改正に伴い、政府保障事業による填補金請求権の消滅時効についても、「行使することができる時から三年を経過したとき」に時効によつて消滅することとされた（改正自動車損害賠償保障法75条）

【ポイント】
自賠責保険（強制保険）と自動車保険（任意保険）
　強制保険は法律で加入が義務づけられている自動車損害賠償責任保険。自動車の運行上の人身事故による損害が支払対象。物損害は補償されない。また、支払限度額（被害者1名につき3,000万円）が定められている。
　任意保険は、自賠責保険の支払限度額を超えた損害、他人へ与えた損害、運転者や同乗者の怪我、自動車の損害等が支払対象となる。
　なお、2つの保険を一括して請求することも可能である。

(ウ)　**死亡損害保険金請求に必要な書類**

　保険金請求に必要な書類に以下のものがある。

　保険金・損害賠償額支払請求書、交通事故証明書（人身事故）、事故発生状況報告書、医師の診断書又は死体検案書（死亡診断書）、請求者の印鑑証明書・戸籍謄本及び代理人が請求する場合は委任状及び委任者の

印鑑証明が必要となる。詳しくは、損害保険会社に確認する。
オ　税金関係
(ア)　非課税の取扱
　被保険者の死亡を保険事故として支払われる生命保険金や損害保険金が相続税、贈与税又は所得税の課税の対象となるか否かは、保険料の全部又は一部を誰が負担していたかにより判定される。自賠責や任意保険のように賠償義務者（加害者）が負担しているときは課税の対象とならず全額非課税となる。心身に加えられた損害又は突発的な事故により資産に加えられた損害に基因して取得する損害賠償金の性格を有する支払に該当する（相法3条、所法9条17号、所令30条）。
　よって、損害賠償保険でも、被相続人等が負担していた保険からの保険金取得には相続税等の課税関係が発生する。しかし、相続人以外の人が取得した死亡保険金には非課税の適用がない。遺贈になるからである。なお、被相続人が損害賠償金を受け取り前に死亡した場合には、損害賠償金を受け取る権利すなわち請求債権が相続財産となり、相続税の対象となる。
(イ)　生命保険金における保険料により課税される税金
　死亡保険金は相続税法上において相続税の対象となる。生命保険の場合、保険金の負担により課税される税目が異なるのでもう少し詳しく見ていく。
　下記に死亡生命保険金と保険料の負担における課税の関係を表示する。なお、被保険者Aが死亡した場合であり、BはAの配偶者、CはAの子とする。

被保険者	保険料負担者	保険金受取人	課税の種類
A	B	B	所得税
A	A	B	相続税
A	B	C	贈与税

a　所得税の課税
　保険料の負担者と保険金受取人とが同一人の時での死亡保険金は、受

2 相続財産類型別の処分業務　*197*

取の方法により異なって課税を受ける。一時金として受理すると一時所
得になり、年金で受領する場合には公的年金等以外の雑所得になる。

　b　相続税の課税

　被保険者と保険料の負担者が同一人の時に相続税が課税される。

　保険金受取人が被保険者の相続人であるときは、相続により取得とみ
なされ、相続人以外の者であるときは遺贈により取得とみなされる。

　ただし、相続税の対象となるのは、次の非課税限度額を超える部分で
ある。

　　500 万円×法定相続人の数（参入：相続放棄者、養子は 2 名ま
　　で）＝非課税限度額

　また、保険料の一部負担がある場合の計算式は下記となる。

　　生命保険金（被相続人が負担した保険料の総額/当該保険の払込保
　　険料の総額

　　＝課税金額（非課税控除前）

　なお、他の者が負担した保険料に基づく保険金は所得税の課税を受け
る。

　c　贈与税の課税

　被保険者、保険料の負担者及び保険金の受取人が全て異なる場合に該
当する。

　国税に関する相談は、積極的に国税局電話相談センター、税理士等に
相談されたい。

(7)　自動車等

ア　対抗要件

　登録が第三者に対する対抗要件となる。自動車（軽自動車、小型特殊
自動車及び二輪の小型自動車を除く）は、自動車登録ファイルに登録を受
けたものでなければ運行の用に供してはならず（道路運送車両法 4 条）、
また、登録を受けなければ、所有権の得喪を第三者に対抗することがで
きない（同法 5 条 1 項）。そのため、相続人に対抗要件を備えさせるに
は、自動車そのものの引渡しだけでは足らず、相続人への移転登録まで
行う必要がある。

198　第3章　処分　①　任意相続財産管理人

名義書換と一緒に自動車損害賠償責任保険の被保険者変更、任意保険の被保険者の名義変更も行う。失念してしまうと場合によっては保険が適用されない事態も生じる。

イ　閲　覧

被相続人が自動車を保有していたが、どのような車種だったのかを確認する手段として閲覧の制度がある。自動車（登録自動車）の所有権の得喪についての第三者対抗要件が登録となっているので、その公開が必要となる。よって登録事項等証明書の交付を請求することができる。しかし、軽自動車は、登録自動車から除かれ、所有権の得喪について登録制度が採用されていないため、証明書の交付の制度がない。したがって、動産と同様に引渡しが対抗要件となる。注意を要する点である。

このような意味から軽自動車の所有者が死亡した場合、名義変更の手続をする必要があるが、普通自動車のように、相続の書類（戸籍謄本、遺産分割協議書等）は必要なく、通常の名義変更の手続で足りる。一般的に軽自動車が、普通車に比べて資産価値が低いことや相続で争いになり難いからとする。また、被相続人名義から直接、第三者に譲渡することはできない。

名義変更の申請は、所有者の死亡から15日以内に行う。懈怠しても罰則がない。しかし、事故があった際には、相続人全員が自動車保有者として責任を問われる可能性があるので注意が必要である。

ウ　移転登録の申請場所

登録自動車の場合は各都道府県にある陸運局又は自動車検査登録事務所、軽自動車の場合は軽自動車検査協会と、窓口が異なるので注意が必要である。自動車の移転登録の申請は不動産と同様、相続人が行う。登録自動車、軽自動車の一般的必要書類は、下記のとおりである。

共有にするには、相続人全員が、それぞれ必要書類を揃えて陸運局に提出しなければならない。手続が煩雑になるので売却予定や価値がある車を除いて避けるべきである。

2　相続財産類型別の処分業務　**199**

書　　類	登録自動車	軽自動車
相続を証する書面（被相続人の出生から死亡までの連続性のある戸（除）籍・改正原戸籍謄本及び住民票） 　なお、軽自動車については制度そのものや管轄する役所（軽自動車検査協会）が異なるので、手続等も異なってくる。 　最寄りの「使用の本拠の位置」を管轄する軽自動車検査協会事務所での手続を確認する必要がある。	○	
遺産分割協議書、遺言書（公正証書の場合は公正証書謄本、それ以外は遺言書のほかに検認調書謄本）	○	
申請書（軽自動車の場合には自動車検査証記入申請書（軽第1号様式又は軽専用第1号様式）） ※用紙は運輸支局等にあり、申請人が作成する。	○	○
車検証に記載されている所有者の印 ※車検証の使用者及び所有者の記載が死亡の場合、戸籍簿謄本等（死亡した事実及び新使用者が親族であることが確認できる公的機関が発行した書面）を添付する。		○
新所有者の住所を証する書面 ※個人の方は住民票や印鑑証明書、法人の方は印鑑登録証明書や登記簿謄本（抄本）で何れも発行後3か月以内のもの、又はこれらの写し（コピー）でも可能である。		○
申請人所有者の印鑑登録証明書、新使用者及び使用者の印鑑、新使用者の住民票	○	○
手数料納付書 ※用紙は運輸支局等にある。	○	○
車検証（自動車検査証）	○	○
車庫証明書 ※管轄警察で1か月以内に発行されたものとなる。	○	○
自動車損害賠償責任保険証明書又は自動車損害賠償責任共済証明書	○	○
任意財産管理人宛の委任状（権限を委任する場合）		

(8) ゴルフ会員権
ア 会員権の性質、種類の確認
　ゴルフ会員権とは、会員制ゴルフクラブにおける『会員の権利』である。株式のように市場で取引されており、時価で売買される。市場取引のトラブルに対処するために、ゴルフ場等に係る会員契約の適正化に関する法律（平成4年5月20日法律第53号）によって規制されている。
　会員権の種類に預託金制会員権、株主会員制会員権、社団法人制会員権の区別があるので、まず、どのような性質のゴルフ会員権なのかを確認する必要がある。全国のゴルフ場の約90％が預託金会員制ゴルフクラブであると言われている。
　通常ゴルフクラブの会員としての地位は、優先的なプレー権が与えられる権利（施設優先利用権）、預託金返還請求権、競技への参加権、コースハンディの取得であり、会費納入義務を主要な内容とする債権的法律関係である。
　名義変更に際して、名義変更料等の請求やゴルフ場によっては名義変更できないなど、諸条件が異なるようであるので、事前に確認を要する。

イ 相 続
　「ゴルフ会員権の相続」という場合、上記の権利義務すべてを含む「ゴルフクラブの会員としての地位」と、「預託金返還請求権及び会費納入義務」とを分けて相続の問題を捉える。「預託金返還請求権及び会費納入義務」は金銭債権債務なので、除外規定がない限り相続対象となる。

(ア) 預託金制会員権
　預託金制会員権は、個々の会員とゴルフ場を経営する会社との契約上での地位で会員規約における定め方によって取扱いが異なる。
　ゴルフ場の会則等内部規則がどうなっているのかを確認するのが先決となる。
　a 「ゴルフクラブの会員としての地位」の相続が認められる場合
　会則に預託金の返還が認められる規定がない限り、相続人が預託金の

返還を求めることはできない。相続人に預託金を預託する義務があるからである。よって、逆説的な言い方になるが、ゴルフクラブの会員たる地位が承継されていることになる。

　b　会員規約に「会員が死亡したときはその資格を失う旨の規定」がある場合

　会員が死亡したときはその資格を失う旨の規定がある場合は、ゴルフクラブの会員たる地位は一身専属的なものであって、相続の対象となり得ないとされている（最判昭和 53 年 6 月 16 日判タ 368 号 216 頁）。ゴルフクラブの会員権が、そもそも会員相互の人的信頼を基礎とする親睦団体であることがその理由である。

　c　会員規約に会員が死亡した際の取扱いに関する規定がない場合

　会則に相続に関する規定がない場合でも会則に会員契約上の地位の譲渡を認める規定があれば、相続の承継が認められ、通常の地位の譲渡と同様、理事会の入会承認を得ることを条件に会員となることのできる地位を取得する（最判平成 9 年 3 月 25 日民集 51 巻 3 号 1609 頁）。その理由として、正会員としての地位の変動という結果から見れば、それが譲渡によるものか会員の死亡に伴う相続によるものかで特に変わりがないからとしている。相続人が地位の譲渡に準ずる手続を踏むことで相続することができる。この場合、理事会の承認などの名義書換手続や名義変更ができない期間など、注意すべき点がある。

　会員権を相続あるいは遺贈されて、優先的なプレー権取得を期待していたとしても、会員となることができなければ、他に売却等により換価するほかないが、無価値とはいえず、資産的価値がある。

　(イ)　社団法人制会員権の相続

　経営と会員組織とが分離しておらず、会員が社団法人を組織して、社団法人がゴルフ場の経営にあたる形態のものである。会員相互の信頼関係を基礎としているので、会員権は一身専属的であり、会則により相続が認められている場合を除き相続できない。

　(ウ)　株主会員制会員権の相続

　ゴルフ場の経営に当たる会社の株主となることを会員要件とする会員

権である。

　会員が死亡した場合、株式は相続の対象となり株主の地位、施設優先利用権、会費納入義務を内容とする債権的法律関係に基づく資格は相続の対象となる。

ウ　名義書換に必要な書類の準備及び請求

　名義変更には法的に定められた期間はない。

　名義書換に必要な書類も各ゴルフ会員権の種類や当該ゴルフクラブの会則ないしは運営規則に定められているのが通常である。これに従って書類を準備するが、会則ないし運営規則などが見当たらないとき、あるいは会則ないし運営規則があっても古いもので変更された可能性がある場合は、相続開始後最新の会則ないし運営規則を当該ゴルフクラブから取り寄せることが必要となる。

　一般的に名義書換には次のような書類が必要となる。

① 特定の相続人に名義を移転させることについての相続人全員の署名・捺印のある同意書（遺産分割協議書）

② 印鑑証明書（法定相続人全員のもの各1通）

③ 戸籍謄本又は相続人を証するもの（被相続人の除籍謄本を含む）

④ 名義変更申請書や入会申込書等（所定の用紙）

⑤ 預託金証書（株主会員制の場合は株券）

⑥ 入会申込書、住民票（名義の移転を受ける相続人のもの）等

⑦ 委任状（任意財産管理人が請求する場合）

⑧ その他ゴルフ場が指定する書類

エ　その他（会員権の譲渡及び預託金返還請求の行使）

　相続を機に、ゴルフ会員権を現金化することがある。方法として、2つ考えられる。売買による譲渡と預託金の返還である。

　会員権の売買には売主・買主との金額交渉、入会手続きなどいずれも面倒な手続きが伴うので、一定の専門の会員権業者（例えば、会員権取引業協同組合員など）を通じて行うことが通常となる。他の方法には知り合いへの売却や、当該ゴルフ場に依頼する方法がある。値段形成も、流動性の高い相場となっており初春や初秋のゴルフシーズンに購入希望

者が増加すると高値になるなど価格に確立したものがなく注意を要する。

　次に、最近、預託金の返還をゴルフ場経営会社に請求する傾向がある。ゴルフ会員権の価格が一時のブームも去って低迷しているからである。預託金はゴルフ会員権を初めてゴルフ経営者（会社等）より譲渡を受けるとき一定額の預託を求められものである。それが預託金である。預託金返還請求権の行使時期は通常10年の据え置き期間が設けられているが、被相続人の死亡を機にゴルフ場に対し預託金の返還権を行使請求するものである。

　なお、名義書換により会員になるときは、新たに預ける必要がない。名義書換を要件とする預託金制ゴルフ場のゴルフ会員権を市場で売買する際は、「預託金」の償還請求をする権利と、プレー権利をあわせて譲渡され「預託金」返還請求権も買主へ移転するからである。

　経営会社側も対抗措置として預託金の返還行使時期を理事会決議で会則を変更して据置期間を延長するゴルフ場経営会社が目立つようになってきた。原因は経営の悪化による益金流出の防衛策である。しかし、裁判所は返還時期の据置期間の延長を、「本件ゴルフクラブの会則は、これを承認して入会した会員と上告会社との間の契約上の権利義務の内容を構成するものということができ、（中略）会則に定める据置期間を延長することは、会員の契約上の権利を変更することにほかならないから、会員の個別的な承諾を得ることが必要であり、個別的な承諾を得ていない会員に対しては据置期間の延長の効力を主張することはできないものと解すべきである。」として認めない（最判昭和61年9月11日判時1214号68頁）。

オ　判　例

　(ア)　**会員の地位の相続が否定された事例**

　ゴルフクラブ運営規則中に、会員が死亡したときはその資格を失う旨の規定が存するから、ゴルフクラブの会員たる地位は一身専属的なものであって、相続の対象となりえない（最判昭和53年6月16日判時897号62頁）。

(イ)　会員権の相続が肯定された事例

一般的にゴルフクラブは会員の人的信頼を基礎とする親睦団体としての性格を有すると一応言うことができるが、その地位は原則として一身専属的なものではないというべきである。承継の原因が譲渡であるか、相続であるかによって別異に解すべき理由はない。会員との間の契約関係であることからすれば、このような会員の地位の承継についても予め会則等によって明確にその承継を禁止する規定を置けばその承継を否定することができるというべきである。会則に死亡の場合は会員資格を失うとの規定があるにしても会則上会員資格の譲渡性を認め、そのいわゆるゴルフ会員権は会員権取引業者によって取引きされ、一定の市場価格が形成されており、そこでゴルフ会員権として取引の対象とされているのは入会承認前の会員としての地位とみることができ、このような地位の譲渡を認める限り相続による地位の承継を否定する合理的な理由はないのであって、事柄の性質上、相続による承継を認めないというのであればその旨を会員が知り得るように会則等に明確に規定しなくてはならないというべきである。単に死亡した会員は会員資格を失うという当然のことを注意的に規定したに過ぎないものと解すべきである（東京高判平成3年2月4日判時1384号51頁）。

(ウ)　預託金会員制ゴルフクラブ会員の資格が相続取得として肯定された事例

会則等においては「正会員が死亡した場合におけるその地位の帰すうに関しては定められていないが、右のような正会員としての地位の譲渡に関する規定に照らすと、本件ゴルフクラブの正会員が死亡しその相続人が右の地位の承継を希望する場合について、本件会則等の趣旨は、右の地位が譲渡されたときに準じ、右相続人に上告会社との関係で正会員としての地位が認められるか否かを本件ゴルフクラブの理事会の承認に係らしめ、右の地位が譲渡されたときに譲受人が踏むべき手続について本件ゴルフクラブの会則等の定めに従って相続人が理事会に対して被相続人の正会員としての地位の承継についての承認を求め、理事会がこれを承認するならば、相続人が上告会社との関係で右の地位を確定的に取

得する」というところにある（最判平成9年3月25日判時1599号75頁）。

カ　税務関係

　ゴルフ会員権の譲渡所得は給与所得など他の所得と合わせて総合課税となる（所法22条、23条）。

　なお、譲渡損失について平成26年4月1日以後に行ったゴルフ会員権の譲渡により生じた損失は、原則として、給与所得など他の所得と損益通算することはできない。平成26年3月31日以前に行ったゴルフ会員権の譲渡により生じた損失については、ゴルフ場経営法人が破産した場合を除いて損益通算することが可能である。

　譲渡所得は次の計算式で算出する。

　(ア)　**所有期間が5年以内のもの（短期譲渡所得）**

　　　課税金額＝売却額－（取得費＋売却費用）－50万円（特別控除額＊）

　(イ)　**所有期間が5年を超えるもの（長期譲渡所得）**

　　　課税金額＝｛売却額－（取得費＋売却費用）－50万円（特別控除額＊）｝×1/2

　＊特別控除の額は、その年のゴルフ会員権の譲渡益とそれ以外の総合課税の譲渡益の合計額に対して50万円。これらの譲渡益の合計額が50万円以下のときはその金額までしか控除できない。取得費とは、取得した時価格（名義変更料や取引手数料等を含む）である（所法22条、33条、69条、措法37条の10、所基通33-6の2条、33-6の3条）。

(9)　債務の承継

ア　調　査

　金融財産のうち被相続人が有していた債務額がいくらあったのかを調査する手段がかなり難しい。被相続人の債務を調べるため、まず、債権者一覧表を作成する準備をする。そして、債務調査するに際し、予め債権者の範囲や調査期間を定めておく必要がある。法定単純承認に該当し、相続放棄の期間経過により相続が確定すると、相続人に債務の支払い義務が発生するからである。また、いつまでも債権者の請求を待たせておくわけにいかないことがその理由である。

206 第3章 処分 ① 任意相続財産管理人

債権者一覧表の例

氏名、会社名	金　額	借り入れ時期	借り入れ目的
A銀行○○支店	300万円	平成28年3月	自動車購入資金
同	2,000万円	平成5年3月	住宅ローン
B信用金庫	100万円	平成29年3月	孫の入学金

㈦ 債権者の範囲

通常、債務関係が生じるのは、①銀行等の金融機関②仕事上で生じたもの③知人友人からのものが考えられる。

① 銀行等の金融機関からの借金

a 調査対象

住宅ローン、生活資金、事業資金などの借り入れは金融機関からの郵便物（取引履歴、催告書、お知らせ）から確認できる。また、遺品となった銀行・郵便局の通帳から定期的に引き落としがされている勘定科目から推測をする。旧通帳を含め1～2年の取引を調べてみる。また、信用情報機関に照会する方法もある。なお、金融商品ごとに取り扱われて情報が異なるので注意を要する。例えば、一般社団法人全国銀行協会の全国銀行個人信用情報センター（KSC:https://www.zenginkyo.or.jp/pcic/）は銀行取引関係、株式会社シー・アイ・シー（CIC：https://www.cic.co.jp/）は割賦販売等のクレジット事業、株式会社日本信用情報機構（JICC：http://www.jicc.co.jp/）は主に貸金業、クレジット事業、リース事業、保証事業等の個人信用情報機関と位置する。

b 全国銀行個人信用情報センターの手続き

法定相続人やその代理人（弁護士、司法書士、行政書士等）が「本人開示の手続き」をすることにより、金融機関からの借り入れ等に関する内容や支払状況・本人の信用情報（センターに加盟している金融機関のみ）が、現在センターに登録されているか、またその取引内容を確認することができる。

本人開示の手続きは「登録情報開示申込書」を作成して、センターへ郵送申込みのみの取り扱い。センターから申込者の選択により（本人限

定受取郵便または簡易書留）で、1週間から10日ほどで返送されてくる。開示手続きに必要な手数料として1,000円（消費税・送料込み）かかる。

同時に送付する書面として、以下のものがある。

・開示請求者（法定相続人）の本人確認資料（1種類）

・開示対象者（被相続人）の死亡を証する資料

・開示請求者が法定相続人であること（続柄等）を証する資料

開示請求者が、法定代理人の場合、法定相続人の本人確認及び法定代理人の本人確認資料の両方が必要となる。

② 取引・仕事及び日常生活上の債務

被相続人が事業を営んでいた時は、税務上の確定申告があるので、過去数年分の申告書の確認、または、作成税理士に資料を徴求することで調べることができる。

困るのは、会社勤めをしていたなどで生じた債務である。保証債務などは特にわかりにくい。

また、日常生活上の債務も、公共料金、生命保険掛け金など毎月通帳から引き落としになっているものは通帳で確認できるが、ゴルフ会費、貸金庫賃貸料、同好会費など年会費になっているものや、書籍の購入などの不定期に生じる債務なども確認が難しい。

③ 知り合い（友人・知人）からの借金

一般的に被相続人が知り合いから借り入れがある場合、借入書の控えがあれば別であるが、確認することは至難である。逆に知人等が借用書を開示するときは、確認しやすい。

時として、見ず知らずの者が、被相続人に生前に金銭を貸していたと連絡してくこともあるので、本人の自筆による借用書であるが確認も必要である。予め生前の本人の自筆を確認できる資料を収集しておくことも大事である。

(イ) **債務の調査期間**

債務の確認調査期間は相続開始後、2か月間が最適である。

この期間は、葬儀を済ませ、被相続人の債権者からの債務通知が届くに十分である。また、相続の承認又は放棄をすべき期間（熟慮期間）の

３か月を前にして、相続を承認するか、放棄するか決断するにタイミングの良い時期でもある。

イ　金融債務の性質

　被相続人の金銭債務その他の可分債務は、遺産分割の対象とならず、共同相続人の時、準共有の状態となり、法律上当然分割され各共同相続人がその相続分に応じてこれを承継する（最判昭和34年6月19日民集13巻6号757頁）。

　また、債務性質が連帯債務であるときは、本来の債務者とともに連帯債務を組成する。したがって、債務を相続人の一部の者が負担しようとする場合（不動産の所有権を取得するので、併せて残債務を負担する例）は、債権者の承諾を得て債務引受の手続を経なければ債権者に主張できない。

　それゆえ、債務の中に各種ローン債務があるときは、借入れした銀行や消費者金融機関に相続した旨を届出ることになる。なお、ケーススタディ5「金融機関における預貯金の払戻し」を参照。

【ポイント】
債務引受の意義

　債務引受とは、債務をその同一性を失わせないで債務引受人に移転する行為である。

　債務引受の種類としては、免責的債務引受と重畳的債務引受とがある。

　免責的債務引受は、当初の債務者が債務を免れて、引受人が新債務者として同一内容の債務を負担する。重畳的債務引受の引受人は新たに同一内容の債務を負担するが、債務者も依然として債務を負担し、債務者と引受人が連帯債務関係となる。一般的に契約は債権者、原債務者、引受人の三者で行う。

ウ　住宅ローン債務

(ｱ)　債務の承継と消滅

　被相続人である債務者が団体生命保険や生命保険付き住宅ローンに加入してローンを組んでいる場合には、債務者が死亡した時は、保険金が債務に充当され消滅する。しかし、未加入や完済できなかった場合に債

務が残る。

　余談だが、保険会社は被保険者の死亡を確知する方法を有していないので、相続人は積極的に保険の適用を請求する必要がある。

　判例（大決昭和5年12月4日民集9巻1118頁）によると、被相続人の金銭債務その他可分債務は、相続開始と同時に各相続人が相続分に応じて分割承継するため、遺産分割の対象にならないとしている。したがって、法定相続人全員が債務を負うが、しかし、住宅ローンのような場合は、金融機関（債権者）と相続人との間でローンの承継人を特定の相続人（多くは、家屋の所有者）に定めるのが一般的である。

　特定の債務者に返済能力が備わっていれば、他の相続人は債務免除の契約をして債務関係から離脱する。この際、抵当権・根抵当権の債務者の変更登記をする。

　では、他の人との連帯債務を形成していると、どのような状態になるのか。

① 　夫A（配偶者と子供1人）と法定相続人以外の者とで連帯債務者
　　となったがAが死亡した場合

　Aのローン債務はAの配偶者及び子供（複数いれば均等分割）に相続されるので、銀行と相続人の間で相続人の中から主債務者の立場を引き継ぐ当事者を特定して、相続人の1人が相続債務を承継し（承継者以外は相続債務から免責される）債務引受契約を締結する。法定相続人以外の連帯債務者にかかる債務の法的性質が変わることはない。

② 　Aの配偶者が連帯債務者の場合

　相続人の立場と連帯債務者の立場が重複することによる支払原資額が小さくなる（子供が相続する財産に対して追及できない）ので金融機関は、配偶者に対して主債務者の地位の承継と他相続人を新規に連帯債務者とする重畳的債務承認契約の締結を求めてくる。また、新たな保証委託契約の締結を求めるようである。

(イ) 税務関係

① 住宅ローンの支払に充てられた団体信用生命保険金は相続財産に
　当たるか。

「団体信用生命保険」（団信）とは、一般的に保証会社が契約者兼受取
人、債務者（ローンの借主）を被保険者とし、債務免除特約（報酬支払債
務又は代金支払債務を免除する旨）がある契約である。

　債務者が死亡又は一定程度以上の高度障害になった場合には保険会社
によって残債の額に相当する保険金が保証会社を通じて金融機関に弁済
されることにより債務が相殺されて消滅する。したがって、団信によっ
て保険金を受領したのは契約者兼受取人である保証機関であるので、保
険金を受領していない債務者は相続税の課税対象にはならない。

② 次に、ローンの残債は債務控除の対象になるか。また、所得税が
　課税される場合があるか。

　住宅ローンの残債は団信の保険金により補填されるため、相続財産か
ら差し引ける債務控除の対象にならない。債務控除となるためには、相
続開始時点で債務が確定していることが前提条件となる。団信付き住宅
ローンは、死亡と同時にローン残債が相殺により消滅するため、相続開
始時点で債務が確定しないからである。

　ところで、主債務者が亡くなると残債全額が保険金で充当され消滅す
るため、団信に加入している場合、相続税の課税からは相続人が引き継
ぐ債務が消滅する。したがって、相続人に所得税などが課税されないか
が次に問題となる。

　「保険事故で死亡の場合の報酬支払債務又は代金支払債務の免除に関
しては、相続税の課税上は相続人によって承継される債務がないものと
し、被保険者である顧客及びその相続人について所得税の課税関係は生
じない。

　また、保険事故が高度障害であった場合の報酬支払債務又は代金支払
債務の免除に関しては、その利益が身体の傷害に起因して受けるもので
あるので、所得税の課税関係は生じない」ことが税務上で肯定されてい
る。政策上の考慮と解する。

ただし、連帯債務である場合は話が異なってくる。死亡した連帯債務者の他の債務者は、本来負担するはずだった債務を免れたため経済的な利益が生じたと判断される。金融機関に対する債務負担割合分が保険会社により他の債務者に代わって弁済されたとみなされる。

この債務免除相当額が、一時所得として課税対象となる。受けた経済的利益の額が負担すべき債務の額になる。なお、費用負担の関係から連帯債務の場合に全員が団信に加入する例は通常多くないかもしれないが、注意を要するところである。

③　抵当債務と財産的価値

被相続人の債務は相続財産の価額から控除して課税価格を計算するが、住宅ローン債務などの相続債務は一般的には遺産分割の対象とならないことから、相続人間の協議を経て、債権者の承諾を得て債務を承継することになった相続人の取得財産の価格から未返済額を債務控除する。

また、抵当権は、設定された不動産の交換価値に影響を与えるものでないので、相続税法上では財産とならない（桑原秀年ほか『事例解説　不動産をめぐる税金』166頁（日本加除出版））。抵当権、質権又は地役権（区分地上権に準ずる地役権を除く。）は従たる権利である。主たる権利の価値を担保し、又は増加させるだけで、独立した財産を構成しない（相基通11の2-1(3)）。

エ　保証債務

(ア)　調　査

保証債務も相続の対象となり、地位を承継する。

連帯保証を含む、原則として借金等と同様に原則として相続人に引き継がれる（大判昭和9年1月30日民集13巻103頁）。もっとも、保証債務には、個人的な信頼関係に基づく身元保証契約や、内容が不確定で相続人にとって過大な負担になるもの（根保証）があることから相続の対象とならないものもある[注7]。

通常の保証債務は、その保証債務の額が明確になっており（金銭も保証期間も確定している）、金銭債務と同様に相続の対象となる（大判昭和

7年6月1日新聞3447号8頁)。通常の保証であれば相続人が複数いる場合に債務は分割されて承継され、連帯保証であれば、法定相続分で分割されたものを承継し、各自が承継した範囲において連帯債務となるとしている(最判昭和34年6月19日民集13巻6号757頁参照)。

生前、被相続人が頼まれて他人の債務を保証している場合や事業の経営及び取締役の関係から保証している場合があり被相続人の死亡後に債権者から突然に履行を求められることがある。

そのため、遺品、関係者や取引のある金融機関、事業会社及び税理士(税務申告書の控えを保管している場合もある)に問い合わせ確認して保証債務の調査をする必要がある。

保証債務の履行は、主債務の債務不履行がないと債権者は請求することができないので、ともすると請求が忘れた頃に顕在化する。

【改正債権法】
(注7)改正債権法により、事業のために負担した貸金等債務を主たる債務とする保証契約、又は主たる債務の範囲に事業のために負担する貸金等債務が含まれる根保証契約は、その契約の締結に先立ち、その締結の日の前一箇月以内に作成された公正証書で、保証人になろうとする者が保証債務を履行する意思を表示していなければ、その効力を生じないこととされた(改正債権法465条の6第1項)。これにより、改正債権法施行後の保証契約に基づく保証債務の承継の場合は、確認が必要となる。

(イ) 税務関係

相続税との関係では、保証債務を履行しても、原則として債務控除の対象とならない。主たる債務者や他の連帯保証人に対し求償権の行使により債務が補填される可能性があるからである。ただし、主債務者が弁済できない状態にあり、保証人が弁済しなければならない状態又は債務者への求償も行使する見込みがない場合において債務控除できる(相基通14-3)。控除に向けての対策として実務的には債権者からの「請求通知書」、「代位弁済受領書」を取得しておくと、後日の税務申告の証明書となる。

オ 債務承継又は放棄等の最終判断

支払い義務がある債務か否か決定した後に、債務の総額を確定させる。相続人は債務を継続して支払うか拒絶するかを、今後生活に重い負

担とならないか総合的に判断する。法は相続人に熟慮期間として3か月間猶予を与えている。債務を継続することはすなわち相続することである。

　負債のほうが資産より多いという場合には、相続放棄や限定承認という方法も考える必要がある。

⑽　その他名義変更が必要なもの

　以下の契約は日常生活に利用している割に存在の有無等を確認し、対処することが難しい種類のものである。放置しておくと新たな債務が発生することになるので早期に名義変更や解約をする必要がある。

① 電話加入権、携帯電話、複写機や自動車のリース、インターネット及び貸金庫の名義変更、解約

② 公共料金（電気・水道・ガス・電話・NHK・有線テレビなど）の引落し金融機関の口座の変更

　　毎月送付される領収通知書を確認し顧客番号等調べておくと手続が迅速である。なお、金融機関が口座名義人の死亡の事実を認識すると口座を閉鎖するため、口座振替ができなくなる。引落し口座を変更するため、金融機関に対して口座振替依頼を死亡届の提出と同時にしておくべきである。

③ 新聞、定期購読物、牛乳配達の解約

④ 各種クレジットカード、費用負担のあるカード類及びゴルフ、テニス、同窓会など退会手続

⑤ 年金受給権者死亡届、遺族厚生年金の手続、死亡退職金の支払請求、国民健康保険書換え、介護保険関係、後期高齢者医療保険関係の手続

　　各制度の資格が本人の死亡届をもって喪失するので各々の証書書類の返却、廃止、変更などの手続が必要となる。

　　場合によっては、故人の健康保険の被扶養者となっていた人は、新たに自らを被保険者として国民健康保険に加入する準備が必要である。また、国民健康保険や後期高齢者医療制度に加入していた場合に保険加入者が死亡した時、5～7万円（横浜市、東京都港区等）

214　第3章　処分　①　任意相続財産管理人

が葬儀費として葬儀執行人（喪主）に支給される。窓口に持参する
ものとして故人の被保険者証、会葬礼状、葬儀費用の領収書（葬祭
執行者（喪主）の氏名のあるもの）、葬祭執行者の通帳、印鑑などが
必要である。

　国民健康保険や後期高齢者医療制度以外の健康保険に加入してい
るときには、「埋葬料」若しくは「埋葬費」として5万円を上限と
して支給される。

⑥　国民年金の強制加入者（1号被保険者）

　1号保険者とは、日本国内に住所を有する20歳以上60歳未満の
人（自営業者、扶養配偶者で年収130万円以上等）で、第2号被保険
者及び第3号被保険者に該当しない人である。

　年金受給者が死亡した時は、戸籍の死亡届けとは別に、市区町村
役所の国民年金担当窓口に手続を要する。未払い支給年金や遺族給
付として、遺族基礎年金、寡婦年金（故人の妻のみ）、死亡一時金な
どを受給する手続をする。なお、要件や受給額が異なり、いずれか
1つだけを受給することができる。手続きの期限が死亡日から2年
以内なので注意が必要である。

⑦　厚生年金・共済年金の加入者（2号被保険者、3号被保険者）

　1号被保険者は、厚生年金保険や共済組合に加入しているサラ
リーマンや公務員に該当し、扶養されていた遺族（配偶者や子）は、
遺族基礎年金、遺族厚生年金、遺族共済年金のいずれかの受給資格
がある。3号被保険者とは、2号被保険者に扶養されている配偶者
のことであり、2号及び3号の被保険者が受給できる要件、順位、
年齢、期間等の規則、法令等で定められている。

　厚生年金、共済年金の被保険者の場合は寡婦年金、死亡一時金の
対象にならない。

⑾　**処分業務の留意点…債権者との関係（詐害行為取消）、遺留分を侵害
した遺贈など**

ア　概　要

相続財産管理人が相続財産の管理による処分の依頼を受けることによ

り各種のリスクが生まれる。相続人の事情の調査、債務状態（不動産等のオーバーローン状態に起因する債務不履行）、瑕疵担保、詐害行為、そして、相続人の悪意により任意相続管理人が思わぬトラブルに巻き込まれることが考えられる。経験、法律知識が豊富といえどもあらゆる違法行為から身を守ることは難しく、また、思わぬ誘惑もある。これらの不正行為の誘惑に陥らないことは当然なことにしても、不注意によってこれらの事案に巻き込まれないように専門家として日々知識の研鑽（情報収集等）が求められる。

イ　利益相反行為

利益相反行為とは、当事者の一方の利益を目的とする行為が、他の利益を侵害することになる行為である。相続財産管理人として委任業務を行うにつき遭遇する問題である。

買主と特別な関係（知人、親族）、価格形成の設定時の公平性（値付け、公告等）、相続の遺産分割における成立過程における立ち位置等で色々な場面で生じる。少なくとも依頼者（最初に接触した人を含め）の信頼を裏切る行為となることは避けなければならない。場合により自分の依頼者が「同意」した場合に利益相反行為から除外することもできるが、専門家倫理の問題も検討すべきである。

ウ　中立型調整役としての業務

中立型調整業務とは、裁判外において、いまだ紛争が顕在化していない複数人間の利害関係のある法律問題を中立の立場に立ち迅速に円満な解決を目指す職務行為である。

複数当事者間における利害の調整が代理人資格（双方代理でもない）で行うものでないので利益相反にならないとする見解もある。しかし、特に、共同相続において複数受任者から依頼を受けて遺産分割協議の交渉、協議をする場合、調整役として行うのか、一方の当事者の代理人として行動するのを初めに明確にしておかないと当事者の思い込みも重なり思いもしないトラブルに巻き込まれるおそれもある。業務を開始する前に書面などで誰の利益のために参加したのか明確にしておくのも方法である。具体的な案件としては、法定相続分内での分割、かつ、相続人

全員の同意又は承諾の上で事務手続きを遂行する例が多いだろう。

【ポイント】

遺産分割が申告時期までに協議がまとまらない場合のデメリット

　民法上は、いつまでにしなければならないという規定は存在しない。古い遺産についても分割協議がなされることがある。相続税の申告において、その申告期限まで（相続の開始があったことを知った日の翌日から10か月以内）に遺産の全部又は一部が分割されていない場合は、法定相続分で相続人が財産を取得したとして相続税を計算して課税価格及び税額を計算し申告するものとしている。なお、申告をしないと以下の特例が受けることができない。

① 小規模宅地等の課税価格計算の特例

② 配偶者の税額軽減の適用（配偶者が相続した財産に関しては、法定相続分か1億6千万円かいずれか多い方の金額までは相続税が掛からない）

③ 相続税の延納・物納

④ 取引相場のない株式等に係る相続税の納税猶予

⑤ 農地等の相続税の納税猶予の適用

⑥ 無申告加算として、納付すべき税額に5％の割合を乗じて加算及び延滞税

　ただし、①②については、申告時に「申告期限後の3年以内の分割見込書」を税務署に提出すると延長の特例が受けられる。

　税法以外のデメリット

① 金融機関、証券会社等から預貯金、株式、投資信託の承継手続きが凍結される

② 遺産分割を要する相続財産が全て共有となるため管理や処分が面倒となる。

エ　詐害行為取消との関係

　例えば、相続人が相続分と異なる協議分割をしたときには、分割合意が詐害行為（民424条）として取消しの対象となる場合もある。

　判例は遺産分割協議が詐害行為取消権の対象となることを認めている。

　夫死亡後14年後に、妻が負担していた連帯保証債務の支払い及び夫

所有であった建物の移転登記を請求されるや遺産分割協議により子2名が同建物を取得する旨を合意した事案について「遺産分割協議は、相続の開始によって共同相続人の共有となった相続財産について、その全部又は一部を、各相続人の単独所有とし、又は新たな共有関係に移行させることによって、相続財産の帰属を確定させるものであり、その性質上、財産権を目的とする法律行為である」としている（最判平成11年6月11日民集53巻5号898頁）。

オ　遺言執行者の定めがなく他の相続人の遺留分を侵害する遺言書があった場合や遺留分を侵害している遺産分割協議書が作成されている場合の任意財産管理人の対応

任意財産管理人として仕事を遂行するに当たり、遺言書や相続人が作成した遺産分割協議書が他の相続人の遺留分を侵害する内容になっていたとしたらどのような行動をとるべきか。

(ア)　**遺言の場合**

遺言は遺言者の自由意思により作成が可能なため、遺留分の問題が考慮されていない遺言が残される場合がある。遺留分を侵害された推定相続人が所定の期間内に減殺請求の意思表示をして、初めてその効力を生じる。しかし、遺留分をそのままにして業務を遂行すれば、後で権利行使が現実化した時に責任が問われることもあり得る。相続財産管理人としては悩むところである。

実際的な解決としては、遺留分者と受遺者の交渉の動向に結果を委ねるしか方法はない。交渉が長引き、又は解決する見込みが無いときは、委任を終了させて辞任することも一つの解決策である。ここは遺言執行者と大きく異なるところである。

(イ)　**遺産分割協議の場合**

遺産分割協議書の場合には、そのまま業務を遂行する。

明文の規定はないが、相続放棄と同様に各共同相続人が個々に遺留分を放棄することも全員が事実上の放棄することも、また具体的な減殺請求の対象ごとに放棄することも原則自由（家庭裁判所の許可不要、明示又は黙示の意思表示で足りる）である。既に、自分に帰属した権利の処分だ

218 第3章　処分　① 任意相続財産管理人

から、障害なく遂行することができる。

カ　遺産分割協議が後に解除されることはないか

　一度、有効に遺産分割協議が成立した場合、一部の相続人が遺産分割協議で取り決めた条項を履行しないとき（債務不履行）であっても、他の相続人は民法541条によって遺産分割協議を解除することはできない。遺産分割はその性質上協議が成立することによって終了し、その後は遺産分割協議で決められた債務を負担した相続人とその債権を取得した相続人との間に債権債務関係が残るだけと考えるべきであり、そのように考えなければ民法第909条本文によって遡及効を有する遺産分割を再度やり直さなければならず、法的安定性が著しく害されることになるからとの理由である（最判平成元年2月9日民集43巻2号1頁）。つまり、遺産分割協議は契約ではなく権利の確定であることから、債務の不履行を理由として解除することはできないということである。なお、相続人全員による合意解除は認められる（最判平成2年9月27日民集44巻6号995頁）。

キ　分割協議が無効・取消しの対象となることがあるか

　協議・調停による遺産分割は、次の場合に無効となる。

　相続人でない者（無資格者：欠格、廃除、嫡出否認、親子関係不存在確認）が参加して行われた協議・調停分割は全部が無効である。また、共同相続人の一部を除外して行われた協議・調停分割も無効である。民法総則にいう法律行為・意思表示の無効・取消事由に当たる場合には、それぞれの規定に従い効力が否定される（意思無能力、制限行為能力、公序良俗違反、強行規定違反、心裡留保、通謀虚偽表示、要素の錯誤、詐欺、強迫）。

ク　その他の遺産分割における問題点

　① 遺産分割後に遺言等により相続人適格者の数が増減することが判明した場合

　　　例えば、遺言による認知・廃除とその取消し

　② 相続分取得の可否

　③ 取得財産に瑕疵がある場合

④ 協議した後に遺産に属する個別財産が脱漏していたとき

⑤ 遺産分割協議が利益相反に該当する場合

以上、公正証書遺言においても無効となることがある。これらの点に注意を向けながら業務を進めることが肝要である。

民法と税法での取り扱いの相違（特別受益）

項　目	事項	民　　法	税　　法
特別受益	時期	時期を問わない	相続開始時3年以内の生前贈与のみ（相続開始時の時価）
	評価	相続開始時の時価	現存財産…相続開始時の時価 生前贈与…贈与時の時価

⑿　処分業務の記録（金銭の管理、帳簿等の作成など）

任務遂行の公平性を担保するために業務の記録を整備、保管することは必須である。委任者から手続に関する閲覧、謄写の請求があった時に備えるためである。

ア　どんな帳簿を具備しておくか

任意相続財産管理人は、事務に関する計算並びに相続財産に属する財産及び費用の状況を明らかにするため、財産に係る管理・処分帳簿、経費記録を作成しておく。毎日、記帳時間が割けない場合には、預金通帳等の金額欄の横に簡単に使途を添え書きしておくのも方法である。

イ　管理処分契約の締結時の注意点

契約の当事者は相続人となるのが原則である。

㈠　契約書面の説明・交付

依頼者から遺産処分管理事務の委託を受ける相続財産管理の業務委託契約の締結時に、あらかじめ依頼者に対し、契約上の「重要事項」（権限範囲、終了事由、報酬等）を説明して、遅滞なく、その内容を記載した書面を交付する。

㈡　契約書面への記名押印

交付する業務依頼書には、法律専門家（任意相続財産管理人など）として、記名押印する。

(ウ) 指示書に記載すべき事項

指示書に記載すべき事項は以下①～④のとおりである。

相続財産の処分依頼書

① 管理処分の対象とする財産の種類の表示及び製造年月日、個数
② 管理処分事務の内容及び実施方法の任意財産管理人の職務権限
③ 管理処分事務に要する報酬並びに支払の時期及び方法
④ 契約の解除に関する事項

平成○○年○○月○○日

　　　　依頼者　　Ａ　　　　　印
　　受託者　事務所

　　　　　　　　　　　　　　上記確認しました。
　　　　　　　　　　　　　　平成　　年　　月　　日
　　　　　　　　　　任意財産管理人　○○○○　㊞

ウ 管理財産の分別管理

① 受託財産の管理は善良なる管理者の注意義務及び忠実義務をもって、依頼者の預かり財産と自己の固有財産と分別して管理する。

分別管理が必要となる財産には現金、指名債権、振替社債、国債、株式、価値ある動産などがあり、その他混合しやすい財産についても留意する。

② 分別管理の原則

財産は、性質や特性により、保管する。また、種類や預かり財産である旨をタッグや写真アルバム等で表示して識別可能できるようにしておく。

③ 分別管理の方法

委託を受けた財産は、貸金や貸し倉庫などに保管するとともに、現金や株券などは専用管理保管口座において預貯金や保護預かりにより管理する。

特に、財産管理人が一時的に依頼人の財産を預かるときは、財産管理人の固有財産と混在しないように管理口座を別にする必要がある。預貯

金等につき各金融機関より取扱を異にするが、近時「被相続人○○預り金口　財産管理人 A」の通帳を作成することも可能となってきた。また、高価、貴重な動産などは倉庫に保管することも考慮に入れる必要がある。

エ　事務処理及び収支計算報告

事務処理の状況について、定期（2〜3月ごと）に事務報告書を作成し、依頼者に報告しなければならない。また、委託された財産についての計算を明らかにする。

事務報告書に記載し、依頼者に報告する内容は下記のとおりである。

・事務受託契約の内容に関する事項

・預かり財産の会計の収入及び支出の状況

裁判例に、財産管理者は契約上の義務として、財産に変動がなく特段報告すべき事項がなくとも、委任者の相続人に対し、3か月ごとに、委任事務処理の状況につき、報告書を提出して報告を要するとしたものがある（京都地判平成 24 年 1 月 30 日判タ 1370 号 183 頁）。

オ　帳簿の作成等

依頼者から委託を受けた処分事務について、帳簿を作成し、保存しなければならない。

帳簿に記載すべき事項は、下記のとおりである。

・契約の対象となる預かり資産の内容

・処分依頼事務の経過

・管理受託契約を締結した年月日

帳簿の保存期間については、事務の終了をもって閉鎖し、閉鎖後、5 年間程度保存する。

カ　書類の閲覧

依頼者の事務及び財産の状況を記載した書面を備え置き、その業務に係る関係者に閲覧させなければならない。

備え置くべき書類は、業務処理状況調書及び金銭出納に関わる書類であり、業務処理後、遅滞なく作成し、備え置かなければならない。

222　第3章　処分　①　任意相続財産管理人

キ　秘密保持の義務及び対策

　現実に起きてはいけないことであるが、受託者は、その業務に関して知り得た秘密や個人情報を第三者に漏らしてはならない。また、委任終了後も同様である。

　事前に以下のような善後策を具体的に講じておくことが望まれる（平成27年法務省告示第178号参考）。

① 　事実調査、原因の究明
② 　影響範囲の特定
③ 　二次被害防止策の実施
④ 　再発防止策の検討・実施
⑤ 　影響を受ける可能性のある本人への連絡等
⑥ 　事実関係、再発防止策等の公表
⑦ 　認定個人情報保護団体への報告
⑧ 　損害賠償保険への加入

第4章

処分 ② 遺言執行者

1 遺言執行者の処分業務

(1) 意 義

　遺言執行者とは、遺言の効力を生じた後に、遺言の執行すなわち遺言の内容を法的に実現する目的のために遺言者の指定や遺言で委託された受託者による指定（民1006条1項）、及び家庭裁判所による選任された者（民1010条）をいう。任意選任者は就職の承諾、法定の者は家庭裁判所の告知（家手74条1項、家手別表1の104）をもって執行の任に就く。裁判所の選任を受けた場合（選定遺言執行者）、後述する法定の財産管理人に属することになるが、ここで一緒に述べることにする。

　任意選任の遺言執行者として遺言により指定された者は、就職を承諾することも拒絶することも自由であるが、承諾したときは、直ちに任務の開始を要する（民1006条、1007条）。なお、改正相続法施行後は、遅滞なく遺言の内容を相続人に通知する必要がある（改正相続法1007条2項）。遺言執行に必ずしも執行者を要するわけでないが、遺言には相続人の間で利益が相反する内容も多く、相続人全員の協力が得られない場合がある。そうした場合に第三者の立場で、遺言内容に応じて忠実かつ公平に諸手続や行為を実行する役割と権限を有する遺言執行者を定めておくことは意味がある。

　なお、遺言執行者の資格について、未成年者及び破産者という欠格事由を除き他には制限がなく（民1009条）、個人、法人を問わない。近時の、相続対策としての「遺言信託」のブームにより金融機関等による法人が就任する例が多い（ただし、相続人間に事件性（紛争）がない事が前提となっている。）。

　以上のことより、遺言執行者は「任意」「法定」により相続財産管理人が両立できる特異の分野である。

(2)　遺言執行者の処分権限とその限界

　遺言執行者は、相続財産の管理その他遺言の執行に必要な一切の行為をする権利義務を有する（民1012条1項、改正相続法では「遺言の内容を実現するため」と権限を明確にした。）。その権限を包括的に捉え、また、遺言執行者の処分権限を規定している条文は特にない。相続人の処分権限の喪失（民1012条、改正相続法1013条2項ただし書では、善意者保護の規定が置かれる。）の規定とあいまって、相続財産の処分権が遺言執行者に専属する根拠となる。

　実体上の権利義務及び訴訟追行権も含まれる（潮見佳男『相続法（第4版）』218頁（弘文堂））「遺言の執行に必要な一切の行為」とは、遺言の内容を法的に実現する手段として必要とされる行為である。また、「必要な一切の行為」とは、相続財産の管理その他遺言の執行……のために相当かつ適切と認める行為を意味している（最判昭和44年6月26日民集23巻7号1175頁）。遺言執行者に「遺言執行に必要な範囲内で」のみ相続財産の管理、処分権を有し、これに該当しない行為には権限が与えられていない。

　ここでいう、遺言執行者の管理権とは、「財産の管理、利用、増大に必要な処置行為」であり、処分権とは「売買、和解等で財産の性質や現状の変動を生じさせる行為」を指す。

　どの範囲で管理処分権を有するかは必ずしも明確でなく遺言の趣旨内容に適合しているか否か具体的事案ごとに個別の解釈で決せられる。

　したがって、執行者は当然に管理処分権を有するわけではない。

　遺言の実現のため必要がある場合には遺言執行者は相続財産の換価、相殺や和解などをすることができる。換価には競売のような公正な手続や、相続人の同意による任意売却なども可能である。遺言が相続財産のうち特定の財産に関するものである場合には、その財産について生ずる排他的な管理処分権限を有し、執行妨害を排除し、必要な限度で訴訟行為を行うこともできる。

　遺言執行者は指定方法が違ってもみな「法定」代理人と解されている。しかし、執行者は税務申告を行う権限はない（遺言執行でない）。

なお、下記に家庭裁判所における家事審判の事件数（遺言執行者の選任）及び相続に関する指標を示す。

	項目（件、数など）	昭和 60 年	平成 20 年	平成 25 年	平成 26 年	平成 27 年
1	公正証書遺言の作成	41,541	76,436	96,020	104,490	110,778
2	自筆遺言の検認	3,301	13,632	16,706	16,843	16,888
3	上記合計	44,842	88,068	106,726	121,333	127,666
4	遺言執行者の選任 （別表 1 の 104）（旧甲 35）	889	2,015	2,509	2,527	2,530
5	遺産分割に対する報酬 付与（別表 1 の 105）	45	199	418	449	425
6	日本人の死亡総数 （人）	75,830	1,141,865	1,268,436	1,273,004	1,290,444
7	65 才以上の人口	1,247	−	3,185	3,129	3,395
8	相続税課税件数	48,111	48,016	54,421	56,239	103,043
9	贈与税申告総件数	−	325,660	401,716	437,217	452,004

日本公証人連合会資料及び最高裁判所司法統計からの抜粋（平成 27 年）、死亡者数は「人口動態統計」（厚生労働省）、国税庁統計年報、内閣府の高齢社会白書

ア　管理処分権の取得の時期

遺言執行者の就任（又は裁判所の告知）と同時に、遺産について管理処分権が発生する。

イ　権限の性質（委任と例外）

遺言執行者は、相続人（委任者）の代理人とみなされている（民 1015条）[注1]。遺言の執行に関して相続人との間で委任に類似（代理）した関係を生ずる。委任契約における受任者の善管注意、報告、受領物等の引渡義務、責任及び費用償還に関する規定が準用される（民 1012 条 2 項、644 条～647 条、650 条）。さらに、委任と異なり財産目録の作成（民 1011条）、復任権の制限の規定がある（改正債権法 1016 条）[注2]。遺言執行者の特異性から報酬の付与申立て（民 1018 条 1 項）[注3]、辞任、解除について家庭裁判所の審査による関与がある（民 1019 条）。

〈裁判例〉損害賠償請求

いわゆる清算型包括遺贈の遺言執行者及びその補助者（信託銀行）が遺留分のない法定相続人に対し、1 年半以上にわたり相続財産目録を交

226 第4章 処分 ② 遺言執行者

付せず、事前に通知せずに遺産である不動産を処分したことなどが共同不法行為に該当するとして、法定相続人から遺言執行者らに対する損害賠償請求が認容された事例（東京地判平成 19 年 12 月 3 日判タ 1261 号 249 頁）がある。

【改正相続法】

（注1）規定は全面的に改められ、遺言執行者の行為が相続人に直接に効力を生ずるとされた（改正相続法 1015 条）。

（注2）復任権の規定につき法定代理人と同様包括的なものと範囲を広げた（改正相続法 1016 条）。

【改正債権法】

（注3）改正債権法による委任の報酬規程改正に伴い、遺言執行者の報酬についても、成果報酬型の規定が準用される（改正債権法 648 条の2）。

ウ 遺言執行者がいる場合の相続人の処分制限

相続人は、遺言執行者が管理処分権を持つ部分については、相続財産の処分その他遺言の執行を妨げるような一切の行為をすることができない（民 1013 条）。遺言執行者が遺言内容を適正に執行するためである。「相続財産の処分その他遺言の執行を妨げるべき行為」としては、相続人による遺贈目的物の売却、遺産分割協議、抵当権の設定、目的不動産の賃料の受取などがある。遺産分割が行われる場合、当事者として参加できる相続人が遺言執行者の管理処分権の範囲内の相続財産についてした処分につき、判例は、処分権のない者が行った行為として、絶対無効としている（大判昭和 5 年 6 月 16 日大民集 9 巻 550 頁）が、第三者保護との関連で近時、即時取得、通謀虚偽表示の類推適用、債権の準占有者に対する弁済（民 478 条）など表見法理が主張されている。その理由は近時、遺言執行者に受益者や相続人が就職する例がみられることから民法 1031 条に違反する処分の効果を絶対無効とすることの弊害、特に遺言による遺言執行者の就職に関する公示の方法並びに遺言の保管制度がない確立していない問題点の反省による(注4)。

【改正相続法】

（注4）遺言執行者がある場合には、現行法と同様に抵触する相続人の行為は無効となるが、善意者保護規定（改正相続法 1013 条2項ただし書）が

設けられた。遺言執行者による遺言の適正かつ迅速な執行の実現より遺言の内容を知り得ない第三者の取引の安全を図るが目的を優先した。また、第三者は善意であれば足り、無過失まで要求されない。第三者に遺言の内容に関する調査義務を負わせるのは相当でないからである。遺言者がいない場合は、従来通り対抗関係に立つことになる。

エ　遺言執行者と他の遺産管理人（相続財産管理人）との権限競合の関係

権限の競合がなぜ生じるか。相続財産における処分承継及び帰属の法律処理過程で各種の遺産管理人が重複して選任されるが、各管理人の権限に関する調整規定がないため優劣につき解釈上疑義が生じるからである。また、遺言執行者に清算権能すなわち、清算人的な地位・資格は遺言の解釈の内容によりその存否が判断（通説）されることに起因する。

(ア)　限定承認や財産分離があった場合

遺言執行者の管理処分権は相続財産管理人の清算手続が終了するまで執行を休止する。

相続財産の清算のため相続財産管理人が置かれる場合には、受遺者に対する弁済よりも、相続債権者に対する弁済の方が優先されるので（民931条、947条3項、950条2項、957条2項）、相続財産管理人の権限が遺言執行者の執行権限より優先する。その意味で、相続財産管理人の法定清算権限の方が遺言執行者より優位に立つものと解する。

根拠として、受遺者を相続債権者と同等に扱うと弊害が生じる。つまり、i 相続債権者を害する目的で遺贈が行われる。また、ii 遺贈はそれほど保護に値いしない。iii 遺贈は無償かつ遺言者の一方的意思により与えられた利益であるからである。（内田貴『民法Ⅳ（補訂版）』502頁（東京大学出版会））

なお、限定承認や財産分離により選任された管理人には不在者財産管理人の規定が準用される（民943条2項、27条〜29条）。

(イ)　相続財産管理人等が置かれる場合（相続人が定まるまでの間）

上記の限定承認や財産分離の場合以外で財産管理人が置かれるのは次の場合である。相続人の廃除審判確定までの財産管理人（民895条1項）、相続放棄後の相続財産管理人（民940条、918条2項）、相続財産分

228　第4章　処分　②　遺言執行者

割審判までの相続財産管理人（家手200条1項）、換価命令の場合の財産
管理人（家手194条6項）は、財産承継相続人が定まるまで暫定的に置
かれるもので、その権限は、原則として保存行為（民103条1号）の範
囲に限られ、清算処分行為をする場合は家庭裁判所の許可が必要とな
る。

遺言執行者とは、保存行為の領域で権限が競合することとなるので財
産管理人が有する法的な清算事務手続きが優先し、それ以外の処分行為
等（遺贈履行手続き）については遺言執行者の権限が優先するものと解
する。

(ウ)　相続人不存在の場合

a　包括遺贈、特定遺贈

「相続人のあることが明らかでないとき」は、相続財産は法人化し
（民951条）、相続財産管理人が選任され相続財産の清算手続（民952条
2項、957条1項、927条2項〜4項、928条〜935条、958条〜959条）が開
始する。したがって、相続財産管理人が職務執行中は、遺言執行者の権
限が休止するとの見解がある。

しかし、包括遺贈、特定遺贈によって目的物は遺贈の効力発生ととも
に移転（物権的）しているのであるから、相続財産管理人の選任を要さ
ない状況にあり、遺言執行に何ら障害となるものはなく権限競合の問題
は起きないと解すべきである。

なお、包括受遺者は相続人と同一の権利義務を有する者とされるの
で、「相続人のあることが明らかでないとき」に該当せず、相続財産法
人が成立しない（最判平成9年9月12日民集51巻8号3887頁）とする判
例もある。

b　相続財産の一部についての包括遺贈（割合的包括遺贈）

遺言での指定のない財産部分については清算の対象とする説（多数
説）と一部の清算は好ましくないとし包括受遺者が全部の相続財産を取
得する説が対立する。

財産管理人が選任されたとき遺言執行者との権限競合が生じる。

c 遺贈義務履行前に、相続財産管理人が選任された場合や相続財産の一部を特定遺贈した場合

遺贈による義務履行前に、相続財産管理人が選任された場合においては、相続財産管理人と遺言執行者の権限が競合する場合がある。相続債権者は、自らの権利を確保するには遺贈による物権変動の対抗要件を備えられないうちに、遺贈目的物に対し権利行使をすることが必要である。相続債権者と受遺者の優劣は、物権変動による対抗問題として処理されることとするのが判例である（最判昭和39年3月6日民集18巻3号437頁）。

また、相続財産の一部を特定遺贈した場合においては、包括遺贈とは異なり、遺言執行者の職務と相続財産管理人の職務が競合する。遺言執行者は、遺贈による所有権移転登記手続義務を負い、相続財産管理人も、相続債権者及び受遺者に対し弁済すべき義務を負う。この優劣関係を調整する方法に複数の考え方がある。

ただし、相続債権者に対する債務の弁済等の清算事務がある場合には、受遺者は相続債権者に劣後し、相続債権者に弁済した後でなければ弁済を受けることができないことを理由として、相続財産管理人の業務完了まで遺言執行者の権限は休止するとしている。

d 権限の調整措置

各管理人の権限が並存するとき、例えば、遺言執行者が相続債権者より先に受贈者を弁済（遺贈）するなど相続財産に関する清算の順序方法が確保されない場合に不当弁済する遺言執行者に対して任務懈怠を理由に解任請求による職務の執行停止や職務代行者の選任（家手215条）の措置や相続財産管理人に対し、遺言の執行を禁止（民953条、27条3項）することが可能である（中川善之助・加藤永一編『新版注釈民法（28）』300頁（有斐閣））。権限が競合したとして、遺言執行者の解任請求の審判が認容された事例がある（東京家審昭和47年4月19日家月25巻5号53頁）。

また、相続財産管理人に対し、遺言の執行を禁止し（民953条、27条3項）、又は遺言執行者の解任請求、職務の執行停止（家手215条）の処

230 第4章 処分 ② 遺言執行者

置を請求することが可能となる。

> **【ポイント】**
> **遺言執行者は相続財産管理人に就任することが可能か**
>　遺言執行者は相続財産管理人に就任することができると解する。東京家庭裁判所においても、遺言執行者を相続財産管理人に選任している例がある。
>　動産の売却、公告等の相続財産管理業務の進行、受遺者への分配、相続税の納付などの遺産処理手続が迅速に進行するなどの利点がある（片岡武ほか『第2版　家庭裁判所における成年後見・財産管理の実務』323頁（日本加除出版））。

オ　相続財産への権利行使

(ア)　遺産債務の弁済

　債務は相続と同時に相続人等に分割承継されるので、原則として遺言執行者に債務の弁済する権利義務がない。しかし、生前に発生した電気、ガス等の代金、相続後に生じる管理上生じた経費等については遺言執行者に管理財産から支払う義務があると解する。相続財産が遺産債務の引当ての責任となっているし、相続人が立替払いし、後で清算することも迂遠となる。

　なお、遺言執行者には原則として遺言に記載がある場合を除いて清算する権限まではない。

(イ)　相続財産の破産（破産222条〜237条）

　相続財産に対する破産とは、相続財産を以て、相続債権者や受遺者に対する債務を完済できないと認められる被相続人の相続財産自体に対する破産手続きである。相続財産について破産手続開始決定があると、相続財産に属する一切の財産は破産財団が形成される（破産229条1項）。

　相続財産についての破産手続が開始すると、相続財産の一切の管理処分権は、破産管財人に属する。この間は遺言執行者の執行権限は休止される。

　遺言執行者が相続財産に関してした行為は、破産者がした行為とみなされ（破産234条、相続人が自ら行う破産とは区別される。被相続人に

多額の負債があり、被相続人の有する相続財産をもって相続債権者及び受遺者に対する債務を完済することができない場合に、当該相続財産を換価して、相続債権者及び受遺者に対し、配当を行う手続である。

相続人のメリットとして相続人の固有財産の保護や、自ら行う債務整理手続きを回避できる。また、相続債権者等にとっては、相続人が自己の財産として債務弁済に使用されることを防止できる。

なお、遺言執行者も破産手続開始の申立てをすることができるが、申立ての義務はない（破産 224 条 1 項）。

カ 遺言執行者の処分行為

(ア) 許容される行為

遺言執行者に処分権付与が認められるのは、相続人が相続財産について管理処分権を失い（民 1013 条）、排他的な管理処分権が遺言執行者に帰属することになった結果である。

遺言執行者の職務における相続財産の交付・遺言内容を実現する処分行為として以下の認められる権利は、判例上で民法 1013 条の相続人が禁止された管理・処分行為の裏返しの面がある。

① 相続財産を売却換価する権利（債権譲渡を含む。）（東京控判昭和 6 年 3 月 30 日新聞 3271 号 11 頁）

相続債務は相続人が弁済するのが原則であり、遺言執行者には清算権限がない。

しかし、債務弁済が遺言の内容となっている場合（清算型遺言）や遺言執行者の管理権限が全相続財産に及んでいるときには相続債務弁済の権限があると解される。

なお、遺言執行者が不当に廉価で相続財産を売却した場合は、任務を怠ったものとして、「遺言執行者」の解任事由となる。

② 相殺をする権利（大判昭和 3 年 3 月 24 日新聞 2868 号 9 頁）

③ 和解契約の締結をする権利

④ 相続財産に担保設定する権利（大判昭和 5 年 6 月 16 日民集 9 巻 550 頁）

⑤ 相続人あるいは第三者に対する目的物の妨害行為に対する廃除行

為

⑥ 遺言執行上必要な訴訟提起

具体的には、不動産の売却関連、債権債務の処理、預貯金の払戻し、遺産（株式、ゴルフ会員権、動産）の名義の書換え、遺言による生命保険金受取人の指定・変更、受遺者への目的物の引渡しなどは、遺言執行者の独自の判断で行うことが可能である。

(イ) 執行者の権限（処分権）が及ばないとされた事例

遺言執行者が遺言実現につき一切の権限をもつとしても、権限は「遺言の執行に必要な」行為に限られる。権限が当然には及ばないものとして、次の判例がある。

会社の計算書類と株主名簿の閲覧・謄写の請求については、会社の株式を相続させるとの遺言につき、会社に対し、相続財産の範囲の確定と遺言の執行としての株主名義書換えの準備に必要であるとし、過去8年分の計算書類と株主名簿の閲覧・謄写の請求をしたが、遺言内容の執行として必要なものではなく、また民法1015条は遺言執行の範囲で遺言執行者の行為の効力が相続人に及ぶことを規定したにすぎないから相続人の代理人として株主権を行使することもできないとされている（東京地判昭和57年1月26日判時1042号137頁）。また、求償権の取立てについて同様の取扱いである。さらに、第三者の債務を担保するため質権が設定されている定期預金債権が遺贈されたが、質権の実行により消滅した場合でもこの第三者に対して求償権を行使できるのは受遺者であって遺言執行者ではない。受遺者に帰属した債権について発生した求償権の取立てについて遺言執行者に権限があると解することはできないとされている（東京高決昭和55年9月3日判時980号57頁）。

【ポイント】
遺言執行者の金銭管理

遺言執行者は、相続財産を金銭で保管する時（売買代金、預金等）には専用口座を開設する。「故A遺言執行者X」というような名義にして、無用な疑念を抱かせないため遺言執行者自身の固有の財産と混同しないように管理する。

1 遺言執行者の処分業務 **233**

(ウ) **遺言の執行を要する事項の有無**

遺言の執行とは、遺言の効力が発生した後、遺言の内容を法律的に実現する手続きを指す。

それゆえ、遺言の内容で、遺言執行者により執行を要する内容とそうでないものを下記に整理する。

なお、遺言ができる事項は限定的で法定事項で定まる。遺言の効力が発生する時点での遺言者の真意を確定する手段がないことから生じる紛争を防止する狙いがある。

したがって、遺言処分の内容が法定事項に該当しない場合は無効となる。

執行の有無	事　　項	適　用	生前行為でも可能
執行行為の余地がないもの	① 未成年後見人の指定（民839条） ② 未成年後見監督人の指定（民848条） ③ 相続分の指定・指定の委託（民902条1項） ④ 特別受益持戻しの免除（民903条3項） ⑤ 遺産分割の方法の指定・指定の委託、又は遺産分割の禁止（民908条） ⑥ 共同相続人の担保責任の指定（民914条） ⑦ 遺留分減殺方法の指定（民1034条ただし書） ⑧ 遺言執行者の指定・指定の委託（民1006条1項） ⑨ 遺言の撤回（民1022条）	遺言者の死亡により当然にその効力を生じる	①
執行行為が必要	① 遺言認知（民781条2項、戸64条） ② 推定相続人の廃除及びその取消し（民893条、894条、戸97条） ③ 遺贈（民964）* ④ 一般財団法人の設立（財産の拠出）（一般社団法人及び一般財団法人に関する法律157条） ⑤ 信託の設定（信託3条2号） ⑥ 祭祀承継者の指定（民897条2項） ⑦ 保険金受取人の指定、変更（保険法	遺言執行者又は相続人が執行。ただし、①②④は遺言執行者のみ	①②③（ただし、贈与）⑤⑥⑦

234 第4章 処分 ② 遺言執行者

| | 44条1項、73条) | | |

*「相続させる」遺言の場合は、相続開始時に承継されたとみなされ、相続人が単独で登記するため遺言執行者は関与しない。

キ 遺言執行者と遺贈義務の履行

(ア) 義務の履行

遺贈について遺言執行者がいるときは、遺贈義務の履行が専権事項となり、遺言執行者によってのみ行われる。すなわち受遺者に対して権利実現行為をすべき義務を負う。

また、遺贈義務の有無及び履行方法は、遺贈の義務内容（目的物の権利の種類、遺贈の意思表示の内容）により異なり、一義的でない。

なお、遺贈は財産に関するもので、財産以外の事項には及ばない。

遺言者の遺言による財産処分行為として「相続分の指定」と「遺産分割方法の指定」を含める見解がある。特に、「相続させる旨」の遺言を特別の事情がない限り「遺産分割方法の指定」と解釈するのが通説、判例である。以下、財産処分及び遺産分割協議の関係についてまとめた。

遺言と財産処分（遺産分割協議の有無）

法律行為		財産処分の該当の有無	併せて、遺産分割協議を必要とするか（ただし、共同相続の場合）
遺贈(民964条)	特定遺贈	○	不要
	包括遺贈	○	原則不要（ただし、割合的な場合必要）
相続分の指定（民902条）		△	必要
遺産分割方法の指定(民908条)	分割・審判の指針	△	必要
	「相続させる」旨の遺言　包括的	○	不要（ただし、割合的な場合必要）
	特定的	○	不要

*△印は、「遺言による処分」ではなく財産の分割にあたり、具体的な分割でなく抽象的な指針を示したものとする見解がある（通説）。

(イ) 義務の履行における訴訟上の当事者適格

遺言の内容の実現を妨害されたときや、危ぶまれたとき、関係当事者

が訴訟手段により救済を求める場面がある。この時、遺言執行者が就職している場合に訴訟上、原告や被告の地位に立つ。

遺言執行者が選任されていると相続人が当該財産に対する処分権限等を失うことから、遺言執行者に相続財産に対し物権的排他的な管理処分権限が与えられる。

訴訟においては、遺言執行者が当事者適格を持つことになるが、「遺言執行者の地位」や訴訟追行しうる「種類、内容」について争いがある。

判例・通説は遺言執行者が自己の名において訴訟当事者となると解する（最判昭和51年7月19日民集30巻7号706頁：法定訴訟担当）。

遺言執行者が関われる職務の種類、内容、すなわち職務範囲については、下記のとおり分類でき、遺言執行者の権限内か、あるいは、判決の効力が利益、不利益となり影響を及ぼすかの個別判定で決まるものと解する。

① 遺産に属するか否かに関する訴訟
② 遺言の効力に関する訴訟
③ 遺産に向けられた請求権に関する訴訟

ク 遺言執行者と包括遺贈と特定遺贈の関係

(ア) 包括遺贈（民964条）

「包括遺贈」は、遺贈の目的の範囲を特定せず財産全体に対する割合（全部又は一部）をもって表示（抽象的持分で示す）した遺言による財産処分をいう。相続財産の個々の物件に対するものでなく、全体に対する割合であることが特徴となる。包括受遺者は、相続人と同一の権利義務を有する（民990条）が、遺言執行者は、目的物については引渡しと登記、債権に関しては債務者の通知等の対抗要件の具備を図る義務がある。包括遺贈は相続人に限られず、法人も包括遺贈を受けることができる（東京家審昭和40年5月20日家月17巻10号121頁）。

なお、清算を含まない純粋な包括遺贈については、包括受遺者は相続開始と同時に遺贈された割合で当然に相続財産に対する権利を取得するため、遺言執行者が相続財産の帰属に関与する必要はなく遺言執行する

236 第4章 処分 ② 遺言執行者

余地はない（名古屋地判昭和59年5月29日判時1152号155頁）。割合的遺贈以外では遺産全部が直ちに受遺者に帰属するので、遺産分割の対象とならない。

記載事例は、以下の通りである。

> 「遺言者は、その所有する全財産を孫Aに遺贈する。」

【ポイント】
遺贈とみなし譲渡所得税

　遺言執行者の税法上の注意点として、遺贈者（被相続人）から法人や法人格なき社団又は財団で代表者又は管理人の定めがあるものへ遺贈がなされたとき、原則としてみなし譲渡所得税（所得税法59条1項2号）が遺贈者に対して課される。遺言書にみなし譲渡所得税の負担者の記載があればよいが、ない場合に税負担者を受遺者又は法定相続人にするのか対応を十分検討しておく必要がある。なお、個人が遺贈や相続させる旨により財産を取得したとき、相続税が課税されるので、限定承認を除いて譲渡所得課税につき適用除外となる。

(イ) **割合的包括遺贈**

　包括遺贈の1つで、全遺産に対する割合のみを指定している遺贈である。

　遺言執行者の職務権限は遺産分割に至るまでは保全、管理に必要な行為に限られる。

　割合的包括遺贈では受遺者は相続開始と同時に相続財産について権利を取得し、分数的割合で表示されているので相続人との間（包括受遺者を含む。）ですべての相続財産について共有関係にあることから、これによって遺言の内容は実現され、遺言執行者が遺言の執行をする余地はないとした裁判例がある（東京地判平成13年6月26日家月54巻12号52頁）。しかし、この場合に共有関係を解消するには遺産分割協議により解消する必要がある。相続財産のうちのいずれを具体的に取得するか決定を要するからである。

　受遺者間で具体的内容を確定するため遺産分割協議が行われるが、具

体的な財産を取得させる行為（移転登記、引渡し等）について、遺言執行者において相続人が受遺者のときには単独でできるのでその余地がない。ただし、対象が相続人以外の場合は必要となる。

記載事例は、以下の通りである。

「遺言者は、孫Ａに遺産の4分の1を与える。」

(ウ)　特定遺贈（民964条）

特定遺贈とは、対象となる財産を具体的に特定して行う遺言による財産処分である。

相続開始時に有する特定財産の全部を「全財産」と包括的に表示する方法によって遺贈する全財産特定遺贈と、また、全財産又は一定の財産について複数の者に共有持分を特定遺贈する割合的特定遺贈とがある。特定遺贈は、さらに特定物を目的とする特定物遺贈と不特定物を目的とする不特定物遺贈（金銭、種類物）に分けられる。

特定遺贈において、遺言執行者は受遺者に対し、遺贈目的物を、物権的に対抗要件を備えた完全な移転をする義務がある。

特定の物又は権利が遺贈の目的とされた場合には、特定物の遺贈は、効力が生じると同時（遺言者の死亡時）に受遺者に移転する（大判昭和13年2月23日民集17巻259頁）。よって、受遺者に目的物の引渡しと対抗要件を備えさせることが遺言執行者の任務となり、執行が完了する。

理由として、特定遺贈が意思表示によって物権変動の効果を生ずる点では贈与と異なるところがないので、対抗要件を備えるまでは完全に排他的な権利変動が生じないためとされている（最判昭和39年3月6日民集18巻3号437頁）。さらに、判例上、これが妨害された場合、例えば、遺贈対象不動産について相続人が自己名義に登記している時は、抹消登記請求など妨害排除を求めることができるとしている（大判明治36年2月25日民録9輯190頁。占有の引渡の請求は、東京地判昭和51年5月28日判時841号60頁参照）。また、受遺者も抹消登記手続請求訴訟を提起できる（最判昭和62年4月23日民集41巻3号474頁）。

記載事例は、以下の通りである。

「遺言者は、孫Aに自宅不動産を遺贈する。」

㈣　包括遺贈と特定遺贈の差異

両者の区別は、遺言に用いた文言、その他諸般の事情から遺言者の意思を解釈して決定される（大判昭和5年6月16日民集9巻550頁、高松高決昭和40年3月27日家月17巻7号128頁）。しかし、その基準はあいまいな場合が多い。判例で、遺産の不動産の一部をBに遺贈し、その余の財産すべてを法人格なき社団Aに遺贈したという事例で、Aへの遺贈について、Bが取得する土地以外の相続財産全部を包括してAに遺贈する趣旨でなされたものとして、包括受遺者と認めた（東京地判平成10年6月26日判時1668号49頁）。

Aが特定受遺者なのか包括受遺者なのかが争点となったものであるが、「『特定財産を除く相続財産（全部）』という形で範囲を示された財産の遺贈であっても、それが積極、消極財産を包括して承継させる趣旨のものであるときは、相続分に対応すべき割合が明示されていないとしても、包括遺贈に該当するものと解するのが相当である」と判示した。

登記実例では、「Aに特定の不動産を、Bにそれ以外の財産全部を遺贈する」旨の遺言があった場合、Bへの遺贈を包括遺贈と解した上、遺贈者所有の農地について遺贈を原因とするBへの所有権移転の登記の申請をするときは、農地法所定の許可書の添付を要しないとしたものがある（幸良秋夫『設問解説　実務家のための相続法と登記』246頁（日本加除出版））。

要は、遺贈により、受遺者が債務を承継したか否かが判定のポイントとなる。

なお、両者の相違点について下記の表を参照のこと。

特定遺贈と包括遺贈との相違点

	特定遺贈	包括遺贈
共通事項	(1)　遺贈の自由とその制限 (2)　相続との共通性	(3)　効力の発生時期（民985条）

相違点	遺言者の死亡後いつでも、遺贈の放棄・承認が可能（民986条）、催告権（民987条）。	相続放棄、承認と同じ手続きで承認、放棄を行う（東京地判昭和55年12月23日判時1000号106頁）及び相続回復請求権、遺産分割の規定も準用される。相続人と同一の権利義務を有する（民990条）。*
債務承継	ない。積極財産のみ 法定相続分に応じて相続人が債務を承継する。 *負担付遺贈にする。	相続財産に占める割合に従って債務を承継することになる（ただし、可分債務については、相続の場合と同様に分割された債務を承継する。）。
遺産分割協議	参加できない。	参加できる（包括受遺者も含む）。
限定承認・単純承認	ない。義務（債務）の承継ということはない。	ある。
効果	遺言者死亡のときに遡及する。（民985条1項）	
対抗要件	遺贈（遺言者の意思表示による権利承継）であるからその移転に対抗要件を具備しないと第三者に対抗できない。	遺贈（遺言者の意思表示による権利承継）であるからその移転に対抗要件を具備しないと第三者に対抗できない。（最判昭和39年3月6日民集18巻3号437頁）
財産の喪失	取消し	対応可能
受遺者に対する課税	相続人…相続税 第三者…相続税（法人の場合は法人税等）と不動産取得税	相続税（第三者も含む。）但し法人であれば法人税等

*「包括受遺者が相続人と異なる取扱い」
　法人でも構わないし、共同相続人の一人が相続を放棄しても相続人と共有割合に変更がない。

㈺ 割合的包括遺贈と割合的特定遺贈の差異

　不動産の全部あるいはその一定割合を、複数の者に指定した割合的特定遺贈の場合には、遺産分割をせず、通常の（準）共有の法律関係となる。それに対し、「Aに全遺産の5分の3をBに、5分の2をそれぞれ包括して遺贈する」とする割合的包括遺贈では、相続財産のうちのいず

240 第4章 処分 ② 遺言執行者

れを具体的に取得するかを遺産分割協議で確定する。

混乱を防止するため、割合的、全部包括遺贈により遺産分割をさせる意向の場合、「包括して」、「包括的に」という文言を記載して区別を明確にすべきとの見解がある（満田忠彦・小圷眞史『遺言モデル文例と実務解説』94頁（青林書院））。

(カ) **相続分の指定**（民902条）

共同相続人の全員又は一部の者について、法定相続分の割合とは異なった割合で相続分を遺言により定めることである。

財産全体に対する割合（全部又は一部）をもって表示する包括遺贈と類似しているが、相続分の指定は特定の相続人に、相続分の全部又は一定割合を指定して与える点で相違がある。遺言の内容が遺言の効力の発生と同時に法定相続分が変更されるので、遺言の執行を原則として予定されていない。相続人が、指定された相続分をもって、遺産分割手続が行われ、遺言の内容が実現されるからである（参考：東京地判平成5年8月31日判タ835号228頁）。

なお、特定財産を対象にした相続分の指定がされた場合は、相続開始時に遺言の効力により相続人に移転するが、分数的割合で相続分を指定した場合、具体的内容を確定するため共同相続人間で遺産分割協議を行わなければならない。

(キ) **遺産分割方法の指定**（民908条）

遺産分割の方法の指定といわれるものに、2つの形態がある。

① 従来からの「法定相続分を動かすことなく、「遺産であるA不動産の分割（現物分割、換価分割、代償分割、共有とする分割または用益権の設定）を遺言によってどのように分割するかの指定（指針）」をする方法である。

この場合、相続人間で遺産分割協議を経たうえで、具体的な権利の帰属が生ずる。したがって、相続人に対し遺言執行者の具体的な財産を取得させる執行行為（移転登記、引渡し等）を必要としない。

② いわゆる「相続させる旨の遺言」である。「不動産をAに、預金をBに相続させる」という遺言も、遺産分割方法の指定であると解

釈される。

遺言者が、遺言で遺産分割における協議の内容を指示するものであり特定の財産を具体的に特定して、相続人間で遺産分割を経たうえで特定の相続人に相続させるため、遺言の実現のための遺言執行者の行為を必要としない。この遺言内容は、遺言の効力が生じたときに当然に効力が生じるからである。指定通り遺産分割がなされたのと同様の効果を生じる遺産分割の実行の指定といえよう。

(ク) 「相続させる」旨の遺言

① 特定の不動産を特定の相続人に「相続させる」旨の遺言

判例では、「特定の遺産を特定の相続人に「相続させる」趣旨の遺言は、遺言書の記載から、その趣旨が遺贈であることが明らかであるか又は遺贈と解すべき特段の事情のない限り、当該遺産を当該相続人をして単独で相続させる遺産分割の方法が指定されたものと解すべきである」としている（最判平成 3 年 4 月 19 日民集 45 巻 4 号477 頁）。

遺言上において相続による承継を当該相続人の意思表示にかからせるなどの特段の事情のない限り、何らの行為（分割協議）を要せずして、当該遺産は、被相続人の死亡の時に直ちに相続により承継される。受遺者は「相続させる」旨の遺言の効力発生と同時に、権利を物権的に取得し、被相続人名義となっている当該不動産について単独で所有権移転登記手続を行うことができる（直接効果説、物権的効力説）。

したがって、遺言執行者は遺言の執行として所有権移転登記手続をする義務はないとされ、以後、登記申請手続上の当事者の地位を失った（最判平成 7 年 1 月 24 日判タ 874 号 130 頁）。

しかし、後述するように不動産が受遺者に所有権移転登記がされる前に、第三者名義に移転登記がなされたなどの特殊な事情がある場合に限り、遺言執行者の職務権限は顕在化する（最判平成 11 年12 月 16 日判時 1702 号 61 頁）。遺言執行の一環として当該登記の抹消又はこれに代わる移転請求をすることができる(注5)。

242　第4章　処分　②　遺言執行者

【改正相続法】

　（注5）特定財産承継遺言とは、改正相続法により遺産の分割方法の指定とし
　　　　て遺産に属する特定の財産を共同相続人又は数人に承継させることを定
　　　　めた遺言を指す（改正相続法1014条2項、3項、1047条1項）。

②　法定相続人以外に特定不動産を「相続させる」旨の遺言をどのよ
　うに解釈するのか。

　「相続させる」旨の遺言の趣旨は、「特定の遺産を特定の相続人」
に何らの行為を要せずに、被相続人の死亡の時に直ちに当該遺産が
当該相続人に相続によって承継させるために利用される。

　推定相続人でない個人や法人はともに「遺産分割の方法の指定」
又は「相続分の指定」にはならず、特定の者にその遺産の一部をあ
げるという解釈からすると「遺贈」として処理されると解する。

　実務事例（登記研究　質疑応答）として「被相続人の子が遺言書
作成時及び相続開始時生存している場合において、遺言書に『財産
を孫に相続させる』という記載があるときは、その権利の移転の登
記の登記原因は『遺贈』と解するのが相当」とするものがある。

ケ　権利の実現が妨害されているときの妨害排除請求

㈠　特定の不動産を遺贈する場合

　特定物の遺贈にあっては、遺贈の効力が発生すると同時に、目的物の
所有権が受遺者に直ちに移転するとするのが通説・判例である（物権的
効力説。大判大正5年11月8日民録22巻2078頁、最判昭和62年4月23日
民集41巻3号474頁）。これにより、受遺者は、自らが所有権者である
として、所有権に基づく諸権能を直ちに行使できる。（妨害排除請求や不
実登記の抹消登記手続請求など。前者につき、最判昭和30年5月10日民集
9巻6号657頁）。ここに遺言の執行に必要な行為は存在しない。

　しかしながら、登記名義が被相続人以外の第三者にある場合、例え
ば、遺言の効力の発生後に遺言者から所有権登記を経由したものに対
し、遺言執行者は、所有権登記の抹消登記手続き請求を行使することが
できる（最判昭和62年4月23日　昭61(オ)264号　第三者異議事件）。抹消
登記請求が遺言の執行の一環にあたる行為となるからである。

なお、受遺者も同様の権限を有する（最判平成 11 年 12 月 16 日判時 1702 号 61 頁）。

(イ) 相続させる旨の遺言（特定財産承継遺言）

遺言の内容が特定の者に特定の不動産を「相続させる」旨の遺言となっているような場合、遺言執行者の役割はない。

しかし、受遺者の権利を侵害する登記の抹消が必要となる場合は、例えば

i 遺贈されたにもかかわらず、他の相続人名義の相続登記がなされているため、その登記を抹消する必要がある場合

ii 相続人が、無権限で相続登記と第三者への移転登記をしているため、この第三者の登記と相続登記とを抹消する必要がある場合に遺言の実現が妨害される事態を排除する権限（遺言の円満な実現のため相続財産に係る妨害排除請求権）が遺言執行者に顕在化し、遺言執行に必要な行為となる。

判例は、「甲（受遺者）への所有権移転登記がされる前に、他の相続人が当該不動産につき自己名義の所有権移転登記を経由したため、遺言の実現が妨害される状態が出現したような場合には、遺言執行者は、遺言執行の一環として、右の妨害を排除するため、右所有権移転登記の抹消登記手続を求めることができ、さらには、甲（受遺者）への真正な登記名義の回復を原因とする所有権移転登記手続を求めることもできる」としている。単に被相続人名義に戻すようにというだけではなく、受益者である相続人への移転登記も求めることもできる（最判平成 11 年 12 月 16 日民集 53 巻 9 号 1989 頁、判時 1702 号 61 頁）

(ウ) 包括遺贈の場合

上記の場合でも、第三者名義の登記が受遺者より劣後するときは、遺言執行者の必要な執行行為として、第三者名義の登記の抹消請求が可能である。物権変動を受けた他の者との関係では、対抗問題となるので、包括遺贈を受けた者が民法 177 条にいう「第三者」に該当すると解するからである（大阪高裁平成 18 年 8 月 29 日平 18（ネ）357 号）。

244　第4章　処分　②　遺言執行者

コ　遺言の内容と異なる相続手続（遺産分割協議）の可否

(ア)　必要性

遺言の内容をそのまま執行することで相続人（受遺者を含む）間に無用な摩擦が生じるような場合や、受贈者が一定の範囲で遺贈物の権利を放棄するなど遺産取得の公平を図る手段として遺産分割協議の方法を別途採ることがある。

例えば、特定の相続人が特に財産の取得を希望する場合や相続財産に多くの不可分の土地がある遺言で被相続人が残した宅地、農地、借地権付建物及び底地権などの中に高価で優良な不動産もあれば、再建築不可物件や市街化調整区域の物件もあり、遺言を書いた時と相続時とでは、資産価値の状況が変わりそのまま遺言を執行すると相続人間で不均衡が生じるため、共同相続人間で遺言と異なる内容の分割を行う必要性がある。また、そのときに遺言執行者の取扱・遺言の文言の使い方や放棄方法などが問題となる。

a　遺言執行者の定めがない場合

i　原　則

受贈者（特定、包括受遺者を含む）が遺言者の死亡後に遺贈を放棄することは可能であり、遺言者の財産の処分の意思に拘束されず受益の意思を強制されない。

その効果は、遺言者の死亡の時まで遡及して無効となる（民986条）。

共同相続の財産は未分割の共有状態になり、遺産分割により相続として遺産を承継する。遺産分割協議により相続人間で自由に遺産分割できる。これは、再分割のような新たな法律行為ではない。

相続人全員の同意があれば遺言と異なる遺産分割書を作成することができる（熊本地判昭和30年1月11日家月7巻10号25頁）。また、遺産分割調停をすることが可能である。共同相続人は、遺贈の放棄（特定遺贈）が認められているが（民986条1項）、財産の処分に関して遺言に拘束されないためである。遺言がある場合において、遺言執行者の指定があると就職の承諾がなされる前であっても、「遺言執行者がある場合」に当たる。なお、遺言による遺言執行者の指定や指定の委託がなく、家

庭裁判所による遺言執行者選任が行われる前の段階では「遺言執行者が
ある場合」にならず遺言執行者の選任前の相続人がした処分行為は有効
となる（最判昭和 39 年 3 月 6 日民集 18 巻 3 号 437 頁）。

　ⅱ　いつまで遺産分割することが可能か。

　具体的には、遺産分割行為が①受遺者が取得財産の処分前（遺言によ
り、分割を済ませていた場合、特に登記などが終了していないこと）、②相
続人等に法定単純承認行為がなく第三者が生じる前までに行えばその効
果が得られると解する。

　登記実例として、「不動産を妻乙、次男丙及び三男甲に遺贈する（長
男丁は遺留分以上の贈与をしているので遺贈しない。）」旨の遺言公正証書
と乙及び丙の遺贈放棄証書を添付して甲の単独所有とする遺贈による所
有権移転登記の申請は受理できない（昭和 39 年 2 月 28 日民甲 429 民事局
長回答・先例集追Ⅳ 22 頁）がある。

　ⅲ　特定・包括遺贈や、「相続させる」旨の遺言でも同様の結論とな
　　　るか。

　上記の場合、受遺者に直接、所有権が帰属するので、「放棄」等の明
確な行為をしておかなければ、いわゆる「再分割」と解せられるおそれ
がある。

　「特定遺贈を放棄した後、共同相続人間で遺言書の内容と異なる遺産
分割をすること」ができる（宮原弘之編『民法と相続税の接点（平成 20 年
版）』128 頁（大蔵財務協会））。

　包括遺贈の場合でも可能なのか疑問も残る。包括遺贈では民法 986 条
の適用はなく（東京地判昭和 55 年 12 月 23 日判時 1000 号 106 頁）、相続人
と同一の権利・義務を持ち、相続人の承認・放棄に関する規定（民 940
条）が適用されるからである。

　なお、「相続させる」遺言の場合について、特定遺贈の場合と異なり、
相続人がその効果を放棄するためには、家庭裁判所へ「相続放棄」の申
述（民 915 条、938 条）をする必要である（東京高決平成 21 年 12 月 18 日
判タ 1330 号 203 頁）との判例がある。また、学説上では、「相続させる」
遺言がされていた場合についても、受益相続人が当該物件についての権

246 第4章 処分 ② 遺言執行者

利を放棄するのは自由であるとから、遺言内容と異なる分割協議を認めている。

判例上で、ちなみに、黙示の放棄が認定されなかった事例として遺産分割協議の最中に、遺産に属する定期預金債権を共同相続人の1人に遺贈する旨の内容を含む遺言が発見されたが、当該定期預金を遺産分割の対象外として遺言の趣旨とは異なる内容の遺産分割協議が有効に成立した場合、当該定期預金は遺言者の死亡によって直ちに受遺者に帰属したものであり、遺産分割協議の成立は前記遺贈の効力を何ら左右するものではないと見るのが相当として、本件遺言による遺贈の効力は本件定期預金には及ばないと判断している（最判平成12年9月7日金法1597号73頁）。

iv 「遺贈の放棄」効果

遺言の効力発生後に、推定相続人以外の者が遺贈の放棄をすると、受遺者としての地位の喪失が、遺贈を放棄した者が相続人の場合には、相続人の地位が残る。包括遺贈兼相続人が相続人の地位まで放棄するには、相続の放棄も必要である。なお、包括遺贈の放棄は、相続に準じ、3か月の熟慮期間内に、家庭裁判所へ「包括遺贈放棄」の申述（民915条1項、938条）を要する。

v 特定遺贈の放棄につき、以下のような確認書の作成も視野に入れて置くことが必要である。

受遺者○○○は、被相続人Aの平成○年○月○日付自筆遺言証書により下記の遺産につき特定遺贈を受けたが、これを放棄し、今後、一切の権利のないことを確認する。

財産の表示　略

平成○年○月○日　　住所　　受遺者○○○○㊞

---

b 遺言執行者の定めがある場合（防衛的機能）

遺言執行者は遺言内容に従って執行することが本来の職務であり、相続人が遺言に反して遺産を処分してもその行為は無効となる（最判昭和62年4月23日民集41巻3号474頁）。

よって、相続人全員の同意があるからといって相続財産の価額の均衡を図るため、遺言執行者に無断で遺言と異なる相続手続を進めることは問題である。しかし、遺言執行者の同意があれば、遺言と異なる内容の遺産分割協議ができるとされている。また、遺贈又は「相続させる」旨の遺言によって、相続開始時に特定の財産を取得した相続人が、取得した財産を共同相続人間で贈与又は交換する分割協議も可能であり、遺贈又は「相続させる」旨の遺言により、受贈者としての地位で得た利益の全部又は一部を放棄して、相続財産を相続人間で遺産分割協議することもできる。特定財産について遺贈を放棄することは可能であるが、包括遺贈の場合でも可能なのか疑問も残る。包括遺贈では民法986条の適用はなく（東京地判昭和55年12月23日判時1000号106頁）、相続人と同一の権利・義務を持ち、相続人の承認・放棄に関する規定（民940条）が適用されるからである。なお、実務の上では、遺言内容と異なる遺産分割協議や調停を行うときは、遺言執行者を加えた上で分割協議書を成立させる必要がある。

遺産分割協議書

　故Aは平成○年第100号遺言公正証書により遺言をしたが、本日、法定相続人全員は、当該遺言の趣旨を尊重して以下のとおり遺産分割をすることに同意した。

　なお、遺言執行者（住所、氏名）は、遺産分割協議にて分割することについて承諾した。

　平成○年○月○日

　　　　　住所　　　相続人○○○○実印

　　　　　住所　　　遺言執行者○○○○実印

(ｲ)　**税務上**

　民法上は相続人全員の合意（一定の条件）があれば、遺言と異なる遺産分割協議をすることができるが、税法上で余分な課税が発生しないだろうか。税法においてこの点に関する規定を見かけない。ただし、配偶者税額軽減の規定の分割の意義につき「当初の分割により共同相続人又

248　第4章　処分　②　遺言執行者

は包括受遺者に分属した財産を分割のやり直しとして再配分した場合には、その再配分により取得した財産は、同項に規定する分割（遺産分割）に取得したものとはならないのであるから留意する」とする通達（相続基本通19の2-8の但書）がある。

「遺産の再分割」と認定されると贈与、交換や売買として譲渡所得税や相続税の課税対象となるので注意が必要である。

【ポイント】
遺言内容と異なる遺産分割と税務

　一人の相続人に全財産を遺贈するとの遺言書がある場合、相続人全員（受遺者を含む。）で遺言書の内容と異なった遺産分割をすることも可能であるとする考え方がある。受遺者が遺贈を事実上放棄することも可能だし、共同相続人は、財産の処分に関しては遺言に拘束されるものではないことから、共同相続人全員の合意で遺産分割が行われることが許されるとの考えによるものである。国税庁のHPタックスアンサーNo.4176には次のような記述がある。

　特定の相続人に全部の遺産を与える旨の遺言書がある場合に、相続人全員で遺言書の内容と異なった遺産分割をしたときには、受遺者である相続人が遺贈を事実上放棄し、共同相続人間で遺産分割が行われたとみるのが相当です。したがって、各人の相続税の課税価格は、相続人全員で行われた分割協議の内容によることとなります。

　なお、受遺者である相続人から他の相続人に対して贈与があったものとして贈与税が課されることにはなりません。
（相法11条の2、民907条、986条）

サ　遺言者の別段の意思

　遺言が死後に一定の効果が発生することを意図した、相手方のない単独行為なので、条件や期限を付けることができる（民985条2項）。民法総則編が当然に適用されるわけでないが「条件・期限等」は、法律行為の内容の一部にほかならない。したがって、遺言者は、相続財産の遺贈につき無条件に目的物を譲与するのでなく、遺言の内容として譲渡手段や方法を指定したり、条件付や一定の義務を負わせたりすることが可能である。

㈦ 附款付遺贈（停止条件、始期付遺贈）

　遺言に停止条件を付した場合は、停止条件が遺言者の死亡後に成就したときは、遺言は条件を成就したときからその効力が生じる（民985条2項）。その後に、遺言執行者は、受遺者の承諾、放棄等の意思を確認し、不成就の場合は遺言の効力はなくなる。遺贈の効果を生じなかったとき遺産が改めて遺産分割の対象となる。その際、遺産分割を全体としてやり直すか、当該財産のみの再分割で足りるのか問題となるが、遺贈の効果が及ばなかった当該財産のみを再分割すればよいと解される。相続人でないものが参加した遺産分割と同視できるからである（島津一郎編『基本法コンメンタール相続法3版』83頁（日本評論社））。なお、附款として、終期、解除条件を付すことも可能であるが実益はない。

　条件付遺贈の文言は、次のように表現される。

> 遺言者は甲が大学に合格したときは、甲に○○円を遺贈する。

　なお、税務申告に関係して、停止条件付の遺贈又は贈与による財産取得の時期（相基通1の3・1の4共－9）についてであるが、次に掲げる停止条件付の遺贈又は贈与による財産取得の時期は、次に掲げる場合に応じ、それぞれ次によるものとする。

- ・停止条件付の遺贈でその条件が遺贈をした者の死亡後に成就するものである場合…その条件が成就した時
- ・停止条件付の贈与である場合…その条件が成就した時

【ポイント】
条件成就の前後
　相続税の申告時までに条件が成就していれば通常の遺贈となるが、条件が成就していなければ、相続財産は未分割遺産として取り扱い申告する。なお、その後において条件を成就したときは、相続人及び受遺者が修正申告を行う（相基通11の2－8）。

㈧ 清算型遺贈

a　処分型遺贈（相続財産の処分金の遺贈）

　遺言者がある財産を処分し、その処分金を譲与する意思表示も有効で

ある。遺言執行者は指定された財産を処分し現金化した上で、その金員を受遺者に交付してその執行が完了する（処分金の遺贈）。

処分型の遺言の記載例の文言は、以下の通りである。

遺言者は、所有する土地、建物を売却し、その売却金から売却手数料、諸経費並びに譲渡所得税、相続税を差し引いた残金を配偶者甲に2分の1、長男乙に2分の1を遺贈する。

b　処分清算型遺贈

清算型遺贈は全財産又は特定の財産を処分し、処分金をもって遺言者の債務（全部又は一部の債務）を弁済した後に残余の遺産（又は金銭）を遺贈又は相続させる旨の形式である。しかし、遺言執行者が清算型の遺贈を執行することが可能かにつき次の2つの点で問題がある。

第一に我が国が、被相続人から相続人に財産が移転する形態として包括承継主義（財産及び債務のすべてが相続人に包括的に承継する。例外として限定承認がある。）を採用している限り、債務等の清算を自ら行い清算、分配する権限は遺言執行者にはない。また、第二に遺言で許される事項が法定事項で限定的であるとする点である。

遺産の分配を指示する遺言事項の前提として清算事務を委託することは有効である。遺言で遺言執行者を指定し、執行者が遺産全部を売却した上、相続財産を清算し、残額を一定範囲のものに一定の割合で分配することを命じたる遺贈は有効である（最判平成5年1月19日民集47巻1号1頁、昭和34年5月6日民事甲第838号民事局長回答）。相続分の指定及び分割方法の指定の意味を持った包括遺贈と解されている。

遺言の解釈として「当事者が望む限り可能」であり有効と解されるからである。

判例も、遺言で遺言執行者を指定し、執行者が遺産全部を売却したうえ、相続財産を清算し、残額を一定範囲のものに一定の割合で分配することを命じたる遺贈は有効とされる（大判昭和5年6月16日大民集9巻550頁、東京高判平成15年9月24日金法1712号77頁）。ただし、相続財産の総額から消極財産を差し引いた残額がプラスであることが前提とな

る。

　また、法的性質について、相続分の指定及び分割方法の指定の意味を持った包括遺贈とか、負担付包括遺贈と解する余地もある。もっとも、相続人以外の者に対する関係では、遺贈となる。相続分の指定及び分割方法の指定と解するのは相続人を対象としているためである。

　遺言執行者は、遺贈執行の前提として管理処分権に基づき相続財産を処分しその売却代金から譲渡所得税、相続債務、葬儀費用、遺言執行費用等の諸費用を差し引いた残額の一定額又は一定割合を受遺者に引渡す。最近この種の遺言が利用者の社会還元への意識の高まりや相続人の減少化もあって多くなってきている。遺言者が生前に世話になった公共施設や出身学校に遺産の一部を寄附（現物）する反面、受遺者側では処分に面倒な現物より現金化を希望するからである。なお、国、地方公共団体は固定資産より、原則として現金寄付を望む傾向にある。

　処分清算型の文例は、以下の通りである。

> 　遺言者は、所有する土地、建物を売却し、その売却金をもって遺言者が○○からの借受金○○万円を返済した残金を甲と乙に均分して遺贈する。

〈注意点〉

　遺言が遺言者の債権者に利益を与える目的をもってなされたるものに対して単に債権者に対する弁済のため遺言執行者をして不動産を売却することは、処分行為に当たらない（大判大正6年7月5日民録23輯1276頁）。よって、遺贈は財産的利益を与えることを目的としているので、遺産の処分だけ又は債務の弁済行為のみを目的とすることは遺言の執行とはいえず遺言は無効である。

　㈱　**相続財産に属しない目的物の遺贈**（他人の物・権利を含む）

　a　他人の物

　i　原則

　遺言者の死亡時に、遺贈の特定の物、権利が現存しなければ、遺贈の効力は生じない無効なものとなる（民996条：非相続財産の遺贈）。また、

包括遺贈には適用されない。相続財産が現存する限り目的物への持分割合の権利は消滅しないからである。

遺贈者は財産が自己所有物であるから遺贈するのであって、当初より所有物でなかったら遺贈の対象としていないだろうという遺贈者の通常の意思からのルール化である（意思推定規定）。ただし、不特定物、金銭遺贈の場合、遺言執行者は、相続財産の中になくとも遺贈自体は有効であるので、他の相続財産を換価処分して調達する義務を負う。他に換価すべき財産がない場合、特定物の受遺者とどのような調整をするか疑問もある。

ⅱ　例　外

遺言執行者は、その相続財産に属さない目的物を取得して受遺者に移転させる義務を負う（民996条ただし書、997条）。これは、他人の権利の売買と同じである（民560条）。

遺言者があえて他人の目的物の権利を遺贈したとき、遺言執行者は所有者である他人から権利を取得して相続人へ移転登記を行った上で、受遺者に対し所有権移転登記をすることになる（民997条1項）。

遺言の文例は、以下の通りである。

> 遺言者は、甲が居住している遺言者所有の建物と丙が所有している建物の敷地を甲に（又は丙から買い受けて甲に）遺贈する。

また、権利を取得することができないときや取得に過分の費用を要するときに、遺言者が別段の意思を表示したときを除き、遺贈義務者として価額弁償の義務を負う（民997条2項本文）。

b　他人の権利の付着

原則として、遺言の効力の発生時に、例えば、第三者の抵当権、用益物権や賃借権が設定されていても受遺者は、受贈者に対し、それらの権利の消滅排除の請求することが事実上できない。第三者の権利に制限がない特定物遺贈は遺言者が遺言の効力発生当時の現状で目的物を受遺者に与えようとするのが通常であるからである。受遺者が抵当権等の第三者の権利を弁済により消滅させた場合、求償や代位の問題がある。ま

た、遺贈者が弁済しても求償が認められない（通説）。

ただし、遺言者が反対の意思を表示していたときは、遺言執行者は、受遺者からの権利の消滅請求に応じて、権利の消滅をさせることが執行行為の内容となる（民1000条ただし書）。

㈓　負担付遺贈

受遺者に対し、一定の法律上の義務（金銭的価値のあることを要しない）を課した遺贈である。受遺者は受ける利益の範囲内で負担した義務を履行する責任を負う（民1002条1項）。「特定遺贈」「包括遺贈」どちらであっても認められる。遺贈の停止条件付とは異なり、遺言の効力が生ずると同時に遺贈の効力が生じる。負担が条件となっていないからである。

負担が、遺言者の一方的意思表示である点で負担付贈与契約（民553条）とも異なる。遺贈の対価でも反対給付の性質を持つものでもないため、その履行、不履行によって遺贈の効力が左右されることがない。負担履行がない時には、家庭裁判所により遺贈の取消を請求できる（民1027条）。なお、条件付遺贈（民985条2項）との区別につき判断は遺言の解釈の問題であって明らかでないとき、遺贈の効力を不確定にするのは好ましくないことから負担付遺贈と推定すべきとの見解がある（中川善之助・加藤永一編『新版注釈民法（28）』〔上野雅和〕277頁（有斐閣））。

この遺言の文例は、下記のように表現される。

> 遺言者は、長男に自宅の土地、建物を遺贈する。
> ただし、遺言者の配偶者が養護施設で生活しているので、配偶者乙が人生を全うするまで長男夫婦が面倒を見てほしい。

遺言執行者は受遺者が履行しないときに受遺者に対し履行を求めることができる。なお、遺言の取消しについては、相続人がするとの規定があるため、遺言執行者もできるかについて見解の相違がある。受遺者が負担付遺贈を放棄することは自由である。

254 第4章 処分 ② 遺言執行者

【ポイント】
課税対象の範囲
　受贈者（相続人以外も含む。）は、財産を取得すると同時に一定の負担も負うため、その財産の価額から負担額を差引いた金額に対して相続税が課税される。相続人以外でも遺贈により係る税は相続税（2割加算がある。）である。なお、受贈者がその負担を履行することによって、第三者（相続人を含む。）が経済的利益を受ける場合には、第三者に対しても課税加算が発生するので注意を要する。

(3) 処分権（処分清算型遺贈等）

　遺言執行者が、遺言の実現のため必要がある場合に遺言の執行行為上で遺贈対象不動産の売買等の換価（債権譲渡を含む。）をはじめとして、相殺や和解などをする処分権限を行使するときがある。また、不特定物や、金銭の遺贈の履行のため相続財産の全部又は一部を処分する場合もある。問題となるのは清算事務を含む処分清算型遺贈の処分権の問題である。

ア　処分清算型遺贈等

　遺言執行者が遺言の執行行為上で不動産などの売却換価し、債務の清算をするときがある。売却換価権は、被相続人が相続財産となる自己の不動産を売却し、相続人等に現金を配分する清算型遺贈のときに顕われる。

　例えば、「所有する不動産を処分し、売却代金をもって債務を返済し、残額を○○に遺贈する。」とする遺言があるときに、遺言執行者に処分権が与えられる。

　この時の遺贈の目的物は不動産でなく金銭となる。金銭による不特定物の特定遺贈と解する。

　売却に当たっては、公正な方法（競争入札等）により、適正な価格で売却することを要する。任意売却をする場合に、相続人の同意を得ないで不当な廉価で売却すると解任事由となる（民1019条1項）。

(ア)　相続財産の帰属

a　相続人

i　相続人がいる場合（相続）

包括遺贈のとき、相続財産は相続人に帰属する。遺言執行者は相続人の代理人として遺言執行に必要な範囲で処分権に基づいて相続財産を処分する（民 1013 条）。

不特定物の特定遺贈（金銭等）のとき、目的物が特定された時に受贈者に当然に移転する。また、遺産の中に金銭がなければ、遺言執行者が相続財産の管理及び換価処分して金銭を調達する義務を負う。この管理対象となるのは特定の財産のみである。

もっとも、遺言執行者が相続財産を処分するときの譲渡所得の課税負担者が誰になるかとの問題がある。なお、相続税は、遺贈物（金銭）の相続人が負担する。

ii　相続人がいない場合（遺贈）

相続財産が帰属すべき相続人がいない場合、相続財産法人に帰属する（民 951 条）。

相続財産の清算を必要とする場合に、相続財産管理人を選任する（民952 条、家手 203 条 1 号、205 条）。

もっとも、遺言で遺言執行者が指定されているときは相続財産管理人を選任して、相続財産法人名義に変更した後、相続財産管理人により相続債権者への弁済が済んだ後に、換価売却するとの見解がある。遺言執行者と相続財産管理人の兼職問題である。

b　相続人以外の場合

包括受遺者は、相続人と同一の権利義務を有する（民 990 条）ので原則として相続人がいる場合と同様である。相続財産が受遺者に移転する（物権的）ので所有権も帰属する（物権的効果）。

(イ)　登記手続

a　相続人がいる場合

遺言執行者は管理処分権に基づき単独（法定相続人の協力は必要なく、承諾も不要）で、相続人全員の名義に相続登記ができる。処分予定の財

産自体は遺贈の目的物となっていないため、相続によりいったん相続人に帰属するので、被相続人から相続人への相続登記を遺言執行者が単独申請（昭45年10月5日民事甲第4160号民事局長回答：相続人でも可）し、次に、遺言執行者が不動産を売却した時、登記義務者に相続人の法定代理として遺言執行者、買受人を登記権利者として、相続人から買受人への移転登記を共同申請する。

　一般的には、相続登記及び第三者への移転登記は同時に行い、あらかじめ遺言執行者等が買主を決めてから登記申請をする。

　なお、買主がすぐに見つからず相続登記のみを終了させて、移転登記は、買主が確定してからする方法も考えられるが、共同相続人名義に長期に置くことにより相続人への持分移転等のリスクが生じる。

　また、登記識別情報が遺言に基づき相続の登記を申請する遺言執行者に通知される。東京法務局の見解として、遺言執行者が、法令上、相続人の代理人とみなされ、不動産登記規則62条1項1号に規定する登記識別情報の通知の相手方である法定代理人に該当することが理由である。ただし、各法務局での取扱いがまちまちのようである。

【ポイント】
遺言執行者（司法書士）自身の本人確認情報の省略について
　遺言執行者（司法書士）自身が登記義務者として本人確認情報を登記申請において提供する場合の事前通知を省略（不登法23条）することは、できない。（「登記研究」第746号139頁（テイハン））

参考事例（平成19年度東京登記実務協議）

・（処分清算型の遺贈の前提として）、相続登記の申請が遺言執行者から行われた場合、売買登記の本人確認情報の提供及び登記原因証明情報の（作成）押印は、何れも遺言執行者のものによるべきと考える（括弧は、著者挿入）。

　b　相続人がいない場合

　相続人名義に登記することができないので、不動産を第三者に売却しても第三者への移転登記ができない。又は、直接買主に移転できるとの考え方もできる。しかし、遺言執行者が指定又は選任されているとき

は、相続財産管理人を選任するまでもなく、遺言執行者が、相続登記に代えて相続財産法人名義（民951条）とする登記をした上で、遺言執行者と買受人との共同申請により、売買による所有権移転の登記を申請することができるという事例がある（「登記研究」第619号219頁（テイハン））。

相続財産法人名義から買受人への所有権移転の登記の申請を、遺言執行の内容の実現を図るという点から相続人不存在の手続をすることなく、遺言執行者の権限が相続財産管理人に優先する（昭和15年9月3日民事甲第1116号民事局長回答）。

【書式4－1】登記原因証明情報例

登記原因証明情報

登記の原因となる事実又は法律行為
1　Aは、平成〇年第〇号遺言公正証書によりXから遺言執行者に指名された。
　　Xは平成〇年〇月〇日に死亡し、Aは遺言執行者に就任した。
2　Aは、遺言の内容に基づきX相続財産法人に属する不動産をBとの間で平成〇年〇月〇日売買契約をした。Bは同日代金を支払った。Aが受領した。
（以下省略）
　　遺言執行者の住所　〇〇　亡X遺言執行者　〇〇　印

　(ウ)　**税　法**

　a　相続税

　①　相続人がいる場合

受遺者が相続人の場合、相続税が課税される。「相続又は遺贈（……）により財産を取得した個人」は相続税の納税義務者となる（相法1条の3）。遺贈には包括遺贈又は特定遺贈のいずれの場合も含まれ区別がない。課税されるのは換価金について行われる。遺言により取得する換価金は、相続財産自体とはいえないが、相続財産が換価されたことにより

金銭と変化したものであるからである。換価された相続財産と実質同じ性質を有する。

なお、課税価格となるのは、受遺者が取得した金銭の時価が財産の価額である（相法22条）。

また、債務控除は、相続人又は包括受遺者に限り適用され、相続人以外の特定受遺者は控除されない（相法13条）。なお、遺言執行費用は、債務控除の対象とならない。相続財産の中から支弁すべき相続財産に関する費用に該当するからである（民885条）。

【ポイント】
遺言執行における譲渡税への配慮
遺言執行者は、受遺者の申告及び納税手続きが適正に行われるように、売買受領代金を翌年の譲渡所得税の確定申告時期まで確保しておく必要がある。実質的に収益を享受していない名義だけの法定相続人に対して課税がなされないよう配慮する必要があるからである。
したがって、遺言執行者としては、譲渡所得税相当額を執行費用として、売買代金から支払う。

---

② 相続人以外

遺贈が債務を負担する包括遺贈であるとき、相続人と同一の権利義務を有する（民990）ので相続人と同様の相続税が課せられる。しかし、金銭等の不特定物の特定遺贈の場合は、受遺者は1親等の血族又は配偶者以外となり、相続税額は20％相当額を加算した額となる（相法18条）。さらに、債務控除も受けられない。受遺者が債務を承継していないからである。

b 譲渡所得税

相続対象財産の売却が譲渡所得の基因となる資産（土地、建物等）であり、増加益があれば、譲渡所得が発生する。

清算型遺贈は形式的に全相続人名義となっている相続財産の全部又は一部を遺言執行者が売却するため、譲渡者が誰になるのか、その譲渡所得を誰が負担するか不明な点がある。清算型遺贈は、法定相続人全員から第三者への形式的な売却の形式がとられるので、相続人等に譲渡によ

1　遺言執行者の処分業務　***259***

る所得税がかかるようにみえる。しかし、利益を得ている実質的所有者は受贈者なので税負担は、最終的には受遺者が負う（所法 12 条、33条）。

　また、それに連動して翌年の住民税や国民健康保険の保険料の負担が増加する場合がある。

　問題は、相続人も包括受遺者も存在せず相続財産法人が成立する場合である。相続開始時に相続財産は相続法人に帰属する。

　被相続人にみなし譲渡所得課税（所法 59 条）があると解され、相続財産法人には実質的な所得は発生しない。しかし、国税通則法 5 条の規定（相続による国税の納付義務の承継）により相続財産法人が、その譲渡所得相当額の所得税について、納税義務を承継するものと解する。

　さらに、換価時期における譲渡による所得が財産法人に属するが、実質的な所得は発生しない。すでに、相続財産法人にみなし譲渡所得税（所得 59 条）の適用があるからである。ただし、相続財産法人が成立しないときは、所得は受遺者に帰属し、納税義務が発生する（小柳誠「換価遺言が行われた場合の課税関係について」税務大学校論叢 85 号参考）。

　なお、相続人不存在の場合に、財産管理人、受遺者以外の法定相続人及び遺言執行者が譲渡所得税の負担がなかったとする報告事例がある（片岡武ほか『第二版　家庭裁判所における成年後見・財産管理の実務』609頁（日本加除出版））。

　　c　不動産取得税

　換価対象物が不動産であるとき、包括受遺者には不動産取得税は課税されない（地方税法 73 の 7 条）が、相続人以外の特定遺贈の受遺者には不動産取得税が課税される。注意が必要である。

イ　債権譲渡、抵当権の設定、相続家屋の賃料の受領等

　遺贈対象の相続財産の中に第三者に対する貸付債権や売掛債権の特定債権があるとき、遺言執行者は受遺者に対して第三者に対抗できる完全な債権を移転する義務がある。よって、指名債権の譲渡として、譲渡人から債務者への確定日付のある証書をもって遺贈による債権譲渡の通知又は承諾を得る必要がある（民 467 条）。特に、第三者に特定遺贈され

260　第4章　処分　②　遺言執行者

た場合、受遺者が債務者に通知しても債務者に対抗できないから、遺言
執行者が対抗要件を備える手続をしなければならない。

　遺言執行者がある場合において相続人の処分の例として、民法1013
条の判例において相続人による遺贈目的物に対する抵当権の設定、相続
対象家屋の賃料の受領などの行為が禁止されている。相続人の処分が無
効とされることから、遺言執行者にその権限があることが推論しうる。

(4)　相殺権

　遺言執行者に与えられる処分権として相続財産を売却換価する権利
（債権譲渡を含む）が中心であるが、場合によっては相殺する権利も認め
られる。具体的には、債権の相殺によって相続債権者、受遺者及び相続
人との債権債務関係を清算した方が簡単に事務を処理することができ
る。

　遺言執行者に清算権限はないものの、この権限が何に基づくのか。

　遺産による相殺や期限到来債務の弁済は保存行為に当たり（谷口知
平・久貴忠彦編『新版注釈民法（27）』〔谷口知平〕447頁）、遺言執行者の
相殺の権限は、処分権に基づく（野田愛子監修『相続・遺言実務マニュア
ル』32頁（第一東京弁護士会））。

　また、遺言執行者が遺産債務の弁済をする権限の有無として相殺する
ようなときがあるのか。一般的には、相続債務は相続人が弁済すべきも
のであるが、遺言執行者の管理権限が全相続財産に及んでいる場合には
相続債務を弁済すべきと解する（野田愛子・泉久雄編『民法Ⅹ（相続）』
628頁（青林書院））。

(5)　和解締結権

ア　遺言執行者が和解することの可否

　遺言執行者には、必要に応じて裁判上又は裁判外を問わず独自の権限
で和解ができ、その権限は処分権に依拠する。

　遺言執行者には、「相続財産の管理その他遺言の執行に必要な一切の
行為をする権利義務を有する」（民1012条1項）としており、「遺言執行
者が、相続人に代わって、相続財産の管理その他遺言の執行に必要な一
切の行為をなす権利義務を有し、そのために相当かつ適切と認める行為

をすることができる」（最判昭和44年6月26日民集23巻7号1175頁）ということから和解に関する権限があることが前提となる。よって、遺言の内容を実現させるため自己が管理処分する相続財産について早期に紛争処理する権限は専属的なものであるといえる。同様に調停の申立てや調停の相手方となることができると解する。

　なお、裁判所選任による遺言執行者が、裁判上ないし裁判外で和解をする場合、裁判所の許可を要するかにつき疑問もあるが、他の相続管理人との対比から許可不要と解する（山崎巳義『遺言執行の手引』130頁（商事法務））。

　ところで、遺言執行者における和解の締結が問題となる場面として、預貯金と相続債務との清算権限が付与されている時や相手方に対し、相続財産（土地）の占有者に対する引渡し等に関して、相当額（鑑定等による）の立退きに関する和解金を支払う場合及び債権取立などにおける利息金、損害金の免除が必要なときに顕れるといわれている。

イ　不利益な和解と解任

　判例上、遺言執行者が相続人に不利益な和解を締結した場合に解任事由になるかが争われている（名古屋高決昭和32年6月1日判時117号10頁）。「遺言執行者は法律上相続人の代理人と看做されるのであるが、之れは単に遺言執行者のなす遺言執行の効果が、相続人を拘束すべき趣旨に止まり遺言執行者は相続人の意に迎合して受遺者の遺言による利益を無視し遺言者の意思の実現を阻止するがごとき所為の許されないことは当然のことに属する」と示している。

　遺言者が作成段階で、無用な誤解を避け円滑な遺言執行を意図するのであれば、遺言執行に際して必要な清算権限や、一定限度の枠で和解金等の支払権限を定めておくことが賢明な場合がある（遺言執行実務研究会編『遺言執行の実務』249頁（新日本法規出版））。

ウ　遺言執行者の権限外の和解をした場合

　当然には関与できないので表見代理の問題となる。したがって、遺言執行者の権限範囲外の処分行為をするときには、事前に相続人全員又は受遺者の同意を得るなどし、また、事後承認を得る必要がある。

262　第4章　処分　②　遺言執行者

エ　権限外の和解の効力

　和解内容が遺言執行の権限を越えた処分行為に該当する場合に、その効力については争いがある。遺言執行者が相続人に対し損害賠償の責を受けるとするものと、相続人又は受遺者の全員の一致がなければその和解は無効となるものとの見解に分かれている。

2　財産類型別の処分業務

　遺言執行者は遺言執行の必要のある遺言について、受遺者等のために権利を移転し、実現するために事務（目的物の特定、管理、保管、引渡、処分及び清算等）を遂行する義務とそれに附随する権利義務を有する。

　ここでは、遺言執行者が行う目的物の特定、管理、保管を「管理」（第2章を参考）と呼び、引渡し、処分及び（遺言の内容になっている）相続債務弁済を「処分」として位置付けることにする。

　なお、遺贈は、受贈者の死亡により目的物の権利移転の効力が生じる。しかし、その効力を第三者に対抗できる完全な権利にするには、登記、登録、占有移転、権利変動の通知等や引渡し等の対抗要件の具備行為が必要となる。これが遺言執行者に課せられた遺贈の執行の義務となる。

　遺贈の執行としての具体的な行為は遺贈の目的物により異なるので、対象目的物ごとに分けて述べることにする。

(1)　不動産の執行

ア　遺言による処分様式

　遺言者が遺言で可能な相続財産の処分行為に遺贈（「包括遺贈」及び「特定遺贈」）がある。他に、遺産分割方法の指定と相続分の指定を処分に含める見解も存する。特に、判例、通説は特定の不動産等を特定の者及び包括的な「相続させる旨」と遺言したとき、原則的に遺産分割方法の指定として相続財産の処分を是認している（最判平成21年3月24日民集63巻3号427号、最判平成23年2月22日民集65巻2号699頁）。以上のような処分形態が遺言執行者の執行にどのような影響を与えるか考察する。

イ　登記と引渡し

㈦　包括遺贈・割合的包括遺贈

① 登　記

　包括遺贈の登記は、意思表示による権利移転であるので受遺者と遺言執行者との共同申請となり、単独申請ができない。また、遺言執行者に権利義務が生じる。割合的包括遺贈の場合も、受遺者は、共同相続人や他の共同包括受遺者とともに共有関係に立つ。したがって、最終的に財産を取得するには、遺産分割協議を経て配分することになり、登記申請は共同申請となる。

　したがって、登記の添付情報として遺言書と遺産分割協議書が登記原因証明情報となる。判例も、「割合的包括遺贈の受遺者は当該割合の相続分を有する相続人の地位を取得するのであるから（民990条）、その受遺者が包括的に表示された相続財産のうちのいずれを具体的に取得するかは財産分割によってきまることになる。したがって、全部的包括遺贈（むしろ、これは特定財産遺贈の集合体であるということができる。）におけると異なり、割合的包括遺贈の場合には、遺言執行者が受遺者に具体的な財産を取得させる行為（移転登記、引渡し等）をする余地はなく、かえってその部分について遺産分割の申立てをすることができると解される」としている（東京家審昭和61年9月30日判時1267号91頁）。

② 引渡し

　包括遺贈は相続の承継なので、はじめから帰属の問題が生じず、不動産の引渡しをして執行が終了する。また、割合的包括遺贈でも遺産分割協議により帰属が決まるため目的物の引渡しができないので、遺贈の登記により執行が終了する。

㈣　特定遺贈の場合

① 登　記

　登記手続については、遺言書に「相続させる」記載がないときは共同申請の原則（不登法60条）が適用され、受遺者を登記権利者、相続人又は遺言執行者を登記義務者とする共同申請となる。この点、相続登記が単独申請（不登法63条2項）とされていることとは異なる。

② 引渡し

特段の事情がある場合を除いて不動産を受遺者に引渡す義務がない。包括遺贈や「相続させる旨」の遺言における遺言執行者の義務と同様である。

㈨ 「相続させる旨」の遺言の場合

「相続させる旨」の遺言にも、包括的（割合的包括遺贈も含む。）と特定の財産を相続させる旨とする内容の遺言が考えられる。

判例では、特定の不動産を特定の者（法定相続人に限る。）へ「相続させる」文言の遺言を原則的に、遺産分割方法を指定した遺言とし、相続開始時に当然に物権的効果が生じるものとしている。遺言執行の余地がない（最判平成3年4月19日民集45巻4号477頁）。この趣旨は、包括的な相続（一人に対して全部を遺贈する遺言）にも適用される（最判平成21年3月24日民集63巻3号427号）。

① 登記

遺言執行対象不動産が被相続人名義の場合、遺言執行者が選任されていたとしても不動産に関する限り遺言執行者は登記義務者とはならない。受遺者が単独で相続登記申請ができる。

相続財産を不法に占有している者や、遺言の内容に従わない者が存在する場合には、遺言執行者が遺産の引渡し請求や、また、相続開始後に名義が変更され第三者に移転登記がなされたときは、登記名義人に対し、抹消登記請求訴訟をすることができる。

このような状況では、遺言の実現が妨害される事態が出現したと認識され、遺言執行者の遺言執行の一環として求めることができる。

また、抹消登記について受贈相続人も単独で抹消請求ができ、遺言執行者と権限が競合する（最判平成11年12月16日民集53巻9号1989号）。

② 引渡し

包括的及び特定的に相続させる旨の遺言の遺言執行者は、原則として引渡し義務を負わない。占有、管理についても、受益相続人が相続開始時から所有権に基づき自らこれを行うことが通常であるからである（最判平成10年2月27日民集52巻1号299号）。

ウ 対象不動産の中に未登記不動産がある場合

包括（割合的包括を含む。）、特定遺贈において遺言執行者の執行を要するときは、遺贈者（被相続人）名義に表示・所有権保存登記を終了した後に、受遺者に遺贈による所有権移転登記を共同申請できると考えるのが実務である。場合によっては、表示登記の段階で冒頭省略登記申請して直接に受遺者にすることも可能である。「相続する旨」の場合、受遺者が独自で登記を行う。

実務上の扱いとして、遺贈による登記の前提としての不動産表示変更登記（例えば、遺言書記載の物件と台帳とが一致するも台帳と登記簿の表示と不一致を原因として、分筆、合筆、地目変更等不動産の表示変更登記の申請を要する場合）の申請人には、遺贈による登記の前提としての不動産表示の変更登記は、遺言執行者において申請できる（「登記研究」第58号31頁（テイハン））。

エ 未登記（表示登記のみ）で相続人不存在のときの遺贈登記の方法

包括（割合的包括を含む。）、特定遺贈において遺言執行者の執行を要するときに、被相続人が未登記不動産を乙に遺贈することとし、遺言執行者を指定する旨の遺言をした場合において、被相続人に相続人がないときは、表示の登記の名義人である被相続人の名義で所有権の保存の登記をし、しかる後、乙及び遺言執行者の共同申請により遺贈による所有権の移転の登記をすべきである（昭和34年9月21日民事甲第2071号通達）。

なお、既に法定相続がされている場合には、所有権事項を抹消するのでなく、錯誤を原因として、更正登記を行う。「相続する旨」の場合、受遺者が独自で登記する。

また、不動産を受遺者に引き渡す義務がある。

オ 農 地

㋐ 包括遺贈・割合的包括遺贈

農地の譲渡及び設定（使用貸借を含む。）には、農地法3条1項により農業委員会の許可（平成23年改正）が必要であるが、相続では不要とされる。また包括遺贈も一般承継なので不要となっている（農地法施行規

則15条5号）。

(イ)　特定遺贈の場合

受遺者が相続人であるときは、農業委員会の許可は不要である（農地法3条1項16号、農地法施行規則15条5号）。相続人以外の第三者である場合は、農業委員会の許可が必要となる。

(ウ)　「相続させる旨」の場合

包括的及び特定（特定財産承継遺言）の相続させる旨の場合、対象が法定相続人なので相続による移転となる。

よって、農地の譲渡及び設定（使用貸借を含む。）に農業委員会の許可は不要である。

(エ)　その他の事項

遺贈による所有権移転の前提とし不動産表示変更登記の申請をする場合、誰が申請人になるのか。遺言執行者又は遺贈者の相続人（全員又は一人）のいずれでもよく、また、受遺者も債権者代位により申請することができるとする実務事例がある。

また、農地等を相続又は遺贈により取得した相続人が、継続して農業を行う場合に、農地等の価格のうち農業投資価格（農地等が恒久的に農業の用に供されるとした場合の通常成立すると認められる取引価格（国税局長が定めている）を超える部分に対応する相続税については一定の要件に該当する場合には、納税猶予期限まで相続税の納税が猶予される。ただし、この適用を受けるためには、税務署に申請・申告する必要ある（申請・申告の詳細については、税務署に確認する）。

【ポイント】

権利取得による農業委員会への届出

相続等による農地等の権利取得の届出が必要となる。

農地法改正（平成21年12月15日施行）に伴い、相続等により農地の権利を取得した場合には、その農地が所在する農業委員会へ遅滞なく届け出る必要がある。農地等についての権利取得の届出は、農地等の適正かつ効率的な利用のために必要な措置を講ずることができるようにするため、農業委員会が許可等によっては把握できない農地等についての権利の移動を農業委員会がこれを知る機会を設けたものである。

次によるものとなる。

(1) 権利取得は、相続（遺産分割及び包括遺贈を含む。）、法人の合併・分割、時効等による権利取得である。

(2) 権利を取得したことを知った時点から、おおむね10か月以内に届出。

(3) 届出は、権利取得の効力を発生させるものではない。

(2) 動産の執行

　動産の執行については、遺言執行者が動産を確認し、特定した上で引き渡すことが執行の内容（占有移転が対抗要件、民178条）となる。また、動産を引き渡すまでの間は、保管につき善管注意義務を負うので、遺言執行者は万全の注意を要する。不動産と同様に動産においても、包括（包括分割）遺贈と特定遺贈があり、特定遺贈は特定物又は不特定物の遺贈に区分される。そして、相続させる旨の遺贈にも包括的なものと特定の動産を対象にするものがある。特定の動産の場合には、特定物と不特定物の違いもある。

　動産が特定遺贈された場合、遺言者の死亡により受遺者はその権利を法的に取得する（物権的効力）。

　遺贈の表示に具体性が欠ける等の不特定物である場合（例えば、絵画、掛け軸、花瓶のうち2個）は、特定するまでは不特定物として対象物を渡すことはできない。

　また、絵画、掛け軸の価値、品質が異なるときには鑑定評価後、公平な処置が求められる。したがって、動産遺贈の執行（引渡）として、動産を引き取るよう「引渡の通知」をして、現実に引渡しを行う受遺者が既に占有している時は、簡易の引渡し（民182条2項）、第三者が占有している場合には、指図による占有移転（民184条）の方法で行う。

　ただ、第三者が管理しているとき第三者が占有移転を拒否した場合、遺言執行者の占有管理権能や義務につき問題がある[注6]（最判平成10年2月27日民集52巻1号299頁参考；不動産の管理）。

　　【改正相続法】

　　（注6）このような考えから、平成30年の改正時に登録、登記が対抗要件と

される動産以外の動産につき遺言執行者に占有引渡しをする権限がない
との意見もあった（法務省法制審議会第22回資料22-2）。

ア 金銭（現金）・不特定物

　遺贈の目的が一定額の金銭である場合には「一定の価値の給付」を目
的としているので不特定物遺贈といえる。それが一時に給付すべきもの
であるときには、相続財産の中から、あるいは「預金の中から支払え等
の記載」がない場合も、他の相続財産を処分して金銭を調達し、これを
現実に給付する（東京地判昭和39年10月16日判タ169号209頁）。もっ
とも、他の相続財産が遺贈の対象となっていて、処分する物がないとき
は、「預金の範囲内で」現金を相続したと解釈することになる。現金の
遺贈を受けた受遺者が他の受遺者に優先することはないからである。遺
言執行者は、特別な事情がなければ、現金をそのまま受遺者に引き渡す
か、指定口座へ振り込むことをもって足りる。

電子マネー、ビットコイン（仮想通貨）

　近年、電子化が進み、電子マネー（Suica、Edy、waon）やビット
コインなどが決済手段として利用される機会が多くなった。しか
し、その性質や相続の対象財産となるか問題も多い。

　電子マネーは現金扱いとされる。決済を簡単便利とするために電
子化しているだけなので現金と何ら機能が変わらないからである。
また、ビットコインは、国内では正式な通貨性が認められていな
い、いわゆる「法定通貨」ではない。法定通貨とは、金銭債務の弁
済手段として法定通用力（契約が成立した後にはその通貨による決済
を拒絶できないという。）を持つ通貨である。そこで仮想通貨が相続
税の対象とされるか、被相続人が所有する電子マネーは、現金と同
様に課税されるか。ビットコインについて2016年2月に金融庁に
よって貨幣機能があるとされ、2017年4月1日に、「改正資金決済
に関する法律（通称「仮想通貨法」）」が施行されたので、いずれ
は、相続税の対象となろう。しかし、換算評価価値やパスワードの
承継処理等の解決すべき課題が山積である。

イ 家財道具一式

　引渡しにより対抗要件を具備する。しかし、一般的に交換価値が低いため、引取り手がいないのが現実である。受遺者の同意を得て福祉施設に寄付や引取り手のないものは廃品として専門の業者に依頼して処分することも考える。そうした判断をし易くするため財産目録などを用意作成する。

(ア) 死亡時に家具等の占有者がいない場合

　遺言執行者が受遺者に現実に占有を移転する。

(イ) 受遺者が遺言者と同居している場合

　遺言者の死亡時に、受遺者が遺贈の対象物を既に占有していることも多いと思われる。遺言執行者は、受遺者に遺贈物の内容を知らせ、簡易の引渡しの方法（民182条2項）により占有移転をする。

(ウ) 第三者が占有している場合

　第三者から受遺者に対して現実の占有移転をするか、指図による占有移転の方法（民184条）により占有移転を行い、争いがあるようであれば、占有の回収を図る。

ウ 無記名債権

　デパートの商品券、遊園地の入場券、映画の鑑賞券や電車の回数券、学校債などの無記名債権は記名式所持人払証券の規定が準用されるので（改正債権法520条の20）、その遺贈は証券を交付することによって遺言執行は終了する。債権譲渡の通知等までは必要ない。証券の引渡しが対抗要件であり効力要件である（改正債権法520条の13）。

　また、無記名公債、無記名社債、記名式地方債などの債券も、証券会社の保管や登録債でなければ、名義変更の手続きの必要はない。

　なお、債権法改正（平成29年5月26日法律第44号）において、民法86条3項の規定が削除され、無記名債権の規定がなくなる。今後は、無記名債権も有価証券であることから記名式所持人払証券の規定が準用される（改正債権法520条の20）。

(3) 債権の執行（対抗要件の具備）

　執行の内容は、債権の管理と確定的な移転である。預金債権の払戻し

270 第4章　処分　②　遺言執行者

や国債の名義書換等に関し、遺言執行者は、包括遺贈、特定遺贈及び相続させる旨の遺贈にかかわらず職務権限として単独で行使できる場合が多い。

ア　預貯金

(ア)　債権存在の確認調査

債権の存在、内容について預金通帳や印鑑を保管している相続人に確認し、指名債権に関する書類の引渡しを受ける。対象となるのは、普通預金、定期預金、通知預金、当座預金等である。

特に、預入先及び通帳等が不明の場合、金融機関からの「お知らせ」の通知により明らかになる場合がある。そのため、独居や同居者がいない場合には、郵便物について遺言執行者宛に転送手続をしておくことが管理のため有効な手段となる。

預金通帳や印鑑が銀行の貸金庫に入れてある場合、遺言執行者はその貸金庫を開閉することができると解する。「本件遺言は、(中略)全財産を(中略)包括遺贈したものであると解するのが相当」として、遺言執行者による貸金庫の開閉権を認めている（神戸地決平成11年6月9日判時1697号91頁。なお、当該事例における遺言は全財産に及ぶ包括遺贈であった。）。

しかし、判例は、特定物を対象とする遺言については言及しておらず行使できるかにつき問題がある。そこで、銀行の貸金庫契約において利用者の有する権利を金庫の「内容物の引渡しを求める権利」（最判平成11年11月29日民集53巻8号1926頁）、すなわち、遺言執行者に一括して引き渡す請求権があると位置づけた。請求権を前提に開閉権を認める見解がある（松尾知子「遺言執行者による遺言執行」久貴忠彦編集『遺言と遺留分第1巻』411頁（日本評論社））。

貸金庫の使用権の法的性質は「当該貸金庫の場所（空間）の賃貸借」であるから他の相続財産とは独立した対象であって契約は当然には終了しない。

実務では金融機関においては、善管注意義務（内容物の紛失、詐取の疑義の回避）を理由にして相続人全員の承諾（印鑑証明付き）が必要との

取扱いがあるため、遺言書にはあらかじめ貸金庫の開扉権の権限を記載しておくべきである。実際に貸金庫を開闢したときは、後日の紛争回避の予防のため写真やその他の方法を講じておくことも重要である。余談だが、一つの方法として、貸金庫の使用の有無及び使用銀行は通帳の履歴等で確認できる。

貸金庫の開閉権限を記載した遺言例は、次の通りである。

第○条　遺言執行者に対して、不動産等手続き、預貯金、有価証券、投資信託等の全金融資産の名義の変更、解約、引き下ろし、その他の財産の名義変更、貸金庫の開扉、蔵置品の引取、解約など、本遺言の執行のため必要な全ての権限を付与する。

(イ)　**債権の移転、引渡し（対抗要件の具備）**

銀行預金の場合は、その債権そのものより預金の金額に着目した遺贈となる。遺言執行者はその預金の払戻しを受けて受遺者に引き渡すことにより執行を終了する。また、被相続人名義の口座を解約して現金を交付するまでが遺言執行者の任務とする見解もある。預金債権の払戻や国債の名義変更は遺言執行者が職務権限として単独ですることができる。また、銀行から払戻しを受けるには、金融機関所定の払戻書、遺言書の原本（コピーの上返還）、遺言者の戸籍又は除籍の謄本、預金証書、遺言執行者の資格を証する書面、遺言執行者の印鑑確認証明書等が必要となる。銀行登録印は必ずしも必要ではないが、手続を円滑に進めるためには事前に準備しておいた方がよい。なお、最近では書類等のコピーは、偽造、変造を防止するため金融機関が独自に行う取扱である。

また、提出書類については銀行によって扱いが異なるので事前に確認しておいた方がよく、場合によってはマニュアルが用意されている。金融機関が払戻しに応じない時、執行者は預金等の払戻し請求訴訟をすることができる。さらに、包括遺贈の事案で訴状送達の日の翌日から年6％の遅延損害金の支払を金融機関に命じた事例（東京地判平成14年2月22日金法1663号86頁）もある。

272　第4章　処分　②　遺言執行者

> 【ポイント】
> **支店名を特定しない預金の遺贈**
> 　「遺言者の○○銀行の預金をAに遺贈する。」遺言では、支店名が特定していないので全国、海外ある支店の預金が対象になってしまう。反対に支店を特定されていると、同じ銀行でも他の支店の預金は含まれない。また、支店にある預金はその種類を問わない。

(ウ)　受遺者への名義変更

　債権の遺贈は受遺者に完全な債権を取得させる行為が遺言執行の職務となる。

　預金債権も指名債権の一つである以上、遺贈について対抗要件として指名債権の場合と同様に債権譲渡の通知（念のため確定日付のあるもの）ないし債務者の承諾が必要（民467条）である。

　もっとも、預金債権は、譲渡禁止の特約があるので、転々と流通する可能性がないので対抗要件が問題となる場合は少ないであろう。

　預金等が債権譲渡の対象とならないので、解約（払戻し）や金融機関との合意により受益相続人に名義を変更する。どちらにするかは受遺者と相談の上決めることとなる。

イ　定期預金

　定期預金や通知預金等は、途中解約すると金利の利益を喪失する場合があり、当初予定した利息が減少することがある。受遺者と相談して決めることになる。書類については払戻しを受ける場合と同様である。

ウ　当座預金

　当座預金は、継続的な取引に利用しているから、手形、小切手等を発行していると決済ができなくなる可能性がありますので特に注意が必要である。該当金融機関にその旨を報告して当該決済が処理される手続を取る必要がある。

　相続人が引き続き当座預金を使用することは可能なのか。

　当座預金は、普通預金と同じ預金（金銭消費寄託）契約と、小切手・手形の支払を委任する（支払委託）契約というものが融合した契約である。契約者の死亡の場合、一般の預金契約と同様に委任が終了する（民

653 条 1 号）ので、そのままでは承継できない。継続するには金融機関と新たな契約を締結する必要がある。

エ　ゆうちょ貯金

通常貯金、通常貯蓄貯金、定額貯金、定期貯金及び国債が執行の対象となる。

通常の金融機関と取扱いを異にしているが、相続手続の流れは概ね次のとおりである。

　i　はじめに、最寄りのゆうちょ銀行又は郵便局の窓口で、相続に関する書類一式の交付を受けるため「相続確認表」の交付を受け同書面に必要事項を記入の上、貯金窓口に提出する。被相続人の貯金等の有無が不明な場合や記号番号が不明な貯金等がある場合は、「貯金等照会書」を同時に提出する。

　ii　申請後、1～2週間程度で「ゆうちょ銀行貯金事務センター」から「必要書類のご案内」という書類一式が郵送されてくる。

　iii　払戻請求や国債等の名義書換に必要書類（原本）を整えてからゆうちょ銀行又は郵便局の貯金窓口に提出すると1～2週間程度で相続人の通常貯金口座へ入金される。郵送でも構わないようだ。

〈裁判例〉

預金払戻に関する遺言執行者の職務権限

①　預金債権を含む財産全部を取得させる趣旨の包括遺贈については、遺言執行者は遺言執行行為として銀行に対して預金の払戻請求をすることができる（東京地判平成 14 年 2 月 22 日金法 1663 号 86 頁）。

②　公正証書遺言に基づく遺言執行者が、遺言書により金融機関に対し預金払戻しの請求をしたところ支払を拒否され、その行為が不法行為に該当するとした事案。預金の払戻を拒否することがやむを得ないものということができる事情が存在しない限り、拒否は違法として払戻額に対する民事法定利率 5 分の割合による金員と弁護士の費用の支払を認めた（さいたま地熊谷支判平成 13 年 6 月 20 日判時 1761 号 87 頁）。

③　預金債権を相続させる旨の自筆証書遺言において遺言執行者の払戻訴訟の原告適格を認めたが遺言執行者に対する払戻を拒絶した金融機関の不法行為責任を否定した（東京地判平成 24 年 1 月 25 日判時 2147 号 66 頁）。

④　定額郵便貯金は分割払戻しが禁止されているので、貯金者の共同相続人の一人が、貯金の法定相続分についての払戻請求をすることはできない（遺産分割協議を経ることなく。筆者挿入）。したがって、定額郵便貯金を分割で「相続させる」旨の遺言の場合は、遺言執行の余地がある（東京地判平成 15 年 1 月 20 日金判 1170 号 45 頁）。

オ　貸付債権・売掛債権等

(ア)　**債務者に対する通知義務**

　包括遺贈、相続人及び第三者に対する特定遺贈による指名債権の譲渡は、指名債権としての特性から債権の遺贈を原因とする譲渡として対抗要件を備える必要がある（債権譲渡における通知義務、最判昭和 49 年 4 月 26 日民集 28 巻 3 号 540 頁）。遺贈義務者である遺言執行者は債権の確定ができ次第、直ちに第三債務者に向け確定日付のある債権譲渡の通知（内容証明郵便等）あるいは確定日付のある承諾を得ておく必要がある（民 467 条 1 項）。

　遺贈が、被相続人の意思による処分であることや、第三者が相続の事実を確認するより遺贈の有無を確認することの方が難しいことから取引の安全性の確保を優先する。

　なお、相続させる旨の遺言は原因が相続であるから遺言執行者に執行義務は発生しない。

(イ)　**証書交付**

　遺贈の対象となった債権に関する証書の移転も遺言執行の対象となる。債権の確定や管理保管のところで収集した書類に、遺贈に関する資料として、債権譲渡の通知に関する内容証明郵便や遺言書の写し、遺言者の死亡を証明する戸籍謄本や除籍謄本も引き渡すことになる（大判昭和 16 年 2 月 20 日民集 20 巻 89 頁）。

(ウ) 債権取立の義務

遺言執行者が、直接、債務者から債権を回収する権利義務は当然にはない。遺言書に特別な意思表示があれば別であるが、債権の遺贈は、債権が遺言者から受遺者に占有を移転することで終了する。

しかし、受遺者の承諾を得て債務者から回収することを禁止するものではないので、この場合には回収した金額を受遺者に引き渡す（管理権）。

カ 抵当権付貸付金

抵当権付き債権を遺贈することは可能である。

(ア) 債権譲渡通知等（対抗要件の具備）

債権の遺贈については、まず、遺贈義務者である遺言執行者から債権譲渡の通知を第三債務者へ発送し、これにより債権の随伴性により抵当権も当然に移転される。さらに、抵当権移転の登記（付記登記）を完了して対抗要件を具備する。

(イ) 証書交付、債権取立

債権の証書及び抵当権関係書類の交付を受ける。また、回収をしたときは、抵当権設定登記の抹消登記手続を行う。

キ 定期金給付債権

定期金給付債権とは個人年金保険などのように、ある一定期間、定期的に継続してお金を受け取ることができる債権のことである（受遺者のために定期金債権を創設）。

これらの債権には、遺言執行の余地がない。定期金給付債権の遺贈においては、遺言により創設された債権として受遺者が直接その債権を取得するからである（大判昭和11年6月9日民集15巻1029頁）。

遺贈の目的が毎月一定額の金銭を給付するという定期金給付債権の場合には、受遺者が直接相続人に対してその旨の債権を取得したものとして、遺言執行者の執行義務は免れると解すべきである。また、定期金給付のために全相続財産を遺言執行者の管理のもとにおき、長期間相続人の処分を禁止することは相続人の処分権を制限することとなる。

⑷ 不特定物を目的とする債権（（制限的）種類債権、選択債権、金銭債権）

債権を執行（履行）するには、必ず特定する必要がある。

不特定物を目的とする債権が、目的物の個性に着目せず、又は、具体的な指示のない一定の種類を指示した債権であるためである。

① 種類債権　りんご19箱

② 制限種類債権　倉庫内の絨毯5本

③ 金銭債権　現金300万円

を遺贈するなどがある。なお、特定方法は、当事者の合意や当事者の指示によって行うことになる。価値、品質が異なるときには鑑定評価し公平な処置が求められる。動産の執行と同じである。

⑸ 信託受益権

信託の受益権は、信託行為に基づいて受託者が受益者に対し負う債務であって、信託財産に属する財産の引渡しその他の信託財産に係る給付をすべきものに係る債権（受益債権）及びこれを確保するために信託法の規定に基づいて受託者その他の者に対し一定の行為を求めることができる債権（信託2条7項）と共益権的なものの総体である。

遺言執行者は、相続人に受益権の引渡しの履行をする信託受託者に対し信託目録の変更のため「信託目録記録申請」を求める必要がある。受託者は戸籍謄本等を添付して単独により登記申請をする（不登法103条1項）。

⑹ 有価証券（国債、投資信託を含む。）

ア　株式の執行

株式には譲渡性が認められており、遺贈の対象となり、遺言執行者は受遺者に証券の交付を行う。遺贈として、下記の遺言書の記載のように株式を遺贈する場合と、株式の売買代金を遺贈する方法（処分型遺贈）が考えられる。株式が遺贈の対象となっている場合のチェックポイントや名義書換の手続については任意相続財産管理人と同様の手続となる。

2 財産類型別の処分業務 *277*

【書式4－2】 株式遺贈の遺言書

遺 言 書

遺言者○○○○は、次のとおり遺言する。

第1条　遺言者は、遺言者の有する次の株式を、遺言者の妻□□□□（昭和○○年○月○○日生）に相続させる。ただし、2号の株式は、処分し、かつ、遺言の執行に関する費用を控除した残金を相続させる。

1　上場○○会社株式の株式の全部

2　未上場○○会社株式の株式の全部

第2条　遺言者は、遺言者の有する次の株式を、遺言者の長男△△△△（昭和○○年○月○○日生）に相続させる。

1　未上場会社株式の全部（当社事業会社）

2　□□株式会社の株式の全部

第3条　遺言者は、遺言者の有する次の株式を、遺言者の二男▽▽▽▽（昭和○○年○月○○日生）に相続させる。

　国債及びBの投資信託・貸付信託の全部

第4条　遺言者は、この遺言の遺言執行者として次の者を指定する。

住所　　○○市○○区○○町○○丁目○○番○○号

職業　　司法書士　氏名　○○○○

生年月日　昭和○○年○月○○日生

平成○○年○月○○日

遺言者　○○○○（印）

㈠　名義書換に必要な書類の準備及び請求

a　名義人の確定

　株式の名義書換を請求するため遺言の内容を確定させて、誰に対し名義書換をしなければならないかをその態様に応じた書類を準備する。

　遺贈の対象が譲渡制限株式である場合の要点は、下記の通りでる。

① 　包括遺贈（一般承継）及び「相続させる旨」の遺言

　　会社の承認を得なくても遺贈の効力が生じる。相続であるからである。

278 第4章 処分 ② 遺言執行者

② 特定遺贈

当該会社の譲渡承認機関（株主総会又は取締役会（取締役会設置会社の場合等）の承認を得ることにより特定遺贈の効力が生じる（会社139条1項）。

遺言執行者は、会社に対して、「遺言に必要な行為」として譲渡承認請求手続を行う（会社136条）。なお、受遺者も譲渡承認請求ができると解される（会社137条）。

b　株式の名義書換に必要な書類

① 遺言書原本

② 遺言執行者を証する書面（遺言書又は遺言執行者選任審判書）

③ 遺言者の戸（除）籍謄本

④ 相続人の戸籍謄本（相続人の範囲を確定するため）

⑤ 名義書換請求書

⑥ 遺言執行者の印鑑証明書

⑦ 株券を発行している場合は、株券

(イ)　株式の売却代金を遺贈する場合

a　上場会社株式の場合

これは処分型遺贈の執行となる。株式を売却する方法としては、株式市場で売却する方法（取引所取引）と相対で売却する方法（相対取引）がある。平成21年1月からの株券電子化に伴い、上場会社の株式を売却するためには、証券会社の取引口座を通じて行うことが必要となる。これは取引所取引、相対取引のいずれの場合も同様である。

証券会社によって取扱いを異にするが、遺言執行者名義又は受遺者名義の専用取引口座を開設した上で、売却を行う。

相対取引は、価格決定の公正さを図ることに難点がある。

売却が完了した場合、遺言執行者は受遺者に売却代金を分割し、売却に伴う計算書とともに交付する。

b　非上場会社株式（中小企業の株式、取引相場のない株式）の場合

非上場会社の場合、一般的に市場性が乏しく、買受人も多くない。

通常は、経営者や会社に買い取ってもらう例が多い。その場合の価格

の評価方法としては、税法上の規定によって評価され純資産方式（簿価純資産法、時価純資産法）、収益方式（収益還元法等）、比準方式（類似会社比準法、類似業種比準法等）や、各種の評価方法を組合せる併用方式などがある。

会社に対する経営支配力や会社の規模、すなわち会社の経営支配力を持っている同族株主か、それ以外の株主等かの区分により、原則的評価方法（類似業種比準方式・純資産価額方式・それらの併用方式）や特例的評価方法（収益方式）に分類される。よって、原則的評価方法は、会社の純資産価額や利益状況をもとに評価するので、業績のよい会社なら高価額となる。一方、例外的な評価方法は、少数株主用の評価方法で、配当期待権しか評価しないので、低い評価額となる。

発行会社の資産状況等と密接に関係するので非常に困難である。評価額算定については、公認会計士、税理士等に相談されると良いと思う。たとえ、当該会社が赤字会社であっても株式の時価が必ずしも0円ではない（企業価値＝株主価値＋債権者価値）。

未発行会社の株式（不特定物）を遺贈の目的にしたときは、遺言執行者は会社から株券を受け、受遺者に引き渡さねばならない（東京地判昭和39年10月16日判タ169号209頁）。

イ 手形・小切手

遺贈の対象となる例として多くはないが、指図債権なので遺言執行者は、手形の占有を取得し、受遺者に引渡し交付することで終了する（民469条、改正債権法520条の13）。手形等が記名式所持人払証券とされるからである（民469条、改正債権法520条の13）。また、被裏書人白地の手形以外のものは裏書の連続（権利移転）をもってするが、遺言執行者では形式的資格要件を欠くので「A遺言執行者B」と裏書きすることはできないと解する。よって、遺言執行者は、取扱金融機関と実質関係を開示して支払いの権利の確保を検討すべきことになる。判例に、単なる交付裏書が連続していなくても、その連続が欠けているところを実質関係により証明すれば手形上の権利を行使できるとする（最判昭和33年10月24日民集12巻14号3237頁）。

280 第4章 処分 ② 遺言執行者

(7) 営業権

営業権とは、法律上の権利ではないが、企業の長年にわたる伝統と社会的信用、立地条件、特殊の製造技術及び特殊の取引関係の存在並びにそれらの独占性等を総合した、他の企業を上回る企業収益を稼得することができる無形の財産的価値を有する営業固有の事実関係をいう。執行として特定の営業目的に供される総合的な財産的組織体（得意先・仕入先関係・創業の年代・地理的関係・営業上の秘訣・経営の組織・販売の機会等）の引渡手続きのことである。これは有形財産（不動産、債権、動産などの）に限らず、営業ノウハウ、のれんなど財産的価値を有する事実関係などをも包含する広い概念である。

税務上では営業権も評価の対象となっており、評価方法は下記のとおり定められている（財産評価基本通達165）。

営業権の価額＝超過利益金額×営業権の持続年数（原則10年としている）に応ずる基準年利率による複利年金現価率

超過利益金額＝平均利益金額×0.5－標準企業者報酬額－総資産価額×0.05

なお、法人税法上においても、「会社法等と同様に有償で譲り受け又は合併によって取得した場合のみ貸借対照表上資産計上される業権」とされる（最判昭和51年7月13日訟月22巻7号1954頁）。特に、のれんの承継及び使用の先後について当事者間で紛争する例が多い（「一澤帆布工業」事件、「餃子の王将」と「大阪王将」）。

(8) 知的財産権（＝無体財産権）

任意相続財産管理人の箇所を参考にされたい。

特異な問題として相続人不存在のときは、特許権などの知的財産権（実用新案法、意匠法、商標法に準用）は、原則として相続人の捜索の公告の期間内（民958条）に権利主張をする者が現れなかった場合に権利が消滅する（特許法76条）。国庫に帰属させるより自由に利用できる方が、産業の発達に寄与するからである。しかし、著作権に関しても、同様の趣旨から消滅するが、時期が、特別縁故者に対しても相続の分与がされなかった場合（民959条に該当する場合）にまでは権利の消滅が延長

される（著作権法62条1項1号）。著作権は特別縁故者に分与される余地がある。

(9) 不動産の賃貸借関係

ア 借地権の執行（特定）

(ア) 借地権の権利内容の調査

遺言執行者は、借地権の目的である土地について、権利の種類（地上権、賃借権等）やその範囲及び賃貸人等を特定し権利内容を確定する必要がある。確認する方法として、対象土地の登記事項証明書や契約書による不動産の遺贈と同じ手続を行い、借地権の遺贈があった旨を関係者（地主等）に通知する。特に、土地の一部を貸しているような場合には、借地の範囲の確定が必要となる。

地上権であれば、借地上の建物の引渡し及び同建物の所有権移転登記手続を行うとともに、地上権の移転登記手続を行うことにより執行は終了する。

借地権・借家権の相続人以外への遺贈の場合には、賃貸人の承諾が必要となる（民612条1項）。遺言執行者は、円滑な執行のために早期に賃貸人の承諾を得ておくことが必要となる。

(イ) 名義変更

a 相続人以外への特定遺贈、包括遺贈

相続人以外の者の借地権は、相続による承継と異なり、特定承継であるので、賃貸人の承諾が必要となる（民612条1項）。遺言者の意思に基づく通常の譲渡である。

借地権が賃借権の場合は、賃貸人の譲渡承諾又は裁判所の譲渡許可が得られた後に受遺者への建物の引渡し及び所有権移転登記手続を行う。地上権の場合は、権利の性質上、譲渡や転貸が借地人の処分権の範囲に属するので賃貸人の承諾は不要である。

なお、借地を占有する第三者が存在する場合は、土地の明渡しを求めることになる。

b 相続人に対する包括・特定遺贈、相続する旨の遺言の場合

相続と同様、賃貸人の承諾は不要である（民990条）。したがって、

遺言執行者の執行業務はない。

　(ウ)　**地主の承諾**

　不動産が借地上の建物である場合、特段の事情のない限り、建物が譲渡されれば借地権も譲渡される（主物、従物の関係：民87条2項）。ただし、譲渡につき地主の承諾がないと契約が解除される。承諾を得られない場合は、、借地借家法の譲渡許可の申立てを類推（規定上譲渡が対象だが遺贈が贈与に該当する）して承諾を求めることになる（借地借家法19条）。譲渡許可の申立てが棄却されたときは、その時点で執行は終了する。なお、相続人への包括遺贈、相続する旨の遺言の場合は相続と同様に考えられるので、上記のような賃貸人の承諾は必要ない。そのため、遺言執行者は、土地・建物の登記事項証明書（登記簿謄本）、賃貸借契約書などを揃え、また、地主、建物所有者などの関係者、相続人、受遺者などからも事情を聴取し、土地・建物の使用状況、賃料支払の状況、賃貸借の目的となっている範囲など、権利関係、契約内容を確認する。

　賃貸人の譲渡承諾又は裁判所の譲渡許可が得られない場合、受遺者は建物買取請求（借地借家法14条）を行うことができるが、かかる権利を行使するかどうかは、借地上の建物を取得した受遺者が自らの判断で決めることであり、これは遺言執行者の業務には含まれない。

　(エ)　**地主の承諾料（名義書換料・変更料）**

　借地権譲渡の承諾料は、地主への「承諾の対価・条件・損失回避」という意味合いを持ち、借地権価格の10%程度が相場としての目安となる。ただし、地域において借地契約の事情があり、また、権利金や更新料等の支払い額を考慮して決定する。

　承諾料＝更地価格×借地権割合×10%（堅固な建物、非堅固5〜10%）

　(オ)　**譲渡承諾ないし譲渡許可申立ての時期**

　借地権譲渡の許可申し立ては、一般的には借地権譲渡をする前にすべきで必ず建物の引渡し及び所有権移転登記を行う前に行う必要があるとする見解がある。

　この考えもってすれば、遺言があるからと言って早計に所有権移転登

記をする訳にはいかない。しかし、相続や遺贈の場合、性質上それは不可能であるから、効力が発生した後に、裁判所に許可を求めれば足りる（東京高判昭和55年2月13日判時962号71頁参考）。

(カ) **借地権の相続税評価額の算定方法**

相続評価額の計算方法は、下記の計算式で行う。

借地権の相続評価額＝自用地としての評価額×借地権割合

自用地評価額とは、土地の更地価額。借地権割合とは、路線価図（国税庁のHP閲覧）に記載されている割合。

イ **借家の執行（特定）**

(ア) **調査確認**

建物賃貸借契約書、建物事項証明書及び占有者や相続人（受遺者を含む。）からの事情聴取により対象物を特定する。

(イ) **家主の譲渡承諾**

遺言執行者は、相続人以外が承継取得するとき、家主の承諾を求める手続をすることになる。賃借権の譲渡は、当事者間では遺贈は有効であるが、賃貸人・家主の承諾を得ずに行うことはできない（民612条1項）。

しかし、家主の承諾が得られない時、借地のような譲渡の承諾を求める規定もない。無断譲渡となり契約解除の事由となるので注意が必要であり、この時に、契約解除を回避するため相続人と遺言執行者の全員で協議して、他の財産の贈与取得することも考えられる。

(ウ) **占有の引渡し**

賃貸人の承諾後に建物の占有を受遺者へ引き渡す。また、第三者が占有しているときは、受遺者と協議の上、第三者に明渡しの請求をする。

(エ) **名義変更**

a 原則

借地権と同じように家主に対して、借家権を相続する旨を通知して、名義の書換えを請求する。しかしながら、借地権以上に賃貸人との関係は密接であるので、特に当該建物にそれまで居住していなかった受遺者が取得することになった場合などは、十分に信頼関係に配慮しながら借

家契約の借家人の名義変更を行う。

　ただし、特別法が適用される場合には、例えば、公営住宅法が適用される住宅については、入居者が死亡してもその相続人は、使用権を当然に承継しない（最判平成2年10月18日民集44巻7号1021頁）。

　　b　他の相続人からの明渡請求

　居住していない相続人が居住している相続人に明渡しを求めてきた場合には、居住相続人を保護する法律構成として、①非居住相続人が賃借権を放棄しているとみなすもの、②明渡しを求める相続人に対し明渡し理由の立証を必要とするもの、③被相続人が同居の相続人に対して認めていた占有許諾の義務を非居住相続人が承継するとするものなどがある。

ウ　賃貸中の不動産（賃借権付土地の相続）

(ｱ)　調査確認

　登記事項証明書及び賃貸借契約を確認する。他は借地、借家と同様である。

(ｲ)　賃貸不動産の名義変更

　通常、借地、借家と同様に登記事項証明書及び賃貸借契約をもって、現在の利用状況を確認する。賃貸不動産の相続登記手続を行えば終了で賃借人の承諾は必要がない。ただし、賃借人への賃料を請求するために、不動産の名義変更をした上で、賃貸人の地位が移転したことを登記事項証明書の写しをもって通知する必要がある。受遺者が賃借人に対し、賃貸人の権利を主張するためには、建物の遺贈についての登記を経ていることが要件となる（最判昭和39年3月6日判時369号20頁：権利保護資格要件）。この時期に併せて賃料の新振込口座等や新規賃貸借契約を作成しておくことが最良である。

⑽　自動車の名義変更

　受遺者への具体的な名義書換については、任意財産管理人の節を参考されたい。遺贈による名義書換は遺言執行者と受贈者との共同申請となる。

　相続人への遺贈、相続させる旨の遺言では単独申請である。

(11) **債　務**

　遺言執行者は、被相続人の残債務の清算を行い、残余の財産を分配する権限を有しないとするのが原則である。債務は相続の開始により当然に分割され、共同相続人は法定相続分に従って承継するので、債務承継は遺言執行の対象にならないからである（最判昭和34年6月19日民集13巻6号757頁）。

　ただし、遺言に「一切の財産・債務を相続させる」との記載があるとき、遺言執行者に債務の弁済も遺言の内容を実現するものとして執行権限が生じるかかについては、遺言事項の制限、債務者を指定することによる相続人間の不公平性、相続債権者との関係などの問題などからして積極的に解する余地がある（東京高判平成15年9月24日金法1712号77頁）。

　なお、遺言の内容の中に遺言執行者に清算権限を付与する記載（清算型遺言）や管理権限が全相続財産に及んでいるときには相続債務弁済の権限があると解される

　反対に、相続債権者（被相続人の債権者）は遺言執行者に債務の履行を求めることが出来るか。

　相続債権者が被相続人の債務を相続人に対して、債務の弁済を求めても管理処分権がないので遺言執行終了まで債権回収を請求できないとの見解がある。他方、本来、相続財産全体が債権の引き当てとなっており、相続財産が債務額を上回るときなど一定の要件（包括受遺者を含む相続人全員の同意）に該当すれば許されるとの見解がある。もっとも、このような時に遺言執行者による財産処分を許すか、積極財産が下回るときに清算手続きをどうするのかなど問題も多い（最判平成21年3月24日民集63巻3号427頁参考：全財産を1人が相続する事例）。

　遺言執行の内容を実現するために債務弁済のため相殺や和解などを行うことが考えられる。

(12) **税務関係**

　遺言執行者への支払報酬は相続税法上の相続債務とならず控除されない。債務控除の対象となる債務は、相続の際に存する債務に限られてお

り、遺言執行費用は、相続開始後に発生するものだからである。したがって、遺留分を侵害する対象でもない。

なお、民法上で、裁判所への申請、財産目録の調整費用、遺言執行者への報酬等は相続財産からの負担になる（民 1018 条、1021 条）。

【遺言執行者に対する報酬（遺言執行費用）支払債務は、相続税法第 13 条に規定する債務に該当しないとした事例】

平成元年 12 月 27 日裁決（裁決事例集 No.38－207 頁）

　遺言執行者の指定は、要式行為であって遺言によることを要し、生前において被相続人がA弁護士に遺言の執行を依頼し、かつ、一定の報酬を支払う旨の合意をしたとしても、かかる合意は、遺言執行者の指定を内容とする有償の委任契約としての効力を有しないところ、遺言は、遺言執行者を指定した部分を含め、遺言者の死亡の時に初めてその効力を生ずるのであるから、被相続人がA弁護士との間の合意によって、被相続人が生前において本件債務を負うことはあり得ないというべきである。むしろ、遺言執行者に関しては委任に関する規定が準用され、遺言執行者と相続人の関係は、委任に準じた法律関係により律せられるというべきであるから、本件債務を負担するのは請求人ら相続人であるというべきである。

　したがって、本件債務は、被相続人の債務とはいえず、本件債務を請求人が相続により取得した財産の価格から控除することはできない。

第5章

処分 ③　法定の財産管理人等（遺言執行者を除く。）

　法定の財産管理人には、既述した通り、推定相続人の廃除に関する審判確定前の遺産管理人を含め8種類余りあるが、ここでは、相続人不存在の財産管理人（民952条）（以下「相続財産管理人」という。）、不在者の財産管理人（民25条）及び限定承認における相続財産管理人（民926条、936条）を中心に述べることにする。

　なお、下記に家庭裁判所における家事審判の暦年の事件別件数を表記する。

	昭和60年	平成25年	平成26年	平成27年	平成28年
相続の放棄の申述の受理（別表1の95）（旧甲29）	46,227	172,936	182,082	189,296	197,656
相続財産の保存又は管理に関する処分（別表1の90）（旧甲32）	163	124	162	247	342
相続財産管理人選任等（相続人不分明）（別表1の99）（旧甲3）	2,567	17,869	18,447	18,615	19,811
相続の承認又は放棄の期間の伸長（別表1の89）（旧甲24）	835	6,838	7,028	7,399	7,210
相続の限定承認の申述の受理（別表1の92）（旧甲26）	451	830	770	759	753
鑑定人の選任（民932ただし書を含む）（別表1の93など）（旧甲27）	39	68	82	77	66

平成28年家庭裁判所司法統計からの抜粋

288　第 5 章　処分　③　法定の財産管理人等

1　相続財産の管理人（相続人不存在の場合）

(1)　相続財産管理人とは

相続人の存在、不存在が明らかでないとき（民 952 条、家手 203 条）、推定相続人の全員が相続放棄した場合（民 918 条、家手 201 条）に法定相続人を探し出すまでの間、相続人の代わりとなって財産を管理（相続財産の管理、清算・国庫への帰属及び相続人の探索）するために家庭裁判所から選任された者の総称である。

なお、選任が不要な事例として下記の場合がある。

① 　相続財産の帰属すべき者が明らかでない場合に包括受遺者がいるとき（最判平成 9 年 9 月 12 日民集 51 巻 8 号 3887 頁）

便宜的措置として遺言執行者が受遺者に対して所有権移転の共同申請を是認している（東京高決昭和 44 年 9 月 8 日高民集 22 巻 4 号 634 頁）。

② 　財産管理人に代わって特別代理人（民執 41 条 2 項）が選任されているとき（大阪地決昭和 40 年 8 月 7 日判タ 185 号 154 頁）。

③ 　戸籍上相続人が存在するが、相続人の生死不明の場合（東京高決昭和 50 年 1 月 30 日判時 778 号 64 頁）

④ 　高齢者職権削除（昭和 32 年 8 月 1 日民事甲第 1358 号民事局長通達）による除籍がなされた場合（松山家審昭和 42 年 4 月 19 日家月 19 巻 11 号 117 頁）

(2)　選任の必要性

相続人がいない状態で被相続人が死亡した場合、国を相続人にせず、清算に基づいて残余財産を国が取得する。死亡から清算まで被相続人の財産が無主物になることを避ける法技術として相続財産法人を認めた（民 951 条）。ここに相続財産を管理・清算するのに法人のための相続財産管理人を選任する必要がある（民 952 条）。

(3)　選任及び法律上の地位

利害関係人又は検察官の請求により家庭裁判所が選任（民 952 条 2 項）する。また、管理人の数に制限はないので複数選任することができる。

遺産の帰属主体たる相続財産法人の法定代理人という「地位」とみる

か、家事事件手続法及び家事事件手続規則に定める手続により家庭裁判所によって選任され、相続財産法人を代表して、相続人を捜索するとともに、相続財産を集約して管理し、清算し、最終的には国庫に引き継ぐことを目的とする「機関」とみるかの違いである。

判例では、相続財産法人を代表する機関であり、財産を管理する主体ではない（大判昭和18年12月22日民集22巻1263頁）と判示されている。

なお、代理権の存続期間は相続財産が国庫に帰属し、全財産が引き継がれるまで継続される（最判昭和50年10月24日民集29巻9号1483頁）。

【ポイント】
法定相続情報一覧図の保管等の申出

相続財産管理人は業務を遂行するにあたり、被相続人の親族の関係性を示すため多くの戸籍謄本等を利用する。複写で間に合えばよいが相手方から原本を要求された場合、その費用負担が大きい。平成29年5月29日から相続手続促進のため運用開始した。登記所（被相続人の本籍、住所等の所在地）による「法定相続情報一覧図」の交付を受ければ、その写しで足りる。運用範囲がどこまで及ぶのか定かでないが、期待できる。なお、相続財産管理人が法定代理人として法定相続情報一覧図の保管等の申出ができ、作成者として「亡〇〇相続財産管理人（申出人）」と表記する。

申出は郵送でも可能であり、一覧図は作成から5年間保存され申出人からの再交付も可能である。被相続人が不動産を所有していなくても利用できる。

当初は、法定相続情報一覧図には、単に相続人が誰であるかが記載されているだけであった。このため、相続税の基礎控除額の計算に必要な情報が記載されていない（養子の数が不明）として、相続税申告には利用ができないなどといった課題がいくつか残された。このような課題を解決するため、「法定相続情報証明制度に関する事務の取扱いの一部改正について」（平成30年3月29日民二第166号民事局長通達）が発せられ、①法定相続情報一覧図の写しを相続人の住所を証する市町村長、登記官その他の公務員が職務上作成した情報として取り扱って差し支えないこと、②被相続人との続柄の表記については、戸籍に記載される続柄を記載することができるようにし、③相続手続での利便性を高める観点から、被相続人の最後の住所に並べて、最後の本籍も記載することを推奨することとした（なお、被相続人の最後の住所を証する書面の添付を要しない場合には、被相

290 第5章 処分 ③ 法定の財産管理人等

続人の最後の住所の記載に代えて被相続人の最後の本籍を記載する必要が
ある）。

⑷ 権 限

ア 原 則

相続財産管理人は、遺言執行者（民1012条）よりも権限に関する規定
は少ないが、権限の定めのない代理人の権限と同じく、民法103条の定
める権限の範囲内で相続財産を管理する権限（少額の換価処分行為、税金
の納付等）を有する。

不在者や被後見人の財産管理と共通する部分が多く、管理権限を有し
（民953条、28条、103条）、相続人の捜索手続（民958条、27条）、財産
目録調製及び財産の清算手続などを職務としている（家手208条、125
条、146条、201条）。また、権限を超える行為をする場合には、家庭裁
判所の許可が必要となる（民953条、28条、家手9条）。

イ 清算権限

㈠ 意 義

遺産及び債務の清算は、既存債務の履行であり、新たな債務負担でな
いので、相続財産管理人によって進める。相続財産管理人は、被相続人
の債権者・受遺者等に対して債務を支払うなどして清算を行い、清算後
残った財産を国庫に帰属させる任務がある。すなわち、相続財産管理人
は、相続財産を管理する権限とそれを清算する権限も有している。この
点において、不在者の財産を保存・管理することを職務とする不在者財
産管理人と大きく異なる。

相続財産を清算する目的でする行為は裁判所の許可を得るまでもなく
当然に行う。よって、第三者が相続財産管理人に対して、生前の看護費
用、扶養料、葬祭料を請求してきたときは、相続財産管理人の判断によ
り支払うことができる。

相続債権者及び受遺者に対する弁済（民957条2項、929条〜931条）、
弁済のための相続財産の競売による換価（形式的競売。民957条2項、
932条、民執195条）は、相続財産を清算するという相続財産管理人の職

務上、当然相続財産管理人の権限に属し家庭裁判所の許可を必要としていない（弁済、形式的競売（民執195条））。しかし、限定承認における競売の差止権はない（民957条2項参照）。

　また、家庭裁判所の関与を相続財産管理人選任後に原則として受けない。清算手続を当事者が私的に進めるものであるため、権限外行為の許可、相続財産管理人の改任や鑑定人の選任など限定的である。

(イ)　弁済拒絶と弁済の順序

a　意　義

　相続財産管理人には、一定の請求申出の公告中において、相続債権者及び受遺者に対し弁済拒絶権がある（民957条2項）。ただし、優先権を有する債権者に対しては期間中でも支払義務を負う（民947条2項、民執180条、195条）。拒絶権は相続債権者や受遺者間の債権受領の権能を公平に取り扱うためである。担保権者たる抵当権、質権、先取特権、留置権者には返済優先権を有するので拒否できない。債権者が複数いる場合は民法、商法の規定により決定する。

b　弁済の順序

　担保権者は優先順位により限度額まで回収ができる。他の相続債権者は財産総額が合計債務額不足となる場合、按分弁済により支払がされる。ここに、同じ清算を主目的としている破産手続（清算・配当の手続）と異なり、債権者等に不合理な配当が余儀なく行われることがある。破産手続では財団債権（破産147条、148条：一定の租税公課、3月分の給料）、優先的破産債権（破産98条）、一般破産債権、劣後的破産債権（破産99条：利息、遅延損害金）及び約定劣後破産債権（破産99条）との債権区別を設け債権発生の原因・時期により政策的配慮や当事者の合意により各債権者の保護が図られている（破産194条、伊藤眞『破産法・民事再生法第2版』206頁（有斐閣））。

　しかし、相続財産管理人の弁済に関する規定は一般規定（民957条2項、935条、369条、342条）に準拠するとしている。相続財産管理人の能力が試される場面である。

　なお、相続債権者は、被相続人から抵当権の設定（未登記）を受けて

いても、被相続人の死亡前に仮登記がされていた場合を除き、相続財産法人に対して抵当権設定登記手続を請求することができない（最判平成11年1月21日民集53巻1号128号）。したがって、優先権の主張をすることもできない。判例は、優先権を有する債権者の権利は、被相続人の死亡の時までに対抗要件を具備するのが相当であり、相続債権者間の優劣は、被相続人の死亡の時が基準となる。他の相続債権者及び受遺者に対抗できない抵当権の優先権を承認することは許されないとした。

ウ　家庭裁判所の許可が必要な行為（例外）

相続財産の処分行為は家庭裁判所の許可が必要となる（家手203条1号）。

相続財産管理人による相続財産の売却処分、無償譲渡が、民法103条所定の範囲を超える権限外行為（東京高決昭和32年7月24日家月9巻9号22頁）となる。

他に、寄付、解約、有価証券の売却、祭祀法事費用の支出等及び訴えの取下げ（名古屋高判昭和35年8月10日家月13巻10号96頁）などがある。

エ　家庭裁判所の許可を受けずに行った権限外行為の効果

相続財産管理人が家庭裁判所の許可を受けずに権限外の行為をした場合には、無権代理行為となる（名古屋高判昭和35年8月10日家月13巻10号96頁、千葉家佐倉支審昭和46年6月4日家月24巻12号68頁）。

権限外行為の許可の申立てを却下した審判については、不服申立てはできないと解されている（東京高決昭和32年7月24日家月9巻9号22頁）。

⑸　相続財産管理人が行う個別の処分行為（売却・交換、担保の設定及び無償譲渡・廃棄処分、訴訟行為）

相続財産を換価処分する必要のある事例として、次の有償・無償行為がある（財産管理実務研究会編『新訂版不在者・相続人不存在　財産管理の実務』143頁（新日本法規出版））。

① 管理手続費用を捻出する場合

② 相続財産の性質から、現物保管になじまない物を処分して金銭で

管理する場合

③　債務者へ弁済する現金が不足する場合

④　公共用地等の買収対象財産になった場合

⑤　保管又は整理の方法として売却し金銭で管理する場合

　民法は、このうち③の債務弁済などの清算上売却する場合について、限定承認における相続財産の換価規定を準用し、相続財産を売却する必要があるときは競売に付さなければならない旨を規定している（民957条2項、932条）。当事者に不利にならないときには、任意売却も許される。ただし、公正性確保のため裁判所の許可が必要である。

　したがって、相続財産管理人の管理行為として、財産の価値の保存や、あるいは財産整理の方法として換価する場合は、家庭裁判所の許可を得ることなく、競売手続で売却処分することができる。

　無償譲渡においては、財産の取引価値や交換価値と保管、管理等にかかる費用負担の対比を検討して判断することになる。

(6)　相続財産の換価（不動産、動産、有価証券）

ア　換価の必要性・換価方法

　相続財産管理人は、財産の価値を保存するために売却して金銭で保管する場合や、相続財産中の現金や預貯金では相続債権者らに対する弁済が不足する場合には、不動産や動産、有価証券類などの相続財産を換価しなければならない。

　相続財産を換価する方法としては、形式的競売（民957条2項、932条本文、民執195条）と家庭裁判所の権限外行為許可審判に基づく任意売却（民953条、28条）がある。

　なお、売却に伴う譲渡に関する所得税の申告は保存行為として単独ですることが出来る（国税庁実務事例：不在者財産管理人が家庭裁判所の権限行為許可を得て、不財者の財産を譲渡した場合の申告）。

(ア)　形式的競売

　相続債権者らへの弁済に必要な現金等がない場合には、相続財産管理人は、不動産等の資産を担保権の実行としての競売にかけて弁済資金を捻出する（民957条2項、932条、民執195条）。

a 申立て

申立権者は相続財産管理人である。弁済のためにする競売は、清算行為であるので、相続財産管理人の権限内の行為であり、家庭裁判所の許可を要さない。

b 手続

担保権実行としての競売の例によって行われる（民執195条）。また、基本的には、誰でも競売に参加することができる（鑑定評価に基づいて、「これ以上安い価格では売らない」という「最低売却価額」が設定されて入札が行われる。）。

では、相続債権者及び受遺者は、競売に参加することができるか。

相続財産の換価が適正公平に行われるかどうかについて重大な利害関係を有するので、自己の費用で参加可能である（民957条2項、933条前段）。相続債権者らの参加申出を無視して競売が行われた場合には、参加申出人に対して競売の効果を主張することができない（民957条2項、933条後段、260条2項）。

また、相続債権者らには、限定承認した相続人のように特定の相続財産を保全する必要はないので、競売を差し止める権利がない（民957条2項参照）。

競売の効果として、不動産の担保権者や差押え権者の権利は当該不動産の売却とともに消滅する（民執188条、59条2項・3項）。

民事執行法63条の剰余主義の適用についても問題となると考えられるが、限定承認における財産管理人の項を参照のこと。

(イ) 任意売却（民953条、28条、家手別表1の99）

家庭裁判所から権限外行為の許可の審判を得て不動産等の資産を任意売却することもできる。実務上では、通常任意売却の方がより高価かつ簡便に売却でき（事案によって、不動産鑑定士の鑑定評価額以上で売却できることもある）、家庭裁判所の監督下で行われ公正さも担保されていることから、任意売却による換価も意味がある。遺産及び相続財産の換価を命ずる裁判（家手194条、207条）において家庭裁判所は、売却の方法、期限その他の条件を付けることができ、特に、不動産の任意売却の換価

について、最低売却価額を定め、終了結果の報告を求めている（家手規103条4項～6項）。しかし、当該権限外許可における任意売却に上記の規定の準用がなく不動産の売却の有無につき相続財産管理人は、裁判所の命令に拘束されないものと解する。また、債権者も拘束されない。任意売却の場合であっても売買代金が総債務額に満たないことが通常であることから、例えば、債権者に公租公課の債権が含まれていると滞納税庁が元本金額を免除することがないので、弁済金額の分配方法について各債権者の同意を得るための交渉が必須となる例が多い。形式的競売と異なり、不動産の売却により債権者の権利が当然消滅することがないことによる（民執188条、59条）。

(ウ) **登記手続**

a 相続財産法人の登記

売買等による所有権移転の登記をする前提として、相続財産法人名義へ名義変更の登記をする。

相続財産管理人が管理する財産の中に、不動産が存在する場合、相続財産管理人は、当該不動産の登記名義を相続財産法人名義にしておく義務がある。

例えば、被相続人が生前中に不動産を購入したのに、登記が売主名義のまま未了になっているような場合、当該不動産が二重に譲渡され第二譲受人に登記が移されてしまうと、相続財産管理人は、当該不動産の取得を第二譲受人に対抗できなくなる（民177条）ので、相続財産管理人（単独申請）は、速やかに登記名義を相続財産法人名義に変更しておく必要がある。

【書式5－1】

```
           登 記 申 請 書

登 記 の 目 的    1番所有権登記名義人表示変更
原    因       平成24年○月○日相続人不存在
変更後の事項      ○○市○町○丁目○番○何号
```

296 第5章 処分 ③ 法定の財産管理人等

```
                亡〇〇〇〇相続財産
   申  請  人   〇〇市〇町〇丁目〇番〇何号
                亡〇〇〇〇相続財産管理人 〇 〇 〇 〇
   添 付 情 報   登記原因証明情報 代理権限証明情報(注)
```

注 この登記には、相続財産管理人選任審判書謄本の提供が必要になる（昭
 和43年4月27日民事甲第1328号民事局長回答）。また、この書面が代理
 権限証明情報となる。なお、記載内容から相続人の不存在、不在者の死亡
 年月日が明らかであれば、戸籍謄本等の提供は不要となる（昭和39年2月
 28日民事甲第422号民事局長通達）。実務事例として、登記義務者の登記
 識別情報の提供を要さない。

　b　任意売却

　登記申請は、相続財産法人（登記が必要）が登記義務者となり、相続
財産管理人が家庭裁判所の権限外行為許可審判書を添付して買主ととも
に共同で登記を申請する。添付書面として、登記原因証明情報、相続財
産管理人選任審判書、家庭裁判所の許可審判書、財産管理人の印鑑証明
書がある。なお、登記識別情報は不要である（「登記研究」第606号199
頁（テイハン））。相続財産管理人が裁判所の監督下にあることから官公
署の嘱託登記と同視できることがその理由である。

【書式5-2】登記原因証明情報の記載例

登記原因証明情報

```
1　登記申請情報の要領
  ①　登記の目的　　所有権移転
  ②　登記の原因　　平成〇年〇月〇日　売買
  ③　当 事 者　　権利者　〇〇市〇町〇丁目〇番〇号　A
                義務者　亡〇〇〇〇相続財産
                        〇〇市〇町〇丁目〇番〇号
                亡〇〇〇〇相続財産管理人　横浜花子
  ④　不動産の表示（略）
2　登記の原因となる事実又は法律行為
```

① 亡〇〇〇〇相続財産管理人横浜花子は、平成〇年〇月〇日Aと本件不動産の売買契約を締結した。
② 平成〇年〇月〇日〇〇家庭裁判所は本件売却につき許可をした。
③ Aは同日売買代金を支払い、亡〇〇〇〇相続財産管理人横浜花子はこれを受領した。
　よって、同日所有権は〇〇〇〇からAに移転した。

Q　住宅ローンを貸し付けている債務者が死亡した。債務負担を回避するため相続人全員が放棄した場合に任意売却をどのように進めるべきか。

A　一般的には、抵当債権者の債権回収方法として担保権の実行をするには、まず、抵当権者が利害関係人として家庭裁判所に相続財産管理人の選任申立てをして、選任された相続財産管理人を相手に手続を実施する。しかし、任意売却が抵当権者にとって有利な債権回収方法となるのであれば、債務者の相続財産管理人を相手に売却を交渉することも可能と考えられる。もっとも、執行の開始後に、何らかの理由により相続財産管理人が選任できない場合には、執行裁判所の特別代理人（民執41条2項）選任後に競売手続（申立債権者が競売申立受理証明書に基づき、相続財産法人に代位して表示変更登記を行う）を進めることもできるが、職務権限（債務者への送付、配当期日の債務者の呼出し等）が限定されるので、任意売却のときは、新たに相続財産管理人の選任を申立て、売却交渉をすることになる。

　競売申立前に、相続人不存在となっている場合でも、便宜、特別代理人を利用できるか。

　原則としては相続財産管理人を選任すべきものと解する。ただし、次のような執行の開始の前後を問わないかのような「相続人が不分明の不動産について、相続財産管理人を選任することなく、当該不動産の被相続人の債権者が、競売申立受理証明を代位原因を証明する情報として、当該不動産の登記名義人の表示を相続財産法人に変更する代位の登記の申請の可否について」、申請することがで

298　第5章　処分　③　法定の財産管理人等

■　きるとの実務事例もある（「登記研究」第718号203頁（テイハン））。

> **【ポイント】**
> **売買契約書の特約事項**
> 　相続財産管理手続は、いわば相続財産法人の清算手続であるから、破産手続と類似する面がある。そこで、売買契約条項には、後日の紛争を防止するために、現状有姿による引渡条項、公簿売買、瑕疵担保責任の免責条項、また、解約手付の排除条項（即時一括契約）などを設けておくべきである。

㈑　被相続人の生前の売買

　相続財産管理人が被相続人の生前売買による未履行の所有権移転を申請する場合、登記義務は相続財産法人に帰属する。また、所有権移転登記の申請書には、被相続人の所有権に関する登記済証を添付するが、家庭裁判所の許可書は不要である（昭和32年8月26日民事甲第1610号民事局長回答）。登記申請は期限の到来した債務の弁済等に準じる権限内の行為となるからである。

(7)　財産の破棄処分（動産等）

　衣類、本及び雑貨等の価値のないものは、保管管理費の負担面から相続財産管理人において破棄するのが相当である。しかし、財産的価値のある財産の破棄処分は権限外行為として許可を受けるべきである。判断が難しいときは念のため裁判所に相談するとよい。

(8)　預貯金等の契約の解約

ア　許　可

　解約により返戻利益があるときや新たな債務負担のおそれがある電話加入権、リース契約など早期に解約することになる。ただし、裁判所の許可は不要である。

　複数の金融機関に散らばっている預金を、相続財産管理人が管理しやすいように、1か所の銀行に集めて管理する（亡○○相続財産管理人○○の名義）ため、他行の預金を解約する場合や、他の管理財産の修理費・維持費を支払うために預金の払戻しをする場合は、相続財産管理人の権限内の行為と解されている。前者の場合は、保存行為に該当し、後者の

場合は、相続財産管理人の義務（債務弁済）行為となる。

しかし、銀行預金を、国債（外国債を含む。）など元本が確実に保証されているものに替える場合には、破綻等を考慮すると家庭裁判所の許可が必要となる。

相続財産管理人は管理する銀行口座名の開示に十分な注意が求められる。ペイオフ、被相続人の債権者からの債権回収行為の防止を図る。

イ　金融機関の預金を解約する場合の必要書類

被相続人の預金通帳と届出印（念のため）、相続財産管理人選任審判書の謄本並びに相続財産管理人の印鑑・身分証明書・印鑑証明書が必要となる。

金融機関によっては、さらに家庭裁判所の権限外行為として管理人の預金払戻請求許可審判書（謄本）を要求するところがあるようだが、預金を解約するだけであれば、保存行為であるので家庭裁判所の許可は不要と考える。

(9)　不動産等の賃貸借契約の解約

ア　賃貸人の地位

被相続人が賃貸人であった場合、相続財産管理人は、賃貸借契約から生ずる賃料を受領することや合意解約をすることもできる。ただ、立退料を多額に支払って合意解約するときなどは、その判断が微妙となる。

イ　賃借人の地位

利用していない賃借物や新たな債務の負担となる契約は早期に解約する。

賃借権の解約は相続財産管理人の権限のない行為である（東京控判昭和 12 年 12 月 16 日新聞 4247 号 9 頁）。

(10)　相続債権者の相続財産法人に対する抵当権設定登記手続請求

相続債権者は、被相続人から抵当権の設定を受けていても、被相続人の死亡前に仮登記がされていた場合を除き、相続財産法人に対して抵当権設定登記手続を請求できない（最判平成 11 年 1 月 21 日民集 53 巻 1 号 128 頁）。

(11) **債権債務**

債権調査の上、回収可能なものは、速やかに回収し、債務となる日常生活に欠かせない電気、電話、ガス、水道、受信料等の契約を早期に解約する。税金、社会保険料、保険料の未払いの有無を調査し弁済する。これらは保存行為であって家庭裁判所の許可を要しない。

(12) **その他の権限外行為**

ア　類　型

民法に定められる管理行為を超える場合、家庭裁判所の権限外行為の許可が必要である。

① 　贈与・寄付

　　裁判所の許可を受けて被相続人と関係のあった施設に寄付すること。

② 　訴訟行為（訴えの提起、取下げ）、仮差押・仮処分、示談・和解及び訴訟代理人の解任（東京高判昭和 57 年 10 月 25 日家月 35 巻 12 号 62 頁）。

　　被告として訴え又は上訴について応訴すること、また、上訴することも家庭裁判所の許可を要さない（最判昭和 47 年 9 月 1 日民集 26 巻 7 号 1289 号）保存行為となる。

③ 　登記手続（時効等）登記義務者となる場合。

④ 　祭祀・法事費用の支出（墓地の取得、納骨費用、永代供養、法要費用、各回忌費用等）。

　　裁判所は、金額、支出先及び祭祀等の内容を特定して許可する。

イ　権限外行為無許可の効果

代理権の超越行為となり無権代理行為になる（名古屋高判昭和 35 年 8 月 10 日家月 13 巻 10 号 96 頁）。

(13) **残余財産の国庫への引継ぎ**

相続債権者、受遺者への弁済等の一定の手続き終了後、特別縁故者への分与後の残存財産（分与がされないときは、清算後の残存財産）は、相続財産管理人による管理計算を経た上で相続人がいない場合には一定の公告期間を経て、相続財産が残っていれば国庫（不動産管轄地の財務局

長に対して実測図等の書類を添えて不動産引継書を提出）に帰属する（民959条）。現金は家庭裁判所の歳入徴収官が発行する納入告知書で歳入納付する。ただし、借地権、借家権については、清算方法がないので消滅しない（大判昭和13年10月12日民集17巻2132頁）。なお、同居していた内縁配偶者や事実上の養子がいるときは、その者が権利を承継する（借地借家法36条）。

　実際に年間どの程度の金額が国庫に納入されているのか。

　主として死亡者、相続放棄、相続財産管理人の選任及び国庫帰属となった金銭等の総額は以下の通りである。

年　度	死亡人数（人）	相続放棄申述受理件数	相続財産管理人選任数（人）	国庫帰属相続財産額（百万円）
平成24年度	1,256,254	169,300	16,751	37,512
平成25年度	1,268,436	172,936	17,869	33,677
平成26年度	1,273,004	182,089	18,447	43,411
平成27年度	1,290,444	189,381	18,568	42,063

国の「一般会計歳入決算明細書」「裁判所所管歳入決算明細書（各年度分）」雑収入の「雑収」という収支項目による。最高裁判所の「司法統計年報」。死亡人数は、厚生労働省の各年度の「人口動態統計」による。「財産総額」は売却処分された不動産、有価証券、動産の代金である。

ア　現金、金銭債権

　現金に関しては、「国の債権の管理等に関する法律」（昭和31年法律第114号）の11条から14条等の規定に基づき、当該財産が所在する区域を管轄する家庭裁判所の歳入徴収官が相続財産管理人に納入告知書を発行通知し、それに基づいて引渡す。

　金銭債権については、家庭裁判所の歳入徴収官が債務者に納入告知書を通知し、債権者が回収することなく、債務者が納付する。

　なお、家庭裁判所は国庫に帰属予定の相続財産（預貯金口座）について、国庫に帰属させる預金の保管はすべて全額保護型（利息の付かないもの）にする。銀行が破綻する危険性があることや、国庫に帰属させる金額を報告した後に納付書が届き、その納付書の金額を納めることになり、その際、口座を解約し利息が発生すると、新たに国庫に帰属させる

手続をしなければならなくなることを避けるためである。相続財産管理人としても利息処理が煩わしいこともある。したがって、相続財産管理人が現金等を保管する場合、「○○相続財産管理人」名義の利息つかない口座での管理を要する。

具体的な手続として、相続財産の預貯金をすべて解約して、費用を差し引いた額を金融機関の自己宛小切手にする。そして、その写しを家庭裁判所に提出して、同額の納入告知書を受領し、小切手の支払を受けて納付することになる。

イ　不動産（従物も含む。）、船舶、航空機の取扱い

「物納等不動産事務取扱要領」（平成 13 年 3 月 30 日財理第 1265 号）・「物納等不動産に関する事務取扱要領について」（平成 18 年 6 月 29 日財理第 2640 号）」では国庫帰属不動産の取扱いに基づき、次のように取扱われている。財務局等は、次の事項を記載した国庫帰属不動産の引継書をもって現地において財産管理人から引き継ぐ（国有財産法 2 条 1 項）。

所有権の移転登記につては権利者を財務省、義務者を相続財産管理人として登記原因を「国庫帰属」として国が嘱託登記申請する（「登記研究」第 137 号 44 頁（テイハン））。

① 当該財産の所在・地目・数量

② 引継ぎの事由

③ その他参考となるべき事項

また、財務局等は、動産が不動産と一体的に処理することが適当と認められる場合において、当該財産が所在する区域を管轄する家庭裁判所等と協議の上、当該財産を財産管理人から引き継ぐ。

なお、相続財産としての不動産は、通常、家庭裁判所の対応として換価し金銭に代えることを相続財産管理人に促す。処理が簡単であるからである。

したがって、国庫に帰属の手続が行われるのは売却処理できなかった不動産が多い。

⒁ 管理終了

ア 終了事由

管理終了事由の発生により相続財産法人が消滅し相続財産管理人の職務が終了する。

終了事由として、①弁済・財産分与特・別縁故者及び国庫の財産の引継・相続財産の破産開始決定による破産管財人に財産の引継ぎ（破産223）等の手続の段階で管理すべき財産がなくなったとき、②相続人が出現し、相続が単純承認等により引継がれたとき管理人の代理権は消滅する③継続して管理することが相当でないとき（家手208条、125条7項）がある。

イ 管理終了報告

管理が終了した時には、例えば、残与財産を国庫に引き渡し後に、家庭裁判所に管理完了報告書を提出する（民959条、956条2項）。報告書には、管理の経過や財産収支を記載し、管理計算は、管理終了報告書をもって充てる。

なお、上記アの終了事由①③の場合、相続財産管理人等が管理終了報告書と同時に「選任処分の取消」の申立てを家庭裁判所して、同取消しの審判により職務が終了する。

事由②の場合当然に消滅するとする説（大阪高判昭和44年2月7日判時557号244頁）と、家庭裁判所の審判により相続財産管理人の地位を消滅させるとする説（東京高決昭和50年1月30日判時778号64頁）がある。

相続財産管理人選任処分の取消審判申立書

第1 申立ての趣旨

○○家庭裁判所の平成○年○月○日被相続人亡Aの相続財産管理人選任処分はこれを取り消すとの審判を求める。

第2 申立ての理由

1 申立人は平成○年○月○日被相続人亡Aの相続財産管理人にされた。

2 申立人は、被相続人亡Aの相続財産を以て債務整理をしてきた。残財産を国庫に引継を終え管理すべき相続財産が全てなくなった。

304 第5章 処分 ③ 法定の財産管理人等

> 3 よって、申立ての趣旨記載のとおり審判を求める。
>   添付書類
> 1 国庫への振り込み書控え

＊同時に、「管理終了報告」を家庭裁判所に提出する。

> 平成○○年（家）第○○号相続財産管理人選任事件
>   管理終了報告書
> 平成○○年○月○日
>   ○○家庭裁判所御中
>   被相続人亡A
>   相続財産管理人○○○○㊞
> 平成○○年（家）第○○号相続財産管理人選任事件について、財産管理
> につき、その事務が終了しましたので報告します。
>
> 第1 終了事由
> 平成○○年○月末日、残余財産金○○○○円をすべて国庫に引き継い
> だ。
> 第2 管理期間
> 平成○年○月○日から平成○年○月末日まで
> 第3 管理の計算
> 管理費用○円、報酬金○円
> 第4 管理事務の経過
>   略
> 第5 添付書類
>   銀行預金通帳
>   国庫金払込書
>   領収書
>   諸経費領収書
>   報酬領収書

⑮ 管理人の報酬付与

　相続財産管理人は報酬請求権を有するものと解する（民953条、29条
2項参照）。高度な法律知識が要求され、善管注意義務等さまざまな責
任と義務を負うからである。

　ただし、報酬受領には、家庭裁判所において、報酬付与の審判を経な

ければならない。

　では、いつ、だれに請求するか。また、その支払い原資はなにか。

　通常は、管理業務の終了前、裁判所に管理終了報告の提出直前に財産管理人からなされる。

　報酬の支払い原資は通常、相続財産が充てられるが、十分でない場合、選任申立て時に相当額の予納を求められる。なお、金額は、裁判所が、自由裁量にて事案に応じて決定（管理期間、額、難易度等）する。注意すべき点は、国庫帰属手続きを取る場合、当然であるが手続以前に報酬付与の審判を申立てする必要がある。

⒃　税務関係

　全相続人が相続を放棄したとき、取得する財産がないのであるから基本的には相続税は課税されない。ただし、生命保険金（保険料の支払者が被相続人のとき）、死亡退職金などのみなし財産の遺贈を受けたときは、遺産に係る基礎控除額（3,000万円＋600万円×法定相続人の数、平成27年1月1日以降）を超えた分について相続税の課税を受ける。

　保険料の支払いが受取人の時は所得税の問題となる。一時金払いのときは一時所得、年金方式のとき雑所得になる。

【ポイント】

生命保険金及び死亡退職金等と相続税の扱い

　「相続税法上のみなし財産」については、相続の放棄をした者でも保険金を受け取ることができ、放棄者は相続人ではないことから、遺贈により取得することとなる。相続人ではないので、相続の放棄者にみなし財産についての非課税規定の適用はない。合計額が遺産に係る相続税の計算上の「基礎控除額」を超えるときは、相続税の課税が発生することに注意。

　Q　相続人全員が相続放棄した場合、誰が準確定申告するのか。

　A　一定の要件に該当する居住者（1月1日～12月31日までの各歴年）が所得を得た時は、所得金額に対する税額を算出して申告と納税をする義務が生じる（通常の確定申告）。しかし、年の中途で死亡した人の場合は、1月1日から死亡した日までに通常の確定申告に準じて、相続人が相続の開始があったことを知った翌日から4か月

306 第5章 処分 ③ 法定の財産管理人等

を経過した日の前日までに死亡した人の納税地の所轄税務署長に申告することになる（準確定申告）。

申告は、原則として相続人又は包括受遺者が行い、全員が相続放棄してしまうと放棄の効果から初めから相続人がいないことになり、被相続人の権利義務が相続財産法人に帰属（民951条）することで、申告義務が財産を管理する相続財産管理人にあるかが問題となる。

上記に掲げた者が存しない場合において相続財産法人に所得税法の規定（所法120条以下）の適用があるかに関して所得税法上に規定がない。

この点については、国税通則法5条では相続法人が納税義務を承継（還付請求権等）するので、所得税法の規定を類推解釈して相続財産法人も適用すると解している。

申告期限についても、管理人が確定した日（家庭裁判所から管理人に通知された日）の翌日から4か月を経過した日の前日となる。管理人が選任を受けて確定申告書を提出するからである。なお、納税額は、被相続人の相続開始時における確定債務となり、還付金があるときは相続財産に組み込まれる。

Q 不動産の所有者Aが死亡した。相続人である息子Bは父親が死亡して1か月後に家庭裁判所に相続放棄の手続をした。固定資産税の納税義務者は誰になるか。

A 固定資産税は、賦課期日（毎年1月1日現在）現在の土地建物及び償却資産（固定資産）の所有者に対して、市町村が課税する税金である。納税義務がある者は賦課期日に固定資産課税台帳に搭載されている者となる。事例ではAが死亡することにより、固定資産を相続するBが納税の義務を承継することになるが、Bが相続を放棄したため、Aの遺産は相続財産法人が組成される。したがって、固定資産を現に所有している者（地方税法343条2項）は相続財産法人となり、納税義務者となる。

ただ、Aが賦課期日前に死亡し、相続人Bが賦課期日後に相続を放棄した事例につき、賦課期日においてBが所有者であるので、Bになされた賦課処分は、後日なされたBによる相続放棄により、課税関係は影響しないとする実務的な考えもある。

なお、相続財産法人の成立について「相続人の存否が不明であれば、被相続人の死亡と同時に、その相続財産は法律上当然に法人となる。その成立について何らの手続を要することもなく、対外的に公示の方法を採ることも要しない。対外的に積極的に取引することを目的とする法人ではなく、消極的にただ相続財産の管理清算のみを目的とするためのものだからである。この法人が対外的に成立したことが明らかとなるのは、相続財産の管理人が選任されたことによる（大判昭和8年7月11日民集12巻2213頁）とする判例がある（片岡武ほか『第2版　家庭裁判所における成年後見・財産管理の実務』303頁（日本加除出版））。

2　不在者の財産管理人

(1)　不在者財産管理人の意義と類型

ア　不在者財産管理人

不在者財産管理人とは、従来の住所又は居所を去り、容易に帰来する見込みのない行方不明者（不在中に財産管理人の権限が消滅した場合を含む）の財産を管理するため、家庭裁判所の選任により管理・処分の権限を付与され法定代理人のことである（民25条〜29条）。選任の申請は不在者の利害関係人又は検察官が家庭裁判所へ請求し、家庭裁判所が管理人を選任し、後見的監督の下で、管理人に不在者の財産の管理・保存に当たらせる。これを「選任管理人」という。

なお、審判に対して不服申立ては許されない（東京高決昭和60年3月25日判時1150号187頁）。不在者に法定代理人がいる場合、その者が財産の管理にあたる。

イ　委任による不在者管理人の場合

不在者となった者からあらかじめ財産の管理を委ねられた管理人（委

任管理人）の権限の範囲は、その委任契約の内容によって定まる。その権限の範囲を超える行為をする場合には、家庭裁判所の許可を得てこれを行うことになる（民28条後段）。

> **Q** 配偶者が行方不明の場合、直ちに片方の配偶者が財産管理人に就任できるか。
>
> **A** 行方不明の配偶者のため訴訟代理人を選任する行為は、保存行為といえないので、委任を受けている場合を除いて就任できない。したがって、不在者財産管理人の選任を求める等の方法によることになる（東京高判昭和46年1月28日判時620号48頁）。

(2) 制度趣旨

不在者の財産が放置されて散逸することによって受ける不在者の財産的損失を防止し、不在者の財産を保存することが目的である。そして、相続人、債権者、その他の利害関係人を保護するための制度である。最終的には国民経済上の利益を保護する趣旨も含まれている。

制度が利用されるケースとして多いのは、境界確定、債権回収や複数当事者による遺産分割の協議、生命保険の請求、不動産を処分する場合に当事者の一人が不在の場合である。

(3) 地位・資格

ア　地　位

家庭裁判所における選定管理人は、本人の意思に基づかない、法律上の規定による代理人であるので一種の法定代理人である（通説：大判昭和15年7月16日民集19巻1185頁）。

一方、委任管理人は不在者となった者があらかじめ財産の管理を委ねた委任代理人である。両者に選任手続に差があるが、実質においては、民法上の委任契約とほとんど変わらない。

イ　資　格

法律上、不在者財産管理人となるための資格、条件はない。しかし、最近は、裁判所も法律的知識の担保、公平性を期すため利害関係のない

弁護士、司法書士等を選任する例が多く、予め候補者を推薦しても認められることがない。よって、財源が見込めない場合に管理費用を予納させる（金額としては30〜100万円程度）。

> **Q** 不在者の個々の財産ごとに不在者財産管理人を選任できるか。
> **A** できない。制度が不在者の財産全般の管理を継続するものなので、個々の財産管理を法は予定していない。これに対して、委任による財産管理人は、個別特定の財産を指定して、その財産の管理権限のみを委ねることができる。

(4) 権　限

ア　原　則

権限の定めのない代理人と同様、すなわち保存行為及び管理行為の目的である物又は権利の性質を変えない範囲内（利用又は改良）を目的とする一切の行為のみの権限である（民28条、103条）。

保存行為は現状を維持する行為であり、管理行為は物又は権利の性質を変えない範囲内での行為で、それには、対象物を利用して利益を得る利用行為と利益を高める改良行為とがある。

(ア) **保存行為**

建物の修繕、時効中断、期限到来後の債務の弁済、被告としての応訴、上告

(イ) **管理行為**

a　利用行為　民法602条の期間を超えない賃貸借契約の締結、使用貸借契約の締結、賃貸借契約や使用貸借契約の解除

b　改良行為　造作の設置

イ　裁判所の許可を要する行為（民953条、28条、家手別表1の55）

不動産、動産、有価証券などその種類にかかわらず管理財産を売却することは、処分行為となり家庭裁判所の許可が必要となる。不在者財産管理人が有する基本的な権限は民法103条に定められた範囲内で主に財

産を保存することにあるからである。

処分行為には、不在者に代わって遺産分割協議（調停による分割も含む）、積極的な訴訟行為（和解、仮差押、仮処分など）、売却処分、無償譲渡（寄付）の場合も含まれ、許可が必要である。他に、担保権の設定、相続放棄、承認、貸付（金銭消費貸借）、期限未到来の債務の弁済、管理行為により発生した債務の弁済、民法602条の期間を超える賃貸借契約の締結、生命保険契約の満期前の解約や扶養義務者への生活費の支出がある。

なお、債務の弁済や被告としての応訴は保存行為となるので、権限内行為であり、許可は不要である。

(ア) **権限外行為許可の審判への不服申立ての可否**

処分内容を不当として即時抗告をすることはできない。

抗告を認めることは、期間制限がなく、審判が長引き未確定の状態に置かれることになり、身分関係に重大な影響を及ぼすことになるからである。

(イ) **相続財産無許可処分及び無同意処分の効果**

裁判所の許可を得ないで権限外の行為を不在者財産管理人が行うと、相続財産管理人と同じように無権代理行為になると解する。

また、任意管理人が本人の同意を得ないで行った行為についても、通常、無権代理（民113条）又は代理権の超越行為となる（名古屋高判昭和35年8月10日家月13巻10号96頁）。

(5) **職　務**

ア　**具体的**

不在者財産管理人は家庭裁判所の監督の下に、不在者の利益保護のために不在者の財産を適正に管理することを職務とし、間接的に利害関係人の利益も保護することになる。

不在者の財産や金銭等の収支状況を調査確認する必要がある。

職務内容として以下のものがある。

① 受任者としての権利義務（善管注意義務（民644条）、受取物の引渡し義務（民646条）、金銭消費の責任（民647条））、費用償還請求（民

650 条）

② 財産目録の作成義務（民 27 条 1 項）

③ 担保提供命令に対する担保の供与義務（民 29 条 1 項）

④ 財産保存上必要な処分命令に服する義務（民 27 条 3 項）

⑤ 財産の状況報告及び管理計算義務（家手 146 条 2 項）

⑥ 相続債権者、受遺者に対する催告及び弁済（民 957 条）

⑦ 相続人探索の公告請求（民 958 条）

⑧ 特別縁故者への財産分与申立て事件での意見表明（家手 205 条）

イ　不在者財産管理人の選任と失踪宣告が競合する場合

双方の制度を利用（又は一方を停止）することが可能と考えることもできるが、家庭裁判所で失踪宣告を優先させ、不在者財産管理人の選任申立てを取り下げないと失踪宣告の申立てを受け付けないとの判断が下される。両制度の事務処理の担当が異なることが理由に掲げられる。

(6)　処分行為の類型

ア　不動産の売却

(ア)　許可、審査、売却

不在者財産管理人が不動産等の処分を認められる事例は多くないが、下記のような状況での処分が考えられる。

① 不在者の財産である経年により老朽化した建物やマンション、投資目的の別荘用地や山林など固定資産税が負担となる不動産

② 不在者失踪中の家族名義の不動産を同居の家族が管理できないときや買い取りたい場合

③ 管理する財産の値上がりが見込めないので、現金化して定期預金や国債を購入する場合

④ 不在者が多額の負債を負っており、強制執行や競売を待つことで、多額の遅延損害金が課されることになる場合

⑤ 国や地方公共団体等が、不在者所有の土地を道路用地として買収する場合

不在者財産管理人の権限からすれば、換価することまではできない。したがって、不動産の処分は権限外行為の許可が必要となる。また、管

理上便宜であるということだけで、売却の必要性を早々に認めることはない。しかし、不動産をそのまま管理するより、適正価格で売却して、改築、取壊費用の発生の回避や、税の返済に充てる方が合理的な場合もある。

(イ) 審査方法

売却の必要があるか否かを審査して、売却金額や売却先を特定して許可する。

(ウ) 売却金額

申立人に適正価額を示す資料の提出を求め、鑑定書、路線価等を用いた試算、近隣の複数の不動産業者による見積書などを参考にする。また、売却物件の適正価額をあらかじめ特定することが困難な場合には、時価による売却を許可することもある。

(エ) 処分の必要性

不在者財産管理人は不在者の財産を確実に保存することが目的であるので、経済的物差しだけで許可はされない。

また、オーバーローン状態の自宅を、不在者の家族が、所有の継続を目的とし低金利のローンに切り替えるためにする処分には消極的である。

イ 登記手続

第三者に売却する時は、処分行為となり裁判所の許可が必要である。もっとも、被相続人が生前に売り渡した不動産について相続財産管理人より所有権移転登記を申請する場合には、家庭裁判所の許可を必要としない（昭和32年8月26日民事甲第1610号民事局長回答）。

【書式5－3】

登 記 申 請 書

登記の目的　　所有権移転
原　　　因　　平成24年9月3日売買
権　利　者　　○○市○○町○丁目○番○号

義 務 者　　　○○○○
　　　　　　　○○市○○町○丁目○番○号
　　　　　　　○○○○
添付情報(注1)
　登記原因証明情報　印鑑証明書(注2)　住所証明情報
　権限外行為許可審判書　代理権限証明情報
平成 24 年 9 月 3 日申請　○○法務局○○出張所
　（省　　略）

注 1　不在者財産管理人が家庭裁判所の許可を得て不在者の不動産を売却する場合、所有権移転登記の申請書には、不在者の所有権に関する登記識別情報の提供を要しない（「登記研究」第 779 号 123 頁（テイハン））。
（参考）破産管財人が裁判所の許可書を添付して、破産者の所有する不動産を任意売却する場合、破産者の権利に関する登記識別情報（登記済証）の提供は不要である（昭和 34 年 5 月 12 日民事甲第 929 号民事局長通達）。
注 2　原則として市区町村長等が作成したものを添付する。家庭裁判所に印鑑を届け出て、裁判所書記官がその印鑑の証明でもよいとする実務事例がある。
　　　しかし、破産管財人と同様の考えにより裁判所書記官が発行した時は、3 月以内の制限はなく利用できるとの見解がある（「登記研究」第 709 号 199 頁（テイハン））。
　　　もっとも、弁護士会発行の印鑑証明書は官公署が発行した印鑑証明書でないので利用できない。

審判主文記載例（不動産の売却）

　不在者財産管理人である申立人が、不在者所有の別紙目録記載の物件を○○○○（住所○○県○○市○○町○番○号）に対し、金○○○万円で売り渡すことを許可する。

ウ　許可ある管理人の行為が不在者に与えた効果

　不在者財産管理人が、不在者が相続した遺産を家庭裁判所の許可を得て売却したが、後に不在者が相続の開始があったことを知ったときから 3 か月以内にした相続放棄は無効であるとされた。不在者にとって、管財人の処分が単純承認（民 921 条 1 号）に当たる（名古屋高判平成 26 年 9

月 18 日裁判所 Web、貸金請求控訴事件）。

エ　時効取得（登記義務者）

　実務事例として、「甲の相続人乙が不在者の場合、甲名義の不動産について、甲生存中に丙の取得時効が完成したとして、丙が登記権利者、乙の不在者財産管理人丁が登記義務者となって時効取得を原因とする所有権移転の登記を申請するときは、家庭裁判所の許可書の添付を要する」としている。しかし、管理人の債務の弁済に準じて権限の範囲内であるので裁判所の許可を要しないとする考えもある（財産管理実務研究会編『新訂版不在者・相続人不存在　財産管理の実務』89 頁（新日本法規出版））。

　不在者財産管理人が登記義務者として時効取得を原因とする所有権移転登記を申請する場合、許可書の添付を要する（「登記研究」第 548 号 165 頁（テイハン））。

　ほかに、不在者財産管理人の印鑑証明書を提出する。

オ　不動産賃貸借契約

　民法 602 条の短期賃貸借の期間内であれば不動産の賃貸は、目的物の利用行為（民 103 条 2 号）として、一般的に権限の範囲内といえる。契約関係を確認した上で、賃料の受理や契約違反の対応を行う。

　しかし、借地借家法が適用される場合には、不動産賃貸借は長期にわたる可能性があるので、家庭裁判所の許可が必要となる。

カ　預貯金の払戻し

　清算のため、不在者財産管理人は金融機関から当然に預貯金の払戻し・口座の解約ができる。

　ただし、定期預金の満期前の解約は処分行為となり権限外行為になる。

　その時の添付書類として、不在者財産管理人の選任審判書又は家庭裁判所書記官発行の不在者財産管理人であることの証明書（3 か月以内）及び印鑑証明書等が必要となる。

キ　動産・有価証券

　動産については、保管管理上で費用負担がないのであれば、そのまま

置いておくという選択肢もあるが、経年により交換価値が低下するような物については現金化する方がよいのではないか。また、有価証券も、企業の業績、景気等で価格が変動することを考慮すると現金化への検討が必要である。

ク　遺産分割協議

不在者財産管理人が、遺産分割協議を成立させるには、家庭裁判所の許可を必要とする。また、調停による遺産分割も当事者の処分行為（価値減少の可能性）となるので同様である。

不在者財産管理人が権限外行為の許可申請をする場合には、裁判所は同時に遺産分割協議書（案）の提出を求めてくる（以下、本項については、片岡武ほか『第2版　家庭裁判所における成年後見・財産管理の実務』186頁以下（日本加除出版）を参照）。不在者に不利益な扱いがなされないかを家庭裁判所として事前に確認する資料にしている。公平性が疑われると再提出させられる。

㋐　共同相続人中の一部に不在者がいる場合における遺産分割協議の方法

共同相続人中の一部に不在者がいる場合には、先に裁判所に不在者財産管理人を選任して、他の共同相続人との間で遺産分割協議を行うとするとの考えと、先に裁判所に遺産分割の申出をしつつ、不在者を分割協議の過程で存在の有無を確定しながら遺産分割ができるとの考えと見解が分かれている。後者の方が、時間短縮でき、業務処理も迅速である。しかし、不在者を除外するとの批判がある。

協議の相当性の審査の中心は遺産分割協議の結果、不在者が不当な扱い方をされていないかにある。したがって、不適当と判断されると裁判所へ再提出することになる。

㋑　遺産分割における不在者の法定相続分の確保

a　不在者の帰来可能性と法定相続分

裁判所の判断として、不在者の法定相続分の確保を原則とするのは、不在者が帰来した時の生活基盤の保障にある。また、不在者が遺産分割協議に参加していれば、法定相続分程度は財産確保し得ると認められる

からである。

b 法定相続分を下回る遺産分割協議の例

明らかに帰来する可能性が低い場合まで法定相続分相当を保全する必要が常にあるとは限らない。また、不在者が実際に遺産分割協議に参加したとして、法定相続分を下回る遺産分割協議が成立すると予想し得る場合、その必要性が低いと判断されることもあろう。

具体的には、以下のような場合が考えられる。

・不在となった事情、不在の期間、年齢、消息の有無、配偶者や子の有無等から帰来する可能性がないこと、あるいは死亡している可能性が高い場合（大分家審昭和 49 年 12 月 12 日家月 28 巻 1 号 72 頁）

・不在者が失踪宣告の要件を満たしている時

・不在者が被相続人から相応の生前贈与を受けている場合

・不在者が被相続人から法定相続分を上回るような多額の借金をし、これを返済しないまま所在不明となっている場合

(ウ) 不在者に遺産を何も取得させない内容の遺産分割協議の可否

原則として認めていない。裁判所は不在者の法定相続分に相当する割合を残す例が多い。

(エ) 不在者財産管理人と不在者が共同相続人であるとき利益相反となる場合

どのように対応するかにつき、特別代理人を選任するか、不在者財産管理人を新たに選任する方法などがある。

(オ) 帰来時弁済型の遺産分割協議の可否

不在者が帰来する可能性がなく、また直系卑属がいない場合に、遺産分割の時点では、特定の財産を不在者に取得させず、その代わりに、他の相続人において不在者が帰来したときに不在者に対する代償金等の支払を命じる帰来時弁済型遺産分割協議をすることが可能である。

ただし、代償金支払債務を負う相続人の資力の低下や代償金の額の問題に難がある。

ケ その他の各種の権限外行為

① 相続放棄の申述

法定管理人では必要説と不要説に分れるが、実務では権限外行為として許可を要するとされている。相続財産が債務超過の場合でも許可後に相続放棄の申述をする。

② 訴訟行為（訴えの提起、訴えの取下げ、訴訟上の和解、調停）

訴えの提起は、権利の得喪変更を生じるため許可を要する処分行為となる。しかし、家庭裁判所が選任した不在者財産管理人は、本条所定の家庭裁判所の許可を得ることなしに、不在者を被告とする建物収去土地明渡請求を認容した一審判決に対し控訴を提起し、その控訴を不適法として却下した二審判決に対し上告を提起する権限を有する（最判昭和 47 年 9 月 1 日民集 26 巻 7 号 1289 頁。なお、応訴につき大判昭和 15 年 7 月 16 日民集 19 巻 1185 頁）。

③ 生活費、養育費、医療費などの支払

不在者の配偶者の生活費、子供の養育費などに充当しようとした時など、扶養義務との関係で難しい問題がある。

④ 保険契約期限前の解約・変更

⑤ 不在者の不動産に対する抵当権の設定

コ 利益相反

遺産分割をする場合に、相続人間で不在者と不在者財産管理人となっている相続人と一緒に協議することが利益相反になることがある。不在者財産管理人に公正な職務を期待できないので、特別代理人や不在者財産管理人を新たに選任することになる。

(7) 管理終了

ア 管理終了事由

不在者財産管理人選任処分の法定の取消事由の発生により、取消しの審判が確定したときに管理人の職務が終了する。

管理終了事由には①不在者が財産管理できる状態になった（所在判明、不在者の死亡により相続の発生）、②管理財産がなくなったとき、③管理財産の管理を継続することが相当でないとき、④不在者が自ら委任管理人を置き（民 25 条 2 項）不在者に管理財産を引継後、家庭裁判所による財産管理選任処分の取消しがあって管財人の管理が終了する。

318 第5章 処分 ③ 法定の財産管理人等

管理処分取消審判申立書

申立ての趣旨

　○○家庭裁判所の平成○年○月○日不在者Aの不在者財産管理人選任処分はこれを取り消すとの審判を求める。

申立ての理由

　1　申立人は平成○年○月○日不在者Aの財産管理人に選任された者である。

　2　不在者の財産は、不在者が平成○年○月○日死亡に確定し、その相続人により平成○年○月○日付遺産分割協議により分割され、管理すべき財産がなくなった。

　3　よって、本申立てに及んだ。

　添付書類

　1　相続戸籍謄本一式

＊同時に、「管理終了報告」を家庭裁判所に提出する。

イ　管理終了報告

　不在者財産管理人の職務が終了して管理財産を権限者に引継ぐ場合、家庭裁判所に管理完了報告書を提出する（民959条、956条2項）。報告書には、管理の経過や財産収支を記載し、管理計算は、管理終了報告書をもって充てる。

(8) 管理人の報酬付与

　不在者財産管理人は相続財産管理人と同様に報酬請求権を有するものと解する（民29条2項参照）。ただし、具体的な額や支払い方法については家庭裁判所の報酬付与の審判により決定される。金額も、相続財産管理人より少額とされる。業務の内容の相違から生じる。

(9) 税務関係

ア　申告義務と資格

　不在者にかかる譲渡税及び相続税の申告は、法定代理人であるので「相続人不在者A不在者財産管理人B」として行う。

　不在者財産管理人が不在者の財産を第三者に処分する場合、家庭裁判所の許可を要する（民28条、103条、家手146条）。ただし、譲渡益の納税申告を不在者財産管理人は保存行為として不在者の代理人としてする

ことができる。国税庁は、「管理財産の処分による譲渡税の納税申告を保存行為に該当するとして、家庭裁判所の権限外行為の許可なく、不在者の代理人として所得税の申告書を提出することができ、適法な申告書として取り扱う」との回答例がある。

イ　不在者財産管理人による相続税の申告納税義務

　不在者財産管理人が参加した遺産分割協議の相続税の納税申告は、不在者財産管理人に申告納税義務があると解されている。

　直接の規定がないが、相続人等の申告・納税義務の承継規定（国税通則法 5 条 1 項）や出国の場合の納税管理人に対する規定の趣旨、不在者管理人が法定代理人であることから当然、申告する義務があるとされている。相続税額については不在者の相続財産等から納付することになる。

　納税を債務の弁済と見れば、権限外行為の許可が不要であるが、念のため家庭裁判所に確認した上その不在者財産管理人を含めて遺産分割や相続税の申告、納税等についての手続を行う。

　なお、不在者の納税額が不足する場合、他の共同相続人は受理した金銭の限度で、不在者の未納金を負担する義務がある（相法 34 条）。詳しくは専門家に確認されたい。

> **Q**　相続人の一人が行方不明である場合の遺産分割協議と税の申告をどのように行うか。
>
> **A**　2 つの方法が考えられる。
> 　① 　不在者財産管理人を選任してから申告する。
> 　　　共同相続人の一人に行方不明者がいる場合、家庭裁判所が不在者財産管理人を選任する。この選任された不在者財産管理人が遺産分割協議に参加して遺産分割を行う（民 25 条 1 項）。なお、税務申告に関して、不在者財産管理人の選任申立てを行わないような場合は、相続財産は未分割となる（民 31 条）。
> 　② 　失踪宣告により相続人を確定してから申告する。
> 　　　不在者の生死が 7 年以上明らかでないとき、失踪宣告の手続

（民 30 条 1 項）を経て、不在者の死亡を確定してから遺産分割をする方法がある。

3　限定承認における相続財産管理人

(1)　限定承認における相続財産管理人の意義と類型

限定承認が行われるきに被相続人の相続財産を管理し、清算手続を行う者として、家庭裁判所で選任を受けた者が、相続財産管理人となる。

相続財産管理人が選任されるケースとして、①相続人が複数人いる場合、②相続人が不適切な管理義務を行っている場合、③相続人が選任されることが不適切な場合などがある。

原則的に①の場合に共同相続人の中から職権で選ばれる（民 936 条 1 項、家手 201 条 3 項）が、特定の相続人を選任するよう予め裁判所に上申することも可能である。

②③は例外的に、利害関係人又は検察官の請求により、相続人以外の者を相続財産管理人に選任する（民 936 条 3 項、926 条 2 項、918 条 2 項）。

単独相続で相続人が 1 人の場合に限定承認を申述したときは、上記②③を除き相続財産管理人は選任されず、その相続人が限定承認者として相続財産を管理、清算事務を行う。したがって、その後の執務行為の効果は相続財産管理人に準ずるものと解し、この者を含め「相続財産管理人」と表示する。

Q　限定承認期間中の相続財産はどのような状態なのか。

A　相続人等は、相続債権者及び受遺者に対し、その債務を弁済し、清算が完了するまでは相続財産を自由に処分することはできず、相続財産は、凍結状態にある。

裁判所により選任された相続財産管理人や限定承認者（単独相続）が善管注意義務をもって管理に当たる。

⑵　選任、法的地位

　民法 936 条 1 項の相続財産管理人は相続人の法定代理人の地位にあると解する（最判昭和 47 年 11 月 9 日民集 26 巻 9 号 1566 頁）。

　相続人が一人の場合、原則として、限定承認した相続人が相続財産の管理及び清算手続を行い、数人いる場合には相続財産管理人が必須の機関となる。限定承認の申述が受理されると、家庭裁判所は、職権で、相続人の中から相続財産管理人を選任する（家手 201 条 3 項）。申立ても必要としない。

　相続財産管理人を一人だけ選ぶのは、複数人で行うことでその責任の所在が不明確となり、手続上不便で煩雑であるばかりか、利害関係人にも不当な迷惑を及ぼすおそれが大きく、相続財産の管理・清算手続の単一化・迅速化を図り、そのような事態を避けることが目的である。

⑶　限定承認における相続財産管理人と各財産管理人との相違

ア　相違点

　大きな違いは、限定承認は条件付きの相続であるのに対し、放棄によって、相続人が不存在になった場合には、相続人の地位そのものを取得しない（民 939 条）ことである。

　限定承認とは、財産も債務もすべて相続するが、被相続人の残した債務及び遺贈を、相続財産の限度で支払うことを条件として相続を承認するとの相続人の意思表示である。また、相続承認の一種で、被相続人の債務及び遺贈を弁済するとの留保をつけた承認である。つまり、債務の弁済の責任が限定され、相続財産の限度においてのみその債務を弁済すれば足りるので、自己の固有財産をもって弁済する義務がない（有限責任）。

　限定承認により相続人は自己の固有財産に対して相続債権者や受遺者が弁済を迫るのを阻止できる制度でもある。

　また、限定承認をした相続人が固有財産から任意に弁済したとき、有効な弁済であって非債弁済（民 705 条）になるわけでない。

　限定承認は被相続人の相続債権者から相続人自身の固有財産を守るための制度とも言える。相続人による簡易な清算手続である。

322　第5章　処分　③　法定の財産管理人等

イ　権限の範囲（共通点）

　限定承認者及び相続財産管理人は、主要な相続財産の清算事務の遂行のため相続財産の管理や債務の弁済に必要な一切の行為をする権限を有する（民926条、918条3項、28条、645条、家手別表1の90）。相続財産管理人や不在者財産管理人と同様な権限を有する。遺産管理の行為には保存、利用及び改良行為がある。

　以下に例を示す。

① 　保存行為（建物の修理、税金の納入、共有名義の相続登記、無効な登記の抹消、不法占拠者の排除、時効の中断など）

② 　管理行為（賃貸中の財産の賃料取立て、現金を預金にするなど）は、各相続人の相続分による多数決によって決定される（民252条）。

③ 　処分行為や変更行為（相続財産の売却、担保の設定、分筆、農地の宅地への変更など。また、金融機関の貸金庫の開扉は処分行為となる。）ただし、限定承認の相続財産管理人は弁済を目的として相続財産を売却する場合、競売の方式を義務付けている。公正な方法であるからである（民932条）。

ウ　限定承認に特有の問題

(ア)　死因贈与との関係

　生命保険金や死亡退職金などは、民法上、相続により得た財産ではなく（被相続人の死亡によって生ずる権利で被相続人の財産ではない。）、いわゆる税法上の「みなし相続財産」の代表的なものであるが、相続人は限定承認に関係なく相続し、また、限定承認の手続終了後に他に残余相続財産があれば相続する。

　そこで、不動産の死因贈与の受贈者が相続人である場合に限定承認したとき、死因贈与に基づく限定承認者への所有権移転登記が相続債権者による差押登記より先にされたとしても、信義則に照らし、限定承認者は、相続債権者に対して不動産の所有権取得を対抗することができないとしている（最判平成10年2月13日判時1635号49頁）。もっとも、相続人が先に相続税精算課税制度を利用すると、相続人としては同様の目的を達成できる。

3　限定承認における相続財産管理人　***323***

　なお、相続人の相続財産の管理義務の程度は、「固有財産におけるのと同一の注意の義務」と軽減されている（民918条1項）。相続財産管理人の職務権限は原則として善管注意義務による管理と解する（家手201条10項、125条6項、民644条）。

　(イ)　**相続人全員が未成年者である場合の措置**

　未成年者の中から相続財産管理人を選任する（雨宮則夫・石田敏明編『相続の承認・放棄の実務』209頁（新日本法規出版））。ただし、選任された未成年後見人が当然に管理権を有するか否かについては、肯定及び否定の両論があるようである（特にいずれの未成年者にも同一の後見人が就任している場合。昭和35年6月高松高裁管内家事審判官会同家庭局見解、最高裁判所事務総局編『改訂家事執務資料集（上の一）』348頁（法曹会））。最終的には裁判所の判断となる（民936条1項）。

　(ウ)　**管理人は家庭裁判所の監督を受けるのか**

　相続人不存在の相続財産管理人や不在者の財産管理人は家庭裁判所の監督下にある。しかしながら、限定承認後の相続財産管理人に関する条文の大半が準用規定であるため、どの程度の範囲まで適用するか疑問がある（民936条、926条、918条、28条、103条、家手201条、家手別表1の90、家手規107条）。実務的には、家庭裁判所の監督はなく、また、報告義務や終了届義務がない。清算のための財産（動産・不動産）処分は競売の方法ですることが義務だが、清算が任務であるので、処分行為についても、権限外行為としての許可が必要ということもないと解する。

エ　**まとめ**

　限定承認の財産管理人及び相続財産管理人はともに不在者財産管理人に関する規定が準用され、家庭裁判所の監督下にあり権限外行為につき家庭裁判所の許可が必要とされている。

　以下違いについて表にまとめた。

324　第5章　処分　③　法定の財産管理人等

	相続財産管理人	不在者財産管理人	限定承認による財産管理人
選任方法(審判)	家庭裁判所	家庭裁判所	・単独相続・・就任（申述受理） ・共同相続・・家庭裁判所
申立権者	利害関係人（受遺者、債権者等）又は検察官の請求	・利害関係人（相続人、債権者等）又は検察官の請求 ・本人が選任する場合	・相続人（民936条1項） ・共同相続の場合・・職権 ・利害関係人（相続人、債権者等）又は検察官の請求
資格	制限なし	制限なし	相続人又は相続人の1人が原則、例外として相続人以外の第三者の場合もある。
地位と権限	相続財産法人の法定代理人（又は代表者） 権限の定めのない代理人（民103条）	法定代理人 権限の定めのない代理人(民103条)	財産管理人 ・他の相続人の代理人 法定代理人
管理人の職務	家庭裁判所の監督下で不在者の財産管理・保存	家庭裁判所の監督下で不在者の財産管理・保存	・家庭裁判所への報告義務、終了届け義務がない
管理人の権限	遺産の目録を作成し（民27条）、保存、利用及び改良行為をなすこと。	遺産の目録を作成し（民27条）、保存、利用及び改良行為をなすこと。	財産目録の作成 自己の財産と同一の管理義務（民926条） 財産の管理、債務の弁済
任務	相続財産の管理、清算・国庫への帰属 ・相続人の探索	主として相続財産の保存、管理	相続財産を原資として弁済のためにする管理・清算
債務超過及び破産申立の権利	終了事由 ある（ただし、義務はない）	終了事由 ある（ただし、義務はない）	― ある（義務はない）

相続財産を処分する権限外行為	裁判所の許可が必要（民953条、28条）	裁判所の許可が必要（民28条、家手145条）	競売による換価（民932条）
形式的競売権（換価権）	あり（民952条2項、932条）	なし	あり（民932条）
相続財産法人	あり	なし	なし

⑷ 職務、特に処分権との関係

　被相続人から相続人に承継された債務につき、範囲を限定された相続財産を対象として行う一種の清算手続が主な役務となる（潮見佳男『相続法［第4版］』46頁（弘文堂））。また、相続財産の管理権を有する限定承認者は、債権者に対して報告義務、受領物引渡義務を負うほか（民926条2項による645条、646条の準用）、費用償還請求権及び代弁済請求権を有する（民926条2項による650条1項・2項の準用）。

　家庭裁判所は、相続財産の保存に必要な処分を利害関係人や検察官の請求によって、いつでも、命じることができる（民926条2項による918条2項・3項の準用）。

⑸ 弁済のための相続財産を換価する権限（清算業務）

　管理人が債務弁済をするにつき相続財産を換価（金銭化）する必要がある場合は、公平に期するため競売で行う（民932条本文）。

　この競売を通常、形式的競売という。形式的競売は、留置権による競売及び民法、商法その他の法律の規定による換価のための競売の総称（広義の形式的競売）である。

　類するものとして、共有物分割のための競売、遺産分割のための清算型の競売などがある。

　形式的競売は任意売却による不当廉売の弊害を防止し、競売手続により衡平な換価を期待することに実質的な意義を求めている（谷口知平・久貴忠彦編『新版注釈民法（27）』〔岡垣学〕550頁（有斐閣））。したがって、家庭裁判所が選任した鑑定人の評価に従うときは競売ではない方法で売却することができる（民932条ただし書）。

　換価のための形式的競売は、担保権の実行としての競売を準用するが

326 第5章 処分 ③ 法定の財産管理人等

（民執195条）、目的物の換価によって競売機関の任務が終了する。

【ポイント】
強制競売又は担保権の実行としての競売の手続との競合と優先
　限定承認者の申立てにより相続財産について競売の手続（差押えの登記）が開始された後に、当該不動産上の担保権者（抵当権者）が自己の担保権に基づき担保権の実行としての競売を申し立てた場合（二重競売）、どちらの手続が優先するのか。これに関する民事執行法上明文の規定はない。
　強制競売や担保権の実行としての競売の手続が開始されたときは、先行の形式的競売の手続は、法律上当然に停止され、後からの民事執行法による換価、配当等の手続が進行するものと解される。この限りで先着手主義が働かない。
　形式的競売の申立権者が、債務者（所有者）に交付される剰余金につき、配当等を受けることができ、交付を受け得るにすぎないものと解され、形式的競売が一般執行であり、かつ、優先配当を目的としていないからである（浦野雄幸『条解　民事執行法』894頁（商事法務））。

⑹　換価及び登記手続

ア　形式的競売（換価競売。裁判所記号は平成○○年㈱第○○○○号）

㈠　競売申立て

　申立ては、相続財産管理人等が行うことになる。換価のための競売については、担保権の実行としての競売の例に基づいているからである。
　相続財産管理人が不動産につき競売の申立てをするには、相続人が一名のときは単独の相続登記を、相続人が数名のときは法定相続分による共同相続登記を要する。

㈡　換価競売における剰余主義、消除主義

　換価競売は形式的競売に属し、具体的な執行は担保権の実行の例による（民執195条）。不動産における担保権の実行が不動産の執行の規定が準用されているため形式的競売の手続も同様の扱いとなる。しかし、債務名義を必要として強制的に債権の回収を図る不動産執行の規定を清算・換価を目的とする形式的競売にどの範囲まで準用するのかについて、特に、消除・剰余主義（民執59条、63条）については問題とされ

る。

　東京地方裁判所民事執行センターでは形式的競売の特色である換価型、清算型(注)を問わず担保権の実行としての競売と同様に消除主義を採用している（ただし、剰余、無剰余の関連につき不明）。なお、主義の採用の選択権は執行裁判所の判断にあるとされている（東京高判昭和61年3月24日判時1190号51頁、西岡清一郎ほか編『民事執行の実務［第3版］不動産執行編（上）』373頁（金融財政事情研究会））

　もっとも、実務上多くの例は、限定承認の手続中、債務超過が判明しても管財人や相続債権者等が破産手続開始申立をせず、限定承認手続の中で清算して終了している。

　個人の財産事件では、相続財産や負債の規模が大きくなく、複雑な権利関係も存在しないので破産手続より簡易の清算方法で処理できるからである（小川秀樹『一問一答新しい破産法』310頁（商事法務））。

注　形式的競売を性質により分類。清算型には清算事務の便宜のため行う競売（相続財産等の換価のための競売、破産管財人の競売（破産184条1項、2項））があり、換価型は、清算型以外の競売（区分所有法59条に基づく競売（区分所有法59条、6条1項）、共有物分割のための競売（民258条、弁済供託のための競売（民497条）））がある。

(ウ)　開始決定に基づく「差押え」の登記の効力

　形式的競売においても、換価手続を開始するため、「競売開始決定」がなされる。しかし、この開始決定に基づく処分制限効を有する「差押え」の登記の嘱託については、他の競売のような準用規定がない。「差押え」の登記は、債務者（所有者）の目的不動産の処分（譲渡、担保権、用益権の設定等）を制限するものとして第三者に対抗する。担保権の実行の場合には、実体上の優先弁済権確保のために、この実体上の処分制限効を享受するとの目的があるが、形式的競売の申立権者（限定承認者）は、相手方の処分を制限すべき実体権を有せず、不当廉売の弊害を防止することにある。

　しかし、手続の開始を公示することが要求されることから、実務的には、差押えの登記がなされるのが通例である。登記手続は裁判所の嘱託

登記により行われる。それゆえ、この差押えの登記には、実体的な処分制限効はないものと解されている（浦野雄幸『条解民事執行法』893 頁（商事法務））。

なお、差押登記に必要とされる登録免許税は、不動産の価格を課税標準とすることになり（登録免許税法 10 条 1 項前段）、基本的には、当該物件に対する固定資産評価証明書の評価額の 1000 分の 4 となる。

㈐ 限定承認者本人も競売における買受人となれるか

明文上の規定がないが、民法 932 条ただし書による先買権行使による取得方法がある以上、買受人にはなれない、又はなる必要がない、とも言えるが、逆に買受人になることも、さらに競売差止権もある双方の権利を有するとしても何ら問題はないとの意見もある（谷口知平・久貴忠彦編『新版注釈民法（27）』〔岡垣学〕549 頁（有斐閣））。しかしながら、相続債務者であることから、相続債務者は、競売の買受人にはなれないと解するのが多数説である。

㈑ 民法 932 条ただし書による競売の差止権（先買権の行使）

限定承認において相続財産の全部又は一部を自ら所有したい時に（自宅や事業のために必要な財産）、限定承認者（又は相続財産管理人）の申立てにより家庭裁判所が選任した鑑定人が評価した価額を、限定承認者が自己の固有財産で弁済することによって競売を差し止める権利を認めている。

限定承認をした相続人が競売の方法によらないで弁済を行い、相続財産の全部又は一部を引き取ることができる。これが、相続人の競売差止権である。相続人が優先的に買い受けることができるので「先買権」ともいう。

競売差止権は、相続財産管理人以外にもすべての相続人に認められるか。競売差し止めの際の相続財産評価のための鑑定人選任の審判申立ては、共同相続人が全員限定承認している場合、そのうちの一人である相続財産管理人が申し立てた競売手続を、他の相続人が差し止めることを認める必要がある。よって、相続人全員に先買権行使の権利がある（谷口知平・久貴忠彦編『新版注釈民法（27）』〔岡垣学〕555 頁（有斐閣））。

申立ての添付書類として被相続人の戸籍謄本、相続財産管理人を証する審判書及び評価対象となる財産の目録等が必要である。

家庭裁判所は、鑑定人の決定について、候補者に対し就職の諾否を書面照会や審問で確認するようである。なお、鑑定に係る費用（約30万円程度）は買受けに必要であるから、限定承認者の負担となるのが本筋であるが、清算のために必要な経費として、相続財産からの控除対象とする。また、相続債権者、受遺者が自己の費用で鑑定に参加できる。また、評価後、限定承認者は財産の取得希望を撤回できると解されている。

ただし書の「競売を止める」とは、限定承認者が上記の弁済により、当該財産を取得する権利を認めたと解される。

なお、鑑定を依頼すべき者及び鑑定結果の報告をすべき相手方は、選任申立人になる。

注意すべきは、相続債権者でも受遺者でもない抵当権者が、その抵当権の実行として相続財産に属する不動産を競売に付した場合には、限定承認者は民法932条ただし書によりその競売を止めさせることはできない（大決昭和15年8月10日民集19巻1456頁）。もっとも、限定承認者がこうした債権者に対し、評価額全部を支払えば、競売を止めることができる。

この手続によって差し止めることができるのは、あくまで民法932条本文の規定に基づく競売であるから、抵当権の実行による競売まで阻止することはできないことに留意が必要である。

イ　任意売却

(ア)　直接売却

競売以外の方法で限定承認した相続人と相続財産管理人が全債権者と協議して相続財産を換価した場合、相続財産の換価を必要とする場合の手続違背になるだけで、限定承認の効力が無効とならないという判例がある（東京控判昭和15年4月30日評論29巻545頁）。よって、売却自体も有効である（東京地判昭和7年11月29日新聞3516号17頁）。

また、競売以外の方法として、相続財産を任意売却した場合につい

て、売却そのものは無効ではなく、限定承認者が廉価で相続財産を売却し、相続債権者及び受遺者に損害が生じたときは、限定承認者の不法行為による損害賠償にあたる（我妻栄・立石芳枝『親族法・相続法（法律学体系コンメンタール篇）』505頁（日本評論社））との見解や、「相続財産の全部又は一部を処分した」として単純承認（民921条）に該当するとの見方もできる。

(イ) 間接売却

第三者から限定承認の管理不動産の取得を希望された場合、上記の方法で直接に売却すると予想外の債務を負担するおそれが生じる。限定承認者の行為が不法行為や法定単純承認とみなされる。

そこで、相続人の先買権を利用して、当該相続財産を一度、相続人に取得させ、その後第三者（任意売却希望者）に移転する方法が考えられる。限定承認の効果を受けられ、第三者が登録免許税等の費用負担にも売買代金の中で吸収できるなら法定単純承認のリスクを避けることができる。

任意売却の方が一般に高額で売却することが期待できるから生じる事例である。

なお、任意売却と競売の利点については相続財産管理人の章で既に述べたとおりである。

ウ 登記手続

(ア) 競売の場合

裁判所の嘱託により競落人に移転される。

(イ) 任意売却の場合

売却による所有権移転登記の申請の手順

① 相続人全員による相続登記をする。

② 相続人全員が登記義務者、買主が登記権利者として登記を申請する。なお、相続財産管理人が申請するのであれば、権限外の行使であるので相続人全員の委任状が必要となる（平成8年3月22日民三第598号民事局第三課長通知、「登記研究」第591号193頁（テイハン））。

3　限定承認における相続財産管理人　*331*

　民法 932 条の価額弁済の場合は相続財産管理人が法律上当然に相続人
の管理処分権限を代理し法定代理人となる。
　一方、任意売却した場合は法律の定めを逸脱した行為である以上「相
続財産の管理及び債務の弁済に必要な行為」とは当然にはいえないの
で、全相続人から売却処分することと所有権移転の委任を受けるべきで
ある。

【書式 5 − 4】任意売却による共有者全員持分全部移転の登記申請書
（相続人と買主が共同で申請する場合）
※前提として、共同相続による所有権移転の登記を要する。

登 記 申 請 書

登記の目的	共有者全員持分全部移転
原　　因	平成〇年〇月〇日売買
登記権利者	〇〇市〇〇町〇丁目〇番〇号
	C
登記義務者	〇〇市〇〇町〇〇番〇−〇号
	A
	〇〇市〇〇町〇〇番〇−〇号
	B
添 付 情 報	登記識別情報　登記原因証明情報　印鑑証明書
	住所証明情報　代理権限証明情報

【ポイント】
限定承認による相続財産を任意処分した場合の登記の方法
　共同相続人全員が限定承認をしたが、相続財産の管理人と全債権者とで
協議の結果、相続財産を競売により換価することなくこれを第三者に任意
に処分することに決定したとしても、この場合、相続人が承継した不動産
を売却したのであるから、相続登記をした後で売却による登記をすべきで
あり、相続登記を経ずに第三者に直接所有権移転の登記ができない（「登
記研究」第 157 号 44 頁（テイハン））。

332　第5章　処分　③　法定の財産管理人等

（ウ）　**民法第932条ただし書による競売の差止権（先買権）による取得**

　価額弁済により相続人が取得する場合は、相続人全員名義で共同相続登記をした上で他の共同相続人全員の持分を弁済者に移転する登記を申請することができる（この登記原因は「民法第932条ただし書の価額弁済」。昭和58年6月6日民三第3316号民事局第三課長回答）。したがって、この価額弁済に伴う移転登記では、対抗問題が生じる余地がある。

　なお、単独相続人が限定承認後に鑑定価額の弁済をした場合には、単に相続による所有権移転の登記をすれば足りるとされている。

【書式5−5】民法第932条ただし書の価額弁済を原因とする一部移転の登記申請書

（相続財産管理人が双方の法定代理人として申請する場合）

※前提として、共同相続による所有権移転の登記を要する。

登　記　申　請　書

登記の目的　　　B持分全部移転

原　　　因　　　平成○年○月○日民法第932条ただし書の価額弁済

登記権利者　　　○○市○○町○丁目○番○号

　　　　　　　　持分3分の2　　A

登記義務者　　　○○市○○町○○番○−○号

　　　　　　　　　　　B

　右双方法定代理人(注1)

　　（財産管理人）○○市○○町○丁目○番○号

　　　　　　　　　　　A

添 付 情 報　　　登記原因証明情報　住所証明情報

　　　　　　　　代理権限証明情報(注2)

注1　相続人が民法932条ただし書の価額弁済をした場合、持分移転の登記の申請は、相続財産管理人が、双方の法定代理人として申請する。

注2　代理権限証明情報として家庭裁判所の選任審判書の謄本を提供する。
　　　登記識別情報は先例等にないため提供不要のようであるが、疑問もある。最寄りの法務局に確認すべきである。

注3　登録免許税は、「その他の原因による移転の登記」として1000分の20

3　限定承認における相続財産管理人　**333**

となる。

【書式5－6】 登記原因証明情報の記載例

□登記の原因となる事実又は法律行為
　(1)　平成○年○月○日Ｘは死亡した。
　(2)　平成○年○月○日○○家庭裁判所はＡ、Ｂの相続の限定承認の申述
　　　が受理した。
　(3)　上記限定承認者は、民法927条の公告をした。
　(4)　鑑定人が選任され、当該不動産の鑑定評価額は○○○○万円に決定
　　　した。
　(5)　平成○年○月○日、Ｂから被相続人Ｘの相続財産管理人Ａに民法
　　　932条ただし書の価額弁済○○○○万円が支払われた。
　(6)　よって、法定相続登記を経由して、平成○年○月○日民法932条た
　　　だし書の価格弁済を原因として、Ｂ持分全部がＡに移転した。
　　　　　　平成○年○月○日　　　○法務局　御中
　上記の登記原因に相違ありません。
　　　平成○年○月○日
　　　　　　　　　　登記権利者　　○○市○○町○丁目○番○号
　　　　　　　　　　　　　　　　　Ａ
　　　　　　　　　　登記義務者　　○○市○○町○○番○－○号
　　　　　　　　　　　　　　　　　Ｂ
　右双方法定代理人
　　　　　　　　　　（財産管理人）○○市○○町○丁目○番○号
　　　　　　　　　　　　　　　　　Ａ

---

(7)　換価代金の交付請求、配当要求（民執51条）（特に特別担保権者の地位）の手続

　担保権者への換価金の受領の確保について、通説・判例は、配当要求や弁済配当手続を認めている。

　形式的競売については、消除主義を採用しており、担保不動産競売の場合と同様、民事執行法51条の配当要求を認め、配当等の手続を実施している。

　しかし、東京地裁民事執行センターの取扱として、一般債権者による

334 第5章 処分 ③ 法定の財産管理人等

配当請求を認めていない。限定承認による競売は民法の規定により弁済が目的となっているため、債務名義を有する債権者が優先することになり公平性が保てないとしている（東京地方裁判所民事執行センター実務研究会編『民事執行の実務［第3版］不動産執行編（下）』383頁（金融財政事情研究会））。

限定承認による清算手続は、全相続財産を全相続債権に対し、債務名義の有無を問わず、民法の定める順序と方法に従って配当する手続となっている。

執行裁判所は配当要求終期を定めて、すべての権利者に債権届出の催告をし、配当要求又は交付要求があった場合には、各届出債権者に対して配当を行う。

売却代金から諸手続き費用を控除した後、担保権を有する債権者及び国、地方税、一般債権者に対する配当等をした後、残額を申立人に交付する。

(8) 配当弁済手続

ア 原 則

相続債権者及び受遺者に対する債権届け出の公告期間が経過後、相続財産管理人は、債権と債務の調査し、届出のあった債権者やその他の知れたる債権者に対して、優先権を有する債権者を除いて債権額の割合（按分弁済）に応じた配当を行う。限定承認の場合、債務超過が前提となっており、管財人に清算に向け債権者への公平な弁済を課していることから破産を申請する義務はなく、相続人は支払い責任を免れると解する（破産225条、旧破産136条2項参考）（伊藤眞『破産法・民事再生法第2版』63頁（有斐閣）参照）。

イ 弁済の順序

競売後、得られた売却代金につき公告期間が満了した後、財産管理人は①担保権など優先権を有する債権者（租税債権も含む）、②公告期間内で申出又は知れた債権者、③公告期間内で申出又は知れた受遺者、④公告期間内で申し出ずかつ知れなかった債権者と受遺者の順に弁済をする。

②③について、同順位の債権者全員への弁済ができない場合、債権額に応じて按分弁済をする（民 929 条）。清算手続でありながら、破産法のような換価及び配当につき詳細な規定がない（破産 97〜99 条、194 条参照）。

ウ　残余財産の処理

　残余財産があれば、相続人に帰属し、遺産分割後に引き渡される。

　しかし、債権届出期間に申し出なかった債権者や、相続人が知らない債権者がいた場合の救済として債権者は、以上の配当手続の結果残った残余財産についてのみ弁済を受ける権利がある（民 935 条）。その間に相続人が財産を消費したときの弁済すべき責任範囲はどうなるのであろうか。

　失踪宣告の取消しと同様に「現に利益を受けている限度においてのみ、その財産を返還する義務を負う」（民 32 条 2 項、703 条）のか、それとも当時弁済を受けられた計算上の返済額を受けるのかは過失等がない限り前者が妥当と解する。

　具体的な範囲が不明である。よって、「弁済を受ける最終の時期を、残余財産が相続人の固有財産と混同せず識別できるとき、または、限定承認者が残余財産を処分・廃棄するときまでに申出をするか、または、知れたることを要する」とする見解がある。

　なお、生活費として使った場合は、現存利益として残っているが（大判昭和 7 年 10 月 26 日民集 11 巻 1920 頁）、ギャンブルで浪費したときには利益は現存しないとする判例がある（最判昭和 50 年 6 月 27 日金判 485 号 20 頁）。

(9)　税務関係

ア　限定承認の税金（みなし譲渡所得税）

　単純承認相続では、相続の段階で所得税の課税が生じることはない。

　被相続人から相続人に財産の引継ぎ（すべての財産と債務が無償譲渡であることから、課税繰延べ（取得費の引き継ぎ））が行われるからである（所法 60 条 1 項）。

　これに対して、限定承認の場合は、相続開始の日（死亡日）に被相続

人から相続人（包括受遺者も含む）に相続財産が時価で譲渡されたものとみなされる（所得税法59条1項）。

限定承認は、被相続人が生前所有していた財産を全て譲渡して換金（固有財産のキャピタルゲインを含めて）したとして、そこから発生する譲渡所得も相続債務として認め正味の財産価格を総債務の支払いに充て、清算手続の中で課税しようとする制度である。本来、相続人に有利に働く。

この結果、相続財産が土地等の譲渡所得の基因となるものであれば、被相続人に対して譲渡所得課税（ただし、住民税は、翌年1月1日に住所がないため課税されない。）が課税される。（この場合の譲渡所得の申告は、いわゆる準確定申告（相続人は相続の開始を知ったとき日の翌日から4か月以内）で行う。

(ア) 被相続人

死亡の時に死亡時の時価で相続財産を「相続人に」譲渡したものとみなされ、被相続人にみなし譲渡所得税が課せられる。

譲渡所得の収入の計算は、相続税評価額ではなく、相続開始時点の時価で行う。準確定申告で確定した税額は、被相続人の債務として控除を受け、その納付義務は相続人に承継される。財産の「取得費」などを控除の上、計算して「所得」があれば、所得税が発生する。この際の注意点として、一定の親族間取引を排除した譲渡所得税の特例、例えば、居住用不動産の特例措置の3千万円控除などは利用できない。

(イ) 相続人

すべての相続債務の弁済後に残余財産がある場合には、相続税が課せられる。さらに、被相続人から相続人に相続財産が譲渡されたものとみなして譲渡所得を計算し、相続人が準確定申告を行う義務がある（相続人の全員放棄とは異なる）。また、その財産を換価処分した場合の譲渡所得の収入の計算は、相続税評価額ではなく、相続開始時点の時価で行う（所法60条2項）。

(ウ) 申告時期

準確定申告で確定した税額は、被相続人の債務として、その納付義務

は相続人に承継される。限定承認により被相続人にみなし譲渡所得が発生した場合、所得税の法定納期限は相続人が相続開始のあったことを知った日の翌日から4か月を経過した日の前日と解されている。また、限定承認の熟慮期限の伸長（民915条）をしても、税の申告期限は延長されないことに注意すべきである。そのため4か月を超えてから限定承認した場合には、延滞税が加算されることがあることを留意しておく必要がある。

(エ)　**納付の義務と額**

限定承認による譲渡所得税の支払については、本来、被相続人に係るものなので、相続財産の限度で支払われることになるため（国税通則法5条1項）、結果的に相続人がもとから所有している固有財産から納付する義務はない。清算終了後の残余財産は、相続人に帰属する。相続人が取得した後に短期間で売却する場合は短期譲渡に該当する。ただし、相続時の時価相当額が取得価額とみなされるので、ほとんどの場合、相続人に譲渡所得が発生しない。

その財産の価額が相続税の課税価格すなわち相続又は遺贈により取得した財産の価額の合計額に算入される。

よって、相続人に相続税が課税されるのは、相続税の課税価格の合計額から、みなし譲渡に係る所得税額を被相続人の債務として控除した後の金額が基礎控除額を超える場合である。

【ポイント】

譲渡所得の取扱い

限定承認をすると「みなし譲渡」が課税されるため、相続財産（不動産、有価証券すべての財産）の中に「含み益」の大きなものがあると、被相続人に課せられる譲渡所得税が大きくなる。他の相続債務が大きくて、どちらにしてもマイナス財産の方が多くなるような場合は、影響はない。「限定承認」の場合は、被相続人のすべての財産について、相続人に「時価」で売却したとみなす。そして、財産の「取得費」などの控除後計算して「所得」があれば、所得税が発生する。これが「みなし譲渡所得課税」である。

もっとも、プラスの財産の方が多かった場合、この譲渡所得税分だけプ

338 第5章 処分 ③ 法定の財産管理人等

ラスの財産が減ることになる（単純承認でも、相続財産を売却して債務の
弁済に充てると、そのときに譲渡所得税が発生する。）。
・取得費の関係
　相続財産の取得費は被相続人の取得費を引き継ぐのが原則である。含み
損を通算することが可能である。しかし、限定承認をしてしまうと相続財
産の取得費はそのときの時価となってしまうため、含み損がすべて切り捨
てられる。

イ　相続の限定承認又は放棄承認期間の延長と準確定申告との関係等

　Q　期間の伸長申立てを申請して相続の承認又は放棄の判断を留保
中の者は準確定申告にどう対処したら良いのか。

　A　相続の承認又は放棄をすべき熟慮期間の伸長（民915条）は、
家庭裁判所への申請によって行う。延長は3か月に限られるのが原
則であるが、再度の延長申請も可能である。場合によって複数回行
うこともできる。延長が可能なのは、膨大な相続財産の調査に時間
がかかる場合を予想しているからである（相続財産の調査権）。

　他方、被相続人の準確定申告（相続後4か月以内）期限は伸長し
ないことに注意が必要である。仮に、期限内で被相続人の租税債務
について準確定申告をした場合は、申告行為が財産の処分として、
相続の単純承認をしたとみなされるおそれがあり、また、期間を徒
過すると無申告加算税が係ることも考えられる。

　その対応策として、二つの方法が考えられる。

　①　申告期限までに申告をするが、納税を控える。

　限定承認の効果が相続財産の限度でのみ被相続人の債務・遺贈を
弁済することにあるから所得税も被相続人の残した相続財産の限度
で負えばよい。あえて、相続人固有の財産を納税に当てないよう注
意が必要である。そうしないと、法定単純承認事由に該当するおそ
れがあり、その結果、限定承認、相続放棄を選択することができな
くなるからである。

　②　申告そのものをしない。

　相続人が相続を放棄した時は、当初より相続人ではないので、そ

もそもが準確定申告の義務も、相続税の申告義務もないとする考え方もできるかもしれないが、一般的には、被相続人の相続財産は、「相続財産法人」を形成し、相続財産法人の管理下に入る。

そこで、被相続人の権利義務が相続財産法人に帰属（民951条）することにより、申告義務が財産を管理する相続財産管理人にあるかが問題となる。相続財産法人に所得税法の規定（所得税法120条以下）の適用があるかに関して所得税法上に規定がない。この点については、国税通則法5条では相続法人が納税義務を承継するので、所得税法の規定を類推解釈して相続財産法人も適用すると解する。

さらに前提問題となる限定承認者に相続財産管理人を選任申立てする義務があるのか。相続財産管理人の申立人としては利害関係人に当たるが、積極的な義務が課せられていない。

結果として、相続人は無申告者となるため、後で単純承認すると無申告加算税と延滞税が課税されるおそれがある。

参考

① 東京高判平成15年3月10日判時1861号31頁　限定承認によるみなし譲渡所得

② 土屋紀子「限定承認によるみなし譲渡所得課税」『国士舘法研論集』第9号

ウ　譲渡所得に係る住民税

住民税は、その年の1月1日現在で居住（原則は住民票の住所）している都道府県と市区町村2か所から課税される地方税である。納付税額は、前年の1月から12月までの所得に応じて計算される「所得割」（各市町村によって税額が異なるが）と、定められた額で一律に課される「均等割」を合算した額から成り立っている。したがって、限定承認により発生する譲渡益は被相続人が譲渡したものとみなされるので被相続人に対する住民税は、翌年1月1日現在に住所がないため課税されない。譲渡区分が不動産の長期譲渡所得のときは、所得税15％、住民税5％の

340 第5章 処分 ③ 法定の財産管理人等

計20％の税率になるが、限定承認することにより所得税15％のみの負担で済む。もっとも、相続が生じた年の1月1日から死亡した時点までの期間における未納付分については相続人に課税義務が生じる（地方税法39条、318条）。

エ 「居住用不動産の特別控除」と買戻し

被相続人が居住していた自宅を第三者に売却した場合なら、3,000万円までの特別控除が受けられる。しかし、自宅の買戻しのときは特別関係者である相続人との間での売買であるので特例の適用が受けられない（租法35条）。

オ 限定承認により財産を取得した不動産を処分したときの取得費

限定承認により相続財産を引き継いだ相続人（又は受遺者）が、財産を処分した場合における取得価額は限定承認実施された時の時価となる。

相続人等は財産を相続により取得したものでなく、被相続人に対し時価による譲渡所得が課税されたることとの均衡が図られている。

ケーススタディ1　　*341*

第6章

ケーススタディ

| ケーススタディ 1 | 成年後見人の死後事務として、相続財産管理人の選任申立てを行ったケース |

　戸籍上の相続人が存在しない成年被後見人であったAは、生来の判断能力の不足から、死後事務委任契約の締結や、遺言書を遺すこともできずに、死亡した。成年後見人であった司法書士Bは、Aの死期が迫ってきたときに、死後事務の困難さを予想し、相続人ではない親族らに、成年後見人では行使しにくい死後事務に関する支援を求めたが、親族らは、「葬儀等には参列するが、責任は負いたくない。お金は十分あるはずなので、後見人において対応して欲しい。」との回答であった。Bは、今後いかなる対応ができるのか。

■ポイント■

　成年後見人は、成年被後見人の死亡に伴う死後事務を行う中で、後見業務の中で関係した者に対して、相続人不存在の場合の相続財産管理制度を知らしめ、理解を得るとともに、相続財産管理人の選任の申立てを行うことになる。その際、相続財産管理人候補者に積極的に自ら手を挙げ、成年後見人の死後事務を貫徹すべきであろう。

解　説

1　成年後見人としての死後事務

　成年被後見人が死亡すると、成年後見人の任務が終了することになり（民111条1項、653条1号）、成年後見人は、2か月以内にその管理の計算である後見の計算をしなければならない（民870条）。後見の計算後

に、管理していた財産を相続財産として相続人に引き継ぐことになるが、相続人が相続財産を管理することができないときは、できるようになるまで、成年後見人がその職務として成年被後見人の死亡後に行う事務である死後事務を行うことになる。

(1) 成年被後見人の死亡後の後見人の権限

成年後見人は、成年被後見人が死亡した場合において、必要があるときは、成年被後見人の相続人の意思に反することが明らかなときを除き、相続人が相続財産を管理することができるに至るまで、次の行為ができる（民873条の2）。

①相続財産に属する特定の財産の保存に必要な行為（例えば、債権の消滅時効の中断や相続財産に属する建物の修繕行為）

②弁済期が到来した相続財産に属する債務の弁済（例えば、成年被後見人の医療費、入院費及び公共料金等の支払）

③家庭裁判所の許可を得て、その死体の火葬又は埋葬に関する契約の締結や上記①②以外の相続財産の保存に必要な行為（例えば、成年被後見人が管理していた動産その他の物の寄託契約（例えば、トランクルームの利用契約）の締結、債務の弁済のための預貯金の払戻し）

(2) 成年後見人の死後事務にあたらないとされている行為

① 葬儀を施行する権限

成年後見人に成年被後見人の葬儀を施行する権限はない。葬儀には宗派、規模等によって様々な形態があり、その施行方法や費用負担等をめぐって、事後に成年後見人と相続人の間でトラブルが生ずるおそれがあるとして、成年後見人が後見事務の一環として成年被後見人の葬儀を執り行うことはできないとされている。

② 納骨に関する契約

原則、成年後見人に成年被後見人の納骨に関する契約を締結する権限はない。

しかし、遺骨の引取り手がいない場合には、成年後見人において遺体の火葬とともに納骨堂等への納骨に関する契約を締結することが考えられるが、納骨に関する契約は「死体の火葬又は埋葬に関する契約」に準

ずるものとして、家庭裁判所に対し、その許否の判断を求めることになる。

⑶　財産を引き継ぐ相続人がいない場合

　成年後見人は、財産を引き継ぐ相続人がいない場合は、相続人不存在による相続財産管理人が家庭裁判所の審判により選任されたときに財産を引き継ぐことになるが、親族からも協力を得られないときは、やむを得ず成年後見人が、相続財産管理人が選任されるまでの間に、死後事務を行わざるを得ないことになる。

　以下、本ケースにおいて、平成 28 年 10 月 13 日から施行された「成年後見の事務の円滑化を図るための民法及び家事事件手続法の一部を改正する法律」（以下「改正法」という）の施行以前に筆者が成年後見人として、対応した事案を報告しながら、改正法を踏まえ解説していく。

　本ケースにおける主な死後事務は、①遺体の引取り、②入院費用の支払、③喪主として葬儀の執り行い、④入所費用等の精算の打合せ、⑤入所施設の居室の明渡し、そして、⑥相続財産管理人選任の申立て、であった。

　上記死後事務は、改正法と法定後見終了の際に準用される委任契約終了後において急迫の事情があるときに発生する応急処分義務（民 874 条による民 654 条準用）又は、事務管理（民 697 条）を法的根拠として行われる。なお、応急処分又は事務管理、いずれにしても、その範囲を逸脱すれば、後日、その責任を追求されることになるので、注意が必要である。

　具体的には、①「遺体の引取り」については、親族は病院との入院契約において、身元引受人になることを拒否した。親族が相続人であれば、成年被後見人の財産はその相続人が承継する（民 896 条）ので、身元引受人になるよう強く説得できたのだが、相続人ではなかったので限界があり、やむを得ず、身元引受人と同様の地位にならざるを得なかった。契約書の身元引受人欄に、成年後見人として関与すると注記を付したのであるが、病院から当然のように、「24 時間以内に遺体を引き取ってください」と要請されたので、葬儀社に連絡して、遺体の引取りと保

管を依頼した。

②「入院費用の支払」については、弁済期が到来している相続財産に属する義務として、成年後見人から支払った（民873条の2第2号）。

③「喪主として葬儀の執り行い」については、葬儀費用は原則、主宰する親族の負担とされているので、成年後見人として、親族に対し、後日予定する相続財産管理人選任申立手続と相続財産管理制度の概要を説明しながら、葬儀の主宰者になってくれるか、葬儀費用を立て替える意思があるのかを確認した。親族は、葬儀費用は相続財産で払われるべきものとの考えの下、「喪主となると葬儀費用を立て替えなければならなくなるので、喪主となることを拒否する」とのことであった。やむを得ず、成年後見人として、葬儀を執り行ったが、権限も義務もないことから、参列した親族の意向を確認しつつも、なるべく低限な費用で納まるコースを選択せざるを得なかった。

④「入所費用等の精算の打合せ」については、入所費用の精算が数か月後になるとのことであったので、相続財産管理人において、清算されることになる旨を説明をした。

⑤「入所施設の居室の明渡し」については、親族の意向を確認しつつ、入所契約に従い明け渡した。

なお、上記事務に要した費用のうち弁済期が到来している入院費用の支払以外については、応急処分義務と解されれば相続財産から支弁される。事務管理と解された場合は、事務管理者である後見人が立て替えて弁済し、相続財産管理人に費用の償還を請求することになるが、実務上は、償還請求に基づく債権と相続財産管理人に引き渡すべき成年後見人が所持していた金銭等に係る請求権を相殺する形で、本人の財産から差し引き、相続財産の引渡しをすることになる。

そして、次の⑥相続人不存在の「相続財産管理人選任の申立て」をした。

ケーススタディ1　**345**

受付印		家 事 審 判 申 立 書　事件名（ 相続財産管理人選任 〈相続人不存在の場合〉 ）
		（この欄に申立手数料として1件について800円分の収入印紙を貼ってください。）
収 入 印 紙　　　　円		
予納郵便切手　　　　円		（貼った印紙に押印しないでください。） （注意）登記手数料としての収入印紙を納付する場合は，登記手数料としての収入印紙は貼らずにそのまま提出してください。
予納収入印紙　　　　円		

準口頭		関連事件番号 平成　　　年（家　　）第　　　　　　　　　　　号

○　○　　家庭裁判所 御中 平成○○年○○月○○日	申　立　人 （又は法定代理人など） の 記 名 押 印	○　○　　○　○　　印

添付書類	（審理のために必要な場合は，追加書類の提出をお願いすることがあります。） 申立人の戸籍謄本1通，被相続人の戸（除）籍謄本（出生から死亡までのもの）各1通，相続財産管理人候補者の戸籍謄本・住民票・身分証明書・登記事項証明書　各1通，不動産登記事項証明書2通，遺産目録1通，申立人の利害関係を証する書面1通，相続関係説明図1通，被相続人の住民票1通，その他財産資料各1通

申 立 人	本　　籍 （国　籍）	（戸籍の添付が必要とされていない申立ての場合は，記入する必要はありません。） 　　　　都　道 　　　　府　県
	住　　所	〒○○○ - ○○○○　　　　　　電話　○○○(○○○)○○○○ ○○県○○市○○町○丁目○番○号 　　　　　　　　　　　　　　　　　　　　　　　　（　　　　　　方）
	連　絡　先	〒　　-　　　　　　　　　　　電話　（　　　） 　　　　　　　　　　　　　　　　　　　　　　　　（　　　　　　方）
	フリガナ 氏　　名	○　○　　○　○　　　大正 （昭和）○○年○○月○○日生 平成　（　　○○　　歳）
	職　　業	司法書士・被相続人との関係　成年後見人

※ 被 相 続 人	本　　籍 （国　籍）	（戸籍の添付が必要とされていない申立ての場合は，記入する必要はありません。） 　　　　都　道 　　　　府　県
	住　　所	〒○○○ - ○○○○　　　　　　電話　○○○(○○○)○○○○ ○○県○○市○○町○丁目○番○号 　　　　　　　　　　　　　　　　　　　　　　　　（　　　　　　方）
	連　絡　先	〒　　-　　　　　　　　　　　電話　（　　　） 　　　　　　　　　　　　　　　　　　　　　　　　（　　　　　　方）
	フリガナ 氏　　名	○　○　　○　○　　　大正 （昭和）○○年○○月○○日生 平成　（　　○○　　歳）
	職　　業	無職

（注）　太枠の中だけ記入してください。
※の部分は，申立人，法定代理人，成年被後見人となるべき者，不在者，共同相続人，被相続人等の区別を記入してください。

申　立　て　の　趣　旨

　被相続人は、平成○○年○○月○○日に死亡したが、相続人があることが明らかでないため、被相続人の相続財産管理人を選任するとの審判を求める。

申　立　て　の　理　由

　申立人は、被相続人の成年後見人であった者であるが（平成○○年（家）第○の○○号）、被相続人が平成○○年○○月○○日に死亡し、成年後見事務が終了し、管理していた別紙目録の財産を引き渡す義務が生じたが、相続人を確認するため、戸籍を調査したところ相続人が不存在であったので、財産を引き渡すべく本件を申し立てをする。

特記事項その他

1　申立人は、被相続人の叔父・叔母や従兄弟にも面識があり、被相続人の死亡時点で、特別縁故者としての分与申立の意思を確認したことがあるが、その意思はないとのことであった。

2　被相続人が入所していた有償老人ホームの入居申込料の精算金約○○○万円が、介護保険料の精算との都合上、平成○○年○○月、入金される予定である。その他の入金予定の資産や負債は現状発生していない。

3　被相続人の自宅の隣地の○○○○から、倒壊の危険があるとして、門の修繕要請がある。

4　被相続人の自宅の隣地所有者○○○○から、被相続人自宅敷地を購入したいとの申し出がある。

5　本人の遺骨が、納骨されないまま菩提寺である○○○寺に預けられている。祭祀を承継する者がいないので、祖先の墓への納骨及び永代供養の手続きをする必要がある。

6　成年後見人であった申立人は、被相続人の事情に詳しいため、候補者に立候補する。

2 成年後見人と相続財産管理人との関係

(1) 申立権者

　急速な少子高齢化と成年後見制度の普及に伴い、戸籍上の相続人が不存在となっている成年被後見人の事件が急増している。相続人が不存在である成年被後見人が死亡すれば、成年後見人であった者は相続財産法人に財産引継事務を遂行するため、利害関係人として、相続財産管理人選任の申立てをすることになる（民952条1項）。相続財産管理人選任の申立てにおける利害関係人には、①事務管理者、②相続債権者・担保権者、③相続債務者、④遺言執行者、⑤特定財産の受遺者、⑥国・地方公共団体、⑦特別縁故者であると主張する者等が該当するが、中でも成年被後見人と関係性が密であった成年後見人であった者が、実務上、直ちに申立てを行ってくれると社会から期待されていると感じる。

(2) 相続財産管理人の候補者

　相続財産管理人の職務は、高度の法的知識と経験が必要であることから、これまで家庭裁判所は、管理人には、弁護士を多く選任してきた。しかし、近年、成年後見人として活躍する司法書士もその財産管理実績を審査しながら、その延長線上にある相続財産管理人に選任するケースが増加し始めている傾向にある。今後、専門職後見人からも積極的に相続財産管理人の候補者に立候補すべきであろう。

348　第6章　ケーススタディ

ケーススタディ 2　成年後見人から相続財産管理人に就任したケース

　成年後見人であった司法書士Bは、成年被後見人であったAの死亡後
に、相続人が不存在のため相続財産管理人に選任され、引き続き、財産
の管理を行うことになった。Aの相続財産は、老朽化した家屋と擁壁が
一部崩れかけている家屋の敷地と多額な預貯金であり、債務はない。B
は、今後いかなる対応をすることになるのだろうか。

■ポイント■

　成年後見人の死後事務を相続財産管理人として、引継ぎ、後見業務
の中で得た情報と信頼をもって、成年被後見人たる被相続人の相続財
産を管理、清算、特別縁故者又は国庫に引き継ぐことで、成年被後見
人に対するすべての信頼と期待に応え、任務を完遂することになる。

解　説

1　相続財産管理人の職務の概要

　相続財産管理人の職務は、家庭裁判所の監督の下で、相続財産法人の
代表者として、あるいは後日現れるかもしれない相続人の法定代理人と
して、相続財産を管理するとともに、相続人の存否を確定し、また、相
続財産から弁済を受けるべき債権者・受遺者を確定し、相続人不存在が
確定した場合には、被相続人と特別の縁故があったと主張する者（特別
縁故者）への裁判所の財産分与審判に注意を払いながら、相続財産を清
算して残余を国庫に引き継ぐというものである（民951条～959条）。

2　家庭裁判所からの執務支援

　実務上、相続財産管理人の選任時に、家庭裁判所から管理人に対し、
職務に関する説明書と手続きの節目ごとに定期的報告を受ける際の「管
理報告書」、財産管理の状況を示す「財産目録」、具体的職務内容の報告

を受けるための「管理事務経過一覧表」等各種報告書のひな形が渡される。

　なお、家庭裁判所によっては、被相続人名義の預貯金の調査、解約等を、銀行等の金融機関へ依頼する際、その担当者等から、相続財産管理人及びその権限などについて説明を求められることを想定し、説明用のツールとしての「相続財産管理人について」という説明文書も権限ある機関として提供しているところもある。

3　相続財産管理職務の分類

　相続財産管理人の職務内容は、相続財産の内容によって、いわゆる①「債務超過型」と②「財産分与型」の2つに大別できるといわれている。①「債務超過型」とは、相続財産における積極財産の総額より、消極財産の総額の方が上回る場合で、相続財産が債権者に弁済され、国庫に引き継がれない事案である。②「財産分与型」とは、相続財産における積極財産の総額より、消極財産の総額の方が下回る場合で、相続財産が特別縁故者への分与や国庫に引き継がれる事案である。「債務超過型」においては、迅速かつ高額に相続財産を換価し、各債権者に配当することが重点項目となり、「財産分与型」においては、特別縁故者への分与の審判の有無によって、不動産等の換価に着手するかの判断をすることが重点項目となる（「平成23年度神奈川県司法書士会家事事件実務委員会『相続財産管理人の実務』研修資料」4頁参照）。

　なお、上記②「財産分与型」における特別縁故者の出現の可能性に配慮して、「縁故分与型」と「国庫帰属型」とに分類するとの見解もある（片岡武ほか『第2版　家庭裁判所における成年後見・財産管理の実務』350〜351頁（日本加除出版））。

4　相続財産管理職務の流れ

　本ケースと同様の状況下で、成年後見人から相続財産管理人に選任された「財産分与型」で、特別縁故者も出現しなかったという事案において、筆者が遂行した主な職務内容を、管理人の視点から時系列にて紹介

350 第6章 ケーススタディ

する。なお、成年被後見人は、平成27年11月に死亡したものとする。

① 平成27年11月、成年後見人として、相続財産管理人選任申立て（民952条1項）

② 平成28年1月、相続財産管理人選任の審判書受領・預貯金口座名義における資格変更、不動産の登記名義人変更

③ 平成28年2月、相続財産管理人選任官報公告掲載通知受領（民952条2項、家手規4条）、相続財産引継ぎ、成年後見報酬付与の審判申立て、後見事務終了報告書を提出

④ 平成28年3月、第1回管理報告書・財産目録の提出（民953条、27条、家手規112条、82条1項）、相続債権者及び受遺者への請求申出の催告、官報公告の依頼（民957条1項）、相続債権者への個別催告書発送（民957条2項、927条3項）、第2回管理報告書（官報公告依頼済み報告）の提出、相続債権者から相続債権届出書の受領

⑤ 平成28年4月、建物取壊しに関する権限外行為の許可の審判申立て（民953条、28条）、同月審判書受領、永代供養料に関する権限外行為の許可の審判申立て、同月審判書受領、成年後見報酬付与の審判書受領

⑥ 平成28年5月、第3回管理報告書（相続債権者及び受遺者への請求申出の催告期間満了とその結果報告、建物解体工事完了報告）の提出

⑦ 平成28年6月、第4回管理報告書（債務支払報告）の提出、葬儀費用に関する権限外行為の許可の審判申立て、同月審判書受領、相続人捜索公告の申立て（民958条）

⑧ 平成28年8月、第5回管理報告書（債務支払、建物滅失登記完了報告）の提出

⑨ 平成29年2月、土地売却に関する権限外行為の許可の審判申立て、同月審判書受領

⑩ 平成29年4月、土地売却の決済、報酬付与の申立て、同月審判書受領

⑪ 平成29年5月、第6回管理報告書（土地売却報告）の提出、第7回管理報告書（国庫金納付のための準備完了報告）、国庫金納入通知

書受領、同月納付（民 959 条）、管理終了報告書（国庫金納入・管理財産皆無報告）の提出

5　主な相続管理人の職務

4 の職務の中で、相続財産管理として、特徴的と感じられた職務に関し、解説を加える。

(1)　財産目録の作成

相続財産管理人は、期限が法定されていないが裁判所からの指示により、就任後 2 か月間を目安に、財産状況を調査の上、財産目録を作成し家庭裁判所に提出しなければならない（民 953 条、27 条）。財産の目録を作成する場合には、2 通を作成し、その 1 通を家庭裁判所に提出することになる（家手規 112 条、82 条）。

また、家庭裁判所は、その選任した相続財産管理人に対し、財産の状況の報告及び管理の計算を命ずることができるとされている（家手 208 条、125 条 2 項）。就任時に提出する財産目録は、この相続財産の管理状況や管理方針の記載を求める第 1 回管理報告書の提出と同時期に提出するよう求められている。

なお、財産目録の様式は、家庭裁判所から選任審判書が送達される際に、職務に関する説明書、管理報告書の記載例、管理事務経過一覧表等の様式書面の他、財産目録様式が同封されるので、その様式に従い財産内容を記入し、関連資料を添付することになる。

(2)　財産調査

成年後見人から相続財産管理人になった等の事情がない限り、財産目録を作成するために、次の方法等により相続財産の調査がなされる。

ア　事件記録の閲覧・謄写による情報収集

財産状況を把握するために、事件記録を閲覧又は謄写請求（家手 47 条 1 項）をして、申立人の把握した情報や財産状況を確認する。多くのケースにおいて、病院や入所施設、債権者、相続人ではない親族、相続放棄者、受遺者等の関係者と資産状況の把握が可能となる。

イ　申立人や関係者からの事情聴取

申立人や被相続人の関係者の中には、事実上の占有者や管理人となっている者がいるので、現地調査をすることを想定して可能な限り面接等をし、情報を収集しておく。

ウ　現地調査

被相続人の居宅等を訪問し、占有状態を確認するとともに、建物内に残された現金、預貯金通帳、登記済権利証（登記識別情報通知）、契約書類、請求書、領収書、郵便物等を確認して、財産や負債を知る手掛かりとする。なお、建物内の現地調査を行う場合は、後日に嫌疑を掛けられないようにするため、現在の管理者や親族の立合いを求めるべきである。やむを得ず、単独で行う場合は必ず写真を撮るとともに、現地状況を詳細に記録しておくべきである。

エ　金融機関や登記所・役所からの資料の収集

被相続人の生活拠点に近い銀行等の金融機関に対し、取引照会をすることも検討する。また、事件記録や関係者からの事情聴取によって、確認できていない不動産の存在が予想される際は、登記所や役所からも資料や情報を収集する。

オ　名義変更

なお、財産目録提出前の相続財産を調査する中で、預貯金の存在を確認したのなら、財産の保全のため「亡〇〇〇〇相続財産人〇〇〇〇」と名義を変更し、不動産であれば「亡〇〇〇〇相続財産」と変更する。

⑶　官報公告による相続債権者・受遺者への請求申出の催告

相続財産管理人選任の官報公告があった日の翌日から2か月を経過しても相続人が現れないときは、相続財産管理人は、遅滞なく、すべての相続債権者及び受遺者に対し、2か月を下らない期間内に、その請求の申出をすべき旨の官報公告をしなければならない（民957条1項）。

⑷　知れたる債権者・受遺者への請求申出の催告

相続財産管理人は、知れたる債権者に対しては、個別にその請求の申出をするよう催告しなければならない（民957条2項、934条1項）。なお、請求の申出催告は、相続財産管理人の義務であることから、請求の

申出催告書を内容用証明郵便や書留郵便で送付する方法で行われる。

(5)　知れたる債権者の範囲

　債権者が利害関係人として申立権者となって開始された事案であれば、請求権の存在と請求する意思は明らかであるので、当該債権者は、知れたる債権者となる。また、相続財産管理人による事情聴取・資料収集の中で、請求債権の存在を確認できた債権者も、知れたる債権者となる。しかし、実務上、純粋たる相続債権とは言い難い請求権を有し、その請求権を行使するかを悩んでいる者と遭遇することがある。立替金の費用償還請求権を有している親族や知人等や、納骨や永代供養の依頼を受けている菩提寺等である。これらの者を、知れたる債権者として扱うべきかに悩むこともある。積極財産が消極財産を大きく上回る財産分与型の事案であるときは、権限外行為許可の申立てをすれば（民953条、28条、家手39条別表1の99）、支払うことが認められる可能性が高いと考えられる。逆に、消極財産が積極財産を上回る債務超過型事案であれば、支払うことが認められる可能性は低くなると考えられる。これらの点に関する説明をしながら事情聴取を行い、請求権が確定されているようであれば、相続財産管理人の義務として、知れたる債権者として扱うべきであろう。

(6)　公告期間満了前の弁済拒絶

　相続財産管理人は、請求申出催告の官報公告における催告期間の満了前には、相続債権者及び受遺者からの弁済請求を拒むことができる（民957条2項、928条）。ただし、優先権を有する債権者の権利を害することはできない（民957条2項、929条ただし書）ので、特別の先取特権者・質権者・抵当権者等は、公告期間満了前に、担保権を実行することができる。

(7)　公告・催告期間満了の効果

　請求申出催告の官報公告又は知れたる債権者への催告書の文言の中には、「期間内にお申し出がないときは弁済から除斥します」旨を記載する。これは、請求申出公告期間内に申出をしなかった相続債権者及び受遺者で相続財産管理人に知れなかった者は、弁済から除斥されるからで

354 第6章 ケーススタディ

ある。しかし、除斥された相続債権者及び受遺者でも、その後になされる相続人の捜索の公告期間内に、請求の申出をすれば、残余財産からのみ弁済を受けることが可能となる（民957条2項、935条）。

(8) 公告又は催告義務違反

請求申出催告の官報公告又は知れたる債権者への催告義務を怠ると、不当な弁済がなされ、損害を受けたとして、相続債権者及び受遺者から損害賠償を請求されることもあるので（民957条2項、934条1項）、注意が必要である。実務上、家庭裁判所においても、この手続を重視し、相続財産管理人に対し、官報掲載手続完了後には、掲載された官報の写しを添付の上、報告するよう求めている。

(9) 家庭裁判所の許可を要する行為

相続財産管理人の代理権の範囲は、民法103条に定める行為について権限を有するものとされている（民953条、28条）。民法103条に定める行為とは、①相続財産を保存する行為、②相続財産の性質を変えない範囲内においての利用又は改良行為である。上記範囲内であれば、裁判外の行為は勿論、裁判上の行為をもする権限を有するが、この権限を越える行為をする場合には、家庭裁判所に「相続財産管理人の権限外行為許可の申立て」をして許可を得なければならない（民953条、28条、家手39条別表1の99）。なお、相続財産管理人が家庭裁判所の許可を受けずして権限外の行為をなした場合には無権代理行為として無効となる。

主な権限外行為は次のとおりである。

① 不動産の処分（建物の取り壊しを含む。）
② 動産の売却、譲渡、贈与、廃棄（自動車の売却や廃車手続きを含む。）
③ ゴルフ会員権、株券の売却
④ 永代供養料の支払、墓地などの購入費用
⑤ 出資金持分譲渡契約
⑥ 訴訟の提起、訴えの取下げ、訴訟上の和解、調停
⑦ 立替金の支払や被相続人が生存していたならば当然謝礼をしたと思われる人への謝金支払

6 実務上の個別検討事項

相続財産管理人の職務遂行上、実務的に悩んだ点を個別検討事項として紹介する。

(1) 永代供養料と墓石の撤去費用の扱い

葬儀後に祭祀関係としてお寺等に支払う費用を挙げてみると、遺骨の保管料・戒名料・納骨時の供養料・墓地管理料・永代供養料・墓石の撤去費用等があり、永代供養に含まれる内容も、菩提寺等によって多種多様である。例えば、永代供養の主体者は寺で、墓石の管理は寺が委託している墓所管理会社である場合がある。この場合、永代供養料は寺に支払ったとしても、何十年先にもなって、墓所管理会社から永代供養の終了に伴う墓石の撤去費用を求められる可能性がある。

では、墓所管理会社に対して、何十年先の墓石の撤去費用を管理人就任中に支払うことが可能であろうか。菩提寺等と墓所管理者との委託関係によっては、何十年先の墓石の撤去費用に関する請求権が確定できず、支払えないこともある。そのような場合には、菩提寺等に対して、支払う永代供養料の中に、本来、祭祀承継者から墓所管理者に支払うべき費用を含めてもらうなどして、永代供養に支障を生じさせないよう配慮しておく必要もあろう。上記配慮の下に、行った権限外行為許可の申立てを参考例として、挙げておく。

356 第6章 ケーススタディ

<table>
<tr><td colspan="2" rowspan="4">受付印</td><td colspan="2">家 事 審 判 申 立 書　事件名（
相続財産管理人の
権限外行為許可）</td></tr>
<tr><td colspan="2">（この欄に申立手数料として1件について800円分の収入印紙を貼ってください。）</td></tr>
<tr><td colspan="2">（貼った印紙に押印しないでください。）</td></tr>
<tr><td colspan="2">（注意）登記手数料としての収入印紙を納付する場合は、登記手数料としての収入印紙は貼らずにそのまま提出してください。</td></tr>
<tr><td>収 入 印 紙</td><td>円</td><td colspan="2"></td></tr>
<tr><td>予納郵便切手</td><td>円</td><td colspan="2"></td></tr>
<tr><td>予納収入印紙</td><td>円</td><td colspan="2"></td></tr>
</table>

準口頭		関連事件番号　平成 ○○ 年（家　　）第 ○○○○	号

○　○　家 庭 裁 判 所 御 中 平成 ○○ 年 ○○ 月 ○○ 日	申　立　人 （又は法定代理人など） の 記 名 押 印	亡○○○○相続財産管理人 ○○　　　　○○　　　　印

添 付 書 類	（審理のために必要な場合は、追加書類の提出をお願いすることがあります。） 相続債権届出書（写し）1通、費用概算報告書（写し）1通、永代供養の費用報告書（写し）1通、写真2通 墓所撤去～改葬工事見積書（写し）1通、領収証（写し）1通

<table>
<tr><td rowspan="5">申

立

人</td><td>本　籍
（国　籍）</td><td colspan="2">（戸籍の添付が必要とされていない申立ての場合は、記入する必要はありません。）
　　　　都 道
　　　　府 県</td></tr>
<tr><td>住　所</td><td colspan="2">〒 ○○○ - ○○○○　　　　　　　電話 ○○○（○○○）○○○○
○○県○○市○○町○丁目○番○号
（　　　　　　　　方）</td></tr>
<tr><td>連絡先</td><td colspan="2">〒　　　-　　　　　　　　　　　　電話　　　（　　　）
（　　　　　　　　方）</td></tr>
<tr><td>フリガナ
氏　名</td><td>○○　　　○○</td><td>大正
昭和　○○年 ○○月 ○○日生
平成（　　○○　　歳）</td></tr>
<tr><td>職　業</td><td colspan="2">司法書士・被相続人との関係　相続財産管理人</td></tr>
<tr><td rowspan="5">※

被

相

続

人</td><td>本　籍
（国　籍）</td><td colspan="2">（戸籍の添付が必要とされていない申立ての場合は、記入する必要はありません。）
　　　　都 道
　　　　府 県</td></tr>
<tr><td>住　所</td><td colspan="2">〒 ○○○ - ○○○○　　　　　　　電話 ○○○（○○○）○○○○
○○県○○市○○町○丁目○番○号
（　　　　　　　　方）</td></tr>
<tr><td>連絡先</td><td colspan="2">〒　　　-　　　　　　　　　　　　電話　　　（　　　）
（　　　　　　　　方）</td></tr>
<tr><td>フリガナ
氏　名</td><td>○○　　　○○</td><td>大正
昭和　○○年 ○○月 ○○日生
平成（　　　　　　歳）</td></tr>
<tr><td>職　業</td><td colspan="2">無職</td></tr>
</table>

（注）　太枠の中だけ記入してください。
※の部分は、申立人、法定代理人、成年被後見人となるべき者、不在者、共同相続人、被相続人等の区別を記入してください。

申　立　て　の　趣　旨

　被相続人○○○○の相続財産の管理人である申立人が、下記のとおり、永代供養料に関する費用として金○○万○○円也を宗教法人○○○○寺（住所：○○市○○区○○番地、代表役員：○○○○）に支払うことを許可するとの審判を求める。

記

金○，○○○，○○○円也　ただし、金○○，○○○円也　平成○○年○○月○○日から納骨日までの遺骨保管料として、　金○○，○○○円也　墓所に納骨する際の祭事供養料として、　金○○○，○○○円也　永代供養における祭事供養料として、　金○○○，○○○円也　墓石等の撤去・墓所改修費用として。

申　立　て　の　理　由

1　被相続人○○○○は、平成○○年○○月○○日死亡した。

2　被相続人○○○○には相続人のあることが明らかでないので、○○家庭裁判所は平成○○年○○月○○日に申立人をその相続財産管理人に選任した。

3　被相続人○○○○の相続財産は、平成○○年○○月○○日に提出した報告書（財産目録）記載のとおりである。

4　平成○○年○○月○○日被相続人の遺骨は、当時成年後見人であった申立人及び被相続人の親族により、菩提寺である宗教法人○○○○寺に預けられた。

5　申立人は、上記親族が被相続人の納骨と○○年間の墓所維持を希望するものの、同親族には、関連する費用として発生する①被相続人の遺骨を納骨するまでの保管料②被相続人の遺骨を墓所に納骨する際の祭事供養料③

納骨日から○○年間にわたり発生する年間金○○, ○○○円の墓所維持管理費用④納骨日から○○年間の祭時期の供養料⑤納骨日から○○年間経過時に、墓に納められている先祖の遺骨○体を含む遺骨○体を共同墓地に移す際の祭事供養料⑥遺骨○体を共同墓地に移した後の墓所撤去・改葬工事料の費用を負担する意思がないことを確認した。

6　申立人は、菩提寺より、前項の費用の内、①の遺骨保管料の額、②の納骨時の祭事供養料、④の○○年分の祭時期の供養料⑤の納骨移転時の祭事供養料については、菩提寺において確たる料金の定めがなく、定額ではないとの説明を受けたが、あえて算出して欲しいと要請したところ、次の説明を受けた。　①の費用は○万円であり②の費用は○万円とする。　④の○○年分の祭時期の供養料と⑤の遺骨を移す際の祭事供養料、並びに③の○○年分の維持管理費○○万○○○○円を加えたものを永代供養に関する費用とする。④と⑤の費用は、墓所内の遺骨１体○○万円の計算で○体で○○万円とする。結果、○○万○○○○円が永代供養に関する費用の総額となる。

7　また、申立人は菩提寺より、⑥の遺骨○体を共同墓地に移した後の墓所撤去・改葬工事料金○○万円の費用は、通常○○年後に、被相続人の親族より、墓所管理委託先業者である○○○○店に払って貰うべき費用であるが、本件の事情に鑑み請求するものであることの説明を受けている。

8　よって、宗教法人○○寺から届出された別紙相続債権届出書に従って、支払を履行したく、本件申立てに及んだ。

(2) 建物の解体工事

被相続人が所有していた建物について、近隣居住者から、修繕の要請が相続財産管理人に寄せられることもある。相続財産管理人には、相続財産を保存する義務があり、修繕規模を検討しながらの修繕をなすべき義務がある。しかし、本来、建物は、近い将来において、第三者に売却されるか、特別縁故者に引き継がれるか、又は国に引き継がれるかが予定されている。

よって、建物の価値に比較して、修繕に多額の費用を要することが予想されるような場合には、建物の利害関係人と思われる者（特別縁故者の候補者となる者、敷地購入希望者、債権者等）との協議・調整が必要になる。協議等を通じて、建物の存置を欲するかの意思を確認し、その意思がなく、建物自体も無価値に等しいと判断するに至った際は、建物の修繕より、解体を選択することもあろう。

建物全体の老朽化により、近い将来に倒壊しそうな状況であることは認められたものの、上記売却又は引継ぎ時までの耐久性はあると判断し修繕等の保全行為をせずに、建物の利害関係人と思われる者との協議・調整を行った上で、建物の解体の許可を求めた筆者の権限外行為許可の申立てを参考例として、一部編集加工の上挙げておく。

360 第6章 ケーススタディ

受付印	家 事 審 判 申 立 書　事件名（ 相続財産管理人の 権限外行為許可 ）
	（この欄に申立手数料として1件について800円分の収入印紙を貼ってください。）
収 入 印 紙　　　　円 予納郵便切手　　　円 予納収入印紙　　　円	（貼った印紙に押印しないでください。） （注意）登記手数料としての収入印紙を納付する場合は，登記手数料としての収入印紙は貼らずにそのまま提出してください。

準口頭		関連事件番号　平成 ○○ 年（家　　）第 ○○○○	号

○　○　　家庭裁判所 　　　　　　御 中 平成 ○○ 年 ○○ 月 ○○ 日	申　立　人 （又は法定代理人など） の 記 名 押 印	亡○○○○相続財産管理人 ○○　　　○○　　印

添 付 書 類	（審理のために必要な場合は，追加書類の提出をお願いすることがあります。） 被相続人親族代表者の同意書1通、敷地購入希望者からの要請文書（写し）1通、近隣居住者からの改修要請文書（写し）1通、写真1通、不動産登記事項証明書（写し）1通

申 立 人	本　籍 （国　籍）	（戸籍の添付が必要とされていない申立ての場合は，記入する必要はありません。） 　　　都 道 　　　府 県
	住　所	〒○○○－○○○○　　　　　電話 ○○○（○○○）○○○○ ○○県○○市○○町○丁目○番○号 （　　　　　　方）
	連 絡 先	〒　　－　　　　　　　　　　電話　　（　　　） （　　　　　　方）
	フリガナ 氏　名	○○　　○○　　○○○	大正 ⑱昭和 ○○年 ○○月 ○○日生 平成　（　○○　歳）
	職　業	司法書士・被相続人との関係　相続財産管理人

※ 被 相 続 人	本　籍 （国　籍）	（戸籍の添付が必要とされていない申立ての場合は，記入する必要はありません。） 　　　都 道 　　　府 県
	住　所	〒○○○－○○○○　　　　　電話 ○○○（○○○）○○○○ ○○県○○市○○町○丁目○番○号 （　　　　　　方）
	連 絡 先	〒　　－　　　　　　　　　　電話　　（　　　） （　　　　　　方）
	フリガナ 氏　名	○○　　○○○	大正 ⑱昭和 ○○年 ○○月 ○○日生 平成　（　　　歳）
	職　業	無職

（注）　太枠の中だけ記入してください。
※の部分は，申立人，法定代理人，成年被後見人となるべき者，不在者，共同相続人，被相続人等の区別を記入してください。

<table>
<tr><td colspan="2" align="center">申　立　て　の　趣　旨</td></tr>
</table>

　被相続人○○○○の相続財産の管理人である申立人が、相続財産に属する別紙目録記載の動産他すべての家財一式を廃棄処分にし、別紙目録記載の建物を取り壊し、更地化することを許可するとの審判を求める。

<table>
<tr><td colspan="2" align="center">申　立　て　の　理　由</td></tr>
</table>

1　被相続人○○○○は、平成○○年○○月○○日死亡した。

2　被相続人○○○○には相続人のあることが明らかでないので、○○家庭裁判所は平成○○年○○月○○日に申立人をその相続財産管理人に選任した。

3　被相続人○○○○の相続財産は、平成○○年○○月○○日に提出した報告書（財産目録）記載のとおりである。

4　別紙目録記載の建物（以下「本件建物」という）について、隣地所有者○○○○（住所省略）からも道路に面する玄関と一体をなす塀が倒壊しかかっているとの指摘があり、申立人も認めるところである。また、敷地内に植栽されている木の根が本件建物の部屋室の床下から上に伸び、当該部屋の床を隆起させ、建物全体に歪みを生じさせている状態である。

5　さらに、本件建物の敷地は、隣地所有者○○○○の敷地を通らなければ、道路にでることはできない土地である。それゆえ、隣地所有者○○○○から、本件建物の敷地を購入したいとの申し出がある。そこで、隣地所有者○○○○に対し、本件建物の購入意思があるかを打診したところ、その意思はないとのことであった。

6　本件建物内に存する別紙目録記載の動産は、無価値に等しいものであるが、形見という親族の思いが籠もっている動産も残っている可能性があることから、申立人は、親族代表である○○○○に、本件建物内にある動産

他家財をすべて廃棄処分し、本件建物を取り壊し、更地にしたいとの意向を説明し、その承認を求めたところ、異議なくこれに同意した。

7　本件建物を残してそのまま国（貴庁）に引き継いでも、維持管理や引き継ぎに労するだけで、経済的利点はないので、本件申立てに及んだ。（別紙建物・動産目録省略）

(3) 売却困難な土地

　相続財産の中でも土地は、最も高額に換価できる財産と考えがちであるが、土地の中には、その維持管理・処分に多額の費用を要し、時間を要するものがある。例えば、境界が不明であったり、擁壁が崩落しそうになっている状況などの場合には、境界確定のための測量費用と擁壁の修繕費用が掛かり、境界確定のための隣地所有者との交渉と擁壁を修繕するための許可等を得るのに、長期の時間を要することが予想される。このような状況の土地が相続財産に含まれていた場合は、相続財産管理人は、土地の売却価格を減額して、通常の売主が果たすべき境界の明示義務を免除と擁壁修理の義務を買主負担とすることを条件として、売却することを試みることになる。なお、実務上、土地を換価しないで、国庫に引き継ぐことは稀であり、維持管理に多額の費用を要する土地ならば、仮に無償に近くとも、第三者に譲渡し、維持管理の負担を引き継いでもらう方針を決定することが多いといえる。

　境界が不明で、擁壁が崩落しそうになっている状況の土地について、売却の許可を求めた筆者の権限外行為許可の申立てを参考例として、一部編集加工の上挙げておく。

364 第6章 ケーススタディ

受付印	家事審判申立書　事件名（ 相続財産管理人の 権限外行為許可 ）
	（この欄に申立手数料として1件について800円分の収入印紙を貼ってください。） 　　　　　　　　　　　（貼った印紙に押印しないでください。）
収入印紙　　　　　　円 予納郵便切手　　　　円 予納収入印紙　　　　円	（注意）登記手数料としての収入印紙を納付する場合は，登記手数料としての収入印紙は貼らずにそのまま提出してください。

準口頭	関連事件番号　平成 ○○ 年（家　）第 ○○○○	号

○　○　家庭裁判所 　　　　　御中 平成 ○○ 年 ○○ 月 ○○ 日	申　立　人 （又は法定代理人など） の 記 名 押 印	亡○○○○相続財産管理人 　○○　　　○○　　　　印

添付書類	（審理のために必要な場合は，追加書類の提出をお願いすることがあります。） 不動産登記事項証明書 1 通・買受人の登記事項証明書 1 通・買受申込書 1 通・売買契約書（写し） 1 通・不動産の評価額の資料

申 立 人	本　籍 （国　籍）	（戸籍の添付が必要とされていない申立ての場合は，記入する必要はありません。） 　　　都　道 　　　府　県	
	住　所	〒 ○○○ － ○○○○　　　　電話 ○○○（○○○）○○○○ ○○県○○市○○町○丁目○番○号 　　　　　　　　　　　　　　　　　（　　　　　　方）	
	連絡先	〒　　　－　　　　　　　　　電話　　（　　　） 　　　　　　　　　　　　　　　　（　　　　　　方）	
	フリガナ 氏　名	○○　　　　○○	大正 ㊐○○年○○月○○日生 平成（　○○　歳）
	職　業	司法書士・被相続人との関係　相続財産管理人	

※ 被 相 続 人	本　籍 （国　籍）	（戸籍の添付が必要とされていない申立ての場合は，記入する必要はありません。） 　　　都　道 　　　府　県	
	住　所	〒 ○○○ － ○○○○　　　　電話 ○○○（○○○）○○○○ ○○県○○市○○町○丁目○番○号 　　　　　　　　　　　　　　　　　（　　　　　　方）	
	連絡先	〒　　　－　　　　　　　　　電話　　（　　　） 　　　　　　　　　　　　　　　　（　　　　　　方）	
	フリガナ 氏　名	○○　　　○○	大正 ㊐○○年○○月○○日生 平成（　　　歳）
	職　業	無職	

（注）　太枠の中だけ記入してください。
※の部分は，申立人，法定代理人，成年被後見人となるべき者，不在者，共同相続人，被相続人等の区別を記入してください。

<table>
<tr><td colspan="2" align="center">申　立　て　の　趣　旨</td></tr>
</table>

　被相続人○○○○の相続財産の管理人である申立人が、相続財産に属する別紙目録記載の土地を○○○○（住所・省略）に対し、金○○○万円で売却するとの審判を求める。

<table>
<tr><td colspan="2" align="center">申　立　て　の　理　由</td></tr>
</table>

1　被相続人○○○○は、平成○○年○○月○○日、死亡した。

2　被相続人○○○○には相続人のあることが明らかでないので、○○家庭裁判所は平成○○年○○月○○日に申立人をその相続財産管理人に選任した。

3　被相続人○○○○の相続財産は、平成○○年○○月○○日に提出した第○回管理報告書（財産目録）記載のとおりである。

4　別紙目録記載の土地（以下「本件土地」という）について、当該土地の前面道路として通行している土地所有者である○○○○（住所・省略）（以下「買受人」という）から買い受けてもよいとの申出があった。

5　申立人が売却に当たり、本件土地を調査した結果は次のとおりである。

①本件土地の前面（北側）は、買受人所有の土地であり、その土地を通行土地の出入口と使用しているが、無償で通行しており、その権利関係は不明確である。

②平成○○年○○月○○日、申立人と買受人とで、本件土地の現地確認をしたところ、当該土地を支える東側の擁壁は、石を積み上げただけのもので、石の隙間が見られ、部分的には、擁壁石が抜け落ち崩壊のおそれがあり、修繕するには多額の費用を要することが確認された。

③上記の事情を確認した後、今後の擁壁の管理責任及び境界の不明確な部分をすべて買受人が引き受けることが内諾された。

④不動産業者に、上記事情を伝え査定を依頼したところ、1 m² 当たり金〇万円〜〇〇万〇〇〇〇円が評価額ではないかとのことであった。

6　申立人は、本件土地の売却価格・買主は、いずれも相当であると思料する。

7　申立人がなした民法957条の公告期間は、平成〇〇年〇〇月〇〇日に満了している。

8　申立人は、本件土地を国庫に現状で引き継ぐには、相当でないと判断するので、本件申立てに及んだ。(別紙土地目録省略)

ケーススタディ **3**	遺言がない場合の相続預金の解約

A司法書士は、被相続人の夫より、2年前に死亡した妻の遺産承継に関する相談を受けた。A司法書士が被相続人の相続関係を尋ねたところ、相談者は、妻には子及び直系尊属は存在しないが、兄弟姉妹が5人いて全員健在であるということを述べた。なお、被相続人には銀行預金以外の財産、債務はなく、遺言も存在しないということである。

解　説

1　司法書士による相続預金の払戻し請求の代理

　被相続人の夫は、妻名義の預金の払戻しを銀行に請求し、払戻しを受けた上で、相続人全員に対し法定相続割合に応じた割合で分配したいと考えている。A司法書士は、これら手続の代理を司法書士業務として受託することができるか。

◎　遺産（預金）承継手続代理業務

　司法書士が共同相続人から依頼を受けて、被相続人名義の預金等の財産を管理し、共同相続人に引き渡すことを代理する業務は、司法書士法施行規則31条1号に掲げられた「当事者その他関係人の依頼又は官公署の委嘱により、管財人、管理人その他これらに類する地位に就き、他人の事業の経営、他人の財産の管理若しくは処分を行う業務又はこれらの業務を行う者を代理し、若しくは補助する業務」の範疇に含まれるものと考えられる。したがって、本件のケースでは、A司法書士は、共同相続人を代理して銀行に対し被相続人の預金の払戻請求をし、その受領した金員を共同相続人へ引き渡す手続（以下これら一連の手続を「預金承継手続」という。）を司法書士業務として受託することができる。ただし、A司法書士は、相談者である被相続人の夫だけではなく、他の共同相続人（5人いるという被相続人の兄弟姉妹）に対しても、預金承継手続を自分に依頼する意思があることを確認し、かつ委任契約があったこと

368 第6章 ケーススタディ

を書面にしておくことが必要である。

　なお、法定相続分に基づき預金承継手続を行う際は、各相続人に対し、遺言がないことや、共同相続人間で遺産分割協議が調っていないことなどを確認した上で、進めるべきである。

2 規則31条業務における戸籍謄本等の請求

　A司法書士が預金承継手続の代理を受任した場合において、相続関係を確定するため、職務上請求書を用いて市区町村長あてに戸籍の謄本若しくは抄本又は戸籍に記載した事項に関する証明書（以下「戸籍謄本等」という）、あるいは住民票の写し若しくは住民票記載事項証明書又は戸籍の附票（以下「住民票の写し等」という。）を交付請求することは可能か。結論を先に言うと、A司法書士は、預金承継手続代理業務においては、統一1号様式を使用して戸籍謄本・住民票の写し等の交付請求をすることはできない。

(1) 戸籍謄本・住民票の写し等職務上請求書〈日本司法書士会連合会統一1号様式〉について

　司法書士（司法書士法人を含む。以下同じ）が受任中の事件等に関する業務を遂行するために必要がある場合には、司法書士であること、事件（業務）の種類、その他戸籍法10条の2第3項、4項に定める事項を明らかにすることにより、戸籍謄本等の交付の請求をすることができる。また、市町村長は、司法書士から、受任している事件又は事務の依頼者が、権利行使や義務の履行のため住民票記載事項の確認が必要な者であるなど、住民基本台帳法12条の3第1項各号に掲げる者に該当することを理由として、住民票の写し等が必要である旨の申出があり、かつ、当該申出を相当と認めるときは、その司法書士に対し当該住民票の写し等を交付することとした（住基12条の3第2項、20条4項）。そして、これらの法令の規定に基づき、司法書士が戸籍謄本等や住民票の写し等の交付請求をする時に使用するものとして、「戸籍謄本・住民票の写し等職務上請求書〈日本司法書士会連合会統一1号様式〉」が制定された。

　それでは、本件について、A司法書士は統一1号様式を用いて、戸籍

謄本・住民票の写し等の交付請求をすることができるのか。結論を先に述べたとおり、統一1号様式は、利用できない。統一1号様式を使用して戸籍謄本・住民票の写し等の交付請求が可能な司法書士の業務とは、いわゆる「本来業務」と呼ばれている司法書士法3条に掲げる業務（一部を除く。）のことをいい、「附帯業務」といわれる規則31条1号業務（財産管理業務等）や規則31条2号業務（成年後見業務等）などは含まないからである。よって、A司法書士は、以下に述べるように、統一1号様式を利用しない方法で、戸籍謄本等を収集する必要がある。

(2) 戸籍謄本・住民票の写し等請求書【司法書士用】〈日本司法書士会連合会統一2号様式〉について

　ところで、戸籍に記載されている者やその戸籍から除かれた者（例外を除く。）又はその配偶者、直系尊属若しくは直系卑属は、その戸籍謄本等の交付の請求をすることができるとされ（戸10条1項）、また、住民基本台帳に記録されている者は、自己又は自己と同一の世帯に属する者に係る住民票の写し等の交付を請求することができるとされている（住基12条1項）。さらに、戸籍法10条の2第1項1号では「自己の権利を行使し、又は自己の義務を履行するために戸籍の記載事項を確認する必要がある場合」は、「権利又は義務の発生原因及び内容並びに当該権利を行使し、又は当該義務を履行するために戸籍の記載事項の確認を必要とする理由」を明らかにして他人の戸籍謄本等の請求をすることができるとされ、また、本人等以外の者であっても「自己の権利を行使し、又は自己の義務を履行するために住民票（戸籍の附票）の記載事項を確認する必要がある者」から住民票の写し等が必要である旨の申出があり、かつ、当該申出を相当と認めるときは、当該申出をする者に当該住民票の写し等を交付することができるとされている（住基12条の3第1項1号、20条3項）。

　したがって、本件の被相続人の共同相続人らは、預金承継手続に必要な範囲で戸籍謄本・住民票の写し等の交付を請求できるから、A司法書士は、これら共同相続人らから委任を受けることにより、戸籍謄本・住民票の写し等を代理して請求することができる。つまりA司法書士は、

370 第6章 ケーススタディ

前述のとおり統一1号様式を使用して戸籍謄本・住民票の写し等の交付を請求することはできないものの、これに代わって「戸籍謄本・住民票の写し等請求書【司法書士用】〈日本司法書士会連合会統一2号様式〉」を使用し、依頼人の代理人として、戸籍謄本・住民票の写し等の交付を請求することができる。この統一2号様式は職務上の請求書ではないが、規則31条各号業務を行う司法書士のために特別に制定されたものである（平成21年3月31日日司連発第2327号「戸籍謄本・住民票の写し等の職務上請求書等に関するQ＆A」参照）。

なお、司法書士が統一2号様式を使用して戸籍謄本・住民票の写し等を請求するときは、委任状など権限確認書面の原本を提供しなければならないとされ（平成22年5月28日民一第1367号民事局第一課長依頼）、郵送により請求する場合も同様とされていることから、必要に応じて権限確認書面（相続財産管理・承継・処分についての「業務委託書」等）を複数作成しておくか、権限確認書面の原本還付請求をするなどの対応が必要である。

3　一部の相続人からの預金払戻請求

A司法書士が戸籍謄本等を収集していたところ、被相続人には、5人の兄弟姉妹のほかに母親が異なる兄1名が存在することが判明した。

A司法書士は、この事実を依頼人らに報告するとともに、依頼人らの了解を得て、新たに判明した相続人に対し、本件相続に関する通知及び法定相続分に基づく銀行預金払戻手続について協力を依頼したい旨を手紙にて伝えた。

ところが、新たに判明した相続人は、A司法書士からの連絡に対し、自分は相続預金などいらないので手続に協力はしない、これ以上関わりたくないので連絡はしないでほしいという内容の手紙を送付してきた。

やむなくA司法書士は、銀行窓口にて、相続預金の払戻しに必要な相続届への署名押印や印鑑証明書の提出に協力してくれそうもない相続人が1名いるので、この者を除いた相続分の預金払戻しをしてもらえないかと相談したところ、その銀行担当者は、当行の規定により相続人全員

の書類提出がない場合は預金払戻請求には応じられないという。A司法
書士は、このような銀行の事務取扱いに対し、どのような対応をすれば
よいか。

(1) 一部の相続人からの預金払戻請求の可否と銀行の対応

　銀行預金債権は相続発生により当然に分割され、預金者の相続人に法
定相続分に応じて帰属するというのがかつての最高裁の立場であった
（最判昭和29年4月8日民集8巻4号819頁）。近時の下級審でも、この可
分債権説を採用し、一部の相続人からの相続分に応じた払戻請求を認め
ることで判例の流れが固まっていた（東京地判平成15年1月17日金判
1170号49頁など）。したがって、遺言書が存在せず、かつ共同相続人間
で遺産分割協議が調っていない場合は、金融機関に対し一部の相続人か
ら相続分に応じた払戻請求があったときは、これに応ずる必要があるい
うことを判例のコピーなどを窓口の担当者に手渡して説明することで、
書類不備を理由とする門前払いを受けずに、銀行本部等の判断で払戻請
求に応じてもらえるような事例が増えつつあった。また、法定相続分相
当額の範囲内であれば、葬儀代等の支払のための払戻に金融機関が応じ
るといった実務も認められた。

　ところが平成28年12月19日、最高裁大法廷において、共同相続さ
れた預金債権は相続開始と同時に当然に相続分に応じて分割されること
はないものというべきである、という可分債権説を否定する決定がなさ
れた（第2章3(1)ア(ウ)を参照。）。本決定により、預金債権については従
来の判例が変更されることになり、銀行実務及び司法書士が行う遺産承
継業務は大きな影響を受けることとなった。今後は、遺言がない場合の
相続預金について、遺産分割完了前になされた法定相続人の一部からの
法定相続分相当額の払戻請求については、金融機関が応じることは考え
にくいものとなった。また、これまで各金融機関の判断により応じられ
ていた、相続人の一部からの葬儀費用相当額の払戻請求についても、銀
行の対応に変更がなされる可能性は十分ある。

(2) 司法書士の対応

　金融機関にとって、従来の判例のもとでは、払戻請求者の法定相続分

相当額の範囲内であれば、払戻に応じてもリスクはなかった。しかし、この判例変更により、一部払戻後に成立した遺産分割協議により払戻請求者以外の相続人が当該預金を相続した場合に、金融機関は二重払いのリスクが生じることとなった。したがって、今後は、葬儀費用といえども、その払戻につき共同相続人全員の同意を求められるようになる可能性は十分ある。

なお、この最高裁決定につき、遺産分割の審判事件を本案とする保全処分として、例えば、特定の共同相続人の急迫の危険を防止するために、相続財産中の特定の預貯金債権を当該相続人に仮に取得させる仮処分（仮分割の仮処分。家手200条2項）等を活用することが考えられるなどと言及する数名の裁判官による補足意見が付された。共同相続人全員の同意を得ることができない場合の対処法として、遺産承継業務を行う司法書士はこのことを知識として持ち合わせていたい。

また、改正相続法施行後は、相続された預貯金債権を、生活費や葬儀費用の支払、相続債務の弁済などの資金需要に対応できるように、遺産分割前にも払戻しが受けられるとする次の2つの制度（相続預貯金の仮払い制度）が発足する。

ア　預貯金債権に限り、家庭裁判所の仮分割の仮処分の要件を緩和した。

家庭裁判所は、遺産の分割の審判又は調停の申立てがあった場合において、相続財産に属する債務の弁済、相続人の生活費の支弁その他の事情により遺産に属する預貯金債権を行使する必要があると認めるときは、他の共同相続人の利益を害しない限り、申立てにより、遺産に属する特定の預貯金債権の全部又は一部を仮に取得させることができることにした（家事事件手続法200条に新たに3項を加えた。）。

イ　各共同相続人は、預貯金債権の一定割合（各口座ごとに下記計算式）については、家庭裁判所の判断を経なくても、また、他の共同相続人の同意がなくても、単独で金融機関の窓口における支払を受けられるようにした（民法902条の2の新設）。

【計算式】
(相続開始時の預貯金債権の額（口座基準））×1／3×（当該払戻しを行う共同相続人の法定相続分）＝単独で払戻しをすることができる額
（例）相続開始時の預金600万円　→　相続人が子2名の場合、各人が単独で100万円まで払戻し可
（※ただし、同一の金融機関に対する権利行使は、法務省令で定める額を限度とする）

374 第6章 ケーススタディ

> ### ケーススタディ 4
> # 遺言執行者と執行、特に弁済等の履行順序について

　遺言執行者に就職中の人から、遺言の執行に履行の順序があるのであろうかと問われた。

　遺言執行者が遺言執行中に、被相続人の債務超過ないし、おそれがある状況を知りえたときに不動産等の重要な財産の登記引渡しをしても問題はないか、すなわち、相続人、受遺者及び相続債権者（弁済権限があるとき）に優先執行の順序があるかとの問題である。相続財産から債務を支払してもプラスで相続人に承継できる場合であれば、何を先に行っても特段の問題が生じない。履行期の前後の問題でしかない。しかし、弁済履行することで相続財産がマイナスになるおそれがある時や、受遺者に先に履行すると、相続債権者への弁済財源が不足するような場合、また総相続財産を以てして全ての関係者を満足させることがない場合に遺言執行者はどのように対処すべきか。

■ポイント■

1　続財産の調査、調整及び確認
2　遺言執行者の権限
3　相続財産の破産申請
4　相続債権者及び受遺者による債権支払請求
5　まとめ

---

(1)　相続財産の調査、調整及び確認

　遺言執行者は就任後、遅滞なく相続財産の目録を作成する義務がある（民1011条）。

　管理に属する相続財産の範囲を明らかにして執行者の任務を明確にすると同時に、また、相続人側からは、遺留分減殺の対象を決める資料、相続財産の漏れを確認する機能がある。

債務状態を遺言執行者は就任時に知ることもあるだろうし、多くは、遺言執行者の職務として被相続人の財産の目録の作成義務を履行している途中で気付くことが多いだろう。

ア 特定遺贈・包括遺贈及び「相続させる旨」の遺言

遺贈には、特定遺贈と包括遺贈及び「相続させる旨」の遺言がある。同じ対応であろうか。

(ア) 特定遺贈

遺言執行者は遅滞なく財産目録を作成するが、特定遺贈の場合、財産目録に記載の対象となる「その財産のみ」に関する目録を作成すればよい（民1014条）。財産目録の内容に関する規定は特にない。具体的に特定された財産を受遺引渡しするだけだから、遺贈の対象となっている特定の財産だけの財産目録を作成することになる。したがって、債務の記載は不要である。また、遺産が相続財産と関係ない場合にも財産目録調整の必要がない。

(イ) 包括遺贈及び相続させる遺言

包括遺贈における財産目録の内容としては積極財産と消極財産を調査し、調整する（民1011条）。もっとも、執行の対象となる相続財産について作成するのであるから、債務も執行に関係する事項も借入金、税金等を記載すれば足りる。債務が法定相続分により分割承継されるためである。「相続させる旨」の遺言にも、特定、包括的な「相続させる」遺言があるが上記に準じることで足りる。

イ 債務状況の把握

特定遺贈の場合、遺言執行者は、被相続人の債務状況を知る手立てはほとんど偶然によると言える。また、包括遺贈の時は、執行の範囲内で債務を調査・調整するから、ある程度のことを知ることができるものの、全債務額を把握するまでは至らないだろう。

そこで、遺言執行者がより正確な債務額、すなわち、全ての債務履行後にも相続財産が残り相続人に引き渡すことが可能と判断する方法及び権限がないのであろうか。

遺言執行者の遺産債務の弁済権限の付与の問題である。

(2) 遺言執行者の権限

ア 原 則

遺言執行者は、遺言の効力を生じた後に、遺言の執行すなわち遺言の内容を法的に実現する目的のために遺言者の指定や遺言で委託された受託者による指定（民1006条1項）を受けて選任される。

権限として、相続財産の管理その他遺言の執行に必要な一切の行為をする包括的排他的な権利義務を有する（民1012条1項）。

ここにおける「遺言の執行に必要な行為」とは、遺言の内容を法的に実現する手段として必要とされる行為である。また、「必要な一切の行為」とは、相続財産の管理その他遺言執行……のために相当かつ適切と認める行為」を意味している（最判昭和44年6月26日民集23巻7号1175頁）。

しかし、権限に限界がある。遺言執行者に遺言内容である「遺言執行に必要な範囲内で」のみ相続財産の管理、処分権を有し、これに該当しない行為に権限が与えられない。

イ 遺産債務の弁済権限（他の相続財産管理人との関係）

(ア) 他の財産管理人との関係

遺言執行者には、執行の順序（履行順番）についての規定がない。委任の規定を準用しているので、委任行為をする場合の義務規定にしたがうことになる。まず浮かぶのは委任遂行時における善管注意義務である。弁済について、特に弁済の順序、方法につき注意が必要だとしても具体的にどのような行動すればよいのか不明である。

他方、清算手続を主要な執行業務とする相続財産管理人、不在者財産管理人及び限定承認における財産管理人については、種々の制限規定がある。

弁済方法につき受遺者に対する弁済よりも、相続債権者に対する弁済の方を優先する（民931条、947条3項、950条2項、957条2項）。受遺者を相続債権者と同等に扱うことに弊害があることが理由である。つまり、相続債権者を害する目的で被相続人が遺言で遺贈を行う可能性があること、また、遺贈は無償かつ遺言者の一方的意思により与えられた利

益であるから劣後する地位にある（内田貴『民法Ⅳ補訂版』502頁（有斐閣））。相続債権者（被相続人の債権者）は被相続人が有する総財産を万一の際の担保として債権債務が生じる法律関係に入ったのであり、被相続人の行為を予測することが不可能に近い。

しかし、遺言執行者については、執行の順序についてどの状況下においても何をなすべきかにつき規定がない限り、遺言執行者の本来の管理能力のみが行動の指針となる。

　(イ)　**遺産債務の弁済**

相続債務は相続と同時に相続人等に分割承継されるので、一般的には、債務は相続人が弁済すべきもので遺言執行の対象とはならないが、例外として、遺言執行者の管理権限が全相続財産に及んでいるときや権限が付与されているときには遺産債務を弁済することができると解する（参考：野田愛子・泉久雄編『民法Ⅹ（相続）』628頁（青林書院））。

生前に発生した電気、ガス等の代金、相続後に生じる管理費等については遺言執行者に管理財産から支払う義務があると解しても問題がない。相続財産が遺産債務の引当ての責任となっているし、相続人が立替払いし、後で清算することもない。

しかし、債務支払に当てる原資がある場合であれば可能だが、相続遺産に金銭がなく、他の財産を換価してまで弁済する権限は有しないと解する。つまり、相続財産の清算を目的とするまでの権限がないという境界線が引かれる。もっとも、全相続人の同意が得られれば別である。

(3)　**相続財産の破産申請**

相続財産につき破産申請が認められる。

相続債権者、受遺者、相続人、相続財産の管理人及び遺言執行者は、破産手続開始の申立てをすることができる（破産224条1項）。ただし、遺言執行者につき相続財産の管理に必要な行為をする権利を有する場合（例えば、清算型遺贈）に限る。

この制度の趣旨は「相続財産が債務超過の状態にある場合に、相続財産を相続人の固有の財産から分離して清算を行うことにより、相続財産を換価して相続債権者に公平に分配することを確保するとともに、清算

後の残余債務のみを相続人の負担として承継させることで、相続人の固有財産を保護する」ことにある。（前田陽一ほか『民法Ⅵ　親族・相続』333頁（有斐閣））

限定承認や財産分離と同様の機能を持つ制度である。

旧破産法（136条2項）では遺言執行者の破産申立てが義務であったが、廃止された。概して、個人財産に関する事件では、一般的に資産や負債の規模が大きくなく、複雑な権利関係も存在しないので管理処分権を基礎とする限定承認など簡易の清算方法で処理できるからである（小川秀樹『一問一答新しい破産法』310頁（商事法務））。

破産開始申立権は全ての遺言執行者に備わっているわけでもないし、開始申立てが当然の義務でもなく費用も掛かる。このような状況において遺言執行者がどのような方針を選ぶべきなのか迷うところとなる。

(4)　**相続債権者及び受遺者による支払請求**

債権執行として、まだ、相続人や受遺者に引渡しが終わっていない遺産についての法的執行は、債権者が被相続人名義となっている財産に対して債権者代位権を行使し、一旦相続人名義にした後に権利を行使するのが一般である。遺言執行者が管理している財産については、この手続を遺言執行者に向けて債権者が行うことができると解する。遺言執行者は実質的に相続財産を管理する権限を有し、相続人の代理人であるからである。

また、相続人がいない場合に遺言執行者は債権者に対し相続財産管理人を選任して債権回収を図るように要請することは可能であるが遺言執行者は債務の弁済をすることができるのか。

不動産の場合には前後を別にしても、相続人名義にする必要がある。しかし、特定・包括遺贈における不動産に関しては、被相続人名義のまま直接に受遺者に移転登記が可能である。遺言執行者に登記引渡し義務があり、受遺者には所有権に基づく物権的請求権がある。

(5)　**まとめ**

ア　**遺言作成の増加要因**

10年前に比べ、遺言書作成の需要が伸びている。

ケーススタディ4　*379*

　遺言には自筆遺言と公正証書による形式のものがあるが、自筆遺言の
家庭裁判所への検認件数が昭和 60 年（1985 年）には 3,301 件だったも
のが、平成 27 年（2015 年）には 16,888 件と増加している（最高裁司法
統計年報）。また公正証書遺言の作成数は、昭和 60 年（1985 年）には
40,941 件、平成 28 年（2016 年）には 105,350 件に利用機会も大幅に増
加してきている（日本公証人連合会）。

　作成数増加の要因として考えられるのは、家族による相続紛争を避け
たい、相続税の負担をなるべく軽減したい等がある。

　かつて遺言は高齢者が同居する親族等から勧められて作成する例が多
く見かけられた。したがって、遺言書の作成から遺言の効力が発生（死
亡）するまでの期間が比較的短かった。このような状況の下では、遺産
債務も積極的資産の変動割合も微々たるものであるため相続債権者との
金銭的トラブルも表面化することは少なかったと思われる。

　しかし、昨今の相続税の在り方の問題もあり、遺言書が比較的若い年
齢で作成され効力発生までの期間が長期化する傾向にある。結果として
当初予定していた事態とは法律的、経済的関係においても予測と異なる
ことが生じることが増加するものと思われる。今後は従来の傾向と異な
り、債務超過の顕在化が予想される。

イ　具体的アプローチ

　遺言執行者は相続財産の債務状況を、財産目録の作成業務の中である
程度把握できる。ただし、特定遺贈の場合は特定の財産でしか執行する
権限がないことから事実上知ることが難しい。包括遺贈の場合でも知る
限界があると思われる。遺言執行者は債務状況を斟酌することなく遺言
執行を進めることになる。この意味からすれば、遺言執行者が相続財産
の破産開始を申請するほどの債務超過となる場合は稀のような気がす
る。

　言うなれば、通常、遺言執行者が被相続人の積極財産を遺言者の意思
にしたがって分配するのが本質業務であって、消極的債務の多寡を考え
ることはない事が前提となっていると解する。

　遺言執行者の職務には、相続人の排除の手続など、相続人と利益が相

380　第6章　ケーススタディ

反する行為も含まれるし、相続債権者とも利害が一致しないことが多い
はずだ。

　したがって、被相続人が残した債務の弁済行為を遺言執行者の職務と
して本来想定していなかったのではないか。遺言執行者は適宜、自分の
判断と責任において、遺言内容を法的に執行すればよいのであって、他
の相続財産管理人のように相続債権者や遺贈者の弁済順位まで細かく規
定する必要がなかったと推測し得る。

　かような意味から、遺言執行者は債務弁済を考えるにつき委任者の注
意義務範囲内で履行義務を果たせば良いことになる。仮に債務超過と
なった場合には簡易な清算方法である相続人の限定承認申述の選択や、
破産開始申立てをすることとなろう。

ケーススタディ5　*381*

<table>
<tr><td>ケーススタディ
5</td><td>**金融機関における預貯金の払戻し**</td></tr>
</table>

　被後見人である親Ｘには、息子Ａ、Ｂの２人がいる（他に推定相続人はいない）。Ｘは、自宅を２階建てにして一部を貸室にしている。改築の際に金融機関より資金の融資を受け、現在も残債務がある。ＸはＢと同居しているが、Ａとは10年前から仲違いしていて現在も行き来していない。そんな状態でＸが「すべての財産（不動産と預貯金）をＢに相続させます。その中から医療費等の未払金を支払ってください。」と記載のある遺言書を残して死亡した。払戻しの手続は誰ができるのか。またローンの引継ぎはどうなるのか。

━━━━━━━━■ポイント■━━━━━━━━

1　相続による預金口座の凍結

2　預金と遺産分割

3　遺言執行者の預貯金の払戻し権限

4　住宅ローンの承継手続

5　登記上の問題点

回　答

　金融機関への預貯金は遺言の効力が生じた時に当然に受遺者Ｂに帰属するので、Ｂは単独で払戻請求をすることができる。遺言執行者がいる場合又は必要な場合には、遺言執行者を通じて、払戻し又は名義の書換えをした後に引き渡される。

　なお、遺言書が自筆証書の場合（家庭裁判所で検認手続を経た後）、金融機関が他の相続人Ａの印鑑証明書等の書類を要求することもあるが、その時には、相手方にその不要性を説明すべきである。

　残債務のローンについては、残高によっては、一括弁済をするが、通常、債務承継（免責的債務引受）して引き続き所有者となった者が支払

うこととなる。

　医療費は、債務であるから原則として遺産分割の対象財産とならない。しかし、Aに財産分配がない限り、Bが負担するのが現実的である。

解　説

1　相続開始後の支払凍結（停止）とその根拠

　Xの死亡を金融機関が知った時に、金融機関のXの預貯金の口座に関する取引が凍結されてしまう。金融機関はどのような方法でXの死亡の事実を確認しているのか。親族の申出（死亡通知は、とりあえず、電話連絡でよいとされている）だけでなく、死亡記事や外回り銀行員が葬儀に出くわした場合などもある。銀行は預金者の死亡の事実を知れば、親族への連絡もなく取引を停止してしまう。

　根拠として、金融機関と利用者との間で、取引を開始する際に締結される「銀行取引約款」中の解約条項に「利用者に相続の開始があったときは……事前に通知することなく直ちに各種バンキングサービスの全部又は一部を停止する」ことができる旨の規定がある。

　たとえ、残された家族の生活費や葬儀費用が必要などいかなる理由であっても、既に「相続」が開始しているので、相続の手続を経なければ預金を引き出すことができない。預金の推定相続人の諸事情など全く考慮されることはない。近時は、葬儀費用に関して一定額の払戻を許容や日常生活の費用が当該通帳で引き出しが行われるなど特殊な事情が存する場合にある程度の配慮がある。また、銀行は遺言信託と称して被相続人の生前に葬儀費用等に充てることを目的とした遺言代用信託（信託90条）を利用した金銭信託を用意している。

2　銀行預金における遺産分割の対象及び遺言執行の必要性の有無

⑴　相続開始後から遺産分割まで

　預金等の金銭債権は、従前判例では単なる現金と異なり、本来、相続開始とともに当然に各相続人に分割される分割債権であるとされたが、

平成28年（2016年）12月19日最高裁（審判の許可の抗告審　民集第70巻8号2121頁）で「共同相続された普通預金債権、通常貯金債権及び定期貯金債権は、いずれも、相続開始と同時に当然に相続分に応じて分割されることはなく、遺産分割の対象となるものと解するのが相当である」と判断を変更した。その理由として、

①　遺産分割の仕組みは、被相続人の権利義務承継に当たり共同相続人間の実質的公平を図ることを旨とするものであるから、被相続人の財産をできる限り幅広く対象とすることが望ましい。また、現金のように、評価についての不確定要素が少なく、具体的な遺産分割の方法を定めるに当たっての調整に資する財産を遺産分割の対象とすることに対する要請も広く存在する。

②　普通預金債権及び通常貯金債権は、いずれも、1個の債権として同一性を保持しながら、常にその残高が変動し得るものである。

預金者が死亡した場合にも、預貯金契約上の地位を準共有する共同相続人が全員で預貯金契約を解約しない限り、同一性を保持しながら常にその残高が変動し得るものとして存在し、各共同相続人に確定額の債権として分割されることはない。

その結果、相続人各人から単独で自己の法定相続分についての払戻請求ができなくなった。

今後、相続人全員の同意書や遺産分割協議書の提出がなければ預貯金等の払戻請求ができない。

そうしたことから、金融機関に相続人が預金の払戻しの請求をする場合、常に推定相続人全員の共同での払戻しを要する。

要求される書類としては、

・預金払戻兼名義書換請求書
・遺産分割協議書又は共同相続人全員が捺印した同意書
・共同相続人全員の印鑑証明書（3か月以内のもの）
・共同相続人の戸籍謄本
・被相続人（故人）の除籍謄本又は戸籍謄本
・預金通帳及び届出印等

また、上記の名義書換請求書の用紙の交付を受ける際に、種々の必要性が確認されてからでないと配布してもらえない場合がある。あらかじめ電話等で連絡しておくと対応が円滑に進む。こうした手続は多くの場合、被相続人が複数の金融機関に口座を持っているため1回で終わらず煩わしく感じるかもしれない。

なお、最近の金融機関の取扱いとして、事案の専門性・業務集約化の関係から相続に関する払戻業務につき、「相続事務センター」等専門部署を設け支店窓口で受付後、相続事務センターで処理する例が多くなっているため、手続が複雑に感じるかも知れない。

(2) 遺産分割後では

相続人が一人の場合はそのまま払戻請求をするが、複数人の場合には、相続人全員の署名・捺印のある遺産分割協議書（相続人全員の署名・実印捺印のあるもの）を提出してから払戻しの請求をすることとなる。また、金融機関によって、遺産分割協議書の内容により払戻しに応じないこともある。

この場合には金融機関所定の「預金払戻兼名義書換請求書」に代替して請求することになる。預金払戻兼名義書換請求書には相続人全員が署名し、実印を押捺する必要がある。

(3) 遺言書で払い戻しを請求する場合（遺言執行者が選任されていない場合）

ア 相続人Bは、金融機関に単独で預金の払戻しを直接請求できるのか

預金債権は「相続させる」旨の遺言により、○○銀行の○○支店にある預金の遺贈を受けたのであり、当然に移転し、遺言執行の対象とはならないので、Bは単独で払戻しができる。また、○○支店にある定期預金を含め請求できる。

しかし、金融機関によっては、B以外の相続人全員の同意書（印鑑証明書付き）の提出を求められることがある。遺言が公正証書で作成されていても、上記の扱いをする金融機関もある。この場合にも、相続人が確定できないことによる二重払いの危険性の回避を理由にしている。この慣行の手続で思わぬ障害となることがある。

すべての金融機関ではないと思われるが、被相続人が同一の銀行に住宅ローンを抱えている場合に金融機関は被相続人の債務の支払が確定しない限り、預貯金の支払を頑として認めない。事例のように、推定相続人A・Bがいて、遺留分を侵害しているような遺言書が残された場合には、Bが被相続人の債務を承継するにも、まず、遺産分割協議書を作成し、Aの免責的債務引受けのため、Aの署名と印鑑証明書を提出する必要が生じる。遺産を取得できないAが、快くBのために所定の書類を交付するとはとても思えない。

Bは、いつまでたっても、預貯金の払戻しができない。被相続人は諸般の事情があって遺留分を侵害する事例のような遺言書を遺したにもかかわらず、金融機関はこのような被相続人の意思と裏腹なことを結果として求めている。

東日本大震災への対応として、葬儀費用、医療費の支払などは、被相続人の通帳が日常生活の決済口座に当てられていた場合については特例を認めることもある（一般社団法人全国銀行協会「東日本大震災における銀行界の対応と今後の課題」13頁～）。

イ 払戻し業務に当たって金融機関が行っている調査

「相続預金払戻しに関する窓口対応上の留意点」（「銀行法務21」704号（経済法令研究会））によれば、「検認を受けた自筆証書遺言の場合、当該遺言の有効性の確認をするには、銀行実務上は、被相続人本人が作成したかどうかを確認するため、遺言書の筆跡と、生前の被相続人本人が記載し提出した書類（印鑑票、諸届出書類等）にある筆跡とを対照して照合したり、銀行が把握している被相続人の生前の生活実態や縁故関係からみて、遺言の内容に不自然な点はないかどうかを注意して確認する。その結果、有効性を十分に確認できないとなった場合には、その遺言に基づき預金払戻しを請求してきた者のほか、法定相続人や受遺者等の利害関係人から、その預金払戻しにつき了解を得ておくこと。」とある。

このことが、推定相続人全員の同意書の添付の要求や自筆遺言証書における場合の支払拒絶に繋がっているようである。

また、「銀行は、遺留分侵害の有無については、基本的に、気にして

いない。」という意見もある。

⑷ 遺言書に遺言執行者が選任されている場合

遺言執行者がいる場合は、相続人は独自に相続財産を処分することができない（民 1013 条）。

では、遺言執行者に被相続人の預貯金の払戻しをする権限があるのか。判例は、遺言執行者には、遺言の執行に必要である限りにおいて、金融機関から預金の払戻請求ができるとしている。特定不動産を特定のものに相続させる遺言については、遺産分割方法の指定とし、遺産分割の必要はなく、遺言執行の余地はないとし（最判平成 7 年 1 月 24 日判時 1523 号 81 頁）、また、不動産の包括遺贈の事例では、対象不動産についての当該包括遺贈の登記は、特定遺贈におけると同様に、受遺者と相続人又は遺言執行者との遺贈を原因とする共同申請による（昭和 33 年 4 月 28 日民事甲第 779 号民事局長心得通達、東京高決昭和 44 年 9 月 8 日家月 22 巻 5 号 57 頁）と述べており、遺言執行者の権限について微妙なニュアンスがあり確定していない。金融機関は、預金の払戻し、名義書換え、それらの解約等の手続を遺言の執行を要する事項と解している。

平成 15 年 2 月 17 日に、日本公証人連合会は、全国銀行協会宛にて、公正証書遺言により指定された遺言執行者への預金払戻しを認めることとの要望書を提出したが、全国銀行協会が全金融機関一律には要望に応じられない旨を回答した。これを受けてか、公正証書遺言書により払戻しを求める場合でも、相続人全員の同意（印鑑証明書の添付）を要求されることもあるようである。

---

3 遺言執行者の預金払戻しの権限

⑴ 遺言執行者に払戻権限を認めるかについて

判例は、肯定例と否定例が交錯している。特定の預金債権が遺贈の対象となっているときには、遺言の効力が生じた時に権利が移動する。したがって、遺言執行者は、いわゆる「相続させる」遺言により、特定の相続人が特定の預金債権を取得するとされているような場合には、遺言執行の余地がないので、そのようなときには遺言執行者に預金の払戻し

の権限はないとされている。

では、遺言執行者が必要なのは、どのような時か。払い戻された預金を複数の受遺者等に引き渡す場合や、預金を帰属させる代わりに預金債権の名義変更する時には、遺言執行者が必要となる。

普通預金の金利について、定期預金の場合には満期前の解約となり、満期までに得られる金利を放棄することとなってしまうからである。

① 肯定した判例

「一定の者への遺贈や葬儀費用を控除した残余財産のすべてを特定人（共同相続人のうちの一人である場合もあれば、第三者である場合もあろう）に遺贈する」という内容の遺言の場合、遺言執行者は、遺産のすべてを把握して管理することが必要となるので、遺言執行者に預金についての払戻権限を有することを認め、公正証書遺言の真否につき相続人から疑義のあることを理由に銀行が払戻請求を拒絶することは違法である（さいたま地熊谷支判平成13年6月20日判時1761号87頁）。

② 否定した判例

特定の預金を共同相続人の一部に「相続させる」旨の遺言の場合、遺言執行の余地がなく、遺言執行者は、遺言の執行として預金の払戻し又は支払を求める権限を有し、又は義務を負うことにはならない（東京高判平成15年4月23日金法1681号35頁）。

(2) まとめ

以上によっても、銀行が任意に預金の払戻しに応じない場合には、銀行の担当者、本部の担当者等に事案を説明する。それでも相手の理解が得られない場合には、代表取締役宛の内容証明郵便や預金払戻し請求訴訟を裁判所へ提訴することになる。訴訟に勝訴すれば、銀行は控訴することなく支払に応じる例が多い。

もっとも、銀行相手に訴えを起こすのは大変なので、相続人間で遺産問題が余程こじれていない限り、遺産分割協議書や同意書を作成し、銀行実務の手続に従って請求した方がよいという選択肢もある。

388　第6章　ケーススタディ

4　住宅ローンの抵当権の承継問題

　被相続人に債務があり、返済口座から定期的に引き落とされる口座の名義を新債務者に変更するためには、金融機関は債務の引受人の確定を求めてくる。

　債務承継者が決まらないと、預金口座の名義変更の手続は認められず名義の口座から金銭の払い戻しや定期預金の解約等もできなくなる。ただし、継続的な取引であるローン債務の弁済のための引落は継続する。

　事例でも、Bが引き続き自宅の債務を引き受けるとしても、Aとの協議によりBが債務を引き受けたとの証明を取らなければ、たとえ遺言書があっても認められない。Aが家を離れた原因を見れば、火中の栗を拾うような行為（遺言内容の承認）をAが取るとは考えられない。

遺言内容の「すべての財産をBに相続させる」からのアプローチ

　債務は遺産分割の対象財産とならない。債務を構成する債権者という相手があるからであり、債務承継者を勝手に債務者側で決定してしまうと経済力のない者が債務を負担するような債権者に思わぬ損害が生じてしまうからである。しかし、債務者間では、合意や承認があればそれは有効といえる。

　ここで、「すべての財産を相続させる」ということは、特段の意思表示のない限り、債務も財産を取得した受遺者に負担させる意図があったと考えられる。Aの意思を確認しなくても債務引受が可能となる余地がある。

5　登記手続上の障害

　共同相続において抵当権の債務者を一人に変更する方法として二つの方法がある。

　　イ　共同相続人の全員を債務者として一度登記し、その後、債務引受
　　　等の契約で債務者を絞り込む。

　　ロ　共同相続人間で遺産分割協議を行い、引き受ける債務者を確定し
　　　て、直接債務者を変更する。

　事例の場合、Aの事情からしてBはAの書類（同意）をもらうことは

不可能に近い状態である。

　イ、ロの方法で債務者変更を求められてもＢとしては応じることができない。

　ところで、ロが法定相続人全員による債務者変更登記を省略できるのは、遺産分割による相続人全員の合意があるからと考えられる。もっとも債権者も同意している。重要な点は、債権者の同意というより、債務の引受けが全員でなされたということに意味があるのかもしれない。

　そのように考えれば、「すべての財産を一人に相続させる」との遺言を、債務もすべて負担せよと解することも可能となる。

　判例も、「相続人のうちの一人に対して財産全部を相続させる旨の遺言により相続分の全部が当該相続人に指定された場合、遺言の趣旨等から相続債務については当該相続人にすべてを相続させる意思のないことが明らかであるなどの特段の事情のない限り、当該相続人に相続債務もすべて相続させる旨の意思が表示されたものと解すべきであり、これにより、相続人間においては、当該相続人が指定相続分の割合に応じて相続債務をすべて承継することになると解するのが相当である。」（最判平成21年3月24日民集63巻3号427頁）としている。

　これらのことから、公正証書遺言をもってＢの単独債務として債務者の変更登記ができる。また、自筆遺言書（検認済）でも可能と解する。

参考：

　共同相続人の一人の債務引受による抵当権の変更登記の前提として共同相続人全員の債務承継による抵当権の変更登記の要否

　共同相続人の一人が抵当権付債務を引き受けた場合、その引受けが遺産分割によるものであるときは、共同相続人全員の債務承継（相続）による抵当権の変更登記を経ることなく、直接当該共同相続人の1人の債務承継（相続）による抵当権の変更登記をすることができるが、当該債務の引受が遺産分割の協議によるものでないときは、相続により債務者を共同相続人の全員とする抵当権の変更登記をした上で、当該債務引受けによる抵当権の変更登記をなすべきである（昭和33年5月10日民事甲

390 第6章 ケーススタディ

第 964 号民事局長心得通達、民月 13 巻 6 号 128 頁、「登記研究」第 127 号 36 頁（テイハン））。

ケーススタディ 6　*391*

ケーススタディ
6　高齢者と分家住宅の処分

　農家の次男Ａ（80歳）は、後見開始の審判を受けて現在、２年間にわたり施設入所中である（要介護度４）。病状が更に悪化したので施設の移転を勧められた。Ａの後見人は、その入所費用を捻出する必要があるため、Ａの一人住まいの自宅を売却することにした。

　しかし、売却を予定している不動産は調整区域の農地とその上に建てられた建物（分家住宅）である。すぐ買主（一般人）が見つかったが、どのような問題があるのか。

―――――――――■ポイント■―――――――――

1　高齢者の不動産取引と成年後見制度及び情報の公示

2　Ａの後見人は、買主と停止条件売買契約の締結

3　２つの許可

　ア　売買の条件となるのは売買対象物件としてＡが永年にわたり生活をしてきた「居住用財産」の処分としての家庭裁判所の許可

　イ　分家住宅としての行政庁の「用途変更」の許可

4　売買契約書上での注意

5　登記・税務関係

解　説

1　高齢者と不動産の売買

　高齢化が進む現代において、不動産取引が不調に終わるケースが増えている。売主が置かれている諸般の事情から不動産売買をする際に重要な所有者の売却の意思確認ができないことに起因している。

　不動産の売買の当事者が個人の場合、高齢者がその多くを占めているのが現状である。中には高齢のため、自分が当事者として行う行為の判断能力や、当事者になる積極的な外部意思（弁識理解力）がない場合も

392　第6章　ケーススタディ

少なくない。

⑴　成年後見の審判を受けている高齢者との不動産取引

　成年被後見人が自己の不動産を売却するには、成年後見人が代理していなければ契約は有効に成立しない。成年後見の審判を受けた者が単独で売買をすれば、その行為自体は取り消すことができる瑕疵のある法律行為となる。仮に、取消権が行使されると契約時に遡って無効となってしまう。買主はほとんど保護を受けられない。

　なお、成年被後見人の行った法律行為を無効にするには、以下の2つの方法がある。

　　①　成年被後見人の法律行為を取消権行使して無効行為とする方法（民9条）。

　　②　成年被後見人は、行為時に意思能力がない場合には法律行為は当然に無効（大判明治38年5月11日民録11輯706頁）となる。

　裁判上で争いになった場合に、どちらも権利の消滅原因事実なので、その主張証明責任は成年被後見人側にある。

　証明のしやすさという点から、多くは、①が選択されるケースが多いはずである。成年後見の審判を受けている事実を証明するだけで済むからである。

　ところで、成年後見の審判を受けるためには厳しい要件がある。成年被後見人の行為能力を制限し、他の法律でも一定の規制（制限）を受けることになるからである。

　他方、成年後見制度は、個別の法律行為についてその意思表示の有効性を検討するのでなく、一律、法定代理人の同意を得ていない行為を取消無効として成年被後見人を保護する。制度の趣旨が判断能力の不十分な人の権利保護を充実させるためである。

　成年被後見人が自分の不動産その他重要な財産に関する権利の得喪を目的とする行為をするには、常に成年後見人が代理して行うことになる。さらに、居住用財産の処分をするときは、家庭裁判所の許可が必要となる（民859条の3）。

　下記は家庭裁判所による後見開始の審判の申立て及びその取消、居住

用不動産の処分の許可の申請件数の累計である。

	昭和 60 年	平成 20 年	25 年	26 年	27 年	28 年
後見開始の審判及びその取消	937	22,702	28,208	27,686	27,708	26,971
居住用不動産の処分の許可	–	890	6,589	6,700	7,169	7,511

平成 28 年家庭裁判所司法統計より

(2) 成年後見の保護を受けていない認知症の高齢者との不動産取引

この場合に、売買の効力を意思能力の有無や、公序良俗に反することを問題とし争われた事例がある。

・判断能力の欠如により売買が無効とされた事例

「本件売買契約は原告にとって著しく不利な内容のものであり、原告がこれを締結したことは合理的判断力を有する者の行動としては理解し難いものといえること、本件売買契約当時、原告は老人性認知症に罹患しており、その理解力、判断力は相当に衰えていたものと推認できる」（東京地判平成 20 年 12 月 24 日判時 2044 号 98 頁）。

・第三者への転売が無効とされた事例

「本件各不動産の売却に伴って自己が住居を失い、代わりの居住先が必要になるという極めて容易に予想できる問題点にすら思い至らないほど、既にその症状が相当程度進行していて、自己の財産の処分や管理を適切に行うに足りる判断能力を欠くに至っていたものと認めるのが相当」である（東京地判平成 21 年 10 月 29 日判例集未登載）。

・公序良俗に違反するとして取引が無効とされた事例

「判断能力の低い状態に乗じてなされた、被控訴人にとって客観的な必要性の全くない（むしろ被控訴人に不利かつ有害な）取引といえるから、公序良俗に反し無効である」（大阪高判平成 21 年 8 月 25 日判時 2073 号 36 頁）。

(3) 不動産取引における高齢者の各種能力の判断基準

裁判所が認知症者の意思能力の有無を「行為者の年齢、認知症の程

度、不動産取引行為の合理性、動機・背景、不利益な取引か否かの内容、難易、重大性、行為の結果を正しく認識できたか等を総合的に考慮して判断するので」これらの事項を逐一証明する負担が生じる（福島直樹『認知症患者の不動産取引をめぐる最近の判例動向』RETIO　NO. 80）。

(4)　まとめ

問題が生じた時の対処としては、主張・立証として成年後見制度を利用する方が格段に便利で優れている。

2　成年後見の情報開示の問題点

(1)　成年後見情報の公示

成年後見制度は、判断能力が不十分であるため契約等の法律行為における意思決定が困難な者の判断能力を補い、その者の権利や利益を擁護する制度である（小林昭彦・大鷹一郎編『わかりやすい新成年後見制度』3頁（有斐閣））。成年後見人は、この制度趣旨を実現するため、包括的な財産管理権と法定代理権（民859条1項）及び取消権（民120条1項）を持っている。

後見制度は、人の行為能力を制限するため、その適用には厳格な手続を踏み、家庭裁判所の審判が必要となる。医者の診断書、そして、推定相続人全員の同意、更に裁判所としての意思能力の確認と、数段階にわたる審査の後に判断が下される。

被後見人の地位につくと、法務局が管理する成年後見登記簿に掲載され、利害関係人は証明書を取ることができる。また、「成年後見人の登記されていないことの証明書」も本人及び利害関係人は交付請求することができ、後見情報が公示される。

(2)　情報開示の限定

後見登記事項証明書による登記記録は、「人の判断能力というプライバシー性の高い情報」なので誰もが自由に登記記録にアクセスできるとするのは相当でないとして、公開が限定的となっている。

登記事項証明書の交付を請求できる者は、後見人等の本人、その配偶者、本人の四親等内の親族等、一定の範囲のものに限定（後見登記等に

関する法律 10 条、後見登記等に関する省令 17 条）されている。他方、売買取引の相手方は登記記録の内容を確認する必要がある場合にもかかわらず交付請求ができない。登記官が請求してきた者が取引の相手方か否かの確認ができないことも理由の 1 つとされている。

(3)　取引の相手方の保護

　自分の取引の相手方が後見を受けているか否かについて、本人に直接尋ねるか、本人又は家族等から登記事項証明書を提示してもらうなどして、登記情報を確認する方法しかない。

　取引の安全の要請と本人のプライバシー保護の要請を調和させる観点と、仮に、後見を受けている者が偽って取引をした場合には、あとからその取引に係る契約を取り消すことができなくなる（民 21 条）ため、通常の注意義務をもって取引をした者が不当な損害を被ることにはならない。

　また、「詐術」の意味に関して、最高裁は、「無能力者であることを黙秘していた場合でも、それが、無能力者の他の言動などと相俟つて、相手方を誤信させ、または誤信を強めた」ときは詐術に当たるが、「単に無能力者であることを黙秘していた」というだけでは詐術に当たらない（最判昭和 44 年 2 月 13 日判時 551 号 44 頁）としていることもその根拠のようである。

　しかし、高齢者と取引をしようとするときに「あなたは、成年後見の審判を受けていますか」と尋ねなければならないのか。初対面の取引の相手方に対し、「意思能力はありますか」と尋ねるようなことをすべきなのか、まして、高齢者の周辺の人が害意をもって取引を仕掛けてきたとき、どのように回避する術があるのか。専門家の判断に委ねているからというだけで事足りるとは思えない。

　だからといって、行為能力制限者を公示するような制度を設けるとプライバシーの問題が発生する。例えば、不動産の登記に対する対抗要件を取得し、取引に関係する者すべてに対し閲覧を解禁しているように、成年後見登記事項の閲覧も保護者側が取消権を取得している限りにおいて、取引に関係する者には誰にでも閲覧可能である制度に変更できない

のだろうか。利用の弊害が懸念されるというのであれば、一定の専門職業職に限り、一定の要件と罰則を課して閲覧できる制度があっても良いのではないかと考える。

成年後見制度に関し権限の内容や担い手の議論がなされているが、情報開示の問題も切実となっており、より実務に近づけた法整備が待たれるところである。

3 居住用不動産の処分と裁判所の許可

(1) 居住用不動産の処分

成年後見人が成年被後見人に代理して居住用の自宅を処分するには、更に家庭裁判所の許可が必要とされる（民859条の3）。

自宅の処分に家庭裁判所の許可を必要としている理由には、

　ア　自宅は、日々を過ごした生活空間であり、人間形成、維持の中心にある

　イ　売却行為が精神的に影響がある

　ウ　高齢者の生活には住み慣れた場所がよいとか、転居すると痴呆などの症状が進むなど精神医学的に影響する（高村浩『Q & A 成年後見制度の解説』195頁（新日本法規））からとされている。

なお、売却のほか、賃貸借契約の締結・解除、抵当権の設定やこれらに準ずる処分をする場合にも、家庭裁判所の許可が必要となる（民859条の3）

(2) 家庭裁判所の居住用不動産か否かの判断基準

本人の住民票があるかどうかなどの形式的な基準だけではない。

例えば、Aの病状が進み、次の介護施設に移る費用捻出のため自宅を売却することや、2年間空き家状態となっていた本件自宅が民法859条の3における「居住の用に供する建物又はその敷地」となるといえるかどうかなどを許可の決定の際に考慮する。

裁判所が考える「居住用不動産」とは、成年被後見人等が現に居住し若しくは過去に生活の本拠とし又は将来居住する予定のある建物とその敷地のことをいう。成年被後見人等が一度も居住したことがなく、居住

する予定のない建物とその敷地は含んでいないようである。

第三者に賃貸中の共同住宅、別荘、農地、山林など現況上「非居住」が明白な物件は除かれている。

成年被後見人の生活実態をみて実質的（本人の心身の状態、生活の状況に十分な配慮をもって）に判断されるべきものであって、主観的要件や住民票上の住所地の変遷などから、居住用不動産に当たらないと安易に判断することは避けなければならないとされている。

居住用不動産売却許可の判断材料として以下の事項がある。

ア　売却の目的と必要性

イ　本人の生活や看護の状況（帰宅見込み）、本人の意向確認

ウ　売却条件（不利益の有無）

エ　売却後の代金の保管

オ　処分に対する親族の態度

成年被後見人が福祉施設又は病院にいて帰る見込みが全く立たない自宅や、過去に成年被後見人の生活の本拠であった不動産なども、居住用に当たるとしている。

客観的、中立的な立場にある家庭裁判所の判断が求められている。

(3)　許可を得ていない処分の効果

家庭裁判所の許可は、処分行為の効力要件であって、許可を得ないでした居住用不動産の処分行為は無効と解する説が有力（小林昭彦・大鷹一郎編『わかりやすい新成年後見制度』41頁（有斐閣））であるが、表見代理法理により利用者保護と相手方保護の調整を柔軟に行うためには無権代理として処理すべきであるという見解もある。

いずれにしても、実務上、家庭裁判所の許可のない居住用不動産の処分は無効であるから、不動産取引に関わる際には、細心の注意を払う必要がある。

4　対象物件がいわゆる「分家住宅」であることの問題点

分家住宅は一定の目的と要件をもって調整区域内の土地上に建築された建物であるため、被後見人の居住用不動産の処分のための家庭裁判所

の許可と、行政庁の許可届が別途必要となる。

　農家の分家住宅とは、市街化調整区域に存する農業世帯の家族員が、当該世帯の通常の分化発展の過程で必要とされる住宅を建築する提案基準に合致して建築された家屋のことである。

　要件として以下の事項がある。（詳細は最寄りの市町村役場等に確認のこと。）

- ・農家の親族（三親等内の血族に限る。）であること。
- ・市街化調整区域前から土地を所有していること。
- ・市街化調整区域以外に所有地がないこと。
- ・婚姻して「家」を構成している者又は婚姻が具体的である者であること。
- ・既存の集落内又はおおむね50戸以上の建築物が連たんしている既存集落の周辺であること。
- ・申請地敷地面積が 500 m² 以内であること。
- ・家住宅は、自己の居住の用に供する専用住宅であること。
- ＊連たんとは、建築物の敷地が原則として50メートル以内の間隔で連続して存在していることをいう。

⑴ 「農家の分家」の用途で建てられた住宅の売買

　「農家の分家」用途で建てられた住宅を売買する場合、行政庁において建築物の用途変更許可を得る必要がある。

　建築物の用途変更とは、農家等世帯の構成員という属人性を取り払うものであるので、買主が取得後に転売する場合、再度の建築物の用途変更許可は不要となる。

　建築物の用途変更許可を得た物件について、建替えは問題がない（建替え前に建築許可申請をする必要がある）が、一度、更地にしてしまうと市街化調整区域のため建築許可が下りない。

⑵ 「農家の分家」の建築物の用途変更許可の基準

　特別の事情がある場合には、行政庁の判断により「農家の分家」の用途を変更することができるとされており、以下のア～エの理由がある場合（○○県開発審査会提案基準）は建築物の用途変更が認められることが

ある。

　ア　農林漁業従事者としての資格を喪失した者であること。

　イ　生計維持者の死亡、破産宣告、負債の返済等経済的理由が明確で
　　あること。

　ウ　転勤、転地療養、離婚等家庭的理由が明確であること。

　エ　そのほか、真にやむを得ない理由が明確であること。

(3) 用途変更手続の流れ

　ア　管轄行政庁開発業務課への事前相談

　　建築物の用途変更の要件に適合していないと判断された場合に
　は、実務上許可申請をさせない扱いになっている。

　イ　都道府県の開発審査会に対する許可申請

　　開発審査会は、2か月に一度開催されており、開催日の1か月前
　までに提出された許可申請を審理する。

　ウ　都道府県の開発審査会の審理

　　管轄行政庁開発業務課の事前相談で「建築物の用途変更の要件」
　の適合性について確認を行った上で、開発審査会に対する許可申請
　を行う運用になっていることから、許可申請が否決されることはほ
　とんどない。

　エ　管轄行政庁の許可

　　都道府県の開発審査会で許可の審理がされた場合、1週間程度で
　建築物の用途変更が許可されている。

5　売買契約書上での注意

　成年被後見人の居住用不動産の処分をする家庭裁判所の許可及び分家
住宅の用途変更の行政庁による許可と2つの要件を満たさなければ売買
契約は有効に成立しない。当該物件を売買するには、実務的には『停止
条件』を通常の売買契約書の条文に追記して行う。

　また、現状有姿、公簿売買、瑕疵担保責任売主免責とする。さらに、
売主に対する損害賠償なども請求できないような条件が多くなる(注)。

　このような案件の多くが被後見人たる売主に処分する資産が他になく

400 第6章　ケーススタディ

成年被後見人は高齢で資産背景も逼迫した状況である場合が多いからである。通常の不動産取引とかなり具合が異なり、買主の希望や条件が交渉できない案件となる。

【改正債権法】

（注）現行民法570条の「隠れた」瑕疵があることを売主の担保責任の要件とするが、改正債権法では、「隠れた」という要件を設けてはいない（改正債権法562条1項）。改正債権法の下における、売主の瑕疵担保責任は、「引き渡された目的物が種類、品質又は数量に関して契約の内容に適合しないものであるとき」に課され、このとき買主は、売主に対し、目的物の修補、代替物の引渡し又は不足分の引渡しによる履行の追完を請求することができると規定される（改正債権法562条1項本文）。なお、上記の担保責任を負わない旨の特約は、原則として有効である（改正債権法572条）。

【ポイント】

家財道具を処分するときに注意すべきこと

　成年被後見人が住まいとして使用してきた家の家財道具のほとんどが無価値に近いものであるから、最終的には業者に依頼して処分することになると思われる。

　しかし、親族にとって、記念、思い出に関わるものもあると思われるので、後日、紛争になることを回避するため、知り得る限りの者に通知を怠らないようにするべきである。

　写真を保存しておく、位牌などは処分せずに別途保管していることを文書にして残す等の配慮が必要である。特に位牌、仏壇などの取扱いは十分に気を使う必要がある。

6　登記・税務関係

(1)　登記

　買主と売主との共同申請により所有権登記申請を行う。

登 記 申 請 書

登記の目的　　所有権移転

原　　　因　　平成30年○月○日売買

権 利 者　　○○市○○町○○丁目○○番地

B
義　務　者　　○○市○○町○○丁目○○番地
A
添付情報
　登記原因証明情報　登記識別情報^(注1)　印鑑証明書^(注2)　住所証明情報
　家庭裁判所の許可書^(注3)建築物の用途変更許可書^(注4)
　代理権限証明情報^(注5)

（注1）家庭裁判所の許可書を添付するので、登記済証（登記識別情報）の提供を要しないとする見解がある。
（注2）市町村長及び書記官が発行した証明書。後見人に弁護士、司法書士等がなる例が多いが各所属団体が発行した印鑑証明書では利用できない
（注3）家庭裁判所の許可書：許可が必要な場合に許可書を提供しないと無効となる。ただし、法務局では許可審判書がない場合は「非居住用不動産」として受理される扱いである。
（注4）市町村役場が発行する建築行為許可書
（注5）後見登記事項証明書及び委任状

登記原因証明情報（抄）

　2　登記の原因となる事実又は法律行為
(1)　本件不動産は、成年被後見人Aの居住の用に供する不動産である。
(2)　売買契約
　　上記成年被後見人の成年後見人Ｘと買主は、平成30年○月○日、本件不動産につき
　ア　家庭裁判所から成年被後見人の居住用不動産処分許可
　イ　○○市役所から建物の用途変更の手続の許可
　を得ることを条件に売買契約を締結した。
(3)　裁判所及び○○市役所の許可
　　○○家庭裁判所は、平成30年○月○日本件不動産を売却することを許可した。
　　○○市役所から平成30年○月○日に用途変更の許可があった。
(4)　代金の支払
　　買主は、売主に対し、平成30年○月○日、売買代金全額を支払、

402 第6章 ケーススタディ

> 売主は、これを受領した。よって、本件不動産の所有権は、同日、売主から買主に移転した。
>
> 平成 30 年○月○日
>
> 　　　　　　　　○○市○○町○○丁目○○番地　A
> 　　　　　　　　　　上記成年後見人
> 　　　　　　　　○○市○○町○○番地の○
>
> 　　　　　　　　　　売　主　　X　　印

　なお、通常の売買の登記原因証明書として許可書2通（家庭裁判所、行政庁）を添付しても申請可能だと思われる。

⑵　税務関係

　居住用不動産の譲渡を行った場合、控除は受けられるか。

　本人の居住用不動産を譲渡したときは、多くの場合3,000万円の控除が適用される（措法35条）。本人から資料が出ないことが多いので、住民票、以前の申告書の閲覧、居住用不動産処分の許可審判書など譲渡が成立していること、譲渡資金の流れなどよく確認し、譲渡のチェックシートなどを活用して申告すべきである。また、施設入所などの理由により住民票が移動されており、3年を経過すると控除が受けられないことがあるので注意が必要である。

> **【居住用家屋の譲渡に際して、当該家屋を空き家とした期間が年を超えた場合には、租税特別措置法第35条の規定を適用することはできないとした事例】**
>
> **昭和51年9月13日裁決（裁決事例集No.13-63頁）**
>
> 　租税特別措置法（昭和50年法律第16号による改正前のもの）第35条による特別控除の対象となる家屋は、譲渡時において実際に居住の用に供しているものに限るべきところ、譲渡時において当該家屋を空き家にした場合においても、執行上は、他の用途に供することなく空き家とした日から1年以内に譲渡したものに限り、従前の居住用の用途が継続しているものとして、同条の適用を認めることとしている。執行上、空き家の期間を1年と定めているのは、同じく同条に規定されている災害により滅失した居住用家屋の敷地の譲渡における1年の期間制限と比較考量しているため

と認められる。すなわち、災害という最悪事態の場合においても災害の
あった日から1年以内に譲渡されたものに限り、同条の特別控除を認めて
いるのであるから、災害以外の事由による場合に1年を超える期間延長を
することは不相当と認めたためと解され、空き家とした期間が1年を超え
ている本件の場合においては、たとえ空き家となった後貸家等の用に供し
なかったとしても同条の特別控除の適用は認められない。

建築行為許可書例

建築行為許可書

指令開業第〇〇号-〇〇〇

2011 年（平成〇年）〇月〇日

成年被後見人　　〇〇様
成年後見人　　　〇〇様

〇〇市

〇〇〇〇　　印

　平成〇年〇月〇日付（第〇〇号）で申請のあった建築物の新築につい
ては、都市計画法（昭和43年法律第100号）第43条第1項に基づき、
次の条件を付して許可します。
　1）許可に付した条件
　　1　裏面建築等許可に関する注意事項による〝建築等許可済の標識〟
　　　を工事着手前に必ず工事現場に掲示すること。
　　2　排水施設については適切に維持管理を行い、溢水等による被害が
　　　生じないよう努めること。
　以下省略

建築等許可に関する注意事項

〇〇市開発業務課

　都市計画法に基づく開発行為等の規制に関する細則第〇条第〇項の規
定により、都市計画法第43条第1項の許可済である旨の建築等許可済
の標識を、次の表の様式（第〇号）により、その建築等許可に係る建築
等の工事現場の見やすい場所に、その工事が完了するまでの期間掲示し
てください。

404 第6章 ケーススタディ

第○号様式（都市計画法による建築等許可済の標識）

都市計画法による建築等許可済	
許可の年月日及び番号	年　　月　　日　　第　　　　号
許　可　し　た　者	
許可を受けた者の 住　所　及　び　氏　名	TEL　　（　　）
工　事　施　工　者　の 住　所　及　び　氏　名	TEL　　（　　）
建築（建設）に係わる 土　地　の　所　在	
建　築　物　等　の　用　途	

ケーススタディ7　*405*

ケーススタディ 7　財産承継 (遺言、負担付遺贈、死因贈与及び信託)

　現在Aは72歳で健康には問題がない。5年ほど前に後妻Bと再婚した。Aには先妻との間に既に独立しているC1・C2の2人の息子がいる。Bにも先夫の間に長女DがいるがAの養子に入っていない。

　Aは自分の死後の財産処分を次のように考えている。

① 　家産承継の考えから自宅の土地は2人の息子に平等に継がせ最終的な帰属については協議して決めてもらいたい。ただし、家屋は長男のC1に相続させたい。

② 　同時に、Bには自分の死亡後、自宅を好きなだけ自由に住み続けさせたい、それに加えて定期預金として現金1000万円を相続させる。

　どのような方法が考えられるのか。

■■ポイント■■

1　遺言によるアプローチとその問題点

2　死因贈与、負担付遺贈とその問題点

3　信託の利用

　(1)　遺言信託

　(2)　遺言代用信託

　(3)　契約書の作成と注意

4　まとめ

解　説

1　はじめに

　自分の死後に財産を承継させる法形式には、民法上では、遺言 (民960条)、死因贈与及び遺贈の方式があり、信託法上では、遺言を利用した遺言信託 (信託3条2号) と契約による遺言代用信託 (信託90条) 等

406 第6章 ケーススタディ

がある。

2 遺言の作成

(1) Aの対応

Aは、自分の死後の財産処分を遺言によって実現することができる。

遺言は、相続を契機に相続財産を処分清算する相手方のない単独行為である。遺言により、「個人の死後に一定の効果が発生することを意図した個人の最終意思が一定の方式のもとで表示されたものであって、この者の死後、意図された効果の発生が法秩序によって保障」されている（潮見佳男『相続法第4版』196頁（弘文堂））。遺言があることによって生前だけでなく、その死後にも自己の「財産を自由に処分」する（遺言自由の原則）ことが可能になる。

具体的には、Aは自分名義の土地をC1・C2に、居住を確保するため家屋をBに相続させる旨を遺言により作成して残すことになる。

これによりA死亡後に後妻Bの居住権[注]は確保されるが、問題がある。それは、Bの死後に家屋はBの推定相続人Dに原則的に相続される。Aが当初描いた家産の承継ができない。

Dが相続しないようにするため、どうしたら良いのか。

[注] 改正相続法では、配偶者の居住権を保護するための方策を手当てした。
　まず、配偶者の居住権を長期的に保護する方策として（改正相続法1028条〜1036条）、配偶者が相続開始時に居住していた被相続人の所有建物を原則終身、配偶者にその使用又は収益を認めることを内容とする法定の権利（配偶者居住権）を新設した。配偶者居住権は遺産分割、遺贈、審判により取得し、登記することにより第三者に対抗力を有することとした。
　もう一つの見直しは、配偶者が相続開始時に被相続人の建物（居住建物）に無償で住んでいた場合に、一定の期間、居住権を保護するという方策である（改正相続法1037条〜1041条）。配偶者は、以下の期間、居住建物を無償で使用する権利（配偶者短期居住権）を取得する。
　ア　配偶者が居住建物の遺産分割に関与するときは、居住建物の帰属が確定する日までの間（ただし、相続開始の日から最低6か月間は保障）
　イ　居住建物が第三者に遺贈された場合や、配偶者が相続放棄をした場合には居住建物の所有者から消滅請求を受けてから6か月

⑵　Bに対する期待

Bの意思についてAが抱いている生前の意思の実現に協力してくれる場合と期待できない場合が考えられる。また、現在は同意していてもAの死後、諸事情が変わる可能性もある。これらを勘案して対応をはかる必要がある。

ア　遺　言

BがAの死亡により相続した家屋を同じようにBがC1に相続させる旨の遺言を残してくれればこの問題の一応の決着をはかることができる。

しかし、Bの意思を法律的に拘束することはできない。遺言を残したとしても、心変わりにより遺言の取消しや、撤回（全部又は一部）する自由があるからである（民1022条）。

イ　Dの相続に対する対応

㋐　相続の放棄

DがBの相続に対し何も相続しないとき、例えば、Bの死亡前にDが相続放棄又は自己の相続分の放棄をすれば、Aの初期の目的が達成される。

しかし、相続開始前の「相続の放棄」は認められていない。相続開始前にあらかじめ相続権の放棄をしても、法律上は何の効力も生じない（東京高判昭和39年11月17日判タ170号229頁、東京家審昭和52年9月8日家月30巻3号88頁）とされている。

また、相続開始前に一部の相続人が自分の相続分を事前に放棄する契約（相続放棄契約）をしても、無効とされる（大判大正6年11月9日民録23輯1701頁）。相続の放棄が裁判所への申述と受理審判によってのみ効力を生ずるとされていることがその理由である。

Dにとっても、Bの相続を事後に放棄するにしても、「Aの自宅」だけがDの相続財産とは考えられないから、取得できる相続財産の全部を放棄するような行為をDに求めることは実行性に乏しいものがある。

では、相続開始後の「一部放棄は可能」であるか。

DがAに関わる自宅の相続に関してのみ相続を放棄すれば、Dはそれ

408 第6章 ケーススタディ

以外のBの財産を相続することになるので、問題が解決する。

　しかし、民法938条に定める「家庭裁判所に申述して行う相続の放棄」では一部だけの相続放棄は求められない。積極財産のみを相続し、債務などの消極財産を放棄するなどという不合理なことが生じるからである。

　(イ)　再びの遺言へ

　特定の相続人に財産を渡したくない場合や渡すことが不都合な場合には「何とかして放棄させられないか」という話がある。上記のとおり、相続放棄はどうも具合がよくない。それゆえ、Dの同意の上（法的拘束力はない。）で、Bの遺言の中に、「Dには一切相続させない」、「自宅は相続の対象から除く」といった旨を記載した場合について考えてみる。Bの相続開始後、Dがその遺言に異議を述べなければ、結果としてAの希望が叶うからである。

　ただ、「Dには一切相続させない」旨が書かれていても、Dには遺留分があるから、遺留分減殺請求をしてくる可能性がある。

　本事例においてDの遺留分割合は総遺産の4分の1である。Aの相続人らは何らかの負担を覚悟しなければならない。この場合にもやはり、Dに遺留分を放棄させておくことが必要である。

　(ウ)　遺留分の放棄

　Dが自分の遺留分を放棄することにより、Dに相続の権利がなくなる。では、Bの死亡以前に遺留分を放棄することは可能であるか。

　遺留分とは、一定の法定相続人（第三順位の血族相続人を除く相続人）に法定相続分の一部を保障する制度である（東京弁護士会 相続・遺言研究部編『実務解説　相続・遺言の手引き』255頁（日本加除出版））。

　遺留分の放棄は、相続の放棄ではないから、民法は、相続開始前の遺留分放棄については、家庭裁判所の許可を得たときに限り認められている（民939条、1043条1項）。許可を得るには、遺留分の放棄の申立てが本人の意思であることはもちろん、合理的かつ必要性がある理由であること及び放棄の代償を得ていることが必要である。

　遺留分の「事前放棄」の、申立権者は遺留分を有する第一順位の相続

人に限られる。申立ての期間は、相続開始時までとされている。

相続の放棄と異なり、遺留分の一部分を放棄することも、特定の処分行為に対する将来生ずべき減殺請求権だけを放棄することもできると解されている。

さらに、相続開始後でも、明文の規定はないが可能である。また具体的な減殺請求の対象ごとに放棄することも自由（家庭裁判所の許可不要、明示又は黙示の意思表示でたりる）である。遺留分侵害の存在は相続開始の前後を問わず、その要件でもない。

Dは、Bの相続の遺留分に対する減殺請求を相続の前後に関わらず放棄することができる。ただ、前後によりその手続方法が異なることに注意を要する。

(エ)　以上のまとめ

Aが自分の死後にBの居住権を確保しつつ、最終的に自分の息子に家屋を相続させるためには、

①　Bの遺言とDの相続放棄又は、遺留分の放棄（Bの死亡前・後）

②　Bの法定相続の場合は、Dの相続放棄、相続分の譲渡や遺産分割における相続分の放棄等

の組み合わせにより実行することが可能となる。

つまり、BやDの協力なくしてはAの希望している意図を実現できない。また、Dが同意するについても、自宅以外の相続財産の取得に関して影響が及ぶため積極的に同意するとは思われない。

3　死因贈与、負担付遺贈

(1)　死因贈与

ア　原則

土地に関しては、AとC1・C2との間の死因贈与契約の締結によりその目的を達成することができる。

「死因贈与」（民554条）とは、Aの死亡を不確定期限として効力が発生する贈与のことである。死因贈与は、諾成・不要式の契約である。死因贈与が、死亡により効力を生ずる財産処分である点で遺贈（遺言によ

る財産処分、単独・要式行為である）と共通することから、その性質に反しない限り遺贈の規定が準用される（民554条）。

　他方、建物については、Aの生存中にBと死因贈与契約を締結し、さらに、Bの有する権利の上に更にC1のために、同様の方式でBとC1との間でBの死亡に起因する死因贈与契約を連続して締結する。この方法により、家屋がAからBへ、そしてC1に贈与により移転することが可能となる。

　Aが存命であればBが、作業に協力する可能性は高いと思われる。

イ　仮登記等の第三者対抗要件の具備

　また、死因贈与により取得する権利を仮登記で登記する。AからBそしてBからC1へのそれぞれの死亡を始期とする（2号仮登記（不登法105条））贈与による条件付所有権移転仮登記である。

　なお、AからBへの仮登記については通常の仮登記であるから問題になることはない。しかし、BからC1への仮登記は、Aの生前に行われるので、いわゆる「仮登記の仮登記」ということになる。2号仮登記の「仮登記の仮登記」については、権利が希薄であるとか、法律関係が複雑になるとの理由により消極的な考えもある。しかし農地において条件付所有権仮登記（農転の許可を条件）にして条件付根抵当権の設定仮登記が認められている（昭和39年2月27日民事甲第204号民事局長通達）。このようなことから登記することが可能であると解されている。実際に申請するときは、事例も少ないことから、念のため管轄法務局に事前確認をするとよい。

　さらに、仮登記の本登記を申請する手続を簡便にするために、死因贈与を公正証書で作成することや、死因贈与の執行者を定めておくことも必要である。ただし、私文書の形式を取ったときでも、執行者を定めておけば、遺贈者は実印で押印し、印鑑証明書を添付しておくと、死因贈与による仮登記の本登記の際にAの相続人の書類関係を省略することができる。

ウ　取得する権利の種類

　Bが相続により取得する権利の種類について、所有権と賃借権が考え

られる。

　共に第三者に対抗できる権利である必要があるから、登記ができる権利であることが求められる。居住権を確保するという意味合いであれば、利用権としての賃借権とすると登録免許税が廉価で済む。

(2)　負担付遺贈

　遺言の場合、相手方のない一方的かつ単独の意思表示で、受遺者たるBが必ず、負担のかかる職務を引き受ける義務はない。

　Bは、Aの死後に自分への遺言を撤回することも、取り消すことも自由にできる。まして、Bが家屋に住むことをやめたり、再婚したり、同居者が現れたときには、Aが目的とするC1への所有権移転による帰属の実現が難しくなってくる。

　そこで、負担付遺贈でBの行為を拘束できないだろうか。

　負担付遺贈とは、受遺者に対し、一定の法律上の義務を課した遺贈である。受遺者は受ける利益の範囲内で負担した義務を履行する責任を負う（民1002条）。義務の内容については、制限がない。

　Aが遺言の内容を「自宅をBに遺贈します。ただし、可能な限りC1に引き継ぐように努力すること。」とした場合に、この遺言の効力は有効か。

　受贈者に過度の不利益を与えてはいけないとされ、受贈者は、遺贈の価額を超えない限度において義務を履行すれば良いとされている（民1002条1項）。家屋の価値を維持しながら、同等の価値としての家屋を引き継ぐ義務が生じる。

　違和感が生じる。Bにとっては家に居住する権利が生まれるが、所有権としての処分権が制限され条件付きの権利を取得した状態となっている。では遺言を「Bに自宅に住む権利を遺贈します。ただし、可能な限りC1に引き継ぐように努力すること。」としたらどうか。処分権がないのは同じである。他方、C1に家屋を引き継ぐとしたところで、Bの死後どのように引き渡すのか。その方法としては契約上の履行債務とはいえず、新たに遺言をしておく以外に実現の方法がないように思われる。

412 第6章　ケーススタディ

　なお、受贈者が義務を履行しないときは、負担の不履行を理由にして取消権が相続人に認められる（民1027条）。

4　信　託

　平成18年に信託法が改正され民事信託の活用が目指された。

　信託とは、自分の特定財産を自分より能力を持つ人に譲渡し、一定の目的のために管理・運営及び処分を委ねて、その利益を享受する財産管理制度の一つである。

　信託の法律上の当事者は、委託者、受託者及び受益者の三者が基本である。その他の利害関係人として、信託監督人（信託131条）、受益者代理人（信託138条）、指図権者（信託業65条）などが登場する。

　また、信託行為には、遺言（死後信託）、契約（生前信託）及び意思表示（信託宣信）の3種類がある（信託2条2項）。

　新たな信託の類型として遺言代用信託（信託90条）、受益者連続型信託（信託91条参照）及び受益を目的としない目的信託（信託258条）に分かれる。

　この制度の利用でAの希望を叶えられるのか。

(1)　民事信託と商事信託

　信託は下記のように大きく商事信託と民事信託に分類できる。

　分類内容について以下に表す。

種　類	概　要	適用される法律
民事信託	・受託者が営利を目的としないで引き受ける信託（非営利信託）で、商人が引き受ける場合は別として特約なき限り、信託の引受について報酬を受けることができない。 ・受託者の果たす役割が財産の管理、保全又は処分にとどまるものである。^(注1)	信託法と民法（例外として商法）

商事信託 (信託銀行や信託会社が引き受ける。)	・受託者が営利を目的として引き受ける信託(営利信託)である。 ・運用や投資等まで及ぶものである。(注2)	信託法、商法・信託業法・金融機関の信託業務の兼営等に関する法律が適用される。

(注1)(注2) 神田秀樹「商事信託の法理について」信託法研究第22号
　本事例では、受託者を信託業法の適用を受ける受託者に依頼しない限り家族間の信託となる。また、信託財産が運用等を目的としないものであれば受託者を家族や親しい親族にした方が経済的負担も軽減できる。

(2)　自益信託と他益信託

　委託者と受益者が同一の場合を自益信託、異なる場合を他益信託と称する。しかし、受益者が委託者とそれ以外の者の両方になる場合は自益、他益と両方の性質を有することになるので、この分類は一般的な分類ということになる。また、信託法は他益信託を基本として規定されているので、条文を解釈するときに注意が求められる。

　なお、商事信託の場合は、他益信託が本来の形態である。委託者以外の受益者の利益のため信託機能のうち信託財産の経済的な管理運用益の追求を目的とするからである。しかし、投資信託や貸付信託など、自益信託も多く利用されている。

　民事信託はどちらかというと、信託財産の管理を主とし委託者自身の私的な利益を目的とすることに適している。

　本事例の場合、Aの家産の承継が目的となっていることから、経済的利益を目的としているというより、家財の永続を狙いとした信託ということになる。

　これは、まさに民事信託の領域となる。

(3)　具体的な方式の決定

ア　受益権

　受益権とは、信託行為に基づいて受託者が受益者に対し負う債務であって信託財産に属する財産の引渡しその他の信託財産に係る給付をすべきものに債権(「受益債権」)及びこれを確保するために信託法の規定に基づいて受託者その他の者に対し一定の行為を求めることができる権利をいう(信託2条7項)。

事例では、遺言信託あるいは遺言代用信託を基本として、受益者連続型信託の方式を選択することになる。

不動産管理等信託（受益者連続型）関係図

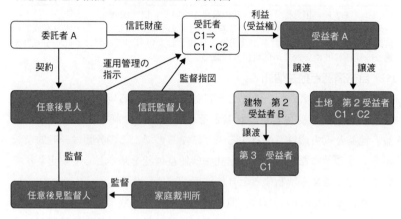

(ア) 受益権の連続

事例の信託契約の内容は、Aの死亡により、C1・C2が土地に関する受益権を取得し、建物の受益権についてはBが取得するとし、Bが死亡した時は、Bが持つ受益権をC1が承継するというものである。

信託終了後は土地をC1・C2の共有とし、家屋の所有権はC1のものとなる。

受益権が、Aからはじまり、土地はC1・C2、建物はAからB、そしてC1に移転しているのであるから、受益者が連続する信託の形式である。

遺言代用信託は、受益権を当初受益者から第2次受益者へ承継することが原則で、更に第3次受益者に承継することは予定されていないが、受益者連続型にすることに、何ら法的に問題があるわけではない。

また、Aの死亡後はBを受益者とするというように、「受益者の死亡により、当該受益者の有する受益権が消滅し、他の者が新たな受益権を取得する旨の定め（受益者の死亡により順次他の者が受益権を取得する旨の

定めを含む。）のある信託」（信託 91 条）のことを後継ぎ遺贈型受益者連続信託という。規定では受益者の死亡に起因する譲渡されることが前提となっているが、税法上は原因を売買・贈与を含めて当該受益者の有する受益権が消滅し、譲渡されることを広く予定している。（相続税法 9 条の 3）

(イ) 元本受益権と収益受益権

信託では、受益権を元本受益権と収益受益権に分けることが可能なので（複層化）個別に相続させることができる（相続税法 9 条の 3 参照）。

元本受益権は特定の人を連続的に財産承継者として指定しておき、収益受益権を法定相続分で相続させ収益受益権を他の相続人に承継させていく。これにより、財産を分散させることなく、収益を受け取る権利だけを相続人に承継させることが可能となる。収益受益権は居住権等であれば、信託の質的転換機能により、受益権の分割は可能となると解される。賃借権や使用利用権などの用益権とが収益受益権に転換される。

本事例の場合、家屋の受益権の内容を、A の死亡により譲渡される際に、収益受益権（利用権）と元本受益権（所有権に相当する権利）とに分離して、収益受益権を B に、元本受益権を C1 に取得させて、B の家屋の利用権を確保することも考えられる。

なお、税法上での収益受益権の評価は次のとおりである。ただし、受益権者が法人の場合には、その扱いが異なるので注意が必要である。

収益受益権の評価（元本の受益者と収益の受益者とが異なる場合（財産評価基本通達 202））

---

(1) 収益受益権
　　課税時における、将来受ける利益に複利原価率を乗じて計算した額の合計
(2) 元本受益権
　　信託受益権総額—収益受益権価値

イ 遺言信託と遺言代用信託の選択

遺言信託は遺言により信託を設定し、遺言者の死亡によりその効力が生じる信託である。遺言代用信託は、契約により信託が成立し、委託者

416 第6章 ケーススタディ

の死亡により契約の定めにより受託者が遺族などの受益者に信託財産の利益の給付をする生前処分である。この機能は死因贈与に似ている。

遺言信託は、信託を利用して遺言を行うだけで、その機能は遺言と同じである。したがって、厳格な手続が取られている。撤回も取消しも委託者が単独ですることができる。遺言の効力が生じた時、遺言執行として信託が組成されるので、遺言者の死亡が確知されない場合には、組成が遅れる。また、常に遺言執行者による執行の履行が必要とされる。そのため迅速性に欠けることになる。

他方、遺言代用信託は契約であるから、遺言信託のような厳格な要式を求められていないし、契約に始期、停止条件を付与されていなければ効力は契約の時に発生している。契約であるため契約事項の自由度が格段に高まる。ただ、税法上の注意点として遺言代用信託は契約により成立しているから、当初受益者を定めないと「受益者が現在いない信託」となり、受託者に課税される。それも、法人課税となる（実行税率の表面税率が所得金額により、22.464％～37.042％となる）。それゆえに、当初受益者を委託者に就任させることや、契約そのものを停止条件、始期付きにすることが望まれる。

また、公正証書にする義務はないが、公正証書にすることは可能である。後日の紛争を回避するために確定日付の付与なども必要かもしれない。

契約、遺言及び遺言代用信託の生前、死後の効力の対比

	生　前	死亡後	備　考
契約	効力が生じている。	一定の条件、期限を付することが可能（死後事務委任契約）。	信託の併用
遺言・遺言信託	効力が生じていない。	効力が生じる。	連続型の併用
遺言代用信託 （死因贈与類似）	効力が生じている。		連続型が併用

⑷ 全体計画の作成

ア　設計図（仕様書）の作成

　以上により本事案で信託を組成する場合には、遺言代用信託の形式により、自益信託でAの死亡を事由として土地はC1・C2に受益権が移転し、家屋は、Aの死亡によりBへ移転、さらに、Bの死亡後にC1に受益権が承継され、その後、信託を終了させ通常の所有権にするスキームとするのが最善の選択肢となり得る。

信託要項

信託目的	自宅の土地及び家屋の管理・運用並びに処分すること
設定方法	遺言代用信託及び受益者連続信託
当事者	当初委託者＝A 受託者＝C1（共同受託者C2） 当初受益者＝A（土地、家屋） 土地第2受益者＝C1・C2 家屋第2受益者＝B、第3受益者＝C1
信託財産	不動産（土地、家屋）
信託監督人	甲
信託期間（終了事由）	信託がされた時から30年を経過した時以後に受益権を取得した受益者が死亡するまで又は受益権が消滅するまでの間

　次に具体的なスキームに沿って、設計図（仕様書）を作成してみる。

　信託を設計する場合、設定における登場人物、信託財産、そして委託者＝受益者の生存中、認知症の時代、死後、そして次順位受益者時の委託者、受託者、さらには受益者監督人、受益者代理人、指図権者人とさまざまな人物と状況が予定されている。

　各事情が複雑に絡まり合うため、ともすればケアレス・ミスにつながりかねない。また、信託行為をなし登記した後でもその効果及び税負担など懸念が多いため、あらかじめ設計図を作成しておかないと、契約条項が混乱してしまうおそれがある。

　そのため、設計する人は下記のような表を手元に用意しておくことに

より遺漏によるミスを未然に防ぐことができる。その際、税法上の取扱いにつき税理士等の意見を聞いておくことも肝要である。

イ　その他の注意点

　Aの年齢を考えると成年後見制度の利用も視野に入れておく必要がある。さらに、遺言書の作成も必要である。信託は特定の財産に対する管理運営、処分なので、Aの死後の財産処分を包括的に網羅しないため、別途遺言書の作成の準備も必要となる。

A家　信託設定の仕様書例

設計図

① 遺言書の作成
　　不動産のうち土地は長男 C1・二男 C2 に均等に帰属する。
② 任意後見契約の作成
　　Aの後見人B

領域		Aゾーン	Bゾーン	Cゾーン	Dゾーン	Eゾーン
適用		設定時	判断能力低下時点（後見人制度）	A死亡時点	Bが脱退した時点で信託終了（30年以内）	2か月後に信託終了（通常の所有権へ）
委託者		A	A	C1	C1・C2	C1・C2
受託者		C1	C1	C1・C2	C1・C2	C1・C2
受益者	土　地	A	A	C1・C2	C1・C2	C1・C2
	建　物	A	A	B	C1	C1
受益者代理人		－	B	B辞任		
信託監督人			D	D（辞任も可）	D	
任意後見人（後見受任者）		B	B	－		
任意後見監督人		－	甲			

問題点…信託監督人Dの選任の要否
　　　　Bに権利所有権、収益受益権などの選択肢がある。
　　　　Bの脱退原因…死亡、再婚、退去等

5　まとめ

　遺言、負担付き遺贈、信託どの方法を選択しても、Bが有する遺留分をなくすことはできない。Bの相続の放棄や協力がない場合にはC1・C2はBの遺留分に相当する額を手当てすることとなる。

信託目録の概要（遺言代用型兼受益者連続型信託）

1　土地の部分の信託

信託の目的
　信託不動産を管理・運用及び処分すること
　　家産の維持継続をはかり円滑な相続承継をすること。もって、家族の生活の安心設計をすること。
信託財産の管理方法
　一　受託者は、次の方法により信託不動産を管理運営及び処分する。
　　(1)　信託不動産の全部又は一部を賃貸することができる。
　　(2)　信託不動産の維持、保全、修繕又は改良は、受託者が適当と認める方法、時期及び範囲において行う。
　　　　ただし、大規模な改良工事を行うときは、あらかじめ委託者と協議するものとする。
　　(3)　受託者は、信託事務の一部を受託者の選任する管理会社に委託できる。
　二　受託者は、信託不動産の売却に係る受益者等の指図があった場合は、当該指図に従い信託不動産を売却処分する事ができる。
信託終了の事由
　1　この信託の契約期間は、信託契約締結の日から20年間又は本契約に定めるところに従い本信託契約が解除された時。
　2　信託不動産の全部が本契約に規定される信託不動産の処分又は収用により換価されたことにより信託目的が達成された場合に終了する。
　3　本信託期間は受益者と受託者との合意により、これを延長することができる。
その他の信託条項
　1　この信託の当初受益者は、委託者とする。
　2　当初受益者が死亡した場合は、C1（生年月日生）C2（生年月日生）が第2次受益者として本受託権を取得する。C1・C2が委託者Aより先に死亡したときには、C1の分はC1-2（生年月日生）、C2の分は

420 第6章 ケーススタディ

C2-2 (生年月日生) が各々の割合で受益権を取得する。
3　受益者は、受託者の事前の書面による承諾なく受益権の分割、放棄、譲渡又は質入れその他の担保設定等の処分をすることができない。
4　Aが保佐人・成年後見人の選任申請を家庭裁判所に申請するときに、保佐人・後見人の予定者と受託者とが利益相反となる場合には、信託監督人が受益者を変更又は追加すること。
5　受益権の分割請求を認めない。
6　信託契約が終了した場合において、残余の信託財産があるときは、その時の受益者を残余財産受益者として受益権を帰属させる。
7　この信託契約は、契約期間中は解除できない。
8　委託者及び受託者は、受託者の責めに帰すことのできない事由により、信託目的の達成が不可能又は著しく困難となったと判断したときは、協議の上この信託契約を解除することができる。
9　経済情勢の変化その他やむを得ない事由により信託目的の達成又は信託事務の遂行が不可能若しくは著しく困難となったときは、受託者はこの信託契約を解除できる。この場合、解除によって生じた損害については、受託者はその責任を負わない。やむを得ない事情のため委託者が解除を申し出、受託者がこれを承諾した場合には、この信託契約を解除することができる。この場合、受託者は委託者に対し、損害金及び解除手数料を請求することがある。
10　受託者が履行責任を負う債務は信託財産に属する財産のみをもって充てる。

2　家屋の部分の信託

信託の目的
　信託不動産を管理・運用及び処分すること
　　家産の維持継続をはかり円滑な相続承継をすること。もって、家族の生活の安心設計をすること。
信託財産の管理方法
　一　受託者は、次の方法により信託不動産を管理運営及び処分する。
　　(1)　信託不動産の全部又は一部を賃貸することができる。
　　(2)　信託不動産の維持、保全、修繕又は改良は、受託者が適当と認める方法、時期及び範囲において行う。
　　　　ただし、大規模な改良工事を行うときは、あらかじめ委託者と協議

するものとする。

(3) 受託者は、信託事務の一部を受託者の選任する管理会社に委託できる。

二　受託者は、信託不動産の売却に係る受益者等の指図があった場合は、当該指図に従い信託不動産を売却処分する事ができる。

信託終了の事由

1　この信託の契約期間は、信託契約締結の日から20年間又は本契約に定めるところに従い本信託契約が解除された時。

2　信託不動産の全部が本契約に規定される信託不動産の処分又は収用により換価されたことにより信託目的が達成された場合に終了する。

3　本信託期間は受益者と受託者との合意により、これを延長することができる。

その他の信託条項

1　この信託の当初受益者は、委託者とする。

2　当初受益者が死亡した場合は、B（生年月日生）が受益権を取得する。

3　第2次取得者が死亡した時、再婚、退去、1年以上に渡り長期間に使用しない場合には、第3取得としてC1が受益権を取得する。

C1が第2時受益者Bより先に死亡したときには、C1-2（生年月日生）が受益権を取得する。ただし、Bが受益権をその時点で取得していることが前提となります。

4　受益者は、受託者の事前の書面による承諾なく受益権の分割、放棄、譲渡又は質入れその他の担保設定等の処分をすることができない。

以下省略

注意事項

　信託目録の登記実務について、電子化指定を受けた登記所では「信託目録に記録すべき情報」を記載した書面の提出を要し（不登令15条、7条1項6号）、信託目録の番号は不動産ごとに異なる番号が付される。したがって、従前の取扱と異なり不動産ごとに「信託目録に記録すべき情報」を提供することは不要となった。

422　第6章　ケーススタディ

ケーススタディ
8　**財産管理における信託の利用と登記**

　財産管理制度の一つとして、信託があるが、信託財産が土地や建物などの不動産の場合には登記が必要とされる。どんな事項が登記されるのか、また、仮登記なども可能なのか。

■ポイント■

1　信託制度について
2　公示の意味、登記事項
3　信託の登記
　ア　共同申請
　イ　仮登記
　ウ　信託目録

解　説

1　信託制度について

　信託とは、委託者が信託行為（契約、遺言、信託宣言等）によって優れた能力を有する人や信頼できる人（受託者）に対して、不動産や株式等の財産（信託財産）を譲渡（移転形式）し、委託者が定めた一定の目的に従って受益者の利益のためにその財産の管理・処分をする古くからある財産管理制度の一つである。

　しかし、信託は、大正初期からの濫用の歴史（高利貸、株式売買・仲介、訴訟代行等）があり受託者に関して厳しい規制がなされ、個人間で、信託が行われることは皆無に等しい時期が長く続いた。昨今の高齢化社会を迎え高齢者の財産管理等や障害者の生活支援を目的とする制度として利用の拡大を図るように、信託法は平成18年に大きく改正された。

2 信託を公示する意味

信託の公示とは、信託には一定の機能があり、第三者に対して法律効果を付与しているので、取引の安全を図るため、受託者の有する特定の財産（信託財産）に属する財産であることを第三者に対抗するために、登記・登録すべき財産権については、その旨を要求する（信託14条）。

ただ、売買、贈与と違い原因だけが登記されているわけではない。

当然信託という登記原因が記載されるが、信託に記載すべき情報が別途添付される。当事者（委託者、受託者及び受益者の氏名住所）、信託の目的、信託財産の管理方法、信託の終了の事由及びその他の信託条項が公示される。これを信託目録と称する。

受託者が、独立性が認められる信託財産に属する財産をどの程度の権限をもって管理するのか、受託者の固有財産に属するのか、信託財産に属するのかを、第三者に識別可能にするために公示する必要がある（信託14条）。したがって、預貯金や動産など公示する手立てがないものについては、何らの行為も必要とされない。なお、信託の登記で、信託目録を作成することとされているのは、登記記録の一覧性を維持するためである。

3 具体的にどんな登記事項が信託として公示されるのか（不登法59条、97条、不登規176条）

信託は権利の登記であるから不動産登記法59条の通則に従い権利に関する登記事項が必要である。登記の目的、申請の受付年月日及び受付番号、登記の原因及び日付などがある。

(1) 信託関係人と信託の当事者及び信託行為の当事者

信託関係人とは、信託関係の主体としての委託者、受託者、受益者、信託管理人等（信託管理人、信託監督人、受益者代理人）で、直接的な利害関係に立つ者を指す総称である。

このうち前三者を特に「信託の当事者」と呼ぶ。なお、信託行為をする直接の委託者及び受託者が「信託行為の当事者」である（信託99条、183条3項）（新井誠『信託法〔第三版〕』193頁（有斐閣））。

ア 委託者の氏名又は名称及び住所（不登法 97 条 1 項 1 号）

「委託者」とは信託行為において、受託者に対し財産の管理又は処分を委託する者である。

委託者の行為能力について、信託法は、何らの制限規定を設けておらず、誰でも、民法の規定に従い委託者となることができる。

委託者を複数にすることが可能か否かは、複数の委託者が共同（共同委託）して一個の信託行為によって設定する信託、すなわち、共同委託については、信託法に特別の制限がないのですることができる。

イ 受託者の氏名又は名称及び住所（不登法 97 条 1 項 1 号）

「受託者」とは、信託行為によって、財産の管理処分の委託を受ける者をいう。

信託の引受けは、営業としてするときは、商行為となる（商法 502 条 13 号）。しかし、信託業（信託の引受けを行う営業、信託業法 2 条 1 項）は、内閣総理大臣の免許を受けた会社又は信託会社（同条 2 項）しかできない（信託業法 3 条、5 条、7 条等参照）。

なお、信託の受託者は、必ずしも一人に限定されず、数人（共同受託）でも差支えない。また、その性質が合有となり、単独で受託した信託財産の使用収益をすることもできなければ、権利を行使・処分することもできない。登記上では持分の記載も不要である（不動産登記令 3 条 9 号）。

委託者や受益者との間で利益相反になる場合、信託法上に規定がないが、民法の一般原則に戻り、新たな受託者の追加選任や特別代理人の規定を類推して適用することとなる。しかし、信託では、受託者の追加は信託の変更（信託 149 条）に該当せず、また異なるため受益者と委託者双方の同意が必要となる（信託 62 条 1 項）。しかし、同意者に意思能力が欠如しているとき、委託者のいないときと同様に一方の同意で足りるとするのかが不明である（信託 62 条 4 項）。仮に双方の同意を要件とするのであれば、裁判所の選任許可が必要となる（信託 62 条 4 項）。そうした事実を避けるため、あらかじめ信託行為に複数人の受託者を選任しておくことも可能である。

共同受託の信託において、一人の受託者の任務が終了しても、信託行為に別段の定めがない限り、その任務終了時に当然に残る他の受託者に承継され、残りの受託者をもって単独で信託の管理等をすることになる（信託 86 条 4 項）。

ウ　受益者の氏名又は名称及び住所（不登法 97 条 1 項 1 号）

「受益者」とは、信託の利益を享受する者である（信託 2 条 6 項）。

受益者を、信託期間中に利益を受ける「受益者」と、信託終了時に利益を受ける「帰属権利者」の 2 種に分けることができる。同一の信託関係に複数の受益者が存在している場合、受益者は「共同受益者」となる。

受益者が複数人いる場合の持分等の公示に関しては、規定上はないが、信託が終了したときに第一順位の帰属者となることから記載を要すると解する（不登法 59 条 4 号）。持分が平等でない場合に所有権への持分が引き直せなくなるからである。

受益者の記載がない場合として現に受益者がいない信託などの場合や、信託の成立後に受益者等が指定により確定する信託のときには受益者欄が空白となる。例えば、第三者に受益者の存在を知られたくない時に利用される。なお、登記事項として「その他の信託条項」に受益者の指名の方法を記載する。

(2)　**信託の目的（不登法 97 条 1 項 8 号）**

委託者が意図した信託の目的に受託者は拘束される。したがって、目的の内容はより具体的なものであった方が多義に基因する誤解を防止することができる。管理や処分を目的として記載されている場合が多いが、これは、方法であって、ある意味で目的とはいえない。例えば、「今まで生活水準を維持しつつ生活の安定を図る」、「家産・事業財産の承継」「生涯安定した生活費として月 25 万円ずつ交付する」等の具体的な記載が望まれる。信託財産をどのように管理運用するだけでなく、受益者にどのような利益を与えるかも含まれる（道垣内弘人『信託法』45 頁（有斐閣））。受託者の管理処分権限の範囲を確定する上で、信託目的が重要な意味を持っている。なお、「訴訟目的の信託」（信託 10 条）、

426 第6章 ケーススタディ

「詐害信託」（信託12条）などを目的とすることが禁止されている。前者は、他人の紛争への不当介入の禁止、後者は委託者による債権者の権利侵害への防止を目的とする。

(3) 信託財産の管理方法（不登法97条1項9号）

　管理方法として、信託財産の管理、処分その他の信託の目的達成のために必要な行為が定められる（信託2条1項、3条）ので、その定められた管理の方法が登記事項となる。登記事項としては、その要旨を登記（記録）することで足りる。

　例えば、信託不動産の賃貸の有無、修繕の時期や方法、売却の理由や時期などを記載する。

(4) 信託の終了の事由（不登法97条1項10号）

　信託は当初の当事者を越えて長期に連続承継する財産管理を予定する場合が多いので、信託の終了事由が規定される。

　例えば、「受益者の死亡」、「信託期間の満了」及び「受託者の倒産」等が終了事由となる。なお、信託法上に規定されている信託終了の事由は信託行為や信託目録に記載がなくとも当然に適用を受ける。

(5) その他の信託条項（特約を記載する）（不登法97条1項11号）

　以上の事項のほか、信託行為により定められた信託に関する事項を登記しなければならない。信託行為において記載する重要な内容には、例えば、分割、譲渡、質入れの禁止、地位の承継、受益権の譲渡、条件付きの法律行為、受益者の指名、成年後見の審判が開始した時の受託者の変更などがある。

4　信託の登記申請

(1) 共同申請の原則

　信託の登記は、原則として委託者（登記義務者）及び受託者（登記権利者）の共同申請により受託者への所有権移転と同時（一つの申請情報）に申請する（不登法98条1項、不登令5条2項）。

　なお、登記の原因日付は信託の効力が発生した日付である。したがって、通常の信託は契約を締結した日、遺言信託の場合は委託者が死亡し

た日、遺言代用信託、後継ぎ遺贈型受益者連続信託では契約をしたその日が該当する。原因として、「年月日信託」、「年月日遺言信託」となる。遺言代用信託、後継ぎ遺贈型受益者連続信託の原因は、信託行為の形式により決まる。

　なお、遺言信託のおいては、登記義務者としての委託者が死亡しているため、実際的には登記申請ができない。したがって、遺言信託のときは、遺言執行者を定めておく必要がある。定めていない場合には、家庭裁判所が遺言執行者を選任してから登記申請をする。委託者の相続人が登記義務を承継して登記申請することはない。遺言による信託においては、委託者の地位は承継相続しないことが原則だからである（信託147条）。

不動産登記法第98条第1項の権利の移転（遺言信託の場合）

権利部（甲区）（所有権に関する事項）			
順位番号	登記の目的	受付年月日・受付番号	権利者その他の事項
何	所有権移転	平成何年何月何日受付第何号	原因　平成何年何月何日売買 所有者　何市何町何番地 　　甲　某
何	所有権移転	平成何年何月何日受付第何号	原因　平成何年何月何日遺言 　　　信託 受託者 　何市何町何番地 　乙　某 　何市何町何番地 　丙　某
	信託		信託目録第何号

⑵　仮登記と信託の仮登記

ア　処分行為と原因行為

　仮登記とは、登記をするための手続的要件又は実体的要件が具備してない場合において、将来されるべき登記の順位をあらかじめ保全するための登記である（不登法105条1号）。

428 第6章 ケーススタディ

　手続的要件とは、物権変動が生じている場合において、法が定める添付情報を提供（識別情報、第三者の許可や承諾）することができないときに認めるという趣旨であり、また、実体的要件が具備していないとは、請求権や停止条件、始期付き法律行為のためまだ効力が発生していない場合に認められる。

　信託の登記申請は、信託行為の形式が契約、遺言及び信託宣言による権利の保存、設定又は、変更の仮登記と所有権移転の仮登記は同時に申請するが、どこまで可能であるか。

　仮登記の要件が整えば、可能であるとの考えもあるが、不明な点もある。

　旧信託法下で、「信託による所有権移転の仮登記及び信託の仮登記」につき登記を否定した先例がある（昭和34年9月15日民事甲第2068号民事局長回答）。

　原因は、信託の重要な要素であり登記の一部である信託目録を添付しなかったことが理由であって登記そのものが申請出来ないとしたものではなかった（藤原勇喜『改訂増補版　信託登記の理論と実務』167頁（民事法研究会））。

　信託の登記は、処分行為としての移転と原因行為としての信託行為を同一の申請書で行われるため形式を整える必要がある。

　旧法では、原因行為としての信託の効力が物権的な処分行為（移転等）により発生するための、処分行為が成立しなければ、信託の効果も生じないとしたので常に1号仮登記として並存する（横山亘『信託に関する登記第二版』291頁（テイハン））。

　新信託法では、特段の定めがない限り、処分行為に関係なく契約の締結により効果が直ちに生ずるため、処分行為が2号仮登記で原因行為が2号仮登記という申請形態が生ずる。

　また、処分行為を1号仮登記として、信託行為を本登記、1号仮登記及び2号仮登記、又は処分行為を本登記、1号仮登記及び2号仮登記として、信託行為を本登記とするなどかような申請が認められるのか検討を要する。

イ　信託行為と仮登記

(ア)　では、遺言信託の場合に仮登記申請が認められるのか。

現在、遺言による遺贈について仮登記の申請ができない。

最判昭和 31 年 10 月 4 日（判時 89 号 14 頁）によると、「遺贈は死因行為であり遺言者の死亡によりはじめてその効果を発生するものであつて、その生前においては何等法律関係を発生せしめることはない。それは遺言が人の最終意思行為であることの本質にも相応するものであり、遺言者は何時にても既になした遺言を任意に取消し得るのである。従つて一旦遺贈がなされたとしても、遺言者の生存中は受遺者においては何等の権利をも取得しない。すなわちこの場合受遺者は将来遺贈の目的物たる権利を取得することの期待権すら持つてはいない」としている。したがって、遺言信託も委託者の死亡により効力が発生するから遺言と同じように仮登記はできないと解される。

では、遺言代用信託の場合はどうか。

委託者の死亡により信託の効力が生ずる停止条件付の遺言代用信託契約の登記原因を「信託（条件　○○の死亡）」とする「停止条件付所有権移転仮登記及び信託仮登記」（不登法 105 条 2 号）ができるのか。

これについて、遺言代用信託が「死因贈与に類似するものであり、かつ法 4 条 4 項により停止条件付の信託契約を認めていることから、申請を受理すべきもの」との見解がある（星田寛「遺言代用の信託と窓口実務」金融法務事情 1871 号 37 頁以下）。

契約に基づく信託は、信託契約の締結によって契約の効力を生じるので（信託 4 条 1 項）、その契約に停止条件又は始期が付されているときは、条件の成就又は始期の到来によって効力を生ずるものとされ（信託 4 条 4 項）ている。受益者の変更権が行使されなければ（不作為）、権利はそのまま確定する。したがって、信託契約時には保全すべき登記請求権としての期待権が発生していると解される。

また、信託法 90 条 1 項 2 号の 2 号類型による遺言代用信託の場合、受益者は委託者が死亡するまでは、受益者としての権利を有しないとし受益者の権利保全が与えられていないように思えるが、例外規定により

申請できる可能性も十分に考えられる。

「権利を有しない」としたのは、委託者に「受益者の変更」が自由にできることを保証した規定であって、仮登記の成否の問題とは対象の次元を異にしているものと考えられる。反対に、「受益者を変更する権利」が留保されているという意味では、それ程に強力な権利又は期待権がないとも考えられる。現在のところ確定的な判断はしかねる。

それでは遺言代用信託の受益者が「委託者の死亡の時に受益者となるべき者として指定された者が受益権を取得する旨の定めのある信託」（信託90条1項1号）ではなく、一定の要件の元に受益権を取得するとした場合に仮登記はできないのか。この事例は、信託法90条1項の遺言代用信託ではないから、受益権者を変更する権利は、委託者に留保されていない。よって、通常の一般的な信託といえるから、仮登記の仮登記信託となり、登記申請をすることが可能と考えられる。

なお、信託の効力の発生そのものに、信託行為による停止条件又は始期が付されているときには、信託の仮登記ができるのはいうまでもない（信託4条4項）。

予定されている事例として、例えば、信託財産が受託者に譲渡された時、受託者が承諾した時、受益者が大学を卒業や、結婚した時、信託財産が農地である場合で農地転用の許可や届出がまだない場合などが該当するものと解する。

不動産登記法第98条第1項の権利の移転（仮登記の場合）登記記載例
〔平成19年9月28日付法務省民二第2048号〕

【権利部（甲区）】（所有権に関する事項）				
【順位番号】	【登記の目的】	【受付年月日・受付番号】	【原因】	【権利者その他の事項】
何	所有権移転	平成何年何月何日受付 第何号	平成何年何月何日売買	所有者 　何市何町何番地 　甲某

何	所有権移転仮登記	平成何年何月何日 受付 第何号	平成何年何月何日 信託	権利者 何市何町何番地 乙某
	信託仮登記			信託目録第何号

(3)　信託目録（信託抹消後：不登法 97 条 1 項各号、不登規 176 条）

　　信託目録は登記官が作成する一定の信託条項に関する登記事項が記録された情報である。

　　以下に信託目録のひな形を記載する。

信託目録		調製	余白	
番　号		受付年月日・受付番号		予　　備
第○号		平成 23 年○○月○○日 第○○号		信託抹消　平成○○年 　　　　○○月○○日 　　　　受付○○号抹消
1	委託者に関する事項	○市○町○丁目○番○号　　S		
2	受託者に関する事項	○市○町○丁目○番○号　　T		
3	受益者に関する事項	○市○町○丁目○番○号　　B（＝S）		
		受益者変更 平成○○年○○月○○日第○○号 原因　平成○○年○○月○○日相続 受益者　○市○町○丁目○番○号 　　持分 2 分の 1　　B1 ○市○町○丁目○番○号 　　持分 2 分の 1　　B2		
4	信託条項	信託の目的 　　信託不動産を受益者のために管理・運用し、 又はこれを処分すること 　　①受益者の日常生活及び介護の支援 　　②家産の維持、承継		
		他の事例 2　信託財産を受託者のため管理・ 運用する。（福祉信託の場合）		
		信託財産の管理方法 　1　受託者は、信託不動産及びその他の信託財		

432 第6章　ケーススタディ

産の管理・運用・処分等の信託事務につき、本契約に別段の定めがある場合を除き、受益者又は本契約に定める代理人（以下「受益者等」という）による指図に基づいて行う。
（以下省略）

> 受益者の承諾を要する。

信託終了の事由

1　信託契約締結の日から10年で終了する。
　信託期間は受益者と受託者の合意により延長することが出来る。他省略

その他の信託条項

1　受益権の譲受又は承継により受益権を取得した者は、本信託契約上の受益者及び委託者としての権利及び義務を承継し、かつ委託者の地位も承継する。（旧法時の記載）

> 5　信託が終了した場合において残余の財産があるときは受益者に帰属するものとする。
> （新信託法平成19年9月以降）

信託条項更正
平成○○年○月○日
第○○号
原因錯誤
その他の信託条項
以下省略

＊信託目録の電子化等について
□平成23年10月17日から、すべての法務局・地方法務局［PDF］の登記所における土地及び建物に関する信託目録が電子化された。
□平成24年1月30日から、すべての法務局・地方法務局の登記所における土地及び建物に関する信託目録についての登記申請が、オンラインでできる。

ケーススタディ 9　相続の限定承認における先買権の行使

　会社経営者であったXの相続において、負債総額が8,000万円ほどあり、また、Xは代表取締役として、連帯保証債務を負っている。資産は自宅兼会社の事務所であるビルとその敷地及び賃貸用のアパートであり、預金はほとんどない状態である。

　この場合、単純相続をすると、負債も全面的に相続することになるので避けたいのであるが、自宅は相続人である妻Yに、アパートはYと長女A及びその家族の生活のために残したいがどうしたらよいか。

解　説

1　「限定承認」の清算手続の留意点

(1)　限定承認が敬遠される理由「みなし譲渡所得税」

　中小企業の社長が死亡し相続が発生する場合には、必ずと言ってよいほど会社の借入金について連帯保証債務を負担していることが多い。また、そのような場合、自宅のみならず、会社の社屋や店舗が社長の個人所有の財産であることも多い。

　相続を放棄すると、相続人は債務を免れることができても、遺産を取得することができない。しかし、相続を単純承認すれば、遺産を取得することはできるが、多額の債務も引き継がなければならない。特に負債が会社借入債務の連帯保証債務のように相続発生段階ではこれが現実化するか否かは不明の場合もあるし、なんとか財産を少しでも相続人の手元に残すことはできないかとの思いを持つのが相続人の偽らざる気持ちであろう。

　限定承認の手続を取れば、相続によって得た財産の限度においてのみ被相続人の債務の弁済をする責任を負い、相続人個人の財産からは何も負担しなくてもよいわけである（民922条）ので、そのような方法を選択することを考えることも出てくる。

434 第6章 ケーススタディ

　相続が開始し、限定承認を選択する場合には、みなし譲渡所得税の税務処理が複雑であることなどから、弁護士や司法書士でも取り扱う人は極めて少ないのが現状であり、資産税に詳しい税理士でも清算手続の法律事務には不案内のため、結局は、利用件数が極めて少ないのが現状である。

　また、限定承認の審判が出たのちの清算事務については、金融機関等の相続債権者側も経験がなく正確な知識を有しておらず不慣れであるのが実情である。

　しかし、今後の超高齢社会において相続案件が増加することを勘案すると、専門家が関与して的確な処理を行えば、単に相続放棄するよりも相続人にとって、メリットも十分にある制度であり、今後の相続の選択肢として十分に利活用が可能である。

⑵　限定承認の申立て

　限定承認の申述において、いくつかの留意点を示しておく。

　まず、相続人が数人あるときは、限定承認は共同相続人の全員が共同してのみ行うことができる（民 923 条）ということから、相続人全員が限定承認をするという意思統一ができなければならないので、困難だと言われることがある。しかしながら、財産も欲せず債務整理等にも関わりたくない相続人には先に相続放棄の申述をしてもらえば、最初から相続人でなかったことになる（民 939 条）ので、煩わしい清算事務に関与する必要もなくなり、全員での限定承認の申述という対象からは除外されることとなり、必ずしも法定相続人の全員の限定承認を行う意思統一ということが必要なわけではない。

　次に、留意しなければならないのは、相続の第一順位者が全員放棄をしてしまうと、第二順位者さらには第三順位者が相続人として登場してくることになり、被相続人の兄弟姉妹の大勢の叔父叔母やいとこ等に説明して放棄等の手続をしてもらうように協力要請をしなければならないという面倒さが出てくることにもなりかねない。

　配偶者が限定承認をして先買権を行使することを意図した場合、第一順位の子が全員放棄をしてしまうと、被相続人の兄弟姉妹が多く又はそ

の一部の者が外国に居住して音信不通であるなどの場合もあるので、子の一人は放棄せずに残るようにして協力してもらうようにすることも考慮すべきである。

2 本ケースにおける限定承認の清算事務について

(1) 限定承認とは

限定承認とは、相続人全員で行うもので、相続で得た財産の限度においてのみ、被相続人の債務を弁済すべきことを留保して相続承認をする形態である（民922条、923条）。

一般に、「相続財産の限度で債務を承継する」という説明があるが、正確には、「財産も債務も全部承継するが、相続財産の限度で債務の弁済の責任を負う。」というものである。

これにより、相続人の固有の財産には責任が及ばない。つまり、自分のお金を出してまで債務を返済するという責任はない。

Xの相続については、銀行から会社が借り入れた借入金について、X個人が連帯保証をしていたため、相続財産より債務が超過しているというおそれが具体的にあるわけであるから、「限定承認」を行うということは、相続人の個人負担を免れるという点では、有益であると言える。

しかしながら、この限定承認を選択した場合には、相続財産管理人の任務として、債務について法律の規定に基づき「清算」をする義務があるので、相続人が自由に遺産分割協議をして財産の承継人を決め、勝手に財産を売却することはできず、債務弁済のための清算手続を、適法に行う必要がある。

重要なことは、「みなし譲渡所得税」（所得税法59条）の課税の問題に留意する必要があるということである。また、賃貸不動産を所有している場合には、賃貸収入についても「準確定申告」（所得税法124条、125条）が必要となる。

(2) 限定承認が、家裁で受理された後の手続

限定承認を行い、相続人が複数いるので、相続財産管理人として長女Aが選任された（民936条1項）。相続財産管理人の任務として、法律の

規定に基づいて、相続人全員のために、これに代わって、相続財産の管理及び債務の弁済に必要な一切の行為（清算手続を含む）をすることになる（民936条2項）。

相続財産管理人として具体的に行わなければならない行為は、以下のものがある。

ア　官報公告（民927条、選任されてから10日以内、民936条3項）

限定承認をしたこと及び期間（2か月以上）を定めて、その期間内に債権の請求の申出をすべき旨の官報公告をしなければならない。

なお、その申出期間内は、債権者への弁済は拒むことができる（民928条）。

イ　知れている相続債権者に、各別に弁済請求の申出の催告（民927条3項）

銀行から会社が借入し、Ｘが代表取締役として個人の連帯保証人になっていたことは、限定承認の申述時には知っていたので、銀行は、「知れている相続債権者」に当たることになり、相続財産管理人Ａ名義で、個別に「催告書」を出す必要がある。

ウ　清算手続

申出期間経過後は、相続財産管理人は、法律の規定にしたがって、弁済や換価などの清算を行うことになり、債権者が多数の場合には、債権額の割合に応じて弁済をする（民929条）。また、債務の清算については、弁済期の到来していないものであっても、弁済しなければならない（民930条）。

これらは、普通の単純承認の相続のときとは異なる限定承認特有の規定である。

処理の手続としては、破産の場合の配当手続と同じである（法には、詳細の規定はないので、破産法の処理手続きを準用若しくは類推適用するという方法で処理される。）。

銀行の相続債権は、会社の借入金の連帯保証人としての債務であるので、本来、弁済すべき主たる債務者は会社であるが、事実上営業活動をしておらず、目ぼしい会社財産がなければ弁済できないので、結局は連

帯保証人に債務の履行請求がされる。もともと、普通保証とは異なり連帯保証は、無条件に請求を受ける債務である。

エ　清算方法の原則は、競売

相続債務の弁済のためには、相続財産が返済原資になるわけであるが、現金預貯金等で弁済ができなく、不動産がある場合には、それを売却して債務を弁済する必要があるが、不動産を売却して換価する場合には、原則として、競売によることとなる（民932条）。

この競売は、民事執行法195条の規定により、担保権の実行としての競売の例によることになるので、事実上、債権者主導型になる。

ただし、限定承認による相続の清算事務の場合の特例として、相続した不動産を相続人が手放したくない場合には、相続人が、「先買権」の行使をして競売を止めさせ、相続人が自分で所有権を取得する方法が認められている（競売差止権）。

この先買権という権利があることが、事実上は、限定承認をする一番のメリットとも言われている

オ　例外としての「先買権」の行使（民932条ただし書）

この先買権というのは、相続人の遺産へのこだわりや愛着を尊重し、限定相続人のみに、優先的な買取りを認める権利である（競売による第三者の買取よりも先に買う権利があるので、先買権と呼ばれている。）。

手続は、相続人の恣意性を排除して、債権者が納得できる公平さを確保するため家庭裁判所に申し立て、家庭裁判所が選任した鑑定人の鑑定価格（時価鑑定）以上の金額を支払うことにより、弁済資金を確保するとともに、他方で、相続人に所有権、処分権等の完全な支配権を取得させるものである。

カ　先買権行使の手順（特に不動産について）

(ア)　購入希望の相続人が、家裁に相続財産の価額を評価する鑑定人の選任の審判の申立てをする（鑑定人の候補者を挙げることもでき、費用は、原則として、申立人の負担である。）。

物件を別々の相続人が買取希望をもって申し立てることも可能である。また、購入希望の相続人は複数人で共有にすることも可能で

438 第6章 ケーススタディ

ある。相続財産管理人であるＡも、購入者になることができる。

　なお、債権者である銀行にも、鑑定人選任についての意見を述べるために参加する機会が与えられる（民933条）。

㈡　家庭裁判所が鑑定人を選任する（通常は不動産鑑定士が選任される。）。

㈢　鑑定人が、購入希望の不動産の時価鑑定評価を出す。

　このときにも、債権者である銀行に、鑑定評価について意見を述べるために参加する機会が与えられる（民933条）。

㈣　購入希望の相続人が、購入するには、相続財産管理人Ａに対して、先買権行使の意思表示をする（相続財産管理人が、購入者でもある場合は、特段の意思表示は不要である。）。

㈤　高すぎる場合には、先買権行使を中止することもできる。つまり、購入するか否かは、最終的に鑑定価額が出てから選択することが可能である。もっとも、購入しないとなれば、原則に戻り、競売手続により売却することになる。

㈥　購入希望の相続人が買う場合には、相続財産管理人Ａへ鑑定評価より少しでも高い金額を支払うことにより、先買権行使の手続は終了し、相続財産管理人Ａから、債権者の銀行に債務の弁済をする。

　これにより、先買権を行使した不動産は、責任財産からの拘束から開放される。

㈦　不動産登記の申請をする。

　まずは、相続人全員の法定相続分の登記を経由してから、最終的に、購入希望者の名義になる。登記原因は、「年月日民法第932条ただし書きの価額弁済」とする

㈧　登記名義が相続人になった後は、当然に自由に使用、収益することも、第三者へ処分（転売）することも可能である。

　先買権は、不動産だけではなく、家財等の動産にも適用される。ただし、実際は、家財等にほとんど評価はないので、さほどの価額にはならず、債権者も処分を求めることはないのが通常である。株券や国債等の場合は、計算が複雑である。特に非上場の株式の評価

は難しいので、専門家に依頼すべきである。

3　限定承認と税金

(1)　相続税は非課税

相続税は、相続財産よりも、負債の方が多いので、非課税となる。別途に以下の税金が発生することになる。

(2)　準確定申告（相続開始から4か月以内）

Xは、個人で不動産を賃貸して収入を得ていたので、不動産所得については、毎年、確定申告をしていたはずである。

死亡した場合には、死亡日までの生前の収入分は、Xが負担すべきものであるので、いわゆる準確定申告をしなければならない。相続人が代わって申告と納税をする義務があるが、相続財産の中から支弁するものである（相続人個人の費用で負担する必要はないが、場合により、立替払いをすることにもなる。）。

(3)　みなし譲渡所得税

これは特別の取扱いの税金である。(2)と同様に準確定申告をしなければならない。

具体的には、譲渡所得税ということになるが、「限定承認では、相続時に時価で被相続人から相続人に対して譲渡があったものとみなす」ため、被相続人Xに譲渡益（キャピタルゲイン）があったものとみなして譲渡所得税という税金が生じる。

限定承認では、たとえ現実に売却していなくとも、売却した場合と同じく「みなし譲渡所得税」となり、所得税を納める必要がある。ただし、限定承認による譲渡所得税の支払については、本来、被相続人に係るものであるため、相続財産の限度で支払われることになり、相続人が代わって申告と納税の義務を負うものであり、相続人が元から所有している固有財産から納付する義務はない。

所得税は国税であるので、債務の弁済に優先して、支払う必要がある。

440 第6章 ケーススタディ

4 参考書式

⑴ 業務依頼書

　司法書士法施行規則 31 条の財産管理業務として、相続財産管理人から、清算事務手続きの代理の業務を受任したことを文書で明確に取り交わすことが重要である。印鑑はもちろん実印で押印してもらい印鑑証明書の提出もお願いする。任意相続財産管理人に就任する場合も当然であるが、財産管理人に就任するのではなく、法定の相続財産管理人の代理人として業務受託をすることになる。

業 務 依 頼 書

平成　　年　　月　　日

業務受託者
　司法書士　○○事務所
　　司法書士　○　○　○　○　殿

　下記被相続人の相続について、法定相続人全員にて、**平成○年○月○日**に、○○家庭裁判所において、相続の**限定承認**を申述し、同日付で受理され、相続財産管理人として、長男である私が選任された。
　貴殿を、相続財産管理人の代理人として選任し、後記のとおりの業務を依頼いたします。

　依頼者　相続財産管理人（被相続人の長男○○）
　　住　　所 --

　　氏　　名 --
　　　　　　　（生年月日　昭和　　年　　月　　日生）

（事件番号　平成○年（家）第○号）
　　被相続人の表示
　　　本籍　　　　　　○○県○○市○○区○○町○丁目○番○号
　　　最後の住所　　　○○県○○市○○区○○町○○番地
　　　被相続人　　　　○　○　○　○（平成○○年○月○○日死亡）

相続財産管理人以外の相続人の表示

　　　住　　所　　○○県○○市○○区○○町○丁目○番○号
　　　氏　　名　　　○　○　○　○　（妻）

　　　住　　所　　○○県○○市○○区○○町○丁目○番○号
　　　氏　　名　　　○　○　○　○　（二女）

　　　住　　所　　○○県○○市○○区○○町○丁目○番○号
　　　氏　　名　　　○　○　○　○　（二男）

　なお、（長女）は平成○○年○月○日死亡　代襲相続人は不存在。

記

第1　依頼業務（司法書士法第29条、同法施行規則第31条第1号の業務）

　　被相続人の相続の限定承認における相続財産管理人として行う別紙財産目録記載の相続財産の管理・承継・処分並びに相続債務の清算手続に関する一切の必要な行為について代理すること。

　　上記に附随して、相続人の特定並びに相続財産及び相続債務の特定のために必要な調査、証明書類の取寄せ請求並びに受領、その他付随関連する事務について代理すること。

第2　付随委任事項

　1．被相続人名義の不動産について、法定相続を原因とする所有権移転登記並びに先買権行使による所有権移転登記に関する一切の代理権限

　2．被相続人名義の預貯金・証券他債券類、保険金、年金等についての解約、名義書換えによる請求手続並びに代理受領に関する一切の権限

　3．被相続人の借入債務につき、各債権者の債権額調査確定に必要な取引履歴等の書類の取寄請求及び受領権限、並びに被相続人不動産につき担保設定した抵当権等の担保権解除手続に関する一切の業務

　4．司法書士法第3条の定める業務の範囲の手続に関し、相続債権者に対する下記法律事務の必要がある場合について一切の行為を代理

442　第6章　ケーススタディ

する権限、和解交渉、訴訟、調停、支払督促、証拠保全、仮差押え、仮処分

5．各種申立・請求手続きに関する提出書類作成及び代理受領の権限並びにそれに附随する調査に関する一切の権限

6．弁護士、公認会計士、税理士、行政書士、土地家屋調査士等の専門分野について業務委託が必要な場合には、代理人の選任並びに復代理人選任に関する権限

(2)　受任通知書

　銀行はじめ、知れたる債権者には、(1)の業務依頼書の写しを付けて受任通知書を出して、相続財産管理人の代理人であることを顕名して以後の清算事務を担うこととなる。金融機関等から、司法書士がこのような相続財産管理人の代理業務を行うことができるのかという問い合わせがある場合があるが、第1章に書いたように、司法書士法第29条並びに司法書士法施行規則第31条と、同様に弁護士法並びにそれを受けた規則の抜粋を示して、理解を得るのがよいであろう。

受　任　通　知　書

　　　　　　　　　　　平成　　年　　月　　日

○○銀行　本店　資金管理部　御中

　　　　　　　　　〒○○○−○○○○

　　　　　　　　　　○○市○区○町○丁目○番地

　　　　　　　　　　司法書士○○　○○事務所

　　　　　　　　　　司法書士　○　○　○　○

　当法人事務所は、下記被相続人の相続の**限定承認に伴う相続債務の清算手続**等につきまして、相続財産管理人より、別紙「**業務委託書**」のとおり受任いたしましたので、ご通知申し上げます。

記

　下記被相続人の相続について、**平成○年○月○日**に、○○家庭裁判所において、法定相続人全員が、相続の**限定承認**を申述し、同日付で受理

ケーススタディ9　*443*

され、相続財産管理人として、長女○○○○が選任された。

> 限定承認　事件番号　平成○年（家）第○号
>> 被相続人の表示
>>> 本籍　　　　　　○○市○○区○○町○丁目○番○号
>>> 最後の住所　　　○○市○○区○○町○○番地
>>> 被相続人　　　　○　○　○　○　（平成○年○月○日死亡）
>> 相続財産管理人
>>> 住所　　　　　　○○市○○区○○町○丁目○番○号
>>> 相続人（長女）　○　○　○　○　（昭和○年○月○日生）

> 　つきましては、今後の清算手続のため、被相続人が連帯保証をしていた、貴銀行と○○○○株式会社との金銭消費貸借の取引履歴並びに現在債務残高等の一切を早急に把握したいと存じますので、最初の貸付日以降現在までの取引明細書を郵送又はファックスにてご送付いただきたくお願いする次第です。

> 　なお、今後の連絡等はすべて当事務所宛に下さるようお願い申し上げます。

⑶　債権者への通知及び催告書

知れたる債権者への通知として出すのは、法律上の要請である。

> ### 限定承認のご通知及び債権請求の申出の催告

> 　事件番号　平成○年（家）第○号　限定承認
>> 被相続人
>>> 本籍　　　　　　○○県○○市○○区○○町○丁目○番○号
>>> 最後の住所　　　本籍に同じ
>>> 被相続人　　　　○　○　○　○　（平成○年○月○日死亡）

> 　上記被相続人の相続について、○○家庭裁判所において、法定相続人全員が、相続の**限定承認**を申述し、**平成○年○月○日付で受理され、審判により、相続財産管理人**として、妻の○○○○が選任されました。
> 　直ちに、官報掲載手続を行い、平成○年○月○日官報に公告掲載予定

であります。

　つきましては、知れたる債権者殿に対しましては、直接にご通知を申し上げますので、**平成○年○月○日までに、債権請求の申出をするよう催告をいたします。**
　なお、上記期間内にお申出がなきときは弁済から除斥いたすことになります。
債権の存在及び内容を証する書面等がございましたら、その写し等も併せてご送付下さるようお願い申し上げます。

　以上、民法第927条第2項の規定により、通知いたします。

　　　　　　　　　　　　　　　　　　　平成　　年　　月　　日
　　　　　　　　　相続財産管理人
　　　　　　　　　　　○○県○○市○○区○○町○丁目○番○号
　　　　　　　　　　　相続人（妻）　○　○　○　○
　　　　　　　　　相続財産管理業務受託法人
　　　　　　　　　　　○○市○区○町○丁目○番地　○○ビル
　　　　　　　　　　　司法書士法人　○○○○　事務所
　　　　　　　　　　　司法書士　　○　○　○　○

　なお、ご不明の点があれば、下記へお問い合わせ下さい。
　　　　　　　　　　　　　　　電　話　○○○－○○○－○○○○
　　　　　　　　　　　　　　　ＦＡＸ　○○○－○○○－○○○○

⑷　先買権行使の家事審判申立書

　家庭裁判所に、公正な価額を評価してもらうため、鑑定士の選任を申し立てる。この申立てには、司法書士には代理権がないので、本人の申立てで、司法書士は裁判所に提出する書類作成としての業務を担うこととなる。

ケーススタディ9　**445**

受付印		家 事 審 判 申 立 書　事件名（　鑑定人の選任　）
		（この欄に申立手数料として1件について800円分の収入印紙を貼ってください。）
		（貼った印紙に押印しないでください。）
収 入 印 紙　　　円		（注意）登記手数料としての収入印紙を納付する場合は，登記手数料としての収入印紙は貼らずにそのまま提出してください。
予納郵便切手　　　円		
予納収入印紙　　　円		

準口頭		関連事件番号　平成　　　年（家　　）第　　　　　　　　　　号

	家 庭 裁 判 所	申　　立　　人	
	御中	（又は法定代理人など）	印
平成　　年　　月　　日		の 記 名 押 印	

添付書類	（審理のために必要な場合は，追加書類の提出をお願いすることがあります。） 申立人・被相続人・相続人の戸籍謄本（関連事件のもの援用） 物件目録・登記情報4通

<table>
<tr><td rowspan="6">申
立
人</td><td>本　籍
（国　籍）</td><td colspan="2">（戸籍の添付が必要とされていない申立ての場合は，記入する必要はありません。）
○　○ 都道府県 ○○市○○区○○町○丁目○番○号</td></tr>
<tr><td>住　所</td><td colspan="2">〒○○○ － ○○○○　　　　電話 ○○○（○○○）○○○○
○○県○○市○○区○○町○丁目○番○号 （　　　　　　方）</td></tr>
<tr><td>連絡先</td><td colspan="2">〒　　－　　　　　　　　　　電話　（　　　）
（　　　　　　方）</td></tr>
<tr><td>フリガナ
氏　名</td><td>○　○　○　○</td><td>大正
昭和 ○年○月○日生
平成 （　　　歳）</td></tr>
<tr><td>職　業</td><td colspan="2">無業</td></tr>
</table>

<table>
<tr><td rowspan="6">※
被
相
続
人</td><td>本　籍
（国　籍）</td><td colspan="2">（戸籍の添付が必要とされていない申立ての場合は，記入する必要はありません。）
○　○ 都道府県 ○○市○○区○○町○丁目○番○号</td></tr>
<tr><td>住　所</td><td colspan="2">〒○○○ － ○○○○　　　　電話 ○○○（○○○）○○○○
○○県○○市○○区○○町○丁目○番○号 （　　　　　　方）</td></tr>
<tr><td>連絡先</td><td colspan="2">〒　　－　　　　　　　　　　電話　（　　　）
（　　　　　　方）</td></tr>
<tr><td>フリガナ
氏　名</td><td>○　○　○　○</td><td>大正
昭和 ○年○月○日生
平成 （　　　歳）</td></tr>
<tr><td>職　業</td><td colspan="2">会社役員</td></tr>
</table>

446 第6章 ケーススタディ

※ 相続債権者		
	住　所	〒○○○-○○○○　　　　　　　　　　　電話　　　（　　　） ○○県○○市○○区○○町○丁目○番○号　　　　（　　　　方）
	連絡先	担当部門　○○部　担当者　○　○　○　○ 電話 ○○○（○○○）○○○○
	フリガナ 氏　名	シンヨウキンコ ○○信用金庫 代表理事　○　○　○　○	大正 昭和　○年○月○日生 平成　（　　　　歳）
		債　権　者

※ 鑑定人候補者1		
	住　所	〒○○○-○○○○　　　　　　　　　　　電話　　　（　　　） ○○県○○市○○区○○町○丁目○番○号　　　　（　　　　方）
	連絡先	〒　　－ ○○不動産鑑定士事務所	電話 ○○○（○○○）○○○○
	フリガナ 氏　名	○　○　○　○	大正 昭和　○年○月○日生 平成　（　　　　歳）
	職　業	不動産鑑定士

※ 鑑定人候補者2		
	住　所	〒○○○-○○○○　　　　　　　　　　　電話　　　（　　　） ○○県○○市○○区○○町○丁目○番○号　　　　（　　　　方）
	連絡先	〒　　－ 株式会社○○不動産鑑定事務所	電話 ○○○（○○○）○○○○
	フリガナ 氏　名	○　○　○　○	大正 昭和　○年○月○日生 平成　（　　　　歳）
	職　業	不動産鑑定士　社団法人　○○県不動産鑑定士協会　会員

※		

(注)　太枠の中だけ記入してください。

※の部分は，申立人，法定代理人，成年後見人となるべき者，不在者，共同相続人，被相続人等の区別を記入してください。

申 立 て の 趣 旨

　別紙相続財産の物件目録の不動産について、先買権を行使したいので、価額の評価をする鑑定人の選任を求めます。

　なお、鑑定人候補者として、○○市の物件については、不動産鑑定士○○○○氏を、○○県○○市の物件については、不動産鑑定士○○○○氏を推薦します。

申 立 て の 理 由

1　申立人は、被相続人○○○○の相続につき、御庁に平成23年（家）第○○号事件にて限定承認を申述し、これを受理されるとともに相続財産管理人に選任された者です。

2　相続財産のうち、別紙物件目録記載の不動産(1)は、故人と母親の住居を兼ねた建物で年老いた母親の生活の根拠となるものです。

　　また、別紙物件目録記載の不動産(2)のアパートは、家賃収入があり、それが唯一の収入源であり、母親と私ども家族の生活資金の糧になるものです。

3　本物件が、競売により他人のものとなりますと、老後の居住の確保並びに生活費の確保に多大なる支障が生じますので、債権者に対する弁済は、競売によらずに先買権を行使してその価額を弁済することにより、これらの物件を相続人の手元に残すことを強く希望しております。

4　そこで、別紙物件目録の不動産を評価する鑑定人の選任を求めます。

448 第6章 ケーススタディ

(5) **鑑定業務依頼書兼承諾書**

　通常は、鑑定士の選任は、家庭裁判所が独自に行うことが多いので、このような書面が必ずしも必要となるものではない。申立時に、事前に相談して鑑定士を推薦していたので、家庭裁判所からの指示でこのような文書を作成して提出した。

鑑定業務事前依頼書兼事前承諾書

　委託者は、民法第932条ただし書に基づき相続財産である不動産について先買権を行使するため、別紙物件目録記載の不動産の時価評価の鑑定業務を、受託予定者に下記のとおり依頼し、受託予定者は、○○家庭裁判所から鑑定人に選任されることを条件に事前承諾した。

委託者

○○市○○区○○町○丁目○番○号

被相続人　○　○　○　○

相続財産管理人　○　○　○　○

相続財産管理業務受託法人

○○市○区○町○丁目○番地　○ビル

司法書士法人　○○○○　事務所

司法書士　○　○　○　○

受託者

○○市○○区○○町○丁目○番○号

○○不動産鑑定士事務所

不動産鑑定士　○　○　○　○

記

1	業務依頼	鑑定評価基準に則った鑑定評価
2	対象不動産	別紙不動産目録記載のとおり
3	鑑定委託費用	金＿＿＿＿＿＿円
4	支払時期・支払方法	鑑定評価書の引渡後、速やかに銀行振込により支払う
5	発行部数	正本1部、副本2部
6	鑑定評価書の引渡方法	委託者に引き渡す
7	業務納期	清算事務のため、可能な限り早期に
8	特記事項	再委託は行わない

(6) 先買権行使の通知書

このケースでは、2か所の不動産の先買権の行使の申出を行った。

限定承認に係る先買権行使等に関する通知書

○県信用保証協会　　殿
○市信用保証協会　　殿

債務者（亡）　○　○　○　○
相続財産管理人　○　○　○　○
業務受託司法書士法人　　○○○○事務所
代表社員　司法書士　○　○　○　○

　債務者である亡○○○○の相続財産管理人○○○○は、民法第932条ただし書に基づき先買権を行使する前提で後記の物件目録記載(1)、(2)の不動産につき、横浜家庭裁判所に鑑定人の選任申立てを行い、それぞれの不動産の時価評価の鑑定のため、後記記載の不動産鑑定士が選任された（平成○年（家）第○号審判）。

　この度、下記のとおり、鑑定人から鑑定評価書を受け取り、時価評価額が確定しましたので、通知いたします。

　なお、後記の相続人たちから、当該土地建物の物件について、資金調達の目途が立ち次第に先買権を行使したい旨の申出を受けました。

　今後、貴協会殿はじめ民法第927条第1項による官報公告の期間までにお申出のあった相続債権者並びに知れたる債権者に対し、弁済をする予定でありますが、弁済をするに当たりましては、相続財産である当該物件を先買権行使した買受代金から必要経費を控除した金額を配当原資として、民法第929条により総債権額に対する貴保証協会殿の債権額割合いに応じて按分した金額を配分して弁済することを予定しております。

　配分額表は後日送付いたしますが、貴殿に対する現存債務について、按分して債務の返済に充てることになりますので、残債務の全額に満たないことが予定されますが、引き続き被相続人の他の相続財産につきましても順次換価処分の上清算して参りますので、宜しくお願いいたします。

配分予定月
　　債権申出期日の平成○年○月中を目途として進める予定でおります。

記

先買権行使する予定の相続人
　　　　　　○○県○○市○○区○○町○丁目○番○号
　　長女　　　○　○　○　○
　　　　　　○○県○○市○○区○○町○丁目○番○号
　　二女　　　○　○　○　○
　　　　　　○○県○○市○○区○○町○丁目○番○号
　　三女　　　○　○　○　○
　　　　　　　　　　　　　　以上３名が共同して、購入する予定。

物 件 目 録

(1)　**不動産　（管轄　○○地方法務局　○○出張所）**
　　１．所　　在　　○○市○○区○○一丁目２番地３
　　　　家屋番号　　２番３
　　　　種　　類　　共同住宅・事務所・倉庫
　　　　構　　造　　鉄骨造陸屋根５階建
　　　　床 面 積　　１階　106.44 m²
　　　　　　　　　　２階　 35.55 m²
　　　　　　　　　　３階　 79.26 m²
　　　　　　　　　　４階　 90.96 m²
　　　　　　　　　　５階　 63.51 m²

　　２．所　　在　　同所
　　　　地　　番　　２番３
　　　　地　　目　　宅　地
　　　　地　　積　　254.51 m²

　　　　　　　　　　　　　以上、所有者　亡○○○○

・家裁より選任された不動産鑑定士
　　　　○○市○○区○○町○丁目○番○号
　　　　○○不動産鑑定士事務所　　不動産鑑定士　○　○　○　○

・鑑定評価額
　　土地　〇〇〇〇万円、建物　〇〇〇〇万円、合計金〇〇〇〇万円
　　（詳細は、平成〇年〇月〇日付第〇号　不動産鑑定評価書を参照）

(2)　**不動産**　（**管轄**　〇〇**地方法務局**　〇〇**出張所**）
　1．所　　在　　〇〇市〇町 500 番地 1
　　　家屋番号　　500 番 1
　　　種　　類　　共同住宅
　　　構　　造　　軽量骨造スレートふき 2 階建
　　　床 面 積　　1 階　198.74 m^2
　　　　　　　　　2 階　198.74 m^2

　2．所　　在　　同所
　　　地　　番　　500 番 1
　　　地　　目　　山　林
　　　地　　積　　1813 m^2

　　　　　　　　　　　　　　　以上、所有者　亡　〇〇〇〇

・〇〇家庭裁判所より選任された不動産鑑定士
　　〇〇県〇〇市〇〇区〇〇町〇丁目〇番〇号
　　株式会社〇〇不動産鑑定事務所
　　　　　　　　　不動産鑑定士　〇　〇　〇　〇

・鑑定評価額
　　土地、建物の合計　金〇〇〇〇万円
　　（詳細は、平成〇年〇月〇日付第〇号　不動産鑑定評価書を参照）

452 第6章 ケーススタディ

(7) 清算金の配分について

　先買権行使による清算金の配分等につき、今後の清算事務の進め方等について、きちんと文書で説明してあらかじめ債権者の了解を得ておくとよい。また、金融機関等の債権者が安心して司法書士の財産管理業務を信頼してもらうためにも、(2)(4)の通知文書と同様に、文書をもって連絡報告をすることは重要である。

配分金の通知連絡

平成　　年　　月　　日

送信先　　　○○　銀行　御中
ご担当　　　管理部　○○　様

　　　　　　　　　　　相続財産管理人
　　　　　　　　　　　○○市○○区○○町○丁目○番○号
　　　　　　　　　　　相続人（長女）　○　○　○　○
　　　　　　　　　　　相続財産管理代理業務受託法人
　　　　　　　　　　　○○市○区○町○丁目○○番地
　　　　　　　　　　　司法書士法人　○　○　○　○　○　事務所
　　　　　　　　　　　代表社員　司法書士　○　○　○　○
　　　　　　　　　　　　電　話　○○○-○○○-○○○○
　　　　　　　　　　　　ＦＡＸ　○○○-○○○-○○○○

　　　　　　配分金額確定と弁済方法のご承認お願い

　○月○日付にて、債務者　株式会社○○建設の担保提供者兼連帯保証人である被相続人○○○○殿の相続限定承認に基づく、相続人○○○○様からの相続不動産の先買権行使による鑑定価額の確定代金から別添のとおり必要経費を控除した配分可能額につきましては、債権申出期日までに届出がありました各債権者への弁済精算金の配分につきまして、○○信用保証協会殿との調整の結果を踏まえて下記のとおりとなりますので、ご連絡いたします。

　配分可能総額は、金○○,○○○,○○○円となりますので、各債権者への配分額は
　　　　○○銀行　　　　　　　　　金○○,○○○,○○○円

　　　　○○信用保証協会　　　　金○○,○○○,○○○円
　　　　○○信用保証協会　　　　金○,○○○,○○○円
となります。

　なお、売買費用代金からの弁済金の支払方法は、あらかじめご指定い
ただいた銀行口座に振り込む方法により行いたいと存じますので、後日
精算金受領の計算書を交付していただくようにお願い申し上げます。

　以上、宜しくご理解の上、ご承認くださるようお願い申し上げます。

事 項 索 引

あ

遺言	407
遺言書の有効性	94
遺言代用信託	415
遺産承継業務	18,40
——委託契約	33
遺産分割協議	61
遺体の引取り	343
委託者	422
一部の相続人からの預金払戻請求	370
一部放棄は可能	407
遺留分減殺請求権	100
永代供養料	355
縁故分与型	349

か

換価分割	62,137
官報公告による相続債権者・受遺者への請求申出の催告	352
規則31条業務における戸籍謄本等の請求	368
業務委託契約書	42
居住用不動産	396
寄与分	73
減殺請求権	77
限定承認	92,229,433
現物分割	62
公告・催告期間満了の効果	353
公告期間満了前の弁済拒絶	353
公告又は催告義務違反	354
公正証書遺言	95

戸籍謄本等の取得	19
国庫帰属型	349

さ

財産管理業務等	23,25
財産分与型	349
財産目録の作成	351
債務超過	90
債務超過型	349
先買権	92
死因贈与	409
自益信託	413
事件記録の閲覧・謄写	351
司法書士法施行規則31条	22
司法書士法29条	22
受益権 → 信託の受益権	
受益者	425
熟慮期間	90
受託者	424
承継対象財産	
——の管理	53
——の範囲	49
——の評価	59
商事信託	412
職務上請求書	25
処分清算型遺贈	250
知れたる債権者・受遺者への請求申出の催告	352
知れたる債権者の範囲	353
信託	412,422
——関係人	423
——行為	412
——の公示	423

456 事項索引

——の受益権 …………………276,413
信認関係 …………………………8,41
信認義務 …………………………9,42
清算型遺贈　→　処分清算型遺贈
成年後見制度 ……………………394
成年後見人の死後事務 ……342,348
相続財産管理人 …………105,287
——選任の申立て ……………344
——の権限外行為許可の申
立て …………………………354
——の職務 ……………………348
相続財産（等）承継業務委託
契約書 …………………42,44,49
相続財産の破産 …………………230
相続債務 …………………………90
相続人の調査 ……………………19
相続人不存在 ……………………228
相続の放棄 ………………………91
相続預金の払戻し請求 …………367
相続預貯金の仮払い制度 ………372

た

第三者請求 ………………………20
代償分割 ……………………62,137
他益信託 …………………………413
建物の解体工事 …………………359
団体信用生命保険 ………………210
定期金給付債権 …………………275
統一1号様式 ……………………25
統一請求書 ………………21,23,26
統一2号様式 ………………23,26
特定遺贈 …………………………235

特別受益 …………………………71

な

入院費用の支払 …………………344
入所施設の居室の明渡し ………344
入所費用等の精算の打合せ ……344
任意相続財産管理人 ……19,42,121
任意売却 ……………………135,149

は

売却困難な土地 …………………363
配偶者居住権 ……………………406
配偶者短期居住権 ………………406
不在者財産管理人 ………………307
附帯業務 ……………1,4,5,12,22
負担付遺贈 ………………………411
不動産競売 ………………………149
分家住宅 …………………………397
包括遺贈 …………………………235
報酬契約 …………………………51
法定相続情報一覧図 ……………289
墓石の撤去費用 …………………355
本人請求 …………………………19

ま

身元引受人 ………………………343
民事信託 …………………………412
名義株 ……………………………191
喪主として葬儀の執り行い ……344
持戻し ……………………………71

一般社団法人日本財産管理協会の紹介

　一般社団法人日本財産管理協会（以下、「日財協」という。）は、平成23年4月、司法書士の財産管理業務の普及促進を目的として、神奈川県横浜市の司法書士有志8名で設立した団体である。

　日財協の設立趣旨は、司法書士による財産管理業務の普及促進にあるが、まずは同職である司法書士に財産管理業務について周知いただき、併せて必要な知識・技能の修得の機会を提供すべく、認定研修の実施や業務ソフトの開発等をしている。

　このような法人を設立するに到った背景には、平成14年の司法書士法改正に伴い、司法書士は、他人の事業の経営及び他人の財産の管理・処分を業（以下、「財産管理業務」という。）とすることができる旨法令で定められたにもかかわらず、司法書士による財産管理業務は、必ずしも世間に当然には周知されているとは言い難く、金融機関、証券業や保険業等の各会社との間での業務遂行上支障をきたすことも多かった。

　そこで、「日財協」を設立し、司法書士の会員の業務上の知識・技能の修得のための研修事業のみならず、業務関連の各団体を通して業務の周知を図る必要があるということから法人格のある団体として対外的にも活動することとした。

　司法書士会員の認定研修については、現在まで全国各地方で15回（各回8講座）実施し、合計2,800名を超える司法書士が受講している。また、全国の司法書士会の半数近くから研修会の講師派遣の要請を受けて対応しており、それらの受講生を合わせると5,000名以上の司法書士が関心を持って受講し業務に取り組み始めている。

　現在（平成30年6月末日）、当法人の社員たる正会員20名のほか、一般会員（司法書士）738名、内所定の認定研修を全講座受講し「財産管理マスター」の認定登録を受けている認定会員は、316名を超える。

著 者 略 歴

佐 藤 純 通（さとう　じゅんつう）

昭和56年　　　　司法書士登録（神奈川県司法書士会）
平成 8 年～13年　神奈川県司法書士会会長
平成19年～21年　日本司法書士会連合会会長
平成16年～現在　横浜国立大学法科大学院非常勤講師
平成21年～現在　中央大学日本比較法研究所嘱託研究員
現在　一般社団法人日本財産管理協会代表理事・副理事長
　　　一般社団法人商業登記倶楽部代表理事

田 島 　誠（たじま　まこと）

昭和55年　　　　司法書士登録（神奈川県司法書士会）
平成 8 年～19年　神奈川県司法書士会副会長
現在　一般社団法人日本財産管理協会代表理事・理事長
　　　一般社団法人住宅金融普及協会　住宅ローンアドバイザー
　　　登録番号(3)第1001166号

鯨 井 康 夫（くじらい　やすお）

昭和58年　　　　司法書士登録（神奈川県司法書士会）
平成15年～19年　神奈川県司法書士会会長
平成17年～19年　日本司法書士会連合会中央研修所副所長
平成19年～21年　日本司法書士会連合会常務理事
平成23年～現在　公益社団法人成年後見センター・リーガルサポート監事
平成26年～現在　一般社団法人民事信託士協会監事
平成27年～現在　日本司法書士会連合会副会長
平成29年～現在　一般社団法人日本財産管理協会代表理事・副理事長

佃 　一 男（つくだ　かずお）

昭和56年　　　　司法書士登録（神奈川県司法書士会）
平成13年～15年　神奈川県司法書士会会長
現在　横浜家庭裁判所家事調停委員
　　　一般社団法人日本財産管理協会代表理事・副理事長
　　　一般社団法人商業登記倶楽部理事

著者略歴　**459**

小 越　　豊（おこし　ゆたか）
　　平成 2 年　　　　司法書士登録（神奈川県司法書士会）
　　平成22年〜30年　神奈川県司法書士協同組合代表理事
　　現在　一般社団法人日本財産管理協会理事

加 藤 正 治（かとう　まさはる）
　　平成 2 年　　　　司法書士登録（神奈川県司法書士会）
　　平成17年〜23年　神奈川県司法書士会常任理事
　　平成23年〜27年　神奈川県司法書士会副会長
　　平成23年〜29年　公益社団法人成年後見センター・リーガルサポート神奈
　　　　　　　　　　　川県支部副支部長
　　現在　一般社団法人日本財産管理協会理事

海 野 禎 子（うんの　さだこ）
　　平成24年　　　　司法書士登録（神奈川県司法書士会）
　　現在　一般社団法人日本財産管理協会理事
　　　　　LEC東京リーガルマインド司法書士専任講師（平成10年から）

第2版
相続財産の管理と処分の実務

平成 24 年 8 月 27 日　初版発行
平成 30 年 9 月 29 日　第 2 版発行

編　　者　　一 般 社 団 法 人
　　　　　　日 本 財 産 管 理 協 会

発行者　　和　田　　　　裕

発行所　日 本 加 除 出 版 株 式 会 社

本　　社　　郵便番号 171-8516
　　　　　　東京都豊島区南長崎 3 丁目 16 番 6 号
　　　　　　ＴＥＬ　(03) 3 9 5 3 - 5 7 5 7（代表）
　　　　　　　　　　(03) 3 9 5 2 - 5 7 5 9（編集）
　　　　　　ＦＡＸ　(03) 3 9 5 3 - 5 7 7 2
　　　　　　ＵＲＬ　www.kajo.co.jp

営 業 部　　郵便番号 171-8516
　　　　　　東京都豊島区南長崎 3 丁目 16 番 6 号
　　　　　　ＴＥＬ　(03) 3 9 5 3 - 5 6 4 2
　　　　　　ＦＡＸ　(03) 3 9 5 3 - 2 0 6 1

組版・印刷・製本　㈱アイワード

落丁本・乱丁本は本社でお取替えいたします。
★定価はカバー等に表示してあります。
© 一般社団法人日本財産管理協会　2018
Printed in Japan
ISBN978-4-8178-4499-6

JCOPY〈出版者著作権管理機構　委託出版物〉
　本書を無断で複写複製（電子化を含む）することは，著作権法上の例外を除
き，禁じられています。複写される場合は，そのつど事前に出版者著作権管理
機構（JCOPY）の許諾を得てください。
　また本書を代行業者等の第三者に依頼してスキャンやデジタル化することは，
たとえ個人や家庭内での利用であっても一切認められておりません。

〈JCOPY〉Ｈ Ｐ：http://www.jcopy.or.jp/，e-mail：info@jcopy.or.jp
　　　　電話：03-3513-6969，FAX：03-3513-6979

信託の最先端を発信する唯一の信託専門情報誌

SHINTAKU Forum

信託フォーラム

編集代表 新井誠／特別編集顧問 高橋温・千種秀夫・落合誠一
編集委員 大貫正男・佐藤純通・平川純子・松田純一
年2回(4月・10月)発行 B5判 定価1,944円(本体1,800円) ISSN2188-4773

本誌のコンセプト

◆ 信託銀行など、金融関係者による実務の最新動向記事
◆ 各省庁などの行政機関、及び信託研究者による制度運用と法理論の解説
◆ 法律専門士業による、実践と新しいアプローチ手法の紹介

● 注目の最新テーマにおける信託活用の可能性と実務動向を追う、特集記事を掲載。
● 今注目を浴びている家族信託についての事例紹介や、わかりにくいと言われる投資信託や税金についての連載、最新の信託商品の紹介や旬の人に話をきくインタビュー等の情報も充実。

―――― 【近刊・バックナンバー】 ――――

Vol.10 2018年10月	特集：	民事信託の今とこれからを考える、林業・農業と信託―新たな管理手法と信託の可能性、FATFが信託に与える影響
Vol.9 2018年4月	特集：	任意後見と信託の連携、事業承継と地域金融における信託、受益証券発行信託―実務と展望
Vol.8 2017年9月	特集：	成年後見制度の利用促進と信託、信託契約の実情―その実務と税務、信託社債―その実務と課題
Vol.7 2017年3月	特集：	地域金融と民事信託の新たな動向、信託口口座をめぐる実務と課題、フィデュシャリー・デューティを考える
Vol.6 2016年9月	特集：	民事信託のコンプライアンス、マイナス金利の金融政策と信託実務〈座談会〉、預り金と信託

日本加除出版

〒171-8516 東京都豊島区南長崎3丁目16番6号
TEL (03)3953-5642 FAX (03)3953-2061 (営業部)
www.kajo.co.jp